高等院校经济管理类系列教材

审 计 学
(第 2 版)

曾艳芳　编著

清华大学出版社
北 京

内 容 简 介

　　本书以民间审计为主线，共分为十二章。前五章围绕民间审计的基本理论展开，介绍了审计的产生与发展、审计与鉴证等业务之间的关系，强调了注册会计师在审计执业的过程中要受到职业道德、准则以及行政和行业管理等方面的约束；后七章主要介绍民间审计的基本方法。各章配备的"知识链接""小思考"和"自测与技能训练"等与实务紧密相连，具有一定的广度和深度，有利于读者把握民间审计的精髓。

　　本书既可作为高等院校经济管理类教材，也可作为现有审计人员的参考用书。

图书在版编目(CIP)数据

审计学/曾艳芳编著. —2 版. —北京：清华大学出版社，2023.8
高等院校经济管理类系列教材
ISBN 978-7-302-64309-8

①审… Ⅱ. ①曾… Ⅲ. ①审计学—高等学校—教材 Ⅳ. ①F239.0

中国国家版本馆 CIP 数据核字(2023)第 139215 号

责任编辑：孙晓红
封面设计：李　坤
责任校对：李玉茹
责任印制：曹婉颖
出版发行：清华大学出版社
　　　　　网　　　址：http://www.tup.com.cn, http://www.wqbook.com
　　　　　地　　　址：北京清华大学学研大厦 A 座　　　邮　　编：100084
　　　　　社 总 机：010-83470000　　　　　　　　　　邮　　购：010-62786544
　　　　　投稿与读者服务：010-62776969, c-service@tup.tsinghua.edu.cn
　　　　　质量反馈：010-62772015, zhiliang@tup.tsinghua.edu.cn
　　　　　课件下载：http://www.tup.com.cn, 010-62791865
印 装 者：三河市天利华印刷装订有限公司
经　　销：全国新华书店
开　　本：185mm×260mm　　　　印　　张：19.5　　　字　　数：475 千字
版　　次：2018 年 10 月第 1 版　　2023 年 9 月第 2 版　　印　　次：2023 年 9 月第 1 次印刷
定　　价：59.00 元

产品编号：093742-01

前　言

　　审计是经济发展到一定阶段的产物。本书以民间审计为主线，对审计学的基本理论、基本方法加以介绍。在介绍基本理论的同时，尽量导入案例、链接知识并辅以思考题，目的是让读者在有限的时间内对审计的基本理论、基本方法有一个系统的认识，从而把握审计的精髓。本书以二十大报告提出的"科教兴国战略"为指导，遵循习近平新时代中国特色社会主义思想，密切联系行业发展的新动向，反映了党和国家对加强审计工作和完善审计制度等作出的重大决策和部署。

　　本书分为十二章，前五章围绕审计的基本理论展开，介绍了审计的产生与发展、审计与鉴证等业务之间的关系，强调了注册会计师在审计执业的过程中要受到职业道德、准则以及行政和行业管理等方面的约束；后七章主要介绍审计的基本方法，在风险导向审计模式下，注册会计师要通过对被审计单位及其环境的了解进行风险评估，从而找出财务报表的重大错报风险所在。注册会计师针对不同层次的重大错报风险，应采取不同的应对措施。对于认定层次的重大错报风险，注册会计师要制定相应的具体审计目标，然后有的放矢地执行审计程序。注册会计师在进行实质性程序之前，根据对被审计单位内控的了解决定是否有必要进行控制测试。为了提高审计效率，节约审计成本，注册会计师在进行测试的时候，可能要采用抽样技术。为了有条不紊地开展审计工作，注册会计师还要制订审计计划。注册会计师要用审计证据对被审计单位的认定进行再认定，最后在审计报告中形成审计意见。从计划的制订到目标的提出，注册会计师所有的工作都体现在工作底稿中。

　　实务中，注册会计师大都按业务循环开展审计，而每个业务循环的审计都是以基本理论和基本方法为基础展开。本书主要供相关专业应用型本科、专科学生和其他初次接触审计的人士使用，因此对审计循环部分的内容未加以介绍。但是编者尽量将主要业务循环的内容融入了各章节。

　　本书对第 1 版前三章的内容进行了系统化修订，以完善本书以民间审计为主线的知识体系，并不失中国特色。此外，编者对审计目标一章的内容做了大量的修改，以保障知识与时俱进；对审计抽样一章的内容进行了适度调整，以进一步增强知识的系统性和可理解性。随着相关准则内容的修订，对散布在相关章节中的个别术语也进行了相应调整。

　　本书由辽东学院曾艳芳编著。在写作过程中，编者参阅了前辈的研究成果，借鉴和使用了企业财务人员提供的不涉密工作底稿，并得到了清华大学出版社的大力支持，在此表示衷心的感谢。

　　由于编者水平有限，书中不足之处在所难免，敬请读者多加指正，在此一并感谢。

编　者

目　　录

第一章

审计与鉴证概论

第一节　注册会计师审计的产生与发展

最早的审计(auditing)方法是听计。审计从产生到发展，形成了一套完整的审计体系。迄今为止，世界各国的审计体系大致由国家审计、民间审计和内部审计构成。相比之下，民间审计出现得比较晚。民间审计也叫注册会计师审计，它是商品经济发展到一定阶段的产物，最早出现在西方国家，在我国出现得比较晚。

一、注册会计师审计在西方国家和地区的产生与发展

(一)产生

16 世纪，威尼斯城的航海贸易日益发达并出现了早期的合伙制企业。在合伙制企业中，通常只有少数几人充当执行合伙人，负责企业的经营管理，其他合伙人则只出资而不参与经营管理。非执行合伙人需要了解合伙企业的经营情况和经营成果，执行合伙人也希望证实自己经营管理的能力与效率，因此双方都希望从外部聘请独立的会计专业人员来承担查账和监督工作。这些会计专业人员所进行的查账与监督，可以被看作注册会计师审计的最初萌芽。

1712 年前后，英国成立了南海公司。南海公司的经营范围比较广泛，其中包括贩卖黑奴。南海公司由于经营无方，经营效益一直不理想。公司董事为了使股票达到预期的价格，不惜采取散布谣言等方法，使股票价格直线上升。1720 年，经济泡沫破裂，英国爆发了南海公司破产事件，股东和债权人因此遭受了巨大的经济损失。会计师查尔斯·斯内尔受英国议会聘请对南海公司的账目进行审查，以"会计师"的名义出具了一份"查账报告书"，指出南海公司的财务报表存在严重的舞弊现象，这标志着注册会计师审计正式诞生。

(二)发展

从萌芽到诞生，注册会计师审计在法律上并未取得确定的地位。自诞生至今，注册会计师审计在西方国家和地区经历了三个典型的发展阶段。

1. 详审阶段(1844 年至 20 世纪初)

1844 年，英国议会颁布了《公司法》。该法规定，股份公司必须设立监事来审查公司的账簿和报表。监事从所有者或职工中产生，不能完全做到独立，可能会在利益上倾向于所有者。因此，1845 年，英国议会又修订了《公司法》。修订后的《公司法》规定，股份公司的账目必须由董事和监事以外的人来审查。这标志着注册会计师的地位在法律上得到了确认。

该法案使公司拥有了聘请外部审计人员的选择权，从而有力地促进了注册会计师审计的发展。其间，英国政府对一批注册会计师进行了资格确认。1853 年，爱丁堡会计师协会在苏格兰成立，这标志着注册会计师审计职业的诞生。1862 年，英国修订了《公司法》，确定注册会计师为法定的公司破产清算人，进一步明确了注册会计师的法律地位。

由此可见，该阶段审计的目的是保护股东的利益，因此审计报告的使用者主要是公司股东。由于当时的公司规模有限，所以注册会计师对公司会计账目进行逐笔审查，主要是为了查错纠弊，以保护公司财产的安全、完整。

2. 资产负债表审计阶段(20 世纪初至 20 世纪 30 年代)

随着商品经济的发展，企业的规模越来越大，商业信用也越来越普及，企业可以向信贷机构借款，也可以向供应商赊购。于是债权人提出了新的要求：在放贷和赊销之前要知晓债务人的信用状况或偿债能力。因此，资产负债表审计应运而生。也就是说，这个阶段审计报告的使用者除了企业股东外，还有企业的债权人。除了查错纠弊，注册会计师还要为企业的信用状况提供合理保证。

这个阶段，一些企业的规模越来越大，注册会计师如果还一味地采用详审，就会显得力不从心，于是注册会计师开始采用抽样技术对一些规模较大的企业进行报表审计。这时候的抽样，与其说是抽样，还不如说是抽查，因为这时候抽取的样本量比较多，而且没有现代数学模型做保证，也没有完善的内控理论做基础，所以这种抽样具有较强的随意性。不管怎么说，这个阶段的审计方法主要是采用详审，并开始使用抽样。

3. 全部报表审计阶段(20 世纪 30 年代至今)

经济的迅猛发展使企业的融资渠道不断扩大，企业不仅可以从债权人处筹集资金，而且可以向社会公众采用发行股票的方式广泛募集资金。广大股东最为关心的是企业的经营成果和获利情况。这个阶段，审计报表包括了利润表在内的全部会计报表。

1933 年，美国公布了《证券法》。该法规定，所有上市公司的资产负债表和损益表必须接受注册会计师的审计，并向社会公众公布。

因为出现了经济危机，企业越来越注意到良好的企业管理对企业发展起着至关重要的作用，所以，到了 20 世纪 30 年代，企业的内控飞速发展。注册会计师发现：一个企业，如果内控设计得好且运行有效，其会计报表的可靠性就会大大提高；反之亦然。因此，这个阶段的审计方法是在评价内控的基础上进行抽样。这种抽样减少了抽样的盲目性：哪里内控不好，注册会计师就在哪里大量抽样；反之亦然。这种在评价内控的基础上进行的抽样大大提高了审计的效率。

从 20 世纪 30 年代开始，注册会计师审计进入了全部报表审计阶段。这个阶段，注册会计师审计的目的就是提高全部财务报表的可信性。到目前为止，会计报表的可信性包括偿债能力的可信性、经营成果的可信性、现金流量的可信性、所有者权益变动的可信性以及会计报表附注的可信性。

如果注册会计师不对财务报表提供审计服务，社会公众是看不出财务报表是否存在舞弊的，因为他们绝大多数并不参与经营。使用错误的财务报表去作决策，结果可想而知。

迄今为止，审计目的和报表使用人一直没有发生变化，但审计技术和审计方法却在不断变化着。如今，国际会计师事务所和跨国会计师事务所层出不穷，而且会计师事务所的业务也在不断地扩展，但报表审计仍是注册会计师工作的重点。

■ 知识链接 1-1

注册会计师审计产生的客观原因——财产所有权和经营权分离

当拥有很多财产的时候，财产所有者就可能无法来管理自己的资产，于是出现了财产所有权和经营权相分离的现象。财产所有者委托经营者(如职业经理人)来代管他的财产，因而经营者要对所有者负有受托管理资产的经济责任。

财产所有者和财产经营者的利益很难达到高度一致：财产所有者关注财产的保值和增值，而财产经营者更多关注的是经营业绩，以及由此带来的个人福利待遇的最大化。在收入上，他们可能达成一致的目标——多多益善；但在支出上有时会存在分歧：财产所有者希望企业的支出越少越好，而财产经营者则可能在经营的过程中将自己的个人支出计入企业的成本费用中。

财产所有者如果认为经营者履职效果较好，可能会对其进行加薪等方面的奖励；如果认为其经营效果不佳，可能会换掉经营者，甚至会卖掉其持有的公司股份。

经营者的履职情况反映在其提供的会计报表中。大多数财产所有者是看不懂会计报表的，于是他们便委托独立的专职机构和人员来判断经营者提供的财务报表是否真实、可靠。经营者应独立的专职机构或人员的要求，提供相应的资料，以保证独立的专职机构或人员的审计范围不受限制。独立的专职机构和人员根据其工作结果，对财务报表进行客观公正的评价，最后把审计结果报送给财产所有者。

独立原则要求，一手托两家的注册会计师要不偏不倚地对待利益各方。这种独立是双向的，双方都能接受。专职意味着，注册会计师要有专业特长和技能来看懂报表。独立是注册会计师审计的前提，没有独立性，客观和公正就无从谈起；客观和公正是独立的落脚点。注册会计师的独立、客观和公正为其树立了强大的权威性。经过注册会计师审计的上市公司的会计报表不仅被股东和债权人使用，而且工商、税务、银行和证券交易所等机构也都在使用。

■ 小思考 1-1

一般来说，上市公司聘请和解雇注册会计师需要经过谁同意？审计费用由谁承担？

二、审计模式的演进

审计模式是审计导向性目标、范围和方法等要素的组合，它规定了如何分配审计资源、如何控制审计风险、如何规划审计程序、如何收集审计证据和如何形成审计结论等问题。

审计环境的不断变化和审计理论水平的不断提高，促进了审计模式的不断发展和完善。一般认为，一百多年来，注册会计师审计模式经历了三个阶段的演进过程：账项导向审计阶段、内控导向审计阶段和风险导向审计阶段。

(一)账项导向审计阶段

详审阶段采用账项导向审计模式。资产负债表审计阶段虽然出现了抽样，但此时的注册会计师没有认识到内控和审计之间的关系，抽取的样本量依然很大，因此仍以账项导向审计为主。

在最初的账项导向审计模式下，注册会计师对企业的全部账簿和凭证进行详细审查，即检查会计分录是否有效和准确，账簿记录的汇总和过账是否正确，总账和明细账是否一致。经历一段时期后，企业规模日渐增大，审计范围也不断扩大，注册会计师已无法全面审查企业的会计账目，客观上要求改变原有的审计模式。注册会计师审计开始转向以财务报表为基础进行抽查，审计方式由顺查法转为逆查法，即先审查与资产负债表有关的项目，再有针对性地抽取凭证进行详细检查。

(二)内控导向审计阶段

从 20 世纪 30 年代开始，企业的内部控制越来越完善。经过长期的审计实践，注册会计师们发现内部控制制度与财务信息质量之间有很大的相关性。如果内部控制制度健全、有效，财务报表发生错误和舞弊的可能性就小，财务信息的质量就更有保证，审计测试范围也可以相应缩小。反之，就必须扩大审计测试范围，抽查更多的样本。也就是说，在内控导向审计阶段，注册会计师不是盲目地抽样，而是在评价内控的基础上进行抽样。内控导向审计大大提高了审计工作的效率和效果，但客观上也增加了审计风险，因为只要抽样，就会有抽样风险。

■ 小思考 1-2

如果注册会计师进行详审，且企业内部控制有效，能否保证会计报表不会存在重大错报？

(三)风险导向审计阶段

随着经济的进一步发展，企业面临的经营环境越来越复杂，因此面临的经营风险也越来越大。注册会计师在审计的过程中发现：即便被审计单位内控再好，也不能保证它的财务报表完全可靠。也就是说，会计报表的可靠性，不仅受到内控的影响，还受到行业发展、企业发展战略和员工素质等方面的影响。

例如，被审计单位的销售内控相当完备，可是却出现了下列情形：行业竞争加剧导致市场供过于求，可是被审计单位销售额却明显增加，而该期间被审计单位既没有开发新产品，也没有扩大销售渠道，等等。注册会计师可能会得出这样的结论：被审计单位的收入可能存在重大错报。此时，注册会计师应当关注被审计单位管理层可能凌驾于内控之上进行舞弊。比如，注册会计师应考虑被审计单位的高层管理人员可能为了实现其业绩或实现企业发展战略，指使会计人员通过倒制凭证等手段来篡改报表上的数据。

风险导向审计最大的标志是开发了审计风险模型。在风险导向审计模式下，注册会计师既识别和评估企业内部控制风险，又识别和评估企业经营所面临的外部风险，并通过审计风险的模型化来确定审计证据的数量，使审计风险的控制更加科学、有效。也就是说，在风险导向审计模式下，注册会计师要运用审计风险模型进行风险识别、风险评估和风险应对。

风险导向审计是适应现代社会高风险的特性，为量化审计风险、减轻审计责任、提高审计效率和审计质量作出的一种尝试，这标志着注册会计师审计发展到了一个新阶段。实施风险导向审计有助于审计人员有效地控制审计风险，提高审计工作的效率和效果，因而越来越受到注册会计师的青睐。

三、注册会计师审计在中国的产生与发展

(一)产生

注册会计师审计始于辛亥革命以后。1918年，北洋政府颁布了我国第一部注册会计师审计法规——《会计师暂行章程》。同年，谢霖先生获准成为中国第一位注册会计师，并创办了第一家注册会计师审计机构——正则会计师事务所。1925年，上海首先成立了会计师公会，经过多年的缓慢发展，到1947年，中国的注册会计师审计事业已经初具规模。然而，由于当时政治经济的落后，中国的注册会计师审计业务发展缓慢，远未能发挥注册会计师审计应有的作用。

中华人民共和国成立初期，在我国国民经济恢复的过程中，注册会计师审计曾经发挥了积极的作用。在社会主义改造完成以后，由于照搬苏联高度集中的计划经济模式，我国的注册会计师审计陷入了长期的停滞状态。

(二)发展

改革开放以后，我国逐渐从计划经济体制转向市场经济体制，注册会计师审计随着经济的发展而得到了恢复和发展。

1986年7月，国务院颁布《中华人民共和国注册会计师条例》，确立了注册会计师行业的法律地位。1988年11月，中国注册会计师协会(以下简称"中注协")成立，注册会计师行业开始步入政府监督和指导、行业协会自我管理的轨道。

1990年11月和1991年7月，上海证券交易所和深圳证券交易所相继成立，标志着我国资本市场的初步形成。1991年12月，我国首次举办注册会计师全国统一考试，为注册会计师专业化、规范化发展奠定了坚实的人才基础。1993年10月31日，第八届全国人民代表大会常务委员会第四次会议通过了《中华人民共和国注册会计师法》(以下简称《注册会计师法》)，财政部和中国注册会计师协会先后制定并发布了注册会计师注册、事务所审批、境外所临时执业等14项行业管理制度，注册会计师行业在法制化的轨道上大步向规范化方向发展。

1995—2003年，中注协先后制定了6批注册会计师审计准则，共计48个项目。从2005年开始，为了完善我国注册会计师审计准则体系，加速实现与国际准则的趋同，中注协新拟定了22项准则，对26项准则进行了必要的修订和完善，并于2006年2月15日由财政部发布，自2007年1月1日起在所有会计师事务所实施。这些准则的发布，标志着我国已建立起一套适应社会主义市场经济发展要求、适应国际趋同大势的中国注册会计师执业准则体系。2009年年初，为实现与国际审计与鉴证准则的持续趋同，中注协先后修订了38个准则项目。2010年10月31日，修订后的新审计准则由中国审计准则委员会审议通过。该准则于2010年11月1日由财政部正式发布，并于2012年1月1日起实施。

第二节 审计的概念与种类

一、审计的概念

(一)美国会计学会对审计的定义

美国会计学会(American Accounting Association，AAA)在 1973 年《基本审计概念报告》中将审计定义如下：审计是一个客观地获取和评价与经济活动和经济事项的认定有关的证据，以确认这些认定与既定标准的符合程度，并把审计结果传达给有利害关系的用户的系统过程。

下面以独立报表审计为例，对上述广义的定义作进一步的解释。

1. 审计是一个系统的过程

通常情况下，注册会计师编制完审计计划之后，应该实施审计程序以获取审计证据，并根据获取的审计证据形成审计结论和审计意见，以实现审计目标。上述过程是审计系统过程的重要组成部分，应该有先后顺序，不能审计结论和审计意见都得出来了，审计计划还没有编制出来。没有计划的审计工作效率是低下的。

但是这个过程不是一直进行下去的，而是要有反馈的过程，甚至是有来回的。比如，具体审计计划没有将某个项目(如财务费用)作为审计重点，可是在获取审计证据的时候，发现它的重大错报风险却很高，于是注册会计师需要重新修订审计计划。也就是说，系统过程的组成部分在时间上是继起的，在空间上是并存的。

2. 审计需要客观地获取和评价证据

要想形成审计结论和实现审计目标，注册会计师必须获取证据并评价这些审计证据是否充分、适当。

在获取和评价证据的过程中，注册会计师必须保持客观性。客观性要求注册会计师必须公平地对待利益各方，而不能仅凭个人的主观臆断来下结论。

3. 获取的证据要与经济活动和经济事项的认定有关

经济活动和经济事项能够引起被审计单位资产、负债、所有者权益以及收入和费用发生增减变化。

被审计单位未经审计的会计报告是管理层对交易和事项认定的高度概括。注册会计师在进行审计之前，被审计单位的管理层要在未经过审计的会计报表上签字，表示要对该报表负责。如果注册会计师对会计报表中的某些认定高度怀疑，他一定要获取与这些认定相关的证据并加以核实。

一般而言，上市公司的年报，需要在次年的 4 月 30 日之前，经过注册会计师审计之后对外公布。审计过程中，注册会计师的主要工作之一就是收集必要的审计证据。

■ 小思考 1-3

与下列认定相关的证据都有哪些？

借：应收账款   113万元

  贷：主营业务收入   100万元

    应交税费——应交增值税(销项税额) 13万元

4. 收集证据的目的是确认认定与既定标准的符合程度

注册会计师收集充分、适当的审计证据的目的在于对管理层的认定进行再认定，也就是确认管理层的这些认定与既定标准的符合程度。

■ **知识链接 1-2**

既 定 标 准

既定标准，也称鉴证标准或财务报表的编制基础，包括通用目的编制基础和特殊目的编制基础。

通用目的编制基础是为了满足广大报表使用者的共同需求。比如，在中国内地上市发行的 A 股，通用目的编制基础就是《企业会计准则》；在中国香港上市，通用目的编制基础就是《国际会计准则》。在美国上市发行 B 股，通用目的编制基础就是《一般公认会计原则》等。

特殊目的编制基础是为了满足特定报表使用者的需求，如计税基础、合同约定和监管机构的报告要求等。

比如，税务局向企业汇算清缴所得税的时候，以企业纳税年度应纳税所得额为基础乘以适当的所得税税率，再考虑其他因素加以确定。被审计单位为了满足税务局税款收缴的需要，可以按计税基础编制资产负债表、利润表及附注，并委托注册会计师进行审计。此时报表中资产的定义就是"未来计算应纳税所得额时，按税法规定允许扣除的金额"。

比如，被审计单位为了向银行贷款，应贷款人需要按收付实现制编制会计报表，并委托注册会计师审计。

再比如，某美国人想在中国大陆注资一家企业，但是却看不懂按中国会计准则编制的会计报表，于是委托相关机构或人员按照美国的《一般公认会计原则》重新编制一套会计报表，并委托国际四大会计师事务所进行审计。此时，美国的《一般公认会计原则》就成了特殊目的的编制基础。

5. 最终要把审计结果传达给有利害关系的用户

审计服务的对象不应仅限于被审计单位或审计的委托人，而应该是所有有利害关系的用户，包括股东、债权人、证券交易机构、税务机关和金融机构等。

■ **小思考 1-4**

有利害关系的用户是否包括潜在的投资者？

(二)中国注册会计师协会对财务报表审计的定义

财务报表审计是指注册会计师对财务报表是否不存在重大错报提供合理保证，以积极方式提出意见，增强除管理层之外的预期使用者对财务报表信赖的程度。

■ 知识链接 1-3

审计报告(节选)

ABC 股份有限公司全体股东:

一、审计意见

我们审计了 ABC 股份有限公司(以下简称公司)财务报表,包括20×6 年 12 月 31 日的资产负债表、20×6 年度的利润表、现金流量表、所有者权益变动表以及财务报表附注。

我们认为,后附的财务报表在所有重大方面按照企业会计准则的规定编制,公允反映了公司 20×6 年 12 月 31 日的财务状况以及 20×6 年度的经营成果和现金流量。

审计报告的内容详见本书第十二章。参照上述节选的内容,对该财务报表审计定义作进一步解释。

1. 注册会计师审计的目的是增强财务报表的可信性

审计报告中,"我们认为"这样的措辞向报告使用者作出了以下暗示:"请相信我们注册会计师是独立、客观和公正的;我们得出结论之前收集了大量的证据,因此我们得出的结论事实清楚、证据确凿且符合法律规定。"

2. 审计报告的预期使用者排除了管理层

原因在于,财务报表是在管理层的领导下编制的,管理层比注册会计师更清楚财务报表是否存在问题。如果除管理层之外没有其他预期使用者,则构成不了注册会计师审计。如果没有其他预期使用者,而管理层想通过注册会计师的业务来评判财务报表的质量,那么这种业务不是财务报表审计业务,而是财务报表审阅业务。

由此可见,财务报表审计业务三方关系人包括被审计单位管理层、注册会计师和财务报表预期使用者。民间财务报表审计必须存在三方关系人,而管理层可能是民间财务报表审计的预期使用者,但不是唯一的使用者。

习惯上,将通用目的财务报表审计报告的收件人写成所有者。因为在上市公司众多的财务报表审计报告使用者中,股东是最主要的报表使用者,而且对审计报告的要求也是最高的。如果能满足股东的要求,其他使用者的要求也都会得到满足。

3. 审计意见以积极的方式提出

上述审计报告中,"我们认为,后附的财务报表在所有重大方面按照企业会计准则的规定编制,公允反映了……"这样的措辞就是"积极的"。以积极的方式提出审计意见,意味着审计意见是"必然的",而不是"或然的"。也就是说,以积极方式提出的审计意见很肯定,并不会使审计报告使用者感到模棱两可。

■ 小思考 1-5

下列审计意见是积极式的还是消极式的?

(1) 我们认为,后附的财务报表没有在所有重大方面按照企业会计准则的规定编制,未能公允反映公司 20×6 年 12 月 31 日的财务状况以及 20×6 年度的经营成果和现金流量。

(2) 我们没有注意到任何事项使我们相信后附的财务报表没有按照企业会计准则规定编制,未能在所有重大方面公允反映公司20×6年12月31日的财务状况以及20×6年度的经营成果和现金流量。

■ 知识链接1-4

公允反映

国外许多会计准则是由社会公众(即民间机构)制定的,因此会计准则比较公允。美国的会计准则也叫《一般公认会计原则》。

在我国,《企业会计准则》是在广泛征求社会意见的基础上制定的,因此是公允的,严格按照《企业会计准则》编制的会计报表也被认为是公允的。

4. 审计的保证程度——合理保证

注册会计师对财务报表的重大方面进行保证,保证相关认定与既定标准之间的符合程度,而对不重大的方面不进行保证。

根据独立财务报表审计的定义及其解释,可以清楚地归纳出独立财务报表审计的五要素——审计业务的三方关系、财务报表、财务报表编制基础、审计证据和审计报告。缺了其中任何一项,其他四项组合都构成不了独立财务报表审计。

二、审计的种类

(一)按审计主体不同划分

按审计的主体不同,可以将审计划分为政府审计、注册会计师审计和内部审计。

1. 政府审计和注册会计师审计的对比

政府审计和注册会计师审计都属于外部审计,二者在审计程序和审计方法上区别不大,但也有诸多不同之处。表1-1列示了二者的主要区别。

表1-1 政府审计和注册会计师审计的区别

项 目	政府审计	注册会计师审计
审计目标和对象	对政府的财政收支或者国有金融机构和企事业组织财务收支进行审计,确定其是否真实、合法和具有效益	依法对企业财务报表进行审计,确定其是否符合会计准则和相关会计制度,是否公允反映了财务状况、经营成果和现金流量
审计依据	依据《中华人民共和国审计法》和审计署制定的《国家审计准则》进行审计	依据《注册会计师法》和财政部批准发布的《中国注册会计师审计准则》进行审计
经费或收入来源	政府审计属于行政行为,所需的经费由同级人民政府予以保证	注册会计师审计属于市场行为,是有偿服务,所需的费用由注册会计师与审计客户协商确定

项　目	政府审计	注册会计师审计
取证权限	具有更大的强制力	受市场行为的局限，在获取审计证据时，很大程度上有赖于企业的配合和协助，没有行政强制力
对发现问题的处理方式	可在职权范围内作出审计决定或者向有关主管机关提出处理、处罚意见	发现的问题只能提请企业调整有关数据或进行披露；若企业拒绝，则须根据具体情况予以反映，比如，出具非保留意见的审计报告，必要时解除业务约定或向监管机构报告

■ 小思考 1-6

政府审计和民间审计相比，哪种审计的独立性更强？

2. 内部审计和注册会计师审计的关系

一般来说，内部审计是企业的内部行为。内部审计可以进行合法性审计，但更多的是进行经营管理审计和经营效率审计。如果被审计单位重视内控，则内部审计对企业自身的检查就会更深入一些。也就是说，在对内控和经营效率的审查效果方面，政府审计和民间审计往往无法与内部审计相比。

但是，注册会计师审计与内部审计之间是有联系的。审计准则规定，注册会计师必须对被审计单位的内部审计进行了解，并最终考虑在工作中是否利用内部审计的工作成果。理由包括以下几个方面。

(1) 在风险导向审计之下，注册会计师在对会计报表进行审计的时候，必须了解被审计单位的内控，而内部审计是内控的重要组成部分。如果没有内部审计人员对内控进行有效的监督，内控很可能是无效的。注册会计师如果不了解内部审计，其对内控的了解就是不全面的。

(2) 注册会计师审计和内部审计两者的审计范围和审计方法有一致的地方，如果注册会计师了解到内部审计的独立性很强(如内部审计从属于董事会)，管理层很重视内部审计，内部审计人员的素质很高，而且内部审计人员运用的审计程序和审计方法比较符合注册会计师审计的要求，则注册会计师可以考虑利用内部审计的工作成果。

需要说明的是，如果内部审计从属于总经理，那么它的独立性就较低；如果从属于财务部门，它的独立性就更低了。

当然，如果被审计单位舞弊风险比较高(如串通舞弊)，或者说有重大事项需要注册会计师进行判断，那么注册会计师也不能利用内部审计的工作成果，即便内部审计人员再有胜任能力。

本书以注册会计师报表审计为主线，本节以后不再提及与政府审计和内部审计相关的知识。

■ 知识链接 1-5

审 计 人 员

审计人员是审计活动的执行者。根据其所服务的单位在审计组织体系中位置的不同，审计人员可以分为政府审计人员、注册会计师和内部审计人员。

1. 政府审计人员

政府审计是世界各国审计的最初形态，中国最早的政府审计人员是西周的宰夫。现代政府审计中，绩效审计、环境审计、3E 审计等的逐步开展对政府审计人员的素质提出了更高的要求。我国的政府审计人员实行专业技术资格制度，审计署和省级审计机关建立专业技术资格考试和评审制度。审计专业技术资格分为初级(审计员、助理审计师)资格、中级(审计师)资格和高级(高级审计师)资格。政府审计人员既从事合规审计、经营审计，也从事与财务报表有关的审计。

2. 注册会计师

注册会计师是依法取得注册会计师资格证书，并接受委托从事鉴证和相关服务的执业人员。注册会计师执行上述各种专业服务，要凭借他们所受的教育、训练以及其所拥有的经验。注册会计师的客户可能包括各类企业、非营利性组织、政府机构及个人。在我国，注册会计师必须在会计师事务所执业，在进行审计及报告结果时必须与客户保持独立。根据我国《注册会计师法》的规定，独立审计人员必须加入会计师事务所才能执业。

3. 内部审计人员

内部审计是指由被审计单位内部机构或人员，对其内部控制的有效性、财务信息的真实性和完整性以及经营活动的效率和效果等开展的一种评价活动。内部审计人员是单位所雇用的从事本单位内部审计工作的在册职员。内部审计有助于强化企业内部控制，改善企业风险管理，完善公司治理结构以及促进企业目标的实现。然而，内部审计人员受雇于企业，受劳资关系的固有约束，不能像注册会计师那样具有高度的独立性。

(二)按审计目的、内容不同划分

按审计目的、内容的不同，可以将审计划分为财务报表审计、合规审计和经营审计。

1. 财务报表审计

财务报表审计的目的在于查明被审计单位的财务报表及其附注是否按照一般公认会计原则(在我国，是指适用的企业会计准则和相关会计制度)公允地反映其财务状况、经营成果和现金流量情况。

财务报表审计是近代股份公司出现后，随着公司所有权和经营权的分离以及股份的社会化而逐渐发展起来的一种审计方式。在西方国家，从名义上讲，财务报表审计是保护股东权益的一种手段；但从实际效果看，财务报表审计所涉及的范围包括与被审计单位有财务联系的各个方面。财务报表审计是现代审计中理论最完备、方法最先进的一种审计。

2. 合规审计

合规审计的目的是查明被审计单位财务活动或经营活动是否符合有关法律法规、规章制度、合同、协议的规定和有关控制标准。我国政府审计机关对被审计单位严重违反国家现金管理规定、银行结算规定、成本开支范围规定、税法规定等进行的财经法纪审计，就是典型的合规审计。合规审计的主要目的是检查财经纪律执行情况，揭露违法乱纪行为，如偷税漏税、乱挤乱摊成本、擅自提价涨价、滥发实物奖金、公款旅游、贪污盗窃、行贿受贿等。按照有关规定，审计机关对违反法律法规的单位和个人有权予以经济制裁；对严重违法乱纪的人员，有权向有关部门建议予以行政纪律处分；对触犯国家刑律的，有权提请司法机关依法惩处。

3. 经营审计

经营审计的目的是评价某个组织的经济活动在业务、经营和管理方面的业绩，并提出改善的建议。经营审计的独立性不像财务报表审计那么严格，而且内部审计师、政府审计师和注册会计师都可以执行经营审计。经营审计的结果以一定的报告形式传达给使用者，但这种报告的形式与内容都比较灵活，而且经营审计报告很少被第三方利用。

此外，按审计范围不同，可以将审计划分为全面审计和局部审计，也可以将审计划分为综合审计和专题审计；按审计的时间不同，可以将审计划分为事前审计、事中审计和事后审计，也可以将审计划分为期中审计和期末审计，还可以将审计划分为定期审计和不定期审计；按审计地点的不同，可以将审计划分为就地审计、送达审计和远程网络审计；按审计动机的不同，可以将审计划分为法定审计和任意审计；等等。

■ 小思考 1-7

按照审计的其他分类方法，上市公司年度财务报表审计可以被划分为哪一类？

第三节　鉴证业务的含义与类别

鉴证业务是一个比较宽泛的概念，鉴证业务的主体也比较多。注册会计师可从事的鉴证业务并不唯一。本节提及的鉴证业务主要是指注册会计师从事的鉴证业务。

一、鉴证业务的含义

鉴证业务是指注册会计师对鉴证对象信息提出结论，以增强除责任方之外的预期使用者对鉴证对象信息的信任程度的业务。

可从以下几个方面对鉴证业务的含义加以理解。

(1) 鉴证业务的用户是"预期使用者"，即鉴证业务是用来满足预期使用者的需求的。

(2) 鉴证业务的目的是改善鉴证对象信息的质量或内涵，增强除责任方之外的预期使用者对鉴证对象信息的信任程度，即以适当保证或提高鉴证对象信息的质量为主要目的，而不涉及为预期使用者如何利用信息提供建议。

(3) 鉴证业务的基础是独立性和专业性，通常由具备独立性和专业胜任能力的注册会计师来执行。注册会计师应当独立于责任方和预期使用者。

(4) 鉴证业务的"产品"是鉴证结论。注册会计师应当对鉴证对象信息提出结论，且该结论应当以书面报告的形式予以传达。

二、鉴证对象信息

鉴证对象信息是指按照既定标准对鉴证对象进行评价和计量的结果。鉴证对象信息应当恰当地反映既定标准运用于鉴证对象的情况。如果没有按照既定标准恰当地反映鉴证对象的情况，则鉴证对象信息可能存在错报，甚至是重大错报。

注册会计师提供的鉴证业务不同，因而鉴证对象也不同。相应地，鉴证对象信息便具有多种形式。

(1) 当鉴证对象为财务业绩或状况(如历史或预测的财务状况、经营成果和现金流量)时，鉴证对象信息是财务报表。

(2) 当鉴证对象为非财务业绩或状况(如企业的运营情况)时，鉴证对象信息可能是反映效率或效果的关键指标。

(3) 当鉴证对象为物理特征(如设备的生产能力)时，鉴证对象信息可能是有关鉴证对象物理特征的说明文件。

(4) 当鉴证对象为某种系统和过程(如企业的内部控制或信息技术系统)时，鉴证对象信息可能是关于其有效性的认定。

(5) 当鉴证对象为一种行为(如遵守法律法规的情况)时，鉴证对象信息可能是对法律法规遵守情况或执行效果的声明。

三、鉴证业务的类别

(一)按照鉴证对象信息是否可以被预期使用者获取来划分

1. 基于责任方认定的鉴证业务

在基于责任方认定的鉴证业务中，鉴证对象信息是可以被预期使用者获取的。例如，在财务报表审计中，被审计单位管理层(责任方)对财务状况、经营成果和现金流量(鉴证对象)进行确认、计量和列报而形成的财务报表(鉴证对象信息)是可以为预期使用者所获取的。注册会计师针对财务报表出具审计报告属于基于责任方认定的鉴证业务。

2. 直接报告的鉴证业务

在直接报告的鉴证业务中，鉴证对象信息是不可以被预期使用者获取的，预期使用者只能通过阅读鉴证报告获取鉴证对象信息。例如，在内部控制鉴证业务中，注册会计师可能无法从管理层(责任方)获取其对内部控制有效性的评价报告(责任方认定)，或虽然注册会计师能够获取该报告，但预期使用者无法获取该报告，注册会计师直接对内部控制的有效性(鉴证对象)进行评价并出具鉴证报告，预期使用者只能通过阅读该鉴证报告获得内部控制有效性的信息(鉴证对象信息)，这种业务即属于直接报告的鉴证业务。

(二)按照鉴证业务的保证程度不同来划分

1. 合理保证的鉴证业务

合理保证的鉴证业务的目标是将鉴证业务风险降至该业务环境下可接受的低水平，以此作为以积极方式提出结论的基础。例如，在历史财务信息审计中，要求注册会计师将审计风险降至该业务环境下可接受的低水平，对审计后的历史财务信息提供高水平保证(合理保证)，并在审计报告中对历史财务信息采用积极方式提出结论。这种对历史财务信息进行审计的业务即属于合理保证的鉴证业务。

2. 有限保证的鉴证业务

有限保证的鉴证业务的目标是将鉴证业务风险降至该业务环境下可接受的水平，以此作为以消极方式提出结论的基础。例如，在历史财务信息审阅中，要求注册会计师将审阅风险降至该业务环境下可接受的水平(高于历史财务信息审计中可接受的低水平)，对审阅后的历史财务信息提供低于高水平的保证(有限保证)，并在审阅报告中对历史财务信息采用消极方式提出结论。这种对历史财务信息进行审阅的业务即属于有限保证的鉴证业务。

3. 绝对保证的鉴证业务

绝对保证是指注册会计师对鉴证对象信息整体不存在重大错报提供百分之百的保证。绝对保证、合理保证和有限保证的保证水平依次递减。不能指望注册会计师在审计业务中能揭示所有的错误、舞弊以及违法行为，也不能指望注册会计师在审阅业务中能揭示所有重大的错误、舞弊以及违法行为。

■ 知识链接 1-6

合理保证和有限保证的主要区别(以财务报表鉴证为例)

项　目	合理保证	有限保证
提出结论方式	以积极方式提出结论，常用的措辞为"我们认为"	以消极方式提出结论，常用的措辞为"我们没有注意到"
目标	在可接受的低审计风险下，以积极方式对财务报表整体发表审计意见，提供高水平的保证。该保证水平低于绝对保证水平	在可接受的审阅风险下，以消极方式对财务报表整体发表审阅意见，提供低于高水平的保证。该保证水平低于审计业务的保证水平
证据收集程序	检查记录或文件，检查有形资产，以及观察、询问、重新计算、重新执行、分析程序	询问、分析程序
所需证据数量和质量	要求较高	要求较低
检查风险	较低	较高
财务报表的可信性	较高	较低

除此之外，按照鉴证对象信息不同，还可以将鉴证业务划分为历史财务信息审计、历史财务信息审阅和其他鉴证业务。历史财务信息审计和历史财务信息审阅的特点此处不再赘述。

其他鉴证业务是指除历史财务信息审计和审阅业务以外的鉴证业务，如预测性财务信息审核、内部控制审计、风险管理鉴证、网域认证等。

其他鉴证业务的保证程度分为合理保证和有限保证。有限保证的其他鉴证业务的风险水平高于合理保证的其他鉴证业务的风险水平。

需要明确的是,注册会计师除了提供鉴证业务外,还可以提供相关服务。与相关服务有关的知识将会在后续的章节中进行介绍。

本 章 小 结

民间审计也称为注册会计师审计。本章从注册会计师审计在西方国家和地区的产生和发展入手,目的在于指出注册会计师审计是商品经济发展到一定阶段的产物,是财产所有权和经营权分离的结果。注册会计师审计模式经历了三个阶段的演进过程——账项导向审计、内控导向审计和风险导向审计。相比之下,风险导向审计可以在保证审计质量的前提下提高审计效率。注册会计师审计在中国的产生和发展相对较晚。在保持中国特色的基础上,我国现行的审计准则基本实现了与国际审计准则的趋同。在对审计的含义进行阐述的时候,侧重于说明独立报表审计的特点和内涵。审计按不同标准可以划分为不同的类别,而对相关内容的介绍是紧紧围绕注册会计师审计展开的。

鉴证业务是一个比较宽泛的概念,而独立报表审计仅仅是注册会计师所从事的鉴证业务的一种。通过对鉴证业务的含义和分类的介绍,明确了独立报表审计的对象和特点,同时明确了独立报表审计和独立内控审计之间的区别。通过对有限保证和合理保证相关知识的介绍,旨在说明注册会计师提供的鉴证业务保证程度不尽相同,而且无法做到绝对保证。

复习思考题

1. 注册会计师审计在西方国家和地区各发展阶段的特点有哪些?
2. 风险导向审计和内控导向审计之间有何关系?
3. 如何理解注册会计师审计的含义?
4. 审计有哪些种类?这些种类之间存在怎样的联系?
5. 合理保证的鉴证业务和有限保证的鉴证业务有哪些本质的区别?造成这些区别的根本原因是什么?

自测与技能训练

(一)单项选择题

1. 审计产生和发展的客观依据是(　　)。
    A. 委托监督检查关系　　　　　　B. 制约控制关系
    C. 效益评价关系　　　　　　　　D. 委托经济责任关系
2. 19 世纪英式审计方式的特征是(　　)。
    A. 详细审计　　　B. 局部审计　　　C. 特定审计　　　D. 抽样审计
3. 随着审计环境的不断变化,审计的模式也进行着相应的调整。在下列审计模式中,形成最晚的是(　　)。

A. 账项导向审计 　　　　　　B. 风险导向审计

C. 内控导向审计 　　　　　　D. 财务报表导向审计

4. 民间审计最早源于 16 世纪欧洲的(　　)。

A. 英国 　　　　B. 意大利 　　　　C. 法国 　　　　D. 西班牙

5. 20 世纪初的美国式审计，其核心在于进行(　　)审计。

A. 详细 　　　　B. 资产负债表 　　C. 利润表 　　　D. 现金流量表

6. 注册会计师审计最早萌芽于 16 世纪的欧洲，其原因是适应一种企业形式的需要，这种企业形式是(　　)。

A. 独资企业 　　B. 合作企业 　　　C. 公司制企业 　D. 合伙企业

7. 我国注册会计师审计最早的法规是《会计师暂行章程》，该章程出自(　　)。

A. 清朝 　　　　B. 北洋政府 　　　C. 国民党政府 　D. 改革开放以后

8. 下列事项中，标志着注册会计师职业诞生的是(　　)。

A. 威尼斯会计师协会的成立 　　　B. 热那亚会计师协会的成立

C. 爱丁堡会计师协会的成立 　　　D. 美国会计师协会的成立

9. 人类历史上，最早的民间审计人员是(　　)受英国议会委托，负责清查南海公司破产事件的查尔斯·斯内尔。

A. 1720 年 　　　B. 1849 年 　　　C. 1853 年 　　　D. 1918 年

10. 在注册会计师审计发展的过程中，审计报告使用人从股东、债权人扩大到整个社会公众是在(　　)。

A. 详审阶段 　　　　　　　　　　B. 资产负债表审计阶段

C. 全部报表审计阶段 　　　　　　D. 抽样审计阶段

(二)多项选择题

1. 下列有关审计业务三方关系的表述中，正确的有(　　)。

A. 审计业务的三方关系人包括注册会计师、责任方和预期使用者

B. 责任方与预期使用者不可能是同一方

C. 责任方可能是审计业务的委托人

D. 责任方不可能是预期使用者

2. 注册会计师审计发展的几个阶段包括(　　)。

A. 19 世纪以详细审计为标志的英国式审计

B. 20 世纪以资产负债表为核心的美国式审计

C. 20 世纪 30 年代之后的全部财务报表审计

D. 20 世纪 40 年代后以内部控制为核心的抽样审计

3. 按照审计范围不同，可以将审计分为(　　)。

A. 全面审计 　　B. 局部审计 　　　C. 政府审计 　　D. 内部审计

4. 按照审计目的和内容的不同，可以将审计划分为(　　)。

A. 经营审计 　　B. 合规审计 　　　C. 全面审计 　　D. 财务报表审计

5. 审计结果需要传达的对象可能包括(　　)。

A. 被审计单位 　B. 审计委托人 　　C. 股东 　　　　D. 债权人

6. 世界各国的审计组织体系由( )组成。

    A. 政府审计   B. 内部审计   C. 民间审计   D. 效益审计

7. 与被审计单位有利害关系的用户包括( )。

    A. 股东   B. 债权人   C. 证券交易机构   D. 潜在投资者

8. 鉴证业务通常涉及的关系人有( )。

    A. 责任方   B. 预期使用者

    C. 提供鉴证业务的注册会计师   D. 企业

9. 鉴证业务是指注册会计师对鉴证对象信息提出结论,以增强除责任方之外的预期使用者对鉴证对象信息信任程度的业务。对于鉴证业务的理解,恰当的观点有( )。

    A. 鉴证业务的用户是"预期使用者"

    B. 鉴证业务的目的是改善信息的质量或内涵,增强除责任方之外的预期使用者对鉴证对象信息的信任程度

    C. 鉴证业务的基础是独立性和客观性

    D. 鉴证业务的"产品"是鉴证结论

10. 下列与注册会计师审计有关的说法中,正确的有( )。

    A. 财务报表审计的基础是注册会计师的独立性和专业性

    B. 注册会计师审计与政府审计的对象是一致的

    C. 审计为财务报表预期使用者如何利用相关信息提供建议

    D. 注册会计师在报表审计中提供合理保证

(三)判断题

1. 财产所有权和经营权的分离是注册会计师审计产生的直接原因。   ( )

2. 注册会计师审计发展到资产负债表审计阶段,审计抽样方法得到了广泛应用。

    ( )

3. 资产负债表审计阶段,审计报告的使用者是社会公众。   ( )

4. 政府审计是独立性最强的一种审计。   ( )

5. 审计与企业财务会计的目的均是提高企业的经济效益。   ( )

6. 注册会计师审计的依据是财政部制定的会计准则。   ( )

7. 在历史财务信息审阅业务中,注册会计师作为独立第三方,运用专业知识、技能和经验对历史财务信息进行审阅,并以积极方式发表专业意见,旨在提高财务报表的可信赖程度。   ( )

8. 合理保证的鉴证业务的目标是注册会计师将鉴证业务风险降至该业务环境下可接受的低水平,以此作为以积极方式提出结论的基础。   ( )

9. 注册会计师提供的鉴证业务只包括历史财务信息审计业务和审阅业务。   ( )

10. 注册会计师只提供鉴证业务。   ( )

第二章

中国注册会计师管理

第一节　中国注册会计师

一、注册会计师考试与注册制度

注册会计师考试和注册制度是注册会计师管理的重要内容之一，它是一系列选拔注册会计师的措施、制度的总称。目前，世界上许多国家为了保证审计工作质量，保护投资者合法权益，维护注册会计师职业在公众心目中应有的权威性，都相继制定了较为完善的注册会计师考试和注册制度。中国于 1991 年开始组织全国注册会计师统一考试。全国统一考试办法由国务院财政部门制定，由中国注册会计师协会组织实施。通过考试，一大批优秀人才加入了注册会计师队伍。

(一)报考条件

根据《注册会计师法》和《注册会计师全国统一考试办法》的规定，符合下列条件的中国公民，可以报名参加注册会计师全国统一考试：①具有完全民事行为能力；②具有高等专科以上学校毕业学历，或者具有会计或相关专业中级以上技术职称。

有下列情形之一的人员，不得报名参加注册会计师全国统一考试：①因被吊销注册会计师证书，自处罚决定之日起至申请报名之日止不满 5 年者；②以前年度参加注册会计师全国统一考试因违规而受到停考处理期限未满者。

外国人申请参加中国注册会计师全国统一考试和注册，按照互惠原则办理。

(二)考试组织

财政部成立注册会计师考试委员会(以下简称财政部考委会)，组织领导注册会计师全国统一考试工作。财政部考委会设立注册会计师考试委员会办公室(以下简称财政部考办)，组织实施注册会计师全国统一考试工作，并负责确定考试组织工作原则，制定考试工作方针、政策，审定考试大纲，确定考试命题原则，处理考试组织工作的重大问题，指导地方考委会工作。财政部考办设在中国注册会计师协会。

各省、自治区、直辖市财政厅(局)成立地方注册会计师考试委员会(以下简称地方考委会)，组织领导本地区注册会计师全国统一考试工作。地方考委会设立地方注册会计师考试委员会办公室(以下简称地方考办)，组织实施本地区注册会计师全国统一考试工作，贯彻、实施财政部考委会的决定，处理本地区考试组织工作的重大问题。地方考办设在各省、自治区、直辖市注册会计师协会。

(三)考试范围

考试范围在考试大纲中确定。考试大纲由全国考试办公室提出，经全国考试委员会审定发布。考试划分为专业阶段考试和综合阶段考试。考生在通过专业阶段考试的全部科目后，才能参加综合阶段考试。专业阶段考试设会计、审计、财务成本管理、公司战略与风险管理、经济法、税法 6 个科目；综合阶段考试设职业能力综合测试 1 个科目。具有会计或者相关专业高级技术职称的人员，可以申请免予专业阶段 1 个专长科目的考试。按互惠原则与境外会计师组织达成相互豁免部分考试科目协议范围内的人员，可以免予部分科目考试。

考试均采取闭卷、笔试的方式进行。考试实行百分制，60 分为成绩合格分数线。专业阶段考试的单科考试合格成绩 5 年内有效。对在连续 5 个年度考试中取得专业阶段考试全部科目考试合格成绩的考生，财政部考委会颁发注册会计师全国统一考试专业阶段考试合格证书。综合阶段考试科目应在取得注册会计师全国统一考试专业阶段考试合格证书后 5 个年度考试中完成。对取得综合阶段考试科目考试合格成绩的考生，财政部考委会颁发注册会计师全国统一考试全科考试合格证书。

(四)注册登记

根据《注册会计师法》的规定，注册会计师考试全科成绩合格的，均可取得注册会计师资格。在政府、企业和其他经济单位工作的人员均可按规定在取得注册会计师资格后，申请加入注册会计师协会成为非执业会员，但不能执业。注册会计师依法执行业务，应当取得财政部统一制定的中华人民共和国注册会计师证书(以下简称注册会计师证书)。具备下列条件之一，并在中国境内从事审计业务工作两年以上者，可以向省级注册会计师协会申请注册：①参加注册会计师全国统一考试成绩合格；②经依法认定或者考核具有注册会计师资格。

申请注册者，如果有下列情形之一的，受理申请的注册会计师协会不予注册：①不具有完全民事行为能力的；②因受刑事处罚，自刑罚执行完毕之日起至申请注册之日止不满 5 年的；③因在财务、会计、审计、企业管理或者其他经济管理工作中犯有严重错误受行政处罚、撤职以上处分，自处罚、处分决定生效之日起至申请注册之日止不满两年的；④受吊销注册会计师证书的处罚，自处罚决定生效之日起至申请注册之日止不满 5 年的；⑤国务院财政部门规定的其他不予注册的情形的。

已取得注册会计师证书的人员，如果注册后出现下列情形之一的，准予注册的注册会计师协会将会对其撤销注册，收回注册会计师证书：①完全丧失民事行为能力的；②受刑事处罚的；③因在财务、会计、审计、企业管理或者其他经济管理工作中犯有严重错误受行政处罚、撤职以上处分的；④自行停止执行注册会计师业务满 1 年的。

注册会计师有下列情形之一的，由所在地的省级注册会计师协会注销注册：①依法被撤销注册，或者依法被吊销注册会计师证书的；②不在会计师事务所专职执业的。

中国注册会计师协会的外籍非执业会员符合条件者，可申请注册成为中国注册会计师。

二、注册会计师业务范围

我国《注册会计师法》规定，注册会计师依法承办审计业务和会计咨询、会计服务业务。注册会计师审计业务属于法定业务，非注册会计师不得承办。在审计业务中又包括以下四种：①审查企业会计报告；②验证企业资本；③办理企业合并、分立、清算事宜中的审计业务；④办理法律、行政法规规定的其他审计业务。通常会计咨询、会计服务业务包括代理记账、税务代理及管理咨询等业务。

从目前的发展趋势来看，会计师事务所的审计业务比重在日益下降，业务范围向多样化方向发展，非审计鉴证业务和相关服务的种类越来越多，如预测性财务信息审核、内部控制鉴证、风险管理鉴证、养老鉴证、系统鉴证、网誉认证等其他鉴证业务，以及代编信息、商定程序和税务咨询、管理咨询等相关服务。目前最显著的特征是，在全球范围内，会计师事务所的管理咨询服务得到了蓬勃发展，如前"四大"会计师事务所的管理咨询收入比重已经超过了审计服务的收入比重。因为随着经营环境的逐步改变，市场对拥有丰富经验和专业知识的注册会计师提出了更多的要求，而且由于审计业务已经趋于成熟，成长的空间有限，会计师事务所的发展必然需要拓展更广泛的业务领域。

在实务工作中，我国现阶段注册会计师的经营业务主要包括以下几个方面。

(1) 审计等鉴证业务。包括但不限于：审查企业财务报表；审计企业内部控制；验证企业资本；企业合并、分立、清算事宜中的审计业务；对医疗卫生机构、大中专院校及基金会等非营利性组织的财务报表进行审计；提供农村财务公开鉴证服务；提供企业社会责任履行、风险管理、信息系统、低碳减排、投资绩效、市场监督、体制改革、社会管理等方面的鉴证服务；基建预/决算鉴证审核；司法会计鉴定；法律、行政法规规定的其他审计鉴证业务。

(2) 会计咨询、会计服务业务。包括但不限于：设计会计制度；担任会计顾问；为企事业单位提供内部控制、战略管理、并购重组、资信调查、业绩评价、投资决策、政府购买服务等会计管理咨询服务；代理公司注册；代理报关；代理招投标；代理记账；代理企业进行市场调查、尽职调查、社会责任调查、职工社会保障调查；项目可行性研究和项目评价；培训财会人员；其他会计咨询与服务业务。

(3) 受托管理与事务所业务相关的工程造价、管理咨询、税务咨询等专业服务公司。

(4) 担任企业破产清算的管理人，提供破产管理相关事项的服务。

(5) 法律法规规定和委托人委托的其他业务。

三、注册会计师职业后续教育

由于市场经济的快速发展，企业的经济业务和经营管理日趋复杂，社会对注册会计师审计的期望也越来越高。为顺应这种需要，审计理论和方法也不断地向前发展，为此，注册会计师应不断地更新知识结构，提高专业素质和执业水平。如今，世界各主要国家都非常注重加强注册会计师职业后续教育，并制定了相应的职业后续教育准则。我国也于 1996 年颁布了注册会计师职业后续教育准则。

(一)职业后续教育的内容和形式

注册会计师职业后续教育的内容主要包括以下几个方面。

(1) 会计准则及国家其他有关财务会计法规。为了对被审计单位财务报表发表合理的审计意见，注册会计师必须熟悉企业会计准则及国家其他有关财务会计法规，包括企业会计准则及其具体准则、企业会计制度等。

(2) 独立审计准则和其他职业规范。为保证和提高注册会计师执业质量，中国注册会计师协会拟定和发布了一系列职业规范，具体包括独立审计准则、注册会计师职业道德基本准则、审计质量控制基本准则和注册会计师职业后续教育基本准则。这些职业规范是对注册会计师执业资格、执业行为的具体规定，注册会计师必须学习和掌握。

(3) 与执业有关的其他法规。主要指与注册会计师执业有关的经济法律、法规和规章，如《会计法》《注册会计师法》《公司法》《证券法》等法律以及国务院及其主管部门发布的行政法规和部门规章。

(4) 执业所需的其他知识与技能。为壮大会计师事务所规模，提高其业务收入，注册会计师在做好传统审计业务的同时，应当利用其专业优势不断扩展业务领域。因此，注册会计师需要了解并掌握多种知识及技能，如基建工程预决算、资产评估、投资咨询、管理咨询等。

注册会计师职业后续教育可以采取多种形式，例如：参加各级注册会计师协会举办或认可的专业培训、专业课程进修、专题研讨会；参加所在事务所的专业研讨与培训；公开出版专业著作或发表专业论文；承担专业课题研究并取得研究成果；个人专业学习与实务研究等。

(二)职业后续教育的组织和实施

职业后续教育由中国注册会计师协会及其地方组织负责组织和实施。

中国注册会计师协会的主要职责包括：制定全国性的职业后续教育制度和办法；组织全国性的职业后续教育活动；制定全国性年度职业后续教育大纲；组织全国性职业后续教育教材的编写与选定，以及组织全国性职业后续教育的考核与检查。

各地方注册会计师协会在其上级协会的指导下，根据职业后续教育准则及其他相关要求，组织和实施本地区的职业后续教育。其职责在于：制定本地区职业后续教育制度与办法；组织本地区职业后续教育活动；制定本地区年度职业后续教育大纲；组织本地区职业后续教育的考核与检查。

各会计师事务所也应根据职业后续教育准则和其他相关要求，合理地制订本事务所职业后续教育计划，并有效地组织本事务所注册会计师的后续教育工作。

(三)职业后续教育的检查和考核

为了有效地开展和落实注册会计师职业后续教育工作，准则中规定由中国注册会计师协会及其地方组织负责检查和考核注册会计师的职业后续教育情况。目前，中国注册会计师协会确定的时间标准为：执业会员每年接受职业后续教育的时间不得少于 40 学时，3 年累计不得少于 180 学时；每年接受脱产培训的时间不得少于 20 学时，3 年累计不得少于 120 学时。注册会计师如未能提供职业后续教育的有效记录或无故未达到职业后续教育要求，考核时将不予通过。

第二节 中国会计师事务所

注册会计师执行业务，应当加入会计师事务所。中国会计师事务所是依法设立并承办注册会计师业务的机构，其设立要由省、自治区、直辖市人民政府财政部门批准，并且需要依法纳税。

一、中国会计师事务所的组织形式

我国《注册会计师法》规定，不准设立个人独资会计师事务所，只批准设立有限责任会计师事务所和合伙会计师事务所。

(一)有限责任会计师事务所

注册会计师可以发起设立有限责任会计师事务所。有限责任会计师事务所是指由注册会计师出资发起设立、承办注册会计师业务并负有限责任的社会中介机构。在以有限责任方式设立的情况下，会计师事务所以其全部资产对其债务承担有限责任，会计师事务所的出资人以其出资额为限承担责任。现阶段，在我国设立有限责任会计师事务所须同时符合下列条件：①不少于三十万元的注册资本；②有一定数量的专职从业人员，其中至少有五名注册会计师；③国务院财政部门规定的业务范围和其他条件。

(二)合伙会计师事务所

会计师事务所可以由注册会计师合伙设立。合伙设立的会计师事务所的债务，由合伙人按照出资比例或者协议的约定，以各自的财产承担责任。合伙人对会计师事务所的债务承担连带责任。申请设立小型会计师事务所，原则上应当采用普通合伙组织形式，合伙人依法对合伙企业债务承担无限连带责任。小型会计师事务所是指规模较小、主要提供相关专项服务的会计师事务所。

(三)特殊普通合伙会计师事务所

为了贯彻落实《国务院办公厅转发财政部关于加快发展我国注册会计师行业若干意见的通知》(国办发〔2009〕56 号)，推动大中型会计师事务所采用特殊普通合伙组织形式，促进我国会计师事务所做大做强，财政部于 2010 年 7 月 21 日印发财会〔2010〕12 号文件《关于印发〈财政部工商总局关于推动大中型会计师事务所采用特殊普通合伙组织形式的暂行规定〉的通知》。文件要求大型会计师事务所应当于 2010 年 12 月 31 日前转制为特殊普通合伙组织形式；鼓励中型会计师事务所于 2011 年 12 月 31 日前转制为特殊普通合伙组织形式。

采用特殊普通合伙组织形式的会计师事务所，一个合伙人或者数个合伙人在执业活动中因故意或者重大过失造成合伙企业债务的，应当承担无限责任或者无限连带责任，其他合伙人以其在合伙企业中的财产份额为限承担责任。合伙人在执业活动中非因故意或者重大过失造成的合伙企业债务以及合伙企业的其他债务，由全体合伙人承担无限连带责任。

■ 知识链接 2-1

国外会计师事务所的组织形式

从世界范围来看，会计师事务所的组织形式包括独资制、普通合伙制、有限责任合伙制和股份有限公司制等。

（1）独资制。独资制会计师事务所是指注册会计师个人独立开办的事务所，其特点是个人出资并承担无限责任，能适应中小企业代理记账、税务代理等一般性需要，但难以承接综合业务，因此制约了其长远发展。

（2）普通合伙制。即由两位或多位注册会计师合伙设立的会计师事务所，其特点是多人共同出资，并以各自财产对合伙事务所债务承担无限责任。由于利益共享，能有效扩展业务、扩大规模。但是任何合伙人的执业行为都会影响整个事务所的生存和发展，因而风险较大。

（3）有限责任合伙制。即多个合伙人通过设立有限责任公司的方式来组建事务所，其显著特点是事务所以其资产对债务承担有限责任，但各合伙人对个人执业行为承担无限责任。该方式结合了普通合伙制与独资制会计师事务所的优点，既能壮大会计师事务所规模，又能促进注册会计师关注审计风险，因而得到了国际注册会计师职业界的认可。

（4）股份有限公司制。即通过设立股份有限公司的方式组建事务所。它的特点是执业的注册会计师认购事务所股份，并以其股份为限对本所债务承担有限责任。该方式能迅速扩大事务所规模，业务扩展较快。但是，由于风险均摊，不利于注册会计师关注职业风险。

二、中国会计师事务所的组织结构

会计师事务所的组织结构是其内部管理机构的组成形式。一个科学合理的组织结构，能便于会计师事务所的日常管理，提高工作效率和工作质量。我国会计师事务所的组织结构大致有两种，即所长负责制和董事会领导下的主任会计师负责制。在实行所长负责制的事务所里，所长对本所工作负全面责任，副所长协助所长工作；事务所可根据需要设置若干业务部门，分别负责不同的工作；主任会计师负责业务承接、人员安排、督促检查和报告初审等日常工作。在实行董事会领导下的主任会计师负责制的会计师事务所里，董事会为事务所最高权力机构，主任会计师负责日常业务，在机构设置上，因事务所规模、业务特点不同而有所差别。

合伙会计师事务所在其机构设置上有以下特征：一是可以设立有限责任合伙人；二是可以设立合伙人管理委员会，而合伙人管理委员会由若干主要合伙人组成。管理委员会推举其中一名合伙人担任负责人。管理委员会负责人即为会计师事务所负责人。不设立合伙人管理委员会的合伙会计师事务所，可由全体合伙人对会计师事务所的重大问题集体作出决定，并推举主任会计师一人担任会计师事务所负责人，主任会计师必须由合伙人担任。

无论哪种类型的会计师事务所，其内部工作人员的分工都大体一致，即实行主任会计师(或所长、总经理)、部门经理、项目经理(或业务经理)三级管理制度。其中，主任会计师全面负责事务所工作，处理和决定所有重大事项；部门经理负责处理和决定本部门审计或咨询业务的业务接洽、质量管理、人员安排、指导和复核及其他重要事项；项目经理负责委派本项目小组的具体工作、检查助理人员工作底稿及工时记录、拟订各种审计方案和计划、就审计或咨询工作中的问题与客户进行协调等。

■ 知识链接 2-2

国外会计师事务所的组织结构

国外会计师事务所的组织结构比较复杂，因会计师事务所的类型不同而各具特点，但以合伙会计师事务所最为典型。合伙会计师事务所人员构成通常包括合伙人、部门经理、高级会计师、聘任会计师。其中，合伙人负责联络主要委托人，对审计工作结果作最终审核，批复审计收费，签发审计报告并对与审计报告相关的一切事项负最终责任；部门经理负责与委托人就审计报告或审计工作中发生的问题进行协商，直接监督和管理审计工作，详细审核审计工作底稿，向客户发出收费通知等；高级会计师直接负责拟订审计工作计划，指导聘任会计师的审计工作，对聘任会计师的工作进行复核；聘任会计师协助高级会计师拟订部分审计计划，直接负责被分派审计任务的外勤工作。

三、中国会计师事务所的业务承接

会计师事务所受理业务，不受行政区域、行业的限制，但是法律、行政法规另有规定的除外。

在我国，注册会计师不能以个人名义承办业务，而必须由会计师事务所统一接受委托。接受委托时，在业务约定书中应明确承办业务的种类、范围以及双方的责任，以避免客户对注册会计师所履行职责的误解。然后，再根据业务的性质选派合适的注册会计师担任该项工作，并制订审计计划。注册会计师在提供审计服务时，为了实现审计目标，应依照具体情况，不断修订审计计划。完成审计工作，应出具审计报告。为了明确责任，除了应由注册会计师本人签署审计意见外，审计报告上还必须加盖会计师事务所的公章。承办业务时，由会计师事务所按照收费标准统一收费。

事务所在承办业务时，注册会计师可以根据需要查阅委托人的有关会计资料和文件，查看委托人的业务现场和设施，要求委托人提供其他必要的协助。但是，注册会计师不得有下列行为：①在执行审计业务期间，在法律、行政法规规定不得买卖被审计单位的股票、债券或者不得购买被审计单位或者个人的其他财产的期限内，买卖被审计单位的股票、债券或者购买被审计单位或者个人所拥有的其他财产；②索取、收受委托合同约定以外的酬金或者其他财物，或者利用执行业务之便，谋取其他不正当的利益；③接受委托催收债款；④允许他人以本人名义执行业务；⑤同时在两个或者两个以上的会计师事务所执行业务；⑥对其能力进行广告宣传以招揽业务；⑦违反法律、行政法规的其他行为。

■ 知识链接 2-3

国际四大会计师事务所

在会计师事务所前冠以"国际"两字，主要原因包括：①这些会计师事务所为世界上大部分大型跨国公司提供以审计业务为主的专业服务；②这些会计师事务所雇用的注册会计师来自世界各个国家；③这些会计师事务所被认为是除国际财团以外的另一重要经济力量。

国际会计师事务所是世界先进民间审计组织的典型代表。这些国际会计师事务所是由若干中小型会计师事务所逐步扩充发展而成的。20 世纪 40 年代以后，作为这些国际会计师事务所前身的几个中小事务所，以办理企业的破产、合并业务和为跨国公司提供审计服务为契机，扩大了其在世界上的影响。由于业务量增多，它们一方面在世界各地设立分支机构；另一方面兼并其他会计公司，走上了扩充之路。当今活跃在国际民间审计舞台上的主要是由英、美两国主宰的声名赫赫的国际四大会计师事务所，它们几乎垄断了世界上所有大型企业的审计业务。目前，国际四大会计师事务所分别为德勤(Deloitte Touche Tohmatsu，DDT)、普华永道(Price Waterhouse Coopers，PWC)、安永(Ernst & Young，E&Y)和毕马威(Klynveld Peat Marwick Goerdeler，KPMG)。

第三节　中国注册会计师协会

中国注册会计师协会是注册会计师行业的全国组织，依法取得社会团体法人资格。其宗旨是服务、监督、管理和协调，即以诚信建设为主线，服务协会会员，监督会员执业质量和职业道德，依法实施注册会计师行业管理，协调行业内外部关系，维护社会公众利益和会员合法权益，促进行业科学发展。中国注册会计师协会依法接受财政部和民政部的监督与指导，依据《注册会计师法》和《中国注册会计师协会章程》行使职责。

一、中国注册会计师协会的职责

中国注册会计师协会的主要职责有：审批和管理协会会员，指导地方注册会计师协会办理注册会计师注册；拟订注册会计师执业准则、规则，监督、检查实施情况；组织对注册会计师的任职资格、注册会计师和会计师事务所的执业情况的年度检查；制定行业自律管理规范，对会员违反相关法律法规和行业管理规范的行为予以惩戒；组织实施注册会计师全国统一考试；组织、推动会员培训和行业人才建设工作；组织业务交流，开展理论研究，提供技术支持；开展注册会计师行业宣传；协调行业内、外部关系，支持会员依法执业，维护会员合法权益；代表中国注册会计师行业开展国际交往活动；指导地方注册会计师协会工作；承担法律、行政法规规定和国家机关委托或授权的其他有关工作。

二、中国注册会计师协会会员

(一)会员种类

中国注册会计师协会的会员分为团体会员和个人会员。依法批准设立的会计师事务所是中国注册会计师协会的团体会员。凡参加注册会计师全国统一考试全科合格并经申请批准者和依照规定原考核取得会员资格者，为中国注册会计师协会个人会员。个人会员分为执业会员和非执业会员。其中，依法取得中国注册会计师执业证书的，为执业会员。对注册会计师行业作出重大贡献的境内外有关知名人士，经有关方面推荐，由理事会批准，可授予名誉会员称号。符合中国注册会计师协会规定条件的个人会员，经理事会批准，可授予资深会员称号。

(二)个人会员的权利和义务

1. 个人会员的权利

中国注册会计师协会个人会员享有下列权利。

(1) 协会的选举权和被选举权。

(2) 对协会给予的惩戒提出申诉。

(3) 参加协会举办的学习和培训活动。

(4) 参加协会举办的有关专业研究和经验交流活动。

(5) 获得协会提供的有关资料。

(6) 通过协会向有关方面提出意见和要求。

(7) 监督协会工作,提出批评和建议。

(8) 监督协会的会费收支。

(9) 依照规定申请退出协会。

2. 个人会员的义务

中国注册会计师协会个人会员应当履行下列义务。

(1) 遵守协会章程。

(2) 执行协会决议。

(3) 遵守会员职业道德守则。

(4) 遵守协会纪律。

(5) 接受协会的监督、管理。

(6) 按规定交纳会费。

(7) 完成规定的继续教育。

(8) 自觉维护注册会计师职业声誉,维护会员间的团结。

(9) 承担协会委托的任务。

中国注册会计师协会执业会员除应当履行规定的义务外,还应当履行遵守执业准则、规则的义务。会员拒不履行义务的,以及不再具备会员资格的,理事会可劝其退会或予以除名。

三、中国注册会计师协会权力机构和常设办事机构

(一)权力机构

协会最高权力机构为全国会员代表大会。全国会员代表大会每 5 年举行 1 次,必要时,由协会理事会决定延期或提前举行。延期召开全国会员代表大会的期限不得超过 1 年。全国会员代表大会的代表采取选举、协商和特邀的办法产生,其产生办法由上一届理事会决定。全国会员代表大会的职权包括:制定、修改协会章程;选举协会理事;讨论决定协会工作方针和任务;审议、批准协会理事会的工作报告;制定、修改会费管理办法;审议理事会提请全国会员代表大会审议的其他事项。

全国会员代表大会选举理事若干人组成协会理事会。每届理事会任期 5 年,理事可以

连选连任。理事会会议每年举行 1 次，必要时，可以提前或推迟召开。理事会对全国会员代表大会负责，其职权包括：提议召开全国会员代表大会；选举协会常务理事会成员；选举协会领导成员；聘任协会常设执行机构领导成员；增补或更换协会理事；审议协会常设执行机构职能部门的设置；审议、批准协会常设执行机构的年度工作报告；审议、批准协会的年度会费收支报告；审议、批准下一届全国会员代表大会代表产生办法；审议、批准下一届理事会理事产生办法；批准授予协会名誉会员和资深会员称号；其他应由理事会办理的事项。

理事会全体会议选举名誉会长、名誉理事若干人，选举会长 1 人，副会长若干人，常务理事若干人。常务理事会于理事会闭会期间行使理事会职权；会长代表协会，召集、主持理事会和常务理事会会议，并监督、检查其决议的贯彻实施；副会长协助会长工作。

(二)常设执行机构

协会所设的秘书处是协会的常设执行机构。秘书处负责具体落实协会会员代表大会、理事会、常务理事会的各项决议、决定，承担协会的日常工作。协会设秘书长 1 人、副秘书长若干人。秘书长和副秘书长由财政部推荐，理事会表决通过。秘书长为协会的法定代表人。秘书长主持秘书处日常工作，副秘书长协助秘书长工作。秘书处各职能部门的设置，由秘书长提出方案，经理事会审议后，报财政部批准。

目前，秘书处设有 14 个职能部门，包括办公室、考试部(财政部注册会计师考试委员会办公室)、注册部、继续教育部、业务监管部、专业标准与技术指导部、研究发展部、国际及港澳台事务部、财务部、期刊编辑部、信息技术部、人事部、党委办公室和服务部。

(三)专门委员会与专业委员会

理事会设若干专门委员会。专门委员会是理事会履行职责的专门工作机构，对理事会负责。目前，理事会下设有 12 个专门委员会，包括战略委员会、行业信息化委员会、审计准则委员会、职业道德准则委员会、财务委员会、惩戒委员会、申诉与维权委员会、教育培训委员会、注册管理委员会、执业责任鉴定委员会、会计师事务所内部治理指导委员会和《中国注册会计师》编辑委员会。

目前，理事会下设有 1 个专业委员会，即专业技术指导委员会，负责处理行业发展中的专业技术问题，对理事会负责。

各专门委员会、专业委员会的设置、调整、具体职责和运作规则，以及委员的聘任和解聘，由秘书长提出方案，理事会批准。

(四)地区注册会计师协会

各省、自治区、直辖市注册会计师协会是中国注册会计师协会的地方组织，其章程由当地会员代表大会依法制定，并报协会和当地政府主管行政机关备案。

省、自治区以下成立注册会计师协会，须经省级注册会计师协会批准，报中国注册会计师协会备案，其组织运行、职责权限，依照国家法律、行政法规及所在地省级协会的规定办理。

第四节 中国注册会计师的行业管理

在现代市场经济条件下，注册会计师行业在维护社会经济秩序、保护公众和投资者权益中发挥着越来越重要的作用。因此，加强对注册会计师的行业管理显得十分必要。近年来，我国颁布了一系列的法律法规，以加强对注册会计师行业的监管。同时，财政部等行政管理部门也不断发挥其对注册会计师行业的管理职能。此外，各级注册会计师协会也不断加强行业的自我管理。内外部管理双管齐下，有力地保障和促进了我国注册会计师行业的健康发展。

一、外部管理

(一)法律规范

在诸多的法律法规中，《注册会计师法》是我国注册会计师行业管理的主要法律。该法规定了注册会计师考试与注册、注册会计师业务范围和规则、会计师事务所管理、行业协会以及法律责任等内容。在我国，会计师事务所和注册会计师执行审计业务、政府有关部门及行业协会对注册会计师行业实施管理必须遵守该法的规定。

(二)行政管理

我国有权对注册会计师行业进行行政管理的部门主要有财政部门、工商税务部门和中国证监会。各部门的主要职责为：①国务院财政部门和省级人民政府财政部门，负责对注册会计师行业进行监督和指导，包括对注册会计师和会计师事务所的执业行为进行监督和收费管理，对注册会计师和会计师事务所执业过程中的违法和违规行为进行相应的处罚；②工商行政管理部门，可以依法对会计师事务所进行工商登记，对其业务范围进行监督；③税务部门，主要是对会计师事务所进行税务登记、税款征收和管理工作；④证监会，可会同财政部对注册会计师和会计师事务所从事证券、期货相关业务实施管理和监督，包括对注册会计师和会计师事务所从事证券、期货相关业务的资格确认，对其执业行为进行监督、检查等。

二、行业自我管理

我国注册会计师行业自我管理的组织是各级注册会计师协会。中国注册会计师协会是注册会计师行业的全国性组织，省级注册会计师协会是其地方组织。在国务院财政部门的领导下，中国注册会计师协会通过制定独立审计准则和其他职业规范，组织注册会计师考试与培训，规范注册会计师的执业行为，提高独立审计工作的质量，有力地维护了独立审计职业的声誉，促进了独立审计事业的快速健康发展。当然，随着社会经济的不断发展，审计环境也会不断变化，作为行业自律组织的注册会计师协会也必须进行相应的改革和完善，以更好地发挥其行业自律职能，为社会主义市场经济发展服务。

■ 知识链接 2-4

世界各国注册会计师行业管理体制的类型

根据各国政府介入程度的不同，注册会计师的行业管理体制基本上可以分为三类。

1. 政府干预型

政府干预型的管理体制是指在发挥注册会计师行业自我管理的基础上，对政府部门具有较大的影响和作用的管理体制。目前，实行政府干预型管理体制的国家主要有日本、德国、荷兰、瑞典、法国、意大利等。在这种体制下，政府部门通过制定一系列法律法规来强化注册会计师的行业管理和监督，能够有效地对国民经济实施宏观调控。行业组织通过与政府部门的相互合作，制定和执行合理有效的执业规范，保证和提高注册会计师的执业质量，维护职业声誉。

2. 行业自律型

行业自律型管理体制是指政府在注册会计师行业管理中较少发挥作用，主要依靠行业自我管理的管理体制。实行这种管理体制的国家主要有美国、加拿大、英国、澳大利亚、阿根廷等。在这种体制下，由会计职业组织直接根据审计环境和审计实务的发展，制定相应的准则和规章，来规范和约束注册会计师的执业行为，保证注册会计师的执业质量，推动注册会计师行业的公平竞争，因而能够有效地促进注册会计师行业的发展。其局限性在于管理力度不如政府干预型管理体制的管理力度大，特别是难以有效地处理违规会计师事务所，在一定程度上制约了行业的稳步发展。

3. 政府干预与行业自律结合型

政府干预与行业自律结合型管理体制是指在注册会计师行业管理中，政府管理与行业自我管理并重的管理体制，以我国最为典型。在该体制下，国家通过立法规范注册会计师行业，有关政府部门发布行政性规章和命令对注册会计师行业进行管理和监督。同时，也充分发挥注册会计师协会的职能，对注册会计师实行行业管理，引导和促进独立审计事业的发展。

本 章 小 结

为了促进注册会计师行业的健康发展，必须加强对注册会计师的管理。注册会计师考试和注册制度是注册会计师管理的重要内容之一。注册会计师审计业务是注册会计师的法定业务，但不是唯一可以承办的业务。为了胜任承办的业务，注册会计师要不断地接受继续教育。注册会计师执行业务，应当加入会计师事务所。我国《注册会计师法》规定，不准设立个人独资会计师事务所，只批准设立有限责任会计师事务所和合伙会计师事务所。科学合理的组织结构有助于提高事务所的工作效率和工作质量。我国会计师事务所的组织结构大致有两种，即所长负责制和董事会领导下的主任会计师负责制。为了降低审计风险以及维护正常的市场秩序，必须由会计师事务所统一承接业务。无论是团体会员还是个人会员，在执业的过程中都要接受中国注册会计师协会的监督和指导。除了行业自律，注册会计师行业还要受到相关法律的约束和有关政府部门的监管。

复习思考题

1. 中国注册会计师可以承办哪些业务？
2. 不同组织形式的会计师事务所各有什么特点？在我国，为何不允许个人设立独资会计师事务所？
3. 在我国，为何不允许注册会计师以个人名义承办业务？
4. 中国注册会计师协会有哪些职责？
5. 中国注册会计师行业管理体制是什么样的？

自测与技能训练

(一)单项选择题

1. 下列各项中，不属于会计咨询、会计服务业务的是(　　)。
  A. 审阅中期财务报表　　　　　　　B. 代理记账
  C. 管理咨询　　　　　　　　　　　D. 税务代理

2. 我国会计师事务所的组织形式不包括(　　)。
  A. 独资公司　　　　　　　　　　　B. 普通合伙会计师事务所
  C. 有限责任会计师事务所　　　　　D. 特殊普通合伙会计师事务所

3. 下列各项中，能够成为中国注册会计师协会团体会员的是(　　)。
  A. 会计师事务所　　　　　　　　　B. 5名以上注册会计师组成的科研团体
  C. 高等科研院校的相关机构　　　　D. 境外会计师组织

4. 经过考试合格的中国公民，如果要申请成为执业注册会计师必须(　　)并符合其他有关条件的要求。
  A. 加入会计师事务所和具有2年以上的工作经验
  B. 加入会计师事务所且工作2年以上
  C. 加入会计师事务所、资产评估事务所且工作2年以上
  D. 加入会计师事务所且有2年以上独立审计工作经验

5. 在我国，注册会计师以个人名义承办审计业务(　　)。
  A. 必须取得所在会计师事务所的授权
  B. 必须与所在会计师事务所签订委托合同，并接受会计师事务所的业务监督
  C. 必须注册一家独资会计师事务所
  D. 在任何情况下，都不被允许

6. 我国注册会计师行业管理体制属于(　　)。
  A. 政府干预型　　　　　　　　　　B. 行业自律型
  C. 政府干预与行业自律结合型　　　D. 其他类型

7. 中国注册会计师协会的最高权力机构是(　　)。
  A. 财政部　　　　　　　　　　　　B. 中国注册会计师协会会员代表大会

C. 中国注册会计师协会理事会 　　　D. 中国注册会计师协会秘书处

8. 有权批准会计师事务所成立的机构是(　　)。

A. 中国注册会计师协会

B. 工商部门

C. 审计署

D. 省级财政部门

9. 下列人员中,可以申请免予专业阶段 1 个专长科目考试的是(　　)。

A. 具有会计工作经验的会计学教授　　B. 具有会计专业中级以上专业技术职称者

C. 会计专业学士学位获得者　　　　　D. 会计专业硕士学位获得者

10. 设立有限责任会计师事务所时,注册资本必须不少于人民币(　　)万元。

A. 5

B. 10

C. 15

D. 30

(二)多项选择题

1. 在我国,依法对注册会计师进行行政管理的部门包括(　　)。

A. 财政部门

B. 工商行政管理部门

C. 税务部门

D. 证券监督管理委员会

2. 下列各项中,属于会计咨询、会计服务业务的有(　　)。

A. 资产评估

B. 代理记账

C. 税务代理

D. 管理咨询

3. 我国有限责任会计师事务所的设立条件为(　　)。

A. 注册资本不少于人民币 30 万元　　B. 符合规定条件的发起人有 5 人以上

C. 有固定的办公场所　　　　　　　　D. 至少有 20 名专职从业人员

4. 具有下列(　　)条件的中国公民可以申请参加注册会计师全国统一考试。

A. 大学本科以上学历

B. 大专或大专以上学历

C. 会计及相关专业高级技术职称　　　D. 会计及相关专业中级或中级以上技术职称

5. 关于我国会计师事务所业务承接和承办的说法中,正确的有(　　)。

A. 以会计师事务所名义承接业务

B. 特殊情况下,可以以主任会计师的个人名义接受委托

C. 由会计师事务所按照收费标准统一收费

D. 出具审计报告时,只需注册会计师个人的签章

6. 下列各项中,属于注册会计师审计业务的有(　　)。

A. 企业中期财务报表审计

B. 验资

C. 资产评估

D. 税务代理

7. 下列说法中,正确的有(　　)。

A. 注册会计师执行业务,应当加入会计师事务所

B. 注册会计师全国统一考试办法,由国务院财政部门制定

C. 会计师事务所受理业务,受行政区域、行业的限制

D. 会计师事务所依法纳税

8. 事务所在承办业务时,注册会计师不得(　　)。

A. 接受委托催收债款

B. 允许他人以本人名义执行业务

  C. 同时在两个或者两个以上的会计师事务所执行业务

  D. 买卖被审计单位的股票或债券

9. 中国注册会计师协会个人会员享有的权利有(　　)。

  A. 协会的选举权和被选举权   B. 对协会给予的惩戒提出申诉

  C. 监督协会的会费收支   D. 遵守会员职业道德守则

10. 从世界范围来看,会计师事务所的形式包括(　　)。

  A. 独资制   B. 普通合伙制

  C. 有限责任合伙制   D. 股份有限公司

(三)判断题

1. 凡通过注册会计师全国统一考试,即全科合格,且加入会计师事务所者,即为注册会计师。(　　)

2. 注册会计师审计业务属于法定业务,非注册会计师不得承办。(　　)

3. 在我国,除非取得注册会计师证书,并加入一家会计师事务所,否则不能从事任何审计业务。(　　)

4. 合伙制会计师事务所,以其全部资产对债务人承担责任,而合伙人承担责任以其出资额为限。(　　)

5. 注册会计师不得为被审计单位提供代编会计报表等专业服务。(　　)

6. 凡受过刑事处罚、在经济领域中受过行政处罚和或撤职以上处分的人,一律不允许参加注册会计师全国统一考试。(　　)

7. 中国注册会计师协会依法拟订注册会计师执业准则、规则,报国务院财政部门批准后施行。(　　)

8. 会计师事务所可以根据自愿的原则加入中国注册会计师协会成为团体会员。(　　)

9. 财政部和各省级财政主管部门负责办理注册会计师的注册。(　　)

10. 注册会计师协会应当对注册会计师的任职资格和执业情况进行年度检查。(　　)

第三章

中国注册会计师的相关准则

第一节　中国注册会计师执业准则概述

一、注册会计师执业准则的作用

1. 执业准则的积极作用

具体来说，制定和实施注册会计师执业准则的积极作用如下。

(1) 为衡量和评价注册会计师执业质量提供了依据，从而有助于注册会计师执业质量的提高。

市场经济中，一项服务能否取信于社会，关键在于它的质量。审计和鉴证工作能否满足社会的需求和取信于社会，关键也在于其质量。由于审计和鉴证业务质量对维护责任方、社会公众的利益以及提高注册会计师职业的社会地位至关重要，被审计单位、社会公众和注册会计师职业界都需要一个衡量和评价注册会计师执业质量的标准，即执业准则。注册会计师执业准则对注册会计师执行业务应遵循的规范作了全面规定，既涵盖了鉴证业务和相关服务等业务领域，又为质量管理提供了标准。只要注册会计师遵照执业准则的规定执行业务，执业质量就有保证。

(2) 有助于规范审计工作和维护社会经济秩序。

市场经济的要素之一是平等，一切市场经济参与者都不能因权力、地位不同而形成差异。如果行政权力与经济交易结合在一起，就会破坏市场经济秩序，无法实现经济资源的合理配置。从一定意义上说，审计作为一种经济监督工作，其经济后果或多或少会使一部分人受益，又会使另一部分人受损，这种受益和受损的幅度需要加以限制，限制的手段便是执业准则。执业准则是审计工作自由度和统一度的平衡结果。建立了注册会计师执业准则，便确立了注册会计师的执业规范，进而使注册会计师在执行业务的过程中有章可循。注册会计师在执行业务的每一环节都有相应的依据和标准，这有助于规范注册会计师的行为，也有助于减小政策、程序和方法被选择的自由度，进而有助于规范审计工作和维护社会经济秩序。

(3) 有助于增强社会公众对注册会计师职业的信任。

执业准则为衡量和评价注册会计师执业质量提供了依据。过去几十年中，只要哪个国家正式颁布了执业准则，哪个国家的注册会计师职业声望就会大大地提高。这表明，制定和实施执业准则有助于增强社会公众对注册会计师职业的信任。

为了增强社会公众对注册会计师职业的信任，中国注册会计师执业准则体系强化了注册会计师的执业责任，细化了对注册会计师揭示和防范市场风险的指导。中国注册会计师执业准则体系的实施，大大提升了注册会计师的执业质量，也大大提升了会计师事务所的质量管理和风险防范的能力，进而大大提高了财务信息质量，降低了投资者的决策风险，维护了社会公众利益，实现了更有效的资源配置，推动了经济发展和保持了金融市场的稳定。

(4) 有助于维护会计师事务所和注册会计师的正当权益，使其免受不公正的指责和控告。

注册会计师的责任并非毫无限制，工作结果也不可能在任何条件下都绝对正确。执业准则中规定了注册会计师的工作范围，注册会计师只要能严格按照执业准则的要求执业，就算是尽到了职责。当审计委托人与注册会计师发生纠纷并将其诉诸法律时，执业准则就成为法官判明是非、划清责任界限的重要依据。

(5) 有助于推动审计与鉴证理论的研究和现代审计人才的培养。

执业准则是注册会计师实践经验的总结和升华，在制定的过程中，必然会激发各种理论的争论和探讨，从而带动审计与鉴证理论的研究。随着执业准则的制定、修订和实施，一些理论方面的争论就会消除，认识上和实践上的分歧就会趋于统一。执业准则颁布以后，审计学界仍然要围绕着如何实施准则和怎样达到准则的要求展开细致的工作和研究，不断改进和完善这些准则。因此，审计理论水平会随着执业准则的制定实施不断得以提高。注册会计师执业质量和理论水平的提高，无疑会带动审计教育水准的提高，这样必然会有助于培养现代化的审计人才，推动审计事业的进一步发展。

2. 执业准则的负面效应

任何事物都是矛盾的统一体，执业准则也不例外。执业准则有积极作用，也有消极作用。在充分认识执业准则积极作用的同时，探讨其可能带来的负面效应，对于正确理解和认识准则、合理运用准则是大有裨益的。执业准则的负面效应主要表现在以下几个方面。

(1) 执业准则可能导致僵化，人为缩小注册会计师职业判断的范围。
(2) 报告使用者往往认为依据执业准则审定的财务报表是确实可靠的。
(3) 执业准则可能源于社会或政治压力，致使注册会计师职业受到操纵。
(4) 执业准则可能抑制批评性思想和建设性思想的发展。
(5) 准则越多，注册会计师的执业成本越高。

二、中国注册会计师执业准则的制定历程

执业准则作为规范注册会计师执行业务的权威性标准，对提高注册会计师执业质量、降低执业风险和维护社会公众利益具有重要的作用，其在中国的建设经历了四个阶段。

1. 起步阶段(1980—1993 年)

1980 年，注册会计师行业恢复重建后不久，针对当时的审计验资业务，启动了执业标准的制定工作，并陆续出台了相关执业规则。随着中注协的成立，专业标准建设工作得到了高度重视，进入了快速发展时期。中注协设立了专业标准部，负责专业标准的研究制定工作。

从 1991 年到 1993 年，中注协先后发布了《注册会计师检查验证会计报表规则(试行)》等 7 个执业规则。这些执业规则对我国注册会计师行业走向正规化和专业化起到了积极作用。

2. 制定执业准则体系阶段(1994—2005 年)

1993 年 10 月 31 日，第八届全国人民代表大会常务委员会第四次会议通过《注册会计师法》，赋予中注协依法拟订执业准则、规则的职能。经财政部批准同意，中注协自 1994

年5月开始起草独立审计准则。

到2005年，中注协先后制定了6批独立审计准则，包括1个准则序言、1个独立审计基本准则、28个独立审计具体准则、10个独立审计实务公告、5个执业规范指南和3个相关基本准则(职业道德基本准则、质量控制基本准则和后续教育基本准则)，共计48个项目。

3. 与国际准则趋同阶段(2006—2010年)

为完善中国注册会计师执业准则体系，加速实现与国际审计与鉴证准则趋同，中国注册会计师协会遵循科学、民主和公开的准则制定程序，经过艰苦而卓有成效的工作，拟定了22项新准则，并对26项已颁布的准则进行了必要的修订和完善。这48个准则项目于2006年2月15日由财政部发布，自2007年1月1日起在所有会计师事务所施行。这些准则的发布，标志着我国已建立起一套适应社会主义市场经济发展要求并顺应国际趋同大势的中国注册会计师执业准则体系。

4. 与国际执业准则全面趋同阶段(2012年至今)

中国注册会计师审计准则体系自2007年正式实施以来，总体运行情况良好。但由于当前执业环境发生了重大变化，注册会计师面临一些新问题和新困难。同时，我国执业准则也需要和国际准则全面趋同。中国注册会计师协会2009年开始着手研究并启动中国注册会计师执业准则的修订工作。2010年11月1日，财政部发布了修订后的38项注册会计师执业准则。该执业准则自2012年1月1日起施行。

迄今为止，随着理论和实务的进一步发展，我国注册会计师执业准则一共有52项。在审计与鉴证准则的内容上，我国审计与鉴证准则体系充分采用了国际审计与鉴证准则所有的基本原则和核心程序，在审计的目标与原则、风险的评估与应对、审计证据的获取和分析、审计结论的形成和报告以及注册会计师职业责任的设定等所有重大方面，均与国际审计与鉴证准则保持一致。

三、中国注册会计师执业准则体系

2001年以来，针对国际资本市场一系列上市公司财务舞弊事件，国际审计准则制定机构改进了国际审计准则的制定机制和程序，强调以社会公众利益为宗旨，全面引入了风险导向审计的概念，全面提升了国际审计准则的质量。在充分借鉴国际审计准则的基础上，中国注册会计师协会根据我国实际情况以及考虑和国际准则趋同的需要，将"中国注册会计师独立审计准则体系"改进为"中国注册会计师执业准则体系"，以适应注册会计师业务多元化的需要。原审计准则体系包含了部分非审计业务准则，如《独立审计实务公告第5号——盈利预测审核》《独立审计实务公告第9号——对财务信息执行商定程序》《独立审计实务公告第10号——会计报表审阅》等，导致以审计准则的名义规范其他类型的业务。因此，新的注册会计师执业准则体系借鉴国际通行做法，将非审计业务准则从独立审计准则体系中分离出来，按照其业务性质冠以适当的名称。中国注册会计师执业准则体系如图3-1所示。

目前，我国注册会计师执业准则由51项注册会计师业务准则和2项会计师事务所质量管理准则构成。

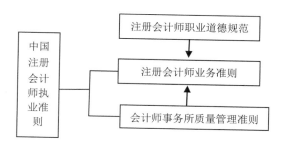

图 3-1 中国注册会计师执业准则体系

注册会计师业务准则是注册会计师在执行业务的过程中必须遵守的技术准则和技术规范，而会计师事务所质量管理准则是会计师事务所在执行各类业务活动中，为了降低风险而应当遵守的质量管理政策和程序，是对会计师事务所质量管理提出的制度要求。

注册会计师在执行各类业务的过程中，要受到"职业道德规范"和"会计师事务所质量管理准则"的双重约束。将"注册会计师职业道德规范"单列出来，强调了注册会计师在执业的过程中遵守职业道德的必要性和重要性。

第二节　中国注册会计师业务准则

一、中国注册会计师业务准则体系的构成

中国注册会计师业务准则体系如图 3-2 所示。

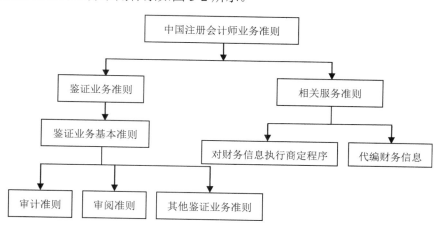

图 3-2 中国注册会计师业务准则体系

我国注册会计师业务准则体系的构成如下。
(1) 中国注册会计师鉴证业务基本准则(1 项)。
(2) 中国注册会计师审计准则(45 项)。
(3) 中国注册会计师审阅准则(1 项)。
(4) 中国注册会计师其他鉴证业务准则(2 项)。

(5) 中国注册会计师相关服务准则(2 项)。

鉴证业务准则是指注册会计师在执行鉴证业务的过程中所应遵守的职业规范,由鉴证业务基本准则统领。按照鉴证业务提供的保证程度和鉴证对象的不同,鉴证业务准则分为中国注册会计师审计准则、中国注册会计师审阅准则和中国注册会计师其他鉴证业务准则(以下分别简称为审计准则、审阅准则和其他鉴证业务准则)。其中,审计准则在鉴证业务准则体系中占据主体地位,也是注册会计师业务准则体系的核心。

审计准则是注册会计师在执行历史财务信息审计业务时所应遵守的职业规范。在提供审计服务时,注册会计师对所审计信息是否不存在重大错报提供合理保证,并以积极方式提出结论。

审阅准则是注册会计师在执行历史财务信息审阅业务时所应遵守的职业规范。在提供审阅服务时,注册会计师对所审阅信息是否不存在重大错报提供有限保证,并以消极方式提出结论。

其他鉴证业务准则是注册会计师在执行历史财务信息审计或审阅以外的其他鉴证业务时所应遵守的职业规范。注册会计师执行其他鉴证业务,根据鉴证业务的性质和业务约定的要求,提供有限保证或合理保证。

相关服务准则是注册会计师代编财务信息、执行商定程序和提供管理咨询等其他服务所应遵守的职业规范。在提供相关服务时,注册会计师不提供任何程度的保证。

二、中国注册会计师鉴证业务基本准则

《中国注册会计师鉴证业务基本准则》制定的目的在于规范注册会计师执行鉴证业务,明确鉴证业务的目标和要素,确定审计准则、审阅准则和其他鉴证业务准则适用的鉴证业务类型。该准则共 9 章 60 条,主要对鉴证业务的定义与目标、业务承接、鉴证业务的三方关系、鉴证对象、标准、证据和鉴证报告等鉴证业务的要素进行了阐述。注册会计师执行历史财务信息审计业务、历史财务信息审阅业务和其他鉴证业务时,应当遵守该准则以及依据该准则制定的审计准则、审阅准则和其他鉴证业务准则。

三、中国注册会计师审计准则

(一)审计准则的特点

1. 现有准则的体例提高了准则理解和执行的一致性

现有的审计准则体例表现在以下方面:①科学设定审计工作目标。每项准则都单设一章"目标",明确提出注册会计师执行该准则时应实现的目标,发挥"目标"对注册会计师审计工作的导向作用,体现了目标导向的审计准则制定原则。②明确审计工作要求。每项准则中都单设一章"要求"。"要求"是注册会计师实现目标的规定动作,统一以"注册会计师应当"来表述。③结构清晰,便于理解。现有的审计准则由五部分构成,即"总则""定义""目标""要求""附则"。这种结构解决了"要求"淹没在冗长的审计准则中的问题,有利于提高审计准则理解和执行的一致性,有利于监管机构开展更有针对性的监管。

2. 进一步强化风险导向审计思想

进一步强化风险导向审计思想，将风险导向审计理念全面贯彻到整套审计准则中。例如，对"关联方""审计会计估计(包括公允价值会计估计)和相关披露"和"对被审计单位使用服务机构的考虑"等准则，强化重大错报风险的风险识别、评估和应对，摆脱原来的审计程序导向思维；对"函证"和"分析程序"等准则，从风险识别、评估和应对的高度要求注册会计师考虑是否实施及如何实施这些程序；对"在审计报告中沟通关键审计事项"等特殊目的的审计报告类准则，在描述注册会计师所做审计工作时强调风险导向审计思想等。

3. 增强识别舞弊风险的有效性

对关联方、会计估计、公允价值和集团会计等舞弊高发领域，现有的审计准则既进一步明确了工作要求，又细化了对注册会计师的指导，要求注册会计师合理运用职业判断，按照风险导向审计的要求，识别、评估和应对这些领域的舞弊风险。现有审计准则体现了先进的实务经验，增强了注册会计师发现舞弊的能力，提高了审计的有效性。

4. 加强了与治理层的有效沟通

公司治理层和注册会计师在健全和完善公司治理结构中都扮演着重要的角色，两者在对管理层编制的财务报表进行监督方面具有共同的关注点。一方面，审计准则规范了治理层在监督财务报告方面的职责和作用，并对管理层与治理层在财务报告方面的职责作出明确区分；另一方面，审计准则要求注册会计师应就审计工作中遇到的重大困难、对被审计单位会计处理质量的看法、审计过程中发现的错报、违反法律法规行为和舞弊等情形及时与治理层沟通。同时，要求注册会计师向治理层和管理层通报在审计过程中识别出的、根据职业判断认为足够重要从而值得治理层和管理层各自关注的内部控制缺陷。

5. 增强了对小型企业审计的指导力度

现有的审计准则取消了原有的《中国注册会计师审计准则第 1621 号——对小型被审计单位审计的特殊考虑》，在每项应用指南中增加了"对小型被审计单位的特殊考虑"部分。这种做法将显著增强对小型被审计单位审计的指导力度，有效提高审计准则的适用性。

(二)现有审计准则的构成

中国注册会计师审计准则共包括 45 项，用于规范注册会计师执行历史财务信息的审计业务。审计准则涉及审计业务的一般原则与责任、风险评估与应对、审计证据、利用其他主体的工作、审计结论与报告、特殊领域审计六个方面。

1. 一般原则与责任

与"一般原则与责任"相关的准则共 9 项。表 3-1 中列示了相关准则的简称及准则对注册会计师提出的"要求"。

表 3-1　与"一般原则与责任"有关的审计准则

准　则	要　求
第 1101 号——注册会计师的总体目标和审计工作的基本要求 (共 6 章 38 条)	与财务报表审计相关的职业道德要求，职业怀疑，职业判断，审计证据和审计风险，按照审计准则的规定执行审计工作
第 1111 号——就审计业务约定条款达成一致意见 (共 4 章 21 条)	审计的前提条件，就审计业务约定条款达成一致意见，连续审计，审计业务约定条款的变更，业务承接时的其他考虑
第 1121 号——对财务报表审计实施的质量管理 (共 4 章 53 条)	管理和实现审计质量的领导责任，相关职业道德要求，客户关系和审计业务的接受与保持，业务资源，业务执行，监控与整改，对管理和实现高质量承担总体责任，审计工作底稿
第 1131 号——审计工作底稿 (共 4 章 20 条)	及时编制审计工作底稿，记录实施的审计程序和获取的审计证据，审计工作底稿的归档
第 1141 号——财务报表审计中与舞弊相关的责任 (共 5 章 52 条)	职业怀疑，项目组内部的讨论，风险评估程序和相关活动，识别和评估舞弊导致的重大错报风险，应对评估的由于舞弊导致的重大错报风险，评价审计证据，无法继续执行审计业务，书面声明，与管理层和治理层的沟通，向被审计单位之外的适当机构报告舞弊，审计工作底稿
第 1142 号——财务报表审计中对法律法规的考虑 (共 5 章 31 条)	注册会计师对被审计单位遵守法律法规的考虑，识别出或怀疑存在违反法律法规行为时实施的审计程序，对识别出的或怀疑存在的违反法律法规行为的沟通和报告，审计工作底稿
第 1151 号——与治理层的沟通 (共 4 章 24 条)	沟通的对象，沟通的事项，沟通的过程，审计工作底稿
第 1152 号——向治理层和管理层通报内部控制缺陷 (共 5 章 13 条)	注册会计师向治理层和管理层恰当通报在财务报表审计中识别出的内部控制缺陷
第 1153 号——前任注册会计师和后任注册会计师的沟通 (共 5 章 19 条)	接受委托前的沟通，接受委托后的沟通，发现前任注册会计师审计的财务报表可能存在重大错报时的处理，保密义务，审计工作底稿

■ 知识链接 3-1

审计准则的编号

在注册会计师执业准则体系中，准则编号由 4 位数组成。其中，千位数代表不同类别的准则："1"代表审计准则；"2"代表审阅准则；"3"代表其他鉴证业务准则；"4"代表相关服务准则；"5"代表质量管理准则。百位数代表某一类别准则中的大类。以审计准则为例，审计准则被分为 6 大类，分别用 1 至 6 表示。"1"代表一般原则与责任；"2"代表风险评估与应对；"3"代表审计证据；"4"代表利用其他主体的工作；"5"代表审计结论与报告；"6"代表特殊领域审计。十位数代表大类中的小类。个位数代表小类中的顺序号。例如，第 1151 号，千位数的"1"表示审计准则，百位数的"1"表示一般原则与责任，十位数的"5"表示与审计沟通有关，个位数的"1"表示某类审计沟通的序号。

2. 风险评估与应对

与"风险评估与应对"相关的准则共 6 项。表 3-2 中列示了相关准则的简称及准则对注册会计师提出的"要求"。

表 3-2　与"风险评估与应对"有关的审计准则

准　则	要　求
第 1201 号——计划审计工作 (共 4 章 12 条)	项目组关键成员的参与，初步业务活动，计划活动，审计工作底稿，首次审计业务的补充考虑
第 1211 号——通过了解被审计单位及其环境识别和评估重大错报风险 (共 5 章 36 条)	风险评估程序和相关活动，了解被审计单位及其环境，了解内部控制，识别和评估重大错报风险，审计工作底稿
第 1221 号——计划和执行审计工作时的重要性 (共 5 章 15 条)	计划审计工作时确定重要性和实际执行的重要性，审计过程中修改重要性，审计工作底稿
第 1231 号——针对评估的重大错报风险采取的应对措施 (共 5 章 31 条)	总体应对措施，进一步审计程序，控制测试，实质性程序，财务报表列报的恰当性，评价审计证据的充分性和适当性，审计工作底稿
第 1241 号——对被审计单位使用服务机构的考虑 (共 5 章 31 条)	了解服务机构提供的服务，应对评估的重大错报风险，审计报告
第 1251 号——评价审计过程中识别出的错报 (共 5 章 17 条)	累积识别出的错报，随着审计的推进考虑识别出的错报，沟通和更正错报，评价未更正错报的影响，书面声明，审计工作底稿

3. 审计证据

与"审计证据"相关的准则共 11 项。表 3-3 中列示了相关准则的简称及准则对注册会计师提出的"要求"。

表 3-3　与"审计证据"有关的审计准则

准　则	要　求
第 1301 号——审计证据 (共 4 章 15 条)	充分、适当的审计证据，用作审计证据的信息，选取测试项目以获取审计证据，审计证据之间存在不一致或对审计证据可靠性存有疑虑
第 1311 号——对存货、诉讼和索赔、分部信息等特定项目获取审计证据的具体考虑 (共 4 章 14 条)	存货，诉讼和索赔，分部信息
第 1312 号——函证 (共 5 章 24 条)	函证程序，管理层不允许寄发询证函，实施函证程序的结果，消极式函证，评价获取的审计证据
第 1313 号——分析程序 (共 5 章 8 条)	实质性分析程序，有助于形成总体结论的分析程序，调查分析程序的结果

准　则	要　求
第 1314 号——审计抽样 (共 5 章 25 条)	样本设计、样本规模和选取测试项目，实施审计程序，偏差和错报的性质与原因，推断错报，评价审计抽样结果
第 1321 号——审计会计估计(包括公允价值会计估计)和相关披露 (共 5 章 29 条)	风险评估程序和相关活动，识别和评估重大错报风险，应对评估的重大错报风险，实施进一步实质性程序以应对特别风险，评价会计估计的合理性并确定错报，与会计估计相关的披露，可能存在管理层偏向的迹象，书面声明，审计工作底稿
第 1323 号——关联方 (共 5 章 30 条)	风险评估程序和相关工作，识别和评估与关联方关系及其交易相关的重大错报风险，针对与关联方关系及其交易相关的重大错报风险的应对措施，评价识别出的关联方关系及其交易的会计处理和披露，书面声明，与治理层的沟通，审计工作底稿
第 1324 号——持续经营 (共 3 章 25 条)	风险评估程序和相关活动，评价管理层的评估，询问超出管理层评估期间的事项或情况，识别出事项或情况时实施追加的审计程序，审计结论，对审计报告的影响，与治理层沟通，严重拖延对财务报表的批准
第 1331 号——首次审计业务涉及的期初余额 (共 5 章 16 条)	审计程序，审计结论和审计报告
第 1332 号——期后事项 (共 4 章 20 条)	财务报表日至审计报告日之间发生的事项，注册会计师在审计报告日后至财务报表报出日前知悉的事实，注册会计师在财务报表报出后知悉的事实
第 1341 号——书面声明 (共 4 章 19 条)	提供书面声明的管理层，针对管理层责任的书面声明，其他书面声明，书面声明的日期和涵盖的期间，书面声明的形式，对书面声明可靠性的疑虑以及管理层不提供要求的书面声明

4. 利用其他主体的工作

与"利用其他主体的工作"相关的准则共 3 项。表 3-4 中列示了相关准则的简称及准则对注册会计师提出的"要求"。

表 3-4　与"利用其他主体的工作"有关的审计准则

准　则	要　求
第 1401 号——对集团财务报表审计的特殊考虑 (共 5 章 63 条)	责任，集团审计业务的承接与保持，总体审计策略和具体审计计划，了解集团及其环境、集团组成部分及其环境，了解组成部分注册会计师，重要性，针对评估的风险采取的应对措施，合并过程，期后事项，与组成部分注册会计师的沟通，评价审计证据的充分性和适当性，与集团管理层和集团治理层的沟通，审计工作底稿
第 1411 号——利用内部审计人员的工作 (共 4 章 37 条)	确定是否利用、在哪些领域利用以及在多大程度上利用内部审计的工作，利用内部审计工作，确定是否利用、在哪些领域利用以及在多大程度上利用内部审计人员提供直接协助，利用内部审计人员提供直接协助，审计工作底稿

续表

准 则	要 求
第 1421 号——利用专家的工作 （共 4 章 16 条）	确定是否利用专家的工作，审计程序的性质、时间安排和范围，专家的胜任能力、专业素质和客观性，了解专家的专长领域，与专家达成一致意见，评价专家的工作的恰当性，在审计报告中提及专家

5. 审计结论与报告

与"审计结论与报告"相关的准则共 6 项。表 3-5 中列示了相关准则的简称及准则对注册会计师提出的"要求"。

表 3-5 与"审计结论与报告"有关的审计准则

准 则	要 求
第 1501 号——对财务报表形成审计意见和出具审计报告 （共 4 章 46 条）	对财务报表形成审计意见，审计意见的类型，审计报告，与财务报表一同列报的补充信息
第 1502 号——在审计报告中发表非无保留意见 （共 4 章 31 条）	应当发表非无保留意见的情形，确定非无保留意见的类型，非无保留意见审计报告的格式和内容，与治理层的沟通
第 1503 号——在审计报告中增加强调事项段和其他事项段 （共 4 章 13 条）	审计报告中的强调事项段，审计报告中的其他事项段，与治理层的沟通
第 1504 号——在审计报告中沟通关键审计事项 （共 4 章 18 条）	确定关键审计事项，沟通关键审计事项，与治理层的沟通，审计工作底稿
第 1511 号——比较信息：对应数据和比较财务报表 （共 5 章 23 条）	审计程序；审计报告；对应数据；审计报告：比较财务报表
第 1521 号——注册会计师对其他信息的责任 （共 4 章 25 条）	获取其他信息，阅读并考虑其他信息，当似乎存在重大不一致或其他信息似乎存在重大错报时的应对，当注册会计师认为其他信息存在重大错报时的应对，当财务报表存在重大错报或注册会计师对被审计单位及其环境的了解需要更新时的应对，报告，审计工作底稿

6. 特殊领域审计

与"特殊领域审计"相关的准则共 10 项。表 3-6 中列示了相关准则的简称及准则对注册会计师提出的"要求"。

表 3-6 与"特殊领域审计"有关的审计准则

准 则	要 求
第 1601 号——审计特殊目的财务报表的特殊考虑 （共 5 章 16 条）	业务承接时的考虑，计划和执行审计工作时的考虑，形成审计意见和出具报告时的考虑
第 1602 号——验资 （共 5 章 36 条）	签订业务约定书，制订验资计划，实施审验程序和记录验资工作底稿以及验资报告

续表

准　则	要　求
第 1603 号——审计单一财务报表和财务报表特定要素的特殊考虑（共 5 章 20 条）	业务承接时的考虑，计划和执行审计工作时的考虑，形成审计意见和出具审计报告时的考虑
第 1604 号——对简要财务报表出具报告的业务（共 5 章 38 条）	业务的承接，程序，意见的具体表述方式，工作的时间安排和期后事项，载有简要财务报表及其报告的文件中的信息对简要财务报表出具的报告，限制报告的发送对象或使用或者提醒使用者关注编制基础，比较信息，与简要财务报表一同列报的未审计的补充信息，避免简要财务报表与注册会计师不当关联
第 1611 号——商业银行财务报表审计（共 7 章 56 条）	接受业务委托，计划审计工作，了解和测试内部控制，实质性程序，审计报告
第 1612 号——银行间函证程序（共 5 章 14 条）	询证函的编制与寄发，函证的内容，回函的评价
第 1613 号——与银行监管机构的关系（共 6 章 37 条）	商业银行治理层和管理层的责任，注册会计师的责任，注册会计师与银行监管机构的关系，协助完成特定监管任务时的补充要求
第 1631 号——财务报表审计中对环境事项的考虑（共 5 章 40 条）	实施风险评估程序时对环境事项的考虑，针对评估的重大错报风险实施审计程序时对环境事项的考虑，出具审计报告时对环境事项的考虑
第 1632 号——衍生金融工具的审计（共 12 章 66 条）	衍生金融工具及活动，管理层和治理层的责任，注册会计师的责任，了解可能影响衍生活动及其审计的因素，了解内部控制，控制测试，实质性程序，对套期活动的额外考虑，管理层声明，与管理层和治理层的沟通
第 1633 号——电子商务对财务报表审计的影响（共 7 章 34 条）	知识和技能的要求，对被审计单位电子商务的了解，识别风险，对内部控制的考虑，电子记录对审计证据的影响

四、中国注册会计师审阅准则

执业准则体系中只有一项审阅准则，即《中国注册会计师审阅准则第 2101 号——财务报表审阅》。该准则共 7 章 31 条，对审阅范围和保证程度、业务约定书、审阅计划、审阅程序和审阅证据、结论和报告等进行了重点说明，以规范注册会计师执行财务报表审阅业务。

五、中国注册会计师其他鉴证业务准则

其他鉴证业务准则共有两项，分别是《中国注册会计师其他鉴证业务准则第 3101 号——历史财务信息审计或审阅以外的鉴证业务》和《中国注册会计师其他鉴证业务准则第 3111 号——预测性财务信息的审核》。

《中国注册会计师其他鉴证业务准则第 3101 号——历史财务信息审计或审阅以外的鉴证业务》共 10 章 77 条，旨在规范注册会计师执行历史财务信息审计或审阅以外的其他鉴证业务。准则从承接与保持业务、计划与执行业务、利用专家的工作、获取证据、考虑期后事项、形成工作记录、编制鉴证报告和其他报告责任等方面对注册会计师执行其他鉴证业务作出了规定。

《中国注册会计师其他鉴证业务准则第 3111 号——预测性财务信息的审核》共 9 章 30 条，用于规范注册会计师执行预测性财务信息审核业务。该准则从保证程度、接受业务委托、了解被审核单位情况、涵盖期间、审核程序、列报和审核报告等方面进行了说明。

六、中国注册会计师相关服务准则

中国注册会计师执业准则体系中的相关服务准则共有两项，分别是《中国注册会计师相关服务准则第 4101 号——对财务信息执行商定程序》和《中国注册会计师相关服务准则第 4111 号——代编财务信息》，分别为注册会计师执行商定程序和代编财务信息这两项服务提供了指引。两项准则分别从"业务约定书""计划、程序与记录""报告"或"代编业务报告"等方面对注册会计师执行商定程序和代编财务信息业务进行了规范。注册会计师执行这两种相关服务都不受独立性约束，且对出具的报告不发表任何鉴证意见。

■ 知识链接 3-2

对财务信息执行商定程序和代编财务信息

1. 对财务信息执行商定程序

对财务信息执行商定程序是注册会计师对特定财务数据、单一财务报表或整套财务报表等财务信息执行与特定主体商定的具有审计性质的程序，并就执行的商定程序及其结果出具报告。

比如，审计客户债权债务账簿记得较为混乱，客户想把债权债务账目重新理顺一下，于是聘请注册会计师对应收账款做函证业务，而函证的时间和函证的对象是客户和注册会计师商定好的。该商定程序的目的很简单，就是客户要求注册会计师核对一下账目。此时，注册会计师对这项函证业务不提供任何程度的保证——不保证函证的结果没有问题。

需要注意以下几点：①注册会计师执行的程序是与特定主体协商确定的；②执行商定程序具有审计性质，但注册会计师不对商定程序发表任何鉴证意见；③业务报告仅限于特定主体使用，因而不要求注册会计师具有独立性(除非有额外要求)；④执行商定程序不是注册会计师的法定业务。

2. 代编财务信息

代编财务信息是注册会计师运用会计而非审计的专业知识和技能，代客户编制一套完整或非完整的财务报表，或代为收集、分类和汇总其他财务信息。

需要注意以下几点：①管理层对这些财务报表负责；②注册会计师不对代编财务信息提出鉴证结论，因而财务报表使用者不能依赖代编业务揭露可能存在的错误、舞弊以及违反法律法规行为；③准则不对执行代编业务的注册会计师提出独立性要求，但如果注册会计师不具有独立性，应当在代编业务报告中说明这一事实；④代编业务不是注册会计师的法定业务。

第三节 中国会计师事务所业务质量管理准则

健全完善的质量管理制度是保证会计师事务所及其人员遵守法律法规、中国注册会计师职业道德规范以及中国注册会计师业务准则的基础。中国注册会计师执业准则体系中包括三项质量管理准则,即《会计师事务所质量管理准则第 5101 号——业务质量管理》《会计师事务所质量管理准则第 5102 号——项目质量复核》和《中国注册会计师审计准则第 1121 号——对财务报表审计实施的质量管理》。前两者从会计师事务所层面进行规范,适用于包括财务报表审计、审阅、其他鉴证业务和相关服务业务;后者从审计项目层面进行规范,仅适用于财务报表审计业务。《会计师事务所质量管理准则第 5101 号——业务质量管理》是后两项准则的制定依据,本节仅对该准则的相关内容进行介绍。

《会计师事务所质量管理准则第 5101 号——业务质量管理》共 4 章 106 条,包括总则、定义、目标和要求(运用和遵守相关要求,质量管理体系,会计师事务所的风险评估程序,治理和领导层,相关职业道德要求,客户关系和具体业务的接受与保持,业务执行,资源,信息与沟通,监控和整改程序,网络要求或网络服务,评价质量管理体系,对质量管理体系的记录)。

一、定义

在《会计师事务所质量管理准则第 5101 号——业务质量管理》准则中,涉及以下相关术语。

1. 质量管理体系

质量管理体系是指会计师事务所设计、实施和运行的系统,旨在为以下方面提供合理保证:①会计师事务所及其人员按照法律法规和职业准则的规定履行职责,并根据这些规定执行业务;②会计师事务所和项目合伙人出具适合具体情况的业务报告。

2. 合理保证

合理保证是指高度、但非绝对的保证。

3. 外部检查

外部检查是指外部监管机构针对会计师事务所质量管理体系或者会计师事务所执行的业务开展的检查或调查。

4. 职业准则

职业准则是指执业准则和相关职业道德要求。其中,执业准则包括中国注册会计师鉴证业务基本准则、中国注册会计师审计准则、中国注册会计师审阅准则、中国注册会计师其他鉴证业务准则、中国注册会计师相关服务准则和会计师事务所质量管理准则。

5. 相关职业道德要求

相关职业道德要求是指注册会计师在执行财务报表审计业务、财务报表审阅业务、其他鉴证业务和相关服务业务时，应当遵守的职业道德原则和要求，包括独立性要求(如适用)。

6. 职业判断

就本准则而言，职业判断是指在职业准则框架下，运用相关知识、技能和经验，就会计师事务所质量管理体系设计、实施和运行作出的适当、知情的行动决策。

7. 业务工作底稿

业务工作底稿有时也称业务工作记录，是指执业人员对已执行的工作、获取的结果以及得出的结论作出的记录。

8. 上市实体

上市实体是指其股份、股票或债券在法律法规认可的证券交易所报价或挂牌，或在法律法规认可的证券交易所或其他类似机构的监管下进行交易的实体。

9. 网络

网络是指由多个实体组成，旨在通过合作实现下列一个或多个目的的联合体：①共享收益、分担成本；②共享所有权、控制权或管理权；③执行统一的质量管理政策和程序；④执行同一经营战略；⑤使用同一品牌；⑥共享重要的专业资源。

10. 网络事务所

对于某会计师事务所来说，网络事务所是指该会计师事务所所在网络中的其他会计师事务所或实体。

11. 服务提供商

就本准则而言，服务提供商是指会计师事务所外部的个人或组织，该个人或组织提供资源供会计师事务所质量管理体系利用或在执行业务时利用。服务提供商不包括会计师事务所所在的网络、网络事务所，也不包括网络中的其他组织或架构。

12. 人员

人员是指会计师事务所的合伙人和员工。其中，对于非合伙制会计师事务所，合伙人是指类似职位的人员。

13. 员工

员工是指合伙人以外的专业人员，包括会计师事务所的内部专家。

14. 项目组

项目组是指执行某项业务的所有合伙人和员工，以及为该项业务实施程序的所有其他人员，但不包括外部专家，也不包括为项目组提供直接协助的内部审计人员。

15. 项目合伙人

项目合伙人是指会计师事务所中负责某项业务及其执行，并代表会计师事务所在出具的报告上签字的合伙人。

16. 项目质量复核

项目质量复核是指在报告日或报告日之前，项目质量复核人员对项目组作出的重大判断及据此得出的结论作出的客观评价。

17. 项目质量复核人员

项目质量复核人员是指会计师事务所中实施项目质量复核的合伙人或其他类似职位的人员，或者由会计师事务所委派实施项目质量复核的外部人员。

二、目标

会计师事务所的目标是，针对所执行的财务报表审计业务、财务报表审阅业务、其他鉴证业务和相关服务业务，设计、实施和运行质量管理体系，为会计师事务所在下列方面提供合理保证：①会计师事务所及其人员按照适用的法律法规和职业准则的规定履行职责，并根据这些规定执行业务；②会计师事务所和项目合伙人出具适合具体情况的报告。

三、要求

(一)运用和遵守相关要求

会计师事务所应当遵守本准则的所有要求，除非由于会计师事务所或其业务的性质和具体情况，某些要求与本会计师事务所不相关。

对会计师事务所质量管理体系承担最终责任的人员(即主要负责人)，以及对会计师事务所质量管理体系承担运行责任的人员，应当了解本准则及应用指南的全部内容，以正确理解本准则的目标并恰当遵守其要求。

(二)质量管理体系

会计师事务所应当设计、实施和运行在全所范围内(包括分所或分部，下同)统一的质量管理体系。在设计、实施和运行质量管理体系时，会计师事务所应当运用职业判断，并考虑会计师事务所及其业务的性质和具体情况。会计师事务所应当建立并严格执行一体化管理机制，实现人事、财务、业务、技术标准和信息管理五方面的统一管理，对于合并的分所(或分部)也不应当例外。

在本准则的框架下，会计师事务所质量管理体系包括下列八个组成要素：①会计师事务所的风险评估程序；②治理和领导层；③相关职业道德要求；④客户关系和具体业务的接受与保持；⑤业务执行；⑥资源；⑦信息与沟通；⑧监控和整改程序。质量管理体系各组成要素应当有效衔接、互相支撑、协同运行，以保障会计师事务所能够积极有效地实施质量管理。

(三)会计师事务所的风险评估程序

会计师事务所应当设计和实施风险评估程序，以设定质量目标，识别和评估质量风险，并设计和采取应对措施以应对质量风险。

会计师事务所应当设定本准则明确规定的质量目标，以及会计师事务所认为对实现其质量管理体系的目标而言必要的其他质量目标。

会计师事务所应当识别和评估质量风险，为设计和采取应对措施奠定基础。

会计师事务所应当设计并采取应对措施，以应对质量风险。设计和采取应对措施的方式，应当根据并针对相关质量风险的评估结果及得出该评估结果的理由。会计师事务所采取的应对措施应当包括本准则明确规定的应对措施。

(四)治理和领导层

治理和领导层应当为质量管理体系的设计、实施和运行营造良好的环境，以为该体系提供支持。针对治理和领导层，会计师事务所应当设定下列质量目标：①会计师事务所在全所范围内形成一种质量至上的文化，树立质量意识；②会计师事务所领导层对质量负责；③会计师事务所领导层通过实际行动展示其对质量的重视；④会计师事务所领导层向会计师事务所人员传递质量至上的执业理念，培育以质量为导向的文化；⑤会计师事务所的组织结构以及对相关人员角色、职责、权限的分配是恰当的，能够满足质量管理体系设计、实施和运行的需要；⑥会计师事务所的资源(包括财务资源)需求有计划，并且资源的取得和分配能够保障会计师事务所履行其对质量的承诺。

会计师事务所应当建立健全质量管理领导框架。会计师事务所应当根据本所及业务的具体情况，设计适合本所的质量管理领导层框架，明确责任，并确保其切实有效地发挥作用。

会计师事务所领导层成员应当以身作则、率先垂范，带头遵守质量管理体系中的各项政策和程序，不得干扰项目组按照职业准则的要求执行业务、作出职业判断。

会计师事务所应当加强对合伙人晋升、培训、考核、分配、转入、退出的管理，体现以质量为导向的文化，确保合伙人能够按照质量管理体系的要求，切实履行其在质量管理方面的责任，防范业务风险。

会计师事务所应当加强对其员工(包括外部转入人员)晋升合伙人的管理，综合考虑拟晋升人员的执业理念、职业价值观、职业道德、专业胜任能力和执业诚信记录，建立以质量为导向的晋升机制，不得以承接和执行业务的收入或利润作为晋升合伙人的首要指标。会计师事务所应当针对合伙人晋升建立和实施质量一票否决制度。

会计师事务所应当在全所范围内统一进行合伙人考核和收益分配。会计师事务所对合伙人的考核和收益分配，应当综合考虑合伙人的执业质量、管理能力、经营业绩、社会声誉等指标，不得以承接和执行业务的收入或利润作为首要指标，不得直接或变相以分所、部门、合伙人所在团队作为利润中心进行收益分配。

(五)相关职业道德要求

针对相关人员按照相关职业道德要求(包括独立性要求)履行职责，会计师事务所应当设定下列质量目标：①会计师事务所及其人员充分了解规范会计师事务所及其业务的职业道德要求，并严格按照这些职业道德要求履行职责；②受职业道德要求约束的其他组织或人员，包括网络、网络事务所、网络或网络事务所中的人员、服务提供商，充分了解与其相关的职业道德要求，并严格按照这些职业道德要求履行职责。

针对相关职业道德要求，会计师事务所应当制定下列政策和程序：①识别、评价和应对对遵守相关职业道德要求的不利影响；②识别、沟通、评价和报告任何违反相关职业道德要求的情况，并针对这些情况的原因和后果及时作出适当应对；③至少每年一次向所有需要按照相关职业道德要求保持独立性的人员获取其已遵守独立性要求的书面确认。

(六)客户关系和具体业务的接受与保持

会计师事务所应当在客户关系和具体业务的接受与保持方面树立风险意识，确保项目风险评估真实、到位。对于在客户关系和具体业务的接受与保持方面具有较高风险的客户，会计师事务所应当设计和实施专门的质量管理程序，如加强与前任注册会计师的沟通、与相关监管机构沟通、访谈拟承接客户以了解有关情况、加强内部质量复核等。

会计师事务所应当制定政策和程序，针对客户关系和具体业务的接受与保持(如适用)，在全所范围内统一决策。对于会计师事务所认定存在高风险的业务，应当经质量管理主管合伙人(或类似职位的人员)或其授权的人员审批。在决策时，会计师事务所应当充分考虑相关职业道德要求、管理层和治理层(如适用)的诚信状况、业务风险以及是否具备执行业务必要的时间和资源，审慎作出承接与保持的决策。

(七)业务执行

针对业务执行，会计师事务所应当设定质量目标。

会计师事务所应当就项目质量复核制定政策和程序。

会计师事务所应当制定政策和程序，在全所范围内统一委派具有足够专业胜任能力、时间，并且无不良执业诚信记录的项目合伙人执行业务。

会计师事务所应当制定与内部复核相关的政策和程序，对内部复核的层级、各层级的复核范围、执行复核的具体要求以及对复核的记录要求等作出规定。

会计师事务所应当制定与解决意见分歧相关的政策和程序，包括下列方面：①明确要求项目合伙人和项目质量复核人员(如有)复核并评价项目组是否已就疑难问题或涉及意见分歧的事项进行适当咨询，以及咨询得出的结论是否得到执行；②明确要求在业务工作底稿中适当记录意见分歧的解决过程和结论，如果项目质量复核人员(如有)、项目组成员以外的其他人员参与形成业务报告中的专业意见，也应当在业务工作底稿中作出适当记录；③确保所执行的项目在意见分歧解决后才能出具业务报告。

会计师事务所应当制定与出具业务报告相关的政策和程序，要求业务报告在出具前，应当经项目合伙人、项目质量复核人员(如有)复核确认，确保其内容、格式符合职业准则的规定，并由项目合伙人及其他适当的人员(如适用)签署。

会计师事务所应当加强对业务报告签发过程的控制，委派专门人员负责对报告的签章进行严格管理。

会计师事务所应当制定政策和程序，以接受、调查、解决由于未能按照适用的法律法规、职业准则的要求执行业务，或由于未能遵守会计师事务所按照本准则要求制定的政策和程序，而引发的投诉和指控。

(八)资源

会计师事务所应当设定质量目标,以及时且适当地获取、开发、利用、维护和分配资源,支持质量管理体系的设计、实施和运行。

会计师事务所应当投入足够资源打造一支专业性强、经验丰富、运作规范的质量管理体系团队,以维持质量管理体系的日常运行。

会计师事务所应当建立与专业技术支持相关的政策和程序,配备具备相应专业胜任能力、时间和权威性的技术支持人员,确保相关业务能够获得必要的专业技术支持。

会计师事务所应当建立和运行完善的工时管理系统,确保相关人员投入足够的时间执行业务,并为业绩评价提供依据。

会计师事务所应当建立和完善与业务操作规程、业务软件等有关的指引,把职业准则的要求从实质上执行到位,避免执业人员仅简单勾画程序表格、未实质性执行程序、程序与目标不一致、程序执行不到位、业务工作底稿记录不完整等问题,确保执业人员恰当记录判断过程、程序执行情况及得出的结论。

(九)信息与沟通

针对获取、生成和利用与质量管理体系有关的信息,并及时在会计师事务所内部或与外部各方沟通信息,会计师事务所应当设定质量目标,以支持质量管理体系的设计、实施和运行。

(十)监控和整改程序

会计师事务所应当建立在全所范围内统一的监控和整改程序,并开展实质性监控,以实现相关质量目标。

会计师事务所应当设计和实施监控活动,包括定期和持续的监控活动,以为识别质量管理体系的缺陷奠定基础。

会计师事务所的监控活动应当包括对已完成项目的检查,并应当确定选择哪些项目和哪些项目合伙人进行检查。在每个周期内,对每个项目合伙人,至少选择一项已完成的项目进行检查。对承接上市实体审计业务的每个项目合伙人,检查周期最长不得超过三年。

会计师事务所应当评价发现的情况,以确定是否存在缺陷,包括监控和整改程序中的缺陷。会计师事务所应当根据对根本原因的调查结果,设计和采取整改措施,以应对识别出的缺陷。

会计师事务所应当制定政策和程序,针对监控中发现的缺陷的性质和影响,对相关人员进行问责。这种问责应当与相关责任人员的考核、晋升和薪酬挂钩。对执业中存在重大缺陷的项目合伙人,会计师事务所应当对其是否具备从事相关业务的职业道德水平和专业胜任能力作出评价。

(十一)网络要求或网络服务

如果会计师事务所属于某一网络,会计师事务所应当了解下列事项(如适用):①网络对会计师事务所质量管理体系的要求,包括要求会计师事务所实施或利用由该网络设计、提供或推行的资源或服务(即网络要求);②由网络提供的,供会计师事务所在设计、实施或运行其质量管理体系时选择实施或利用的服务或资源(即网络服务);③针对会计师事务所为执行网络要求或利用网络服务所采取的必要行动,会计师事务所应当承担的责任。

会计师事务所仍然应当对其质量管理体系负责,包括对设计、实施和运行该质量管理体系过程中作出的职业判断负责。会计师事务所不得因遵守网络要求或利用网络服务而违反本准则的规定。

(十二)评价质量管理体系

对质量管理体系承担最终责任的人员(即主要负责人)应当代表会计师事务所对质量管理体系进行评价。该评价应当以某一时点为基准,并且应当至少每年一次。

会计师事务所应当定期对下列人员进行业绩评价:①对质量管理体系承担最终责任的人员(即主要负责人);②对质量管理体系承担运行责任的人员;③对质量管理体系特定方面承担运行责任的人员。

在进行业绩评价时,会计师事务所应当考虑对质量管理体系的评价结果。

(十三)对质量管理体系的记录

会计师事务所应当对其质量管理体系进行记录。

会计师事务所应当就下列方面形成工作记录:①对质量管理体系承担最终责任的人员(即主要负责人)和对质量管理体系承担运行责任的人员各自的身份;②会计师事务所的质量目标和质量风险;③对应对措施的描述以及这些措施是如何应对质量风险的;④监控和整改程序。

会计师事务所应当规定质量管理体系工作记录的保存期限,该期限应当涵盖足够长的期间,以使会计师事务所能够监控质量管理体系的设计、实施和运行情况。如果法律法规要求更长的期限,应当遵守法律法规的要求。

本 章 小 结

执业准则作为规范注册会计师执行业务的权威性标准,对提高注册会计师执业质量、降低执业风险和维护社会公众利益具有重要的作用,其在我国的建设大体经历了四个阶段。到目前为止,我国注册会计师执业准则由53项具体准则构成,实现了与国际注册会计师执业准则的趋同。中国注册会计师执业准则由注册会计师业务准则和会计师事务所质量管理准则构成。注册会计师业务准则由鉴证业务准则和相关服务准则构成,而会计师事务所质量管理准则由业务质量管理准则和项目质量复核准则构成。鉴证业务准则由鉴证业务基本准则统领,按照鉴证业务提供的保证程度和鉴证对象的不同,分为审计准则、审阅准则和其他鉴证业务准则。其中,审计准则在鉴证业务准则体系中占据主体地位,也是注册会计师业务准则体系的核心。在本章中,对审计准则及事务所的业务质量管理准则的内容介绍得相对较多一些。受篇幅所限,在遵从准则原文内容的基础上,考虑到理论介绍的系统性,对涉及的准则内容进行了适度的节选和加工。

复习思考题

1. 注册会计师执业准则有哪些积极作用和消极作用？如何采取措施来应对注册会计师执业准则的负面效应？

2. 注册会计师业务准则与会计师事务所质量管理准则之间存在什么关系？

3. 注册会计师职业道德规范和注册会计师业务准则之间有什么关系？

4. 注册会计师在代编财务信息的过程中，是否要保证其编制出的财务报表在所有重大方面是公允的、合法的？

5. 注册会计师在执行商定程序或代编财务信息的过程中，是否需要遵守职业道德？

自测与技能训练

一、基础知识自测

(一)单项选择题

1. 中国注册会计师执业准则由( )负责拟订。

    A. 财政部   B. 中国注册会计师协会

    C. 审计署   D. 全国人民代表大会

2. 注册会计师执业准则体系的核心是( )。

    A. 审阅准则   B. 审计准则

    C. 其他鉴证业务准则   D. 相关服务准则

3. 鉴证业务准则由鉴证业务基本准则统领，按照鉴证业务提供的保证程度和鉴证对象的不同，不应包括( )。

    A. 中国注册会计师审计准则   B. 中国注册会计师审阅准则

    C. 中国注册会计师其他鉴证业务准则   D. 相关服务准则

4. 下列关于会计师事务所制定的质量监控和整改程序中，符合业务质量管理要求的是( )。

    A. 在每个周期内，对每个项目合伙人，至少选择一项已完成的项目进行检查

    B. 对承接上市实体审计业务的每个项目合伙人，检查周期最长不得超过4年

    C. 对执业中存在重大缺陷的项目合伙人，会计师事务所仅对其专业胜任能力作出评价

    D. 会计师事务所可以在全所范围内建立有差别的监控和整改程序

5. 下列有关事务所质量管理的表述中，不正确的是( )。

    A. 会计师事务所应当建立并严格执行一体化的管理机制

    B. 会计师事务所的质量管理体系工作记录应保存足够长的期限

    C. 不得以承接和执行业务的收入或利润作为晋升合伙人的首要指标

    D. 至少每半年一次向需要保持独立性的人员获取其已遵守独立性要求的书面确认

(二)多项选择题

1. 中国注册会计师业务准则体系是由(　　)构成的。
   A. 鉴证业务准则　　　　　　　　　　B. 职业道德规范
   C. 相关服务准则　　　　　　　　　　D. 质量管理准则

2. 制定和实施审计准则的积极作用主要表现在(　　)。
   A. 赢得社会公众的信任　　　　　　　B. 提高审计工作质量
   C. 维护审计组织和人员的合法权益　　D. 促进国际审计经验交流

3. 下列各项业务中,对注册会计师执业有独立性要求的有(　　)。
   A. 审计　　　　　　　　　　　　　　B. 审阅
   C. 内部控制审计　　　　　　　　　　D. 代编财务信息

4. 下列属于注册会计师相关服务的有(　　)。
   A. 审计　　　　　　　　　　　　　　B. 审阅
   C. 执行商定程序　　　　　　　　　　D. 代编财务信息

5. 针对业务执行,会计师事务所应当(　　)。
   A. 设定质量目标
   B. 就项目质量复核制定政策和程序
   C. 制定与内部复核相关的政策和程序
   D. 制定与解决意见分歧相关的政策和程序

(三)判断题

1. 中国注册会计师审计准则所规范的所有内容都属于法定要求,注册会计师在执行审计业务和出具审计报告时都必须遵照执行。　　　　　　　　　　　　　　　(　　)

2. 注册会计师执行业务,均应遵照注册会计师执业准则。　　　　　　　　(　　)

3. 会计师事务所质量管理准则是针对每个审计项目制定的,是每个注册会计师及其助理人员都应当遵守的标准。　　　　　　　　　　　　　　　　　　　　　　(　　)

4. 中国注册会计师协会依法拟订注册会计师执业准则、规则,报国务院财政部门批准后施行。　　　　　　　　　　　　　　　　　　　　　　　　　　　　　　(　　)

5. 会计师事务所的业务报告在出具前,应当经项目合伙人、项目质量复核人员(如有)复核确认,确保其内容、格式符合职业准则的规定。　　　　　　　　　　　(　　)

二、案例分析题

ABC 会计师事务所质量管理制度摘录如下。

(1) 每 6 年为一个周期,对每个项目合伙人已完成的业务至少选取两项进行检查。

(2) 2021 年 1 月,ABC 会计师事务所合并了 XYZ 会计师事务所,成立了新的 ABC 会计师事务所,因为原 ABC 和 XYZ 两家会计师事务所的质量管理制度存在差异,新成立的 ABC 会计师事务所拟逐步进行整合,确保两年后建立统一的质量管理制度。

(3) ABC 会计师事务所提出了扩大鉴证业务市场份额的目标,要求合伙人及经理级别以上的员工在确保业务质量的前提下,每年完成一定金额的新鉴证业务收入指标,并纳入业绩评价范围。

（4）会计师事务所接受或保持客户关系和具体业务的前提条件为：会计师事务所能够胜任该项业务，具有执行该项业务必要的素质、时间和资源；已考虑客户诚信，没有信息表明客户缺乏诚信。

（5）A 注册会计师就一项疑难会计问题同时咨询会计师事务所的技术部门和外部专家，得到的咨询意见存在分歧，A 注册会计师决定采纳外部专家的意见。

要求：请指出 ABC 会计师事务所上述质量管理制度是否恰当。如不恰当，请简要说明理由。

第四章

中国注册会计师职业道德

第一节　中国注册会计师职业道德基本原则

注册会计师在执业的过程中经常会陷入道德困境中，而注册会计师要为社会提供高质量、可信赖的专业服务，就必须遵守职业道德。

当今世界，凡是建立了注册会计师制度的国家，都相应地制定了注册会计师职业道德规范。2009年10月，中注协发布了《中国注册会计师职业道德守则》(简称《职业道德守则》)，全面规范了注册会计师的职业道德行为，从而实现了中国注册会计师职业道德守则与国际注册会计师职业道德守则的全面趋同。

■知识链接4-1

《职业道德守则》的构成

《职业道德守则》由五部分构成。其中，《中国注册会计师职业道德守则第1号——职业道德基本原则》是注册会计师应当遵循的职业道德基本原则，为注册会计师的行为确立道德标准。

《中国注册会计师职业道德守则第2号——职业道德概念框架》主要用于规范职业道德概念框架，即解决职业道德问题的思路和方法。

《中国注册会计师职业道德守则第3号——提供专业服务的具体要求》主要用于规范注册会计师在提供专业服务的过程中可能遇到的除独立性以外的某些具体情形，并针对在这些情形下如何运用职业道德概念框架解决职业道德问题作出具体规定。

《中国注册会计师职业道德守则第4号——审计和审阅业务对独立性的要求》主要用于规范注册会计师在从事审计和审阅业务时与独立性相关的要求。

《中国注册会计师职业道德守则第5号——其他鉴证业务对独立性的要求》主要用于规范注册会计师在从事审计和审阅以外的其他鉴证业务时与独立性相关的要求。

另外，在针对注册会计师发布职业道德守则的同时，中国注册会计师协会也针对非执业会员发布了《中国注册会计师协会非执业会员职业道德守则》，为非执业会员提供了维护职业道德基本原则的要求和指导。

一、诚信

诚信是指诚实、守信。诚实是指一个人言行与内心思想的一致，不虚假；守信是指能够履行与别人的约定而取得对方的信任。

诚信是市场经济的基石，因为市场经济就是信用经济。诚信原则要求注册会计师应当在所有的职业关系和商业关系中保持正直、诚实守信。也就是说，注册会计师应当诚信地出具鉴证报告、诚信地代编财务信息、诚信地执行商定程序和诚信地进行税务代理，等等。

注册会计师如果认为业务报告、申报资料、沟通函件或其他方面的信息有问题，则不得与这些有问题的信息发生牵连。有问题的信息如下所述。

(1) 含有虚假记载、误导性陈述的信息。比如，因舞弊行为造成的虚假信息、存在重大错报而客户没有对此作出调整或反映的财务信息，等等。

(2)　含有缺乏充分依据的陈述或信息。比如，资产减值准备的计提缺乏充分依据等。

(3)　存在遗漏或含糊其词的信息，而这种遗漏或含糊其词可能会产生误导。比如，会计报表披露不充分；客户未能提供充分、适当的审计证据，注册会计师难以作出结论性的陈述。

注册会计师如果注意到已与有问题的信息发生牵连，则应当采取措施加以消除。

■　知识链接 4-2

在审计中消除与有问题的信息发生牵连的方法

承接业务之前，如果知悉可能会与有问题的信息发生牵连(比如被审计单位管理层和治理层严重不诚信)，注册会计师可以不承接业务。

审计过程中，注册会计师要一以贯之地遵守审计准则、遵守职业道德、勤勉尽责以及合理运用职业判断。在审计报告发布之前，注册会计师根据重要性建议被审计单位修改财务报表，并根据对方修改的结果合理出具审计报告。

审计报告发布之后，如果注册会计师发现与有问题的信息发生牵连，应当要求被审计单位修改财务报表；如果被审计单位不进行修改，注册会计师可以通过媒体声明此前发布的审计报告不再可信。

二、客观公正

客观是指按照事物的本来面目去考察，不掺杂个人偏见。客观性是一种思想状态，要求注册会计师不得因为成见、利益冲突或他人影响而损害自己的职业判断。也就是说，注册会计师应该按照事物的本质去考察，在执业中要做到一切从实际出发、注重调查研究。只有这样，才能取得主观与客观的一致，做到结论有理有据。

公正是指公平、正直以及不偏袒。注册会计师的服务涉及多方利益，不可避免地会受到来自客户或其他方面的压力。客观公正原则要求注册会计师应当具备正直、诚实的品质，在各种压力面前不屈服，能够公平公正、不偏不倚地对待利益各方，不以牺牲一方的利益为条件而使另一方受益。

需要指出的是，客观公正原则适用于注册会计师提供的各种专业服务，而不仅仅局限于鉴证业务。

■　小思考 4-1

下列情形是否会威胁到注册会计师的客观公正性？

(1)　被审计单位的总经理曾经与项目组合伙人发生过经济纠纷。

(2)　注册会计师张某同时审计 A 和 B 两家客户，A 和 B 之间的经济纠纷尚未解决，而事务所与 A 客户正在共同开发一款财务软件。

三、独立性

独立性是指不受外在的力量控制、支配，按照一定的规则办事。独立性相当于完全诚实、公正无私、无偏见、不偏袒和客观认识事实。

独立性是鉴证业务的灵魂，是对执业会员执行鉴证业务的要求。在执行商定程序、代编财务信息等业务中，注册会计师可以不必保持独立性(如果不保持独立性，注册会计师要在相关报告中加以声明)。

鉴证业务中，如果注册会计师与客户之间不能保持独立性，存在经济利益、关联关系或屈从于外界压力，就很难取信于社会公众。因为如果没有独立性，就谈不上客观公正。独立性是社会公众信赖注册会计师鉴证业务的基础。鉴证业务中，独立性是前提，客观公正是落脚点。也就是说，注册会计师保持独立性是为了客观公正地得出鉴证结论和出具鉴证意见。

传统观点认为，注册会计师的独立性包括两个方面：实质上的独立和形式上的独立。中国注册会计师协会《职业道德守则》要求注册会计师执行审计和审阅业务以及其他鉴证业务时，应当从实质上和形式上保持独立性，不得因任何利害关系影响其客观性。其中，实质上的独立性是一种内心状态，使得注册会计师在提出结论时不受损害职业判断的因素影响，诚信行事，遵循客观公正原则，保持职业怀疑；形式上的独立性是一种外在表现，使得一个理性且掌握充分信息的第三方，在权衡所有相关事实和情况后，认为会计师事务所或审计项目组成员没有损害诚信原则、客观公正原则或职业怀疑。

■ 小思考 4-2

注册会计师张某的妻子在被审计单位担任会计主管，张某在进行审计的时候严格按照审计准则行事，并出具了无保留意见的审计报告。请问：张某是否保持了独立性？

为了合理保证会计师事务所及其人员(包括聘用的专家和其他需要满足独立性要求的人员)做到实质上和形式上独立的高度统一，会计师事务所应当制定下列政策和程序。

1. 会计师事务所内部不同层级人员之间相互沟通信息

会计师事务所应当制定政策和程序，以合理保证能够获知违反独立性要求的情况，并采取适当行动予以解决。

比如，在鉴证的过程中，由于长期接触，负责销售与收款业务审计的注册会计师与被审计单位销售主管结交成为朋友，那么该注册会计师或其他注册会计师应当向项目组报告该情况。项目组甚至要向被审计单位的治理层报告，最后将改进措施报告给治理层(如改派该注册会计师去负责审计采购与付款业务)，并由治理层来定夺最终的处理结果。

2. 获取书面确认函

会计师事务所应当每年至少一次向所有受独立性要求约束的人员获取其遵守独立性政策和程序的书面确认函。

■ 知识链接 4-3

项目组成员独立性声明书示例

索引号：A15-1

本人接受委派，对 ABC 公司新三板项目进行审计，现就本人在接受委派前及执行该项业务过程中有关独立性作出如下声明。

1. 本人承诺在执行该项业务过程中遵守《中国注册会计师职业道德守则》与《会计师事务所质量管理准则第 5101 号——业务质量管理》等的相关规定，遵守本事务所职业道德规范相关政策与程序，恪守独立性和客观公正原则，保持应有的职业谨慎、专业胜任能力和勤勉尽责，并对执行该项业务过程中获知的信息保密。

2. 本人承诺在执行该项业务过程中保持实质上和形式上的独立，不因任何利害关系影响客观、公正的立场。

3. 本人承诺未兼任与所执行的业务不相容的其他职务。

4. 本人承诺在执行该项业务时，做到实事求是，不为他人所左右，也不因个人好恶影响分析、判断的客观性。

5. 本人承诺在执行该项业务时，做到正直、诚实，不偏不倚地对待有关利益各方。

6. 本人承诺本人或与本人关系密切的家庭成员与该客户及其关联方之间不存在及不发生以下可能损害独立性的情况和关联关系：

(1) 曾是该客户及其关联方的董事、经理、其他关键管理人员或能够对该项业务产生直接重大影响的员工；

(2) 为该客户及其关联方提供直接影响该项业务对象的其他服务；

(3) 为该客户及其关联方编制属于该项业务对象的数据或其他记录；

(4) 与该客户及其关联方长期交往，存在超越业务范围的私人关系；

(5) 接受该客户及其关联方或其董事、经理、其他关键管理人员或能够对该项业务产生直接重大影响的员工的贵重礼品或超出社会礼仪的款待；

(6) 购买该客户及其关联方的股票或对其拥有股权投资；

(7) 与该客户及其关联方存在其他紧密的合资与合作关系；

(8) 向该客户及其关联方贷款或作为该客户及其关联方借款的担保人，或从该客户及其关联方处取得贷款，或由该客户及其关联方担保而取得贷款；

(9) 受托或代理该客户及其关联方的资产或业务并获得经济利益；

(10) 在执行该项业务过程中利用该客户关系购买该客户提供的产品或劳务。

7. 本人承诺在接受委派及执行该项业务过程中将注意到的违反独立性要求或对独立性造成威胁的情况和关系及时告知本事务所。

8. 本人承诺对在执行该业务过程中获知的全部非公开信息予以保密，不与任何无关人员(包括本事务所与该业务无关人员)谈及相关信息。

9. 本人承诺一旦本人有计划或寻求机会在该客户及其关联方任职，本人将立即停止执行该项业务并报告该项目负责人。

10. 本人确信上述声明不存在任何虚假、误导性陈述或重大遗漏，并对其内容的真实性负责。

项目组成员签名	日　　期	项目组成员签名	日　　期
曾艳芳	2021 年 4 月 15 日	宋秋平	2021 年 4 月 15 日
肖晓漫	2021 年 4 月 15 日	王婉如	2021 年 4 月 15 日
马　文	2021 年 4 月 15 日	秦　文	2021 年 4 月 15 日

事务所所有员工须每年签署其遵守相关职业道德要求的书面确认函。对参与业务的事

务所外部专家或其他会计师事务所的注册会计师，由项目组自行决定是否向其获取有关独立性的书面确认函，因为外部专家或其他会计师事务所的注册会计师可能不受事务所质量管理政策和程序的约束。

四、专业胜任能力和勤勉尽责

(一)专业胜任能力

专业胜任能力是指会员具有专业知识、技能和经验，能够经济有效地完成客户委托的业务。

注册会计师如果不能保持和提高专业胜任能力，就难以完成客户委托的业务，也就无法从根本上满足社会公众对注册会计师所提供业务的需求。

在确定项目组对特定业务是否具备胜任能力时，项目合伙人可以考虑以下事项。

(1) 对业务的了解，以及执行这些业务的经验和培训经历。

(2) 对适用于该业务的职业准则和法律法规的了解。

(3) 对会计、审计知识和其他专业知识的掌握和运用。

(4) 对客户经营性质和特定行业(适用时)的了解。

(5) 运用职业判断的能力。

(6) 对会计师事务所质量管理制度的了解。

注册会计师的胜任能力包括获取和保持，胜任能力的维持和提升是一个动态的过程。注册会计师应当通过接受教育、参加培训和执业实践等方式获取和保持专业胜任能力。

为了使自己具有胜任能力，注册会计师要学会利用专家工作。注册会计师对审计业务中涉及的特殊知识和技能，可以聘请专家协助其工作。利用专家工作，要保证注册会计师从总体上看是胜任的。前文提及的专家是指会计和审计领域以外的专家。

注册会计师不承接不胜任的业务，因为信息使用者无法考证注册会计师的胜任能力。注册会计师一旦承接业务，信息使用者就认为其具有专业胜任能力。注册会计师在缺乏足够的知识、技能和经验的情况下提供服务，就构成了欺诈。

注册会计师在执行业务的过程中，如果发现自己无法胜任此项工作，应当请求事务所改派其他审计人员；注册会计师如果认为自身无法胜任工作或不能按时完成任务，则应当拒绝接受委托。

(二)勤勉尽责

勤勉尽责就是要求注册会计师遵守法律法规、相关职业准则的要求，并保持应有的职业怀疑，认真、全面、及时地完成工作任务。同时，注册会计师应当采取适当措施以确保在其授权下从事专业服务的人员得到应有的培训和督导。在适当时，注册会计师应当使客户、工作单位和专业服务的其他使用者了解专业服务的固有局限。

职业怀疑是指注册会计师执行审计业务的一种态度，包括采取质疑的思维方式，对可能由于舞弊或错误导致错报的情况保持警觉，以及对审计证据进行审慎评价。我们可以从以下四个方面理解"职业怀疑"。

(1) 职业怀疑在本质上要求秉持一种质疑的理念。职业怀疑摒弃"存在即合理"的理念。质疑的思维方式，既不假定被审计单位不诚信，也不假定被审计单位诚信。被审计单位是否诚信，需要靠证据来加以验证。

(2) 职业怀疑要求对引起疑虑的情形保持警觉，这些情况包括但是不限于：①相互矛盾的证据；②引起对文件记录和询问的答复的可靠性产生怀疑的信息；③表明可能存在舞弊的情况；④表明需要实施除审计准则规定外的其他审计程序的情形。

(3) 职业怀疑要求审慎评价审计证据。

(4) 职业怀疑要求客观评价管理层和治理层。

为了降低审计风险、防止审计失败，事务所层面应当营造保持职业怀疑的环境——制定相应的质量管理政策和程序；项目组层面强调在审计业务的各个阶段保持职业怀疑，在重要审计领域特别需要保持职业怀疑。在审计过程中，会员应当保持职业怀疑态度，运用专业知识、技能和经验，获取和评价审计证据。

■ 小思考 4-3

专业胜任能力和勤勉尽责之间存在什么关系？

五、保密

注册会计师在收集证据的过程中，有权利知道客户的一些商业秘密，但没有权利让公众知晓，因为这些信息是客户的，一旦泄密可能会给客户造成巨大的经济损失。注册会计师为取得客户的信任，必须学会保密。否则，既无法获取重要的信息，也不利于事务所业务的拓展。注册会计师在签订业务约定书时，应当书面承诺对在执行业务过程中获知的客户信息保密。

根据该原则，注册会计师应当遵守下列要求。

(1) 警觉无意中泄密的可能性，包括在社会交往中无意中泄密的可能性，特别要警觉无意中向关系密切的商业伙伴或近亲属(近亲属包括主要近亲属和其他近亲属。主要近亲属是指配偶、父母或子女；其他近亲属是指兄弟姐妹、祖父母、外祖父母、孙子女、外孙子女)泄密的可能性。

(2) 对所在会计师事务所、工作单位内部的涉密信息保密。

(3) 对职业活动中获知的涉及国家安全的信息保密。

(4) 对拟承接的客户、拟受雇的工作单位向其披露的涉密信息保密。

(5) 在未经客户、工作单位授权的情况下，不得向会计师事务所、工作单位以外的第三方披露所获知的涉密信息，除非法律法规或职业准则规定注册会计师在这种情况下有权利或义务进行披露。

(6) 不得利用因职业关系而获知的涉密信息为自己或第三方谋取利益。

(7) 不得在职业关系结束后利用或披露因该职业关系获知的涉密信息。

(8) 采取适当措施，确保下级员工以及为注册会计师提供建议和帮助的人员履行保密义务。

■ 小思考 4-4

下列情形出现时，注册会计师是否违背了保密原则？

(1) 注册会计师在初次审计之前，与前任注册会计师沟通，并未征得客户的书面同意。

(2) 事务所内，某项目组第一次承接 A 银行的审计业务，但该项目组大多数成员并没有审计商业银行的经验，于是该项目组直接参考事务所之前审计 B 银行的工作底稿，但并未经过 B 银行的允许。

在某些情况下，保密原则是可以豁免的。在下列情况下，注册会计师可能会被要求披露涉密信息，或者披露涉密信息是适当的，不被视为违反保密原则。

(1) 法律法规要求披露，例如为法律诉讼准备文件或提供其他证据，或者向适当机构报告发现的违反法律法规的行为。

(2) 法律法规允许披露，并取得了客户的授权。

(3) 注册会计师有职业义务或权利进行披露，且法律法规未予禁止，主要包括下列情形：①接受注册会计师协会或监管机构的执业质量检查；②答复注册会计师协会或监管机构的询问或调查；③在法律诉讼、仲裁中维护自身的合法权益；④遵守职业准则的要求，包括职业道德要求；⑤法律法规和职业准则规定的其他情形。

六、良好职业行为

《职业道德守则》要求注册会计师遵守相关的法律和规章，维护本职业的良好声誉，避免发生任何损害职业形象的行为。注册会计师应该成为遵纪守法的典范，否则会丧失公信力。

注册会计师在向公众传递信息以及推介自己和工作时，应当客观、真实和得体，不得损害职业形象。

■ 小思考 4-5

注册会计师推介自己是否一定是在为自己做广告？注册会计师客观、真实地推介自己是否一定是得体的？

注册会计师在营销专业服务时，不得有下列行为。

(1) 夸大宣传所提供的服务、拥有的资质或获得的经验。

(2) 贬低或无根据地比较他人的工作。

相互竞争是现状，但注册会计师行业又是一个需要同行业相互尊重、团结合作的行业。同行业之间能否保持良好的合作关系，关系到整个行业在公众中的形象和声誉。如果公众觉得该行业公信力很强或声誉很好，公众自然会相信注册会计师提出的审计意见。

■ 小思考 4-6

某会计师事务所在网站上提及"本所拥有一流的注册会计师和广泛的社会渠道"，其行为是否属于良好职业行为？

注册会计师不得采用强迫、欺诈、利诱或骚扰等方式招揽业务，也不得对其能力进行广告宣传，但可以利用媒体刊登设立、合并、分立、解散、迁址、名称变更和招聘员工等信息。

■ 小思考 4-7

合并后的会计师事务所在报纸上进行以下陈述：甲、乙事务所强强联合，服务最优。

请问：这种推介是否违背了注册会计师职业道德守则？

第二节　中国注册会计师职业道德概念框架及具体运用

一、职业道德概念框架的内涵

职业道德概念框架适用于注册会计师处理对职业道德基本原则产生不利影响的各种情形，其目的在于防止注册会计师认为只要是《职业道德守则》中未明确禁止的情形就是被允许的。

《职业道德守则》提出职业道德概念框架，以帮助注册会计师遵循职业道德基本原则，履行维护公众利益的职责。职业道德概念框架(conceptual framework of professional ethics)是指解决职业道德问题的思路和方法，用以指导注册会计师：①识别对职业道德基本原则的不利影响；②评价不利影响的严重程度；③必要时采取防范措施消除不利影响或将其降低至可接受的水平。

注册会计师运用职业道德概念框架进行分析的思路如图4-1所示。

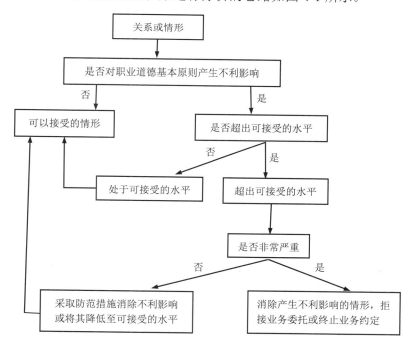

图4-1　注册会计师职业道德概念框架分析思路

二、可能对职业道德基本原则产生不利影响的因素

注册会计师对职业道德基本原则的遵循可能受到多种因素的不利影响，不利影响的性质和严重程度因注册会计师提供服务类型的不同而不同。可能对职业道德基本原则产生不利影响的因素包括自身利益、自我评价、过度推介、密切关系和外在压力。

(一)自身利益

因自身利益产生的不利影响，是指由于某项经济利益或其他利益可能不当影响注册会计师的判断或行为，而对职业道德基本原则产生的不利影响。

《职业道德守则》中举例说明，因自身利益产生不利影响的情形主要包括以下几种。

(1) 注册会计师在客户中拥有直接经济利益。

(2) 会计师事务所的收入过分依赖某一客户。

(3) 会计师事务所以较低的报价获得新业务，而该报价过低，可能导致注册会计师难以按照适用的职业准则要求执行业务。

(4) 注册会计师与客户之间存在密切的商业关系。

(5) 注册会计师能够接触到涉密信息，而该涉密信息可能被用于谋取个人私利。

(6) 注册会计师在评价所在会计师事务所以往提供的专业服务时，发现了重大错误。

■ 小思考 4-8

注册会计师通过中介公司将房屋经营租赁给审计客户，下列哪一种情形属于注册会计师在客户中拥有直接的经济利益？

(1) 租金由注册会计师与审计客户协商确定，而中介公司只按租金的固定百分比收取代管费。

(2) 租金由中介公司与审计客户协商确定，而注册会计师只收取固定金额的租金。

(二)自我评价

因自我评价产生的不利影响，是指注册会计师在执行当前业务的过程中，其判断需要依赖其本人(或所在会计师事务所或工作单位的其他人员)以往执行业务时作出的判断或得出的结论，而该注册会计师可能不恰当地评价这些以往的判断或结论，从而对职业道德基本原则产生的不利影响。

《职业道德守则》中举例说明，因自我评价产生不利影响的情形主要包括以下几种。

(1) 注册会计师在对客户提供财务系统的设计或实施服务后，又对该系统的运行有效性出具鉴证报告。

(2) 注册会计师为客户编制用于生成有关记录的原始数据，而这些记录是鉴证业务的对象。

■ 小思考 4-9

(1) 注册会计师可不可以既为客户设计财务软件，又对该软件的有效性出具鉴证报告？

(2) 注册会计师可不可以既为客户设计与财务报表有关的内控，又对该内控运行的有效性出具鉴证报告？

(3) 注册会计师可不可以既为客户设计与财务报表有关的内控，又为客户的财务报表提供鉴证服务？

(三)过度推介

因过度推介产生的不利影响，是指注册会计师倾向客户或工作单位的立场，导致该注册会计师的客观公正原则受到损害而产生的不利影响。

《职业道德守则》中举例说明，因过度推介产生不利影响的情形主要包括以下几种。

(1) 注册会计师推介客户的产品、股份或其他利益。

(2) 当客户与第三方发生诉讼或纠纷时，注册会计师为该客户辩护。

(3) 注册会计师站在客户的立场上影响某项法律法规的制定。

■ 小思考 4-10

(1) 在非鉴证业务中，注册会计师可不可以过度推介客户的股票？为什么？

(2) 注册会计师对审计客户的股票进行推介，表面现象是过度推介，实则是为了自身利益还是为了形成密切关系？自身利益、密切关系和过度推介等不利影响因素之间是不是完全割裂开的？

(四)密切关系

因密切关系产生的不利影响，是指注册会计师由于与客户或工作单位存在长期或密切的关系，导致过于偏向客户的利益或过于认可客户的工作，从而对职业道德基本原则产生的不利影响。

《职业道德守则》中举例说明，因密切关系产生不利影响的情形主要包括以下几种。

(1) 审计项目团队成员的主要近亲属或其他近亲属担任审计客户的董事或高级管理人员。

(2) 鉴证客户的董事、高级管理人员，或所处职位能够对鉴证对象施加重大影响的员工，最近曾担任注册会计师所在会计师事务所的项目合伙人。

(3) 审计项目团队成员与审计客户之间长期存在业务关系。

审计项目团队成员是指所有审计项目组成员和会计师事务所中能够直接影响审计业务结果的其他人员，以及网络事务所中能够直接影响审计业务结果的所有人员。

(五)外在压力

因外在压力产生的不利影响，是指注册会计师迫于实际存在的或可感知的压力，导致无法客观行事而对职业道德基本原则产生的不利影响。

《职业道德守则》中举例说明，因外在压力导致不利影响的情形主要包括以下几种。

(1) 注册会计师因对专业事项持有不同意见而受到客户解除业务关系或被会计师事务所解雇的威胁。

(2) 由于客户对所沟通的事项更具有专长，注册会计师面临服从该客户判断的压力。

(3) 注册会计师被告知，除非其同意审计客户某项不恰当的会计处理，否则计划中的晋升将受到影响。

(4) 注册会计师接受了客户赠予的重要礼品，并被威胁将公开其收受礼品的事情。

■ 小思考 4-11

(1) 被审计单位的董事最近曾经担任会计师事务所的项目合伙人。请分析,这一情形是否会对注册会计师的职业道德产生不利影响?

(2) 会计师事务所、审计项目组成员或其主要近亲属可不可以购买被审计单位的股票?为什么?

(3) 请分析,会计师事务所、审计项目组成员或其主要近亲属是否可以向被审计单位提供贷款或为其贷款提供担保?

■ 小思考 4-12

前文所述的可能对注册会计师职业道德基本原则产生不利影响的具体情形,是不是穷举?若出现《职业道德守则》中未明确禁止的其他情形,注册会计师应如何加以应对?

三、评价不利影响的严重程度

如果识别出对职业道德基本原则的不利影响,注册会计师应当评价该不利影响的严重程度是否处于可接受的水平。可接受的水平,是指注册会计师针对识别出的不利影响实施理性且掌握充分信息的第三方测试之后,很可能得出其行为并未违反职业道德基本原则的结论时,该不利影响的严重程度所处的水平。在评价不利影响的严重程度时,注册会计师应当从性质和数量两个方面予以考虑,如果存在多项不利影响,应当将多项不利影响组合起来一并考虑。注册会计师对不利影响严重程度的评价还受到专业服务性质和范围的影响。

某些由法律法规、注册会计师协会或会计师事务所制定的,用于加强注册会计师职业道德的条件、政策和程序也可能有助于识别对职业道德基本原则的不利影响。这些条件、政策和程序也是在评价不利影响的严重程度时需要考虑的因素。这些条件、政策和程序可以分为:①与客户及其经营环境相关的条件、政策和程序;②与会计师事务所及其经营环境相关的条件、政策和程序。

四、应对不利影响

1. 消除或降低不利影响的措施

如果注册会计师确定识别出的不利影响超出可接受的水平,应当通过消除该不利影响或将其降低至可接受的水平来予以应对。注册会计师应当通过采取下列措施应对不利影响。

(1) 消除产生不利影响的情形,包括利益或关系。

(2) 采取可行并有能力采取的防范措施将不利影响降低至可接受的水平。

(3) 拒绝或终止特定的职业活动。

2. 防范不利影响的措施

防范措施是指注册会计师为了将对职业道德基本原则的不利影响有效降低至可接受的

水平而采取的行动，该行动可能是单项行动，也可能是一系列行动。

举例来说，在特定情况下可能能够应对不利影响的防范措施包括以下方面。

(1) 向已承接的项目分配更多时间和有胜任能力的人员，可能能够应对因自身利益产生的不利影响。

(2) 由项目组以外的适当复核人员复核已执行的工作或在必要时提供建议，可能能够应对因自我评价产生的不利影响。

(3) 向鉴证客户提供非鉴证服务时，指派鉴证业务项目团队以外的其他合伙人和项目组，并确保鉴证业务项目组和非鉴证服务项目组分别向各自的业务主管报告工作，可能能够应对因自我评价、过度推介或密切关系产生的不利影响。

(4) 由其他会计师事务所执行或重新执行业务的某些部分，可能能够应对因自身利益、自我评价、过度推介、密切关系或外在压力产生的不利影响。

(5) 由不同项目组分别应对具有保密性质的事项，可能能够应对因自身利益产生的不利影响。

3. 对已采取或拟采取的措施形成结论

注册会计师应当就其已采取或拟采取的行动是否能够消除不利影响或将其降低至可接受的水平形成总体结论。在形成总体结论时，注册会计师应当注意以下两个方面。

(1) 复核所作出的重大判断或得出的结论。

(2) 实施理性且掌握充分信息的第三方测试。

防范措施随事实和情况的不同而有所不同。根据具体事实和情况，某些不利影响可能能够通过消除产生该不利影响的情形予以应对。然而，在某些情况下，产生不利影响的情形无法被消除，并且注册会计师也无法通过采取防范措施将不利影响降低至可接受的水平，此时，不利影响只能通过拒绝、终止特定的职业活动或向工作单位提出辞职予以应对。

五、职业道德概念框架在专业服务中的具体运用

注册会计师在提供专业服务时，应学会运用职业道德概念框架来解决遇到的具体职业道德问题。

(一)利益冲突

1. 产生利益冲突的情形

注册会计师不得因利益冲突损害其职业判断。利益冲突通常对客观公正原则产生不利影响，也可能对其他职业道德基本原则产生不利影响。注册会计师为两个或多个存在利益冲突的客户提供专业服务，可能产生不利影响；注册会计师的利益与客户的利益存在冲突，也可能产生不利影响。

举例来说，可能产生利益冲突的情形包括以下几种。

(1) 向某一客户提供交易咨询服务，该客户拟收购注册会计师的某一审计客户，而注册会计师已在审计过程中获知了可能与该交易相关的涉密信息。

(2) 同时为两家客户提供建议，而这两家客户是收购同一家公司的竞争对手，并且注册会计师的建议可能涉及双方相互竞争的立场。

(3) 在同一项交易中同时向买卖双方提供服务。

(4) 同时为两方提供某项资产的估值服务，而这两方针对该资产处于对立状态。

(5) 针对同一事项同时代表两个客户，而这两个客户正处于法律纠纷中。

(6) 针对某项许可证协议，就应收的特许权使用费为许可证授予方出具鉴证报告，并同时向被许可方就应付金额提供建议。

(7) 建议客户投资一家企业，而注册会计师的主要近亲属在该企业拥有经济利益。

(8) 建议客户买入一项产品或服务，但同时与该产品或服务的潜在卖方订立佣金协议。

2. 识别利益冲突产生的不利影响

承接新的客户、业务或发生商业关系前，注册会计师应当采取合理措施识别可能存在利益冲突因而对职业道德基本原则产生不利影响的情形。这些措施应当包括识别所涉及的各方之间利益和关系的性质，以及所涉及的服务及其对相关各方的影响。在决定是否承接一项业务之前，以及在业务开展的过程中，实施有效的冲突识别流程可以帮助注册会计师采取合理措施识别可能产生利益冲突的利益和关系。

建立有效的冲突识别流程，需要考虑下列因素。

(1) 所提供专业服务的性质。

(2) 会计师事务所的规模。

(3) 客户群的规模和性质。

(4) 会计师事务所的组织架构，如分支机构的数量和位置分布。

在执行业务的过程中，所提供服务的性质、利益和关系可能发生变化，这些变化可能产生利益冲突，注册会计师应当对此类变化保持警觉。

3. 评价和应对利益冲突产生的不利影响

一般来说，注册会计师提供的专业服务与产生利益冲突的事项之间关系越直接，不利影响的严重程度越有可能超出可接受的水平。

在评价因利益冲突产生的不利影响的严重程度时，注册会计师需要考虑是否存在相关保密措施。当为针对某一特定事项存在利益冲突的双方或多方提供专业服务时，这些保密措施能够防止未经授权而披露涉密信息。这些措施可能包括以下方面。

(1) 会计师事务所内部为特殊的职能部门或岗位设置单独的工作空间，作为防止泄露客户涉密信息的屏障。

(2) 限制访问客户文档的政策和程序。

(3) 会计师事务所合伙人和员工签署的保密协议。

(4) 使用物理方式和电子方式对涉密信息采取隔离措施。

(5) 专门且明确的培训和沟通。

举例来说，下列防范措施可能能够应对因利益冲突产生的不利影响：

(1) 由不同的项目组分别提供服务，并且这些项目组已被明确要求遵守涉及保密性的政策和程序。

(2) 由未参与提供服务或不受利益冲突影响的适当人员复核已执行的工作，以评估关键判断和结论是否适当。

在应对因利益冲突产生的不利影响时，注册会计师应当根据利益冲突的性质和严重程度，运用职业判断确定是否有必要向客户具体披露利益冲突的情况，并获取客户明确同意其可以承接或继续提供专业服务。在确定是否有必要进行具体披露并获取明确同意时，注册会计师需要考虑下列因素。

(1) 产生利益冲突的情形。

(2) 可能受到影响的各方。

(3) 可能产生的问题的性质。

(4) 特定事项以不可预期的方式发展的可能性。

在评价和应对因利益冲突产生的不利影响(或在进行披露或在会计师事务所、网络内部分享相关信息以及寻求第三方指导)时，注册会计师应当对可能违反保密原则的情况保持警觉。

■ 小思考 4-13

丁公司与丙公司存在竞争关系，在承接丙公司审计业务前，注册会计师已向丙公司说明了正在对丁公司提供咨询服务这一情况，并承诺遵守保密原则。丙公司表示理解并签订了审计业务约定书和保密协议。

注册会计师的上述做法是否有不妥之处？如有，请说明理由。

(二)专业服务委托

1. 客户关系和业务的承接与保持

在接受客户关系前，注册会计师应当确定接受客户关系是否对职业道德基本原则产生不利影响。如果注册会计师知悉客户存在某些问题，如涉嫌违反法律法规、缺乏诚信、存在可疑的财务报告问题、存在其他违反职业道德的行为，或者客户的所有者、管理层或其从事的活动存在一些可疑事项，注册会计师应该意识到这些问题可能会对其诚信、良好职业行为原则产生不利影响。在评价这些不利影响的严重程度时，注册会计师需要考虑的因素包括以下方面。

(1) 对客户及其所有者、管理层、治理层和负责经营活动的人员的了解。

(2) 客户对处理可疑事项的保证，诸如完善公司治理结构或内部控制。

如果项目组不具备或不能获得恰当执行业务所必需的胜任能力，将因自身利益对专业胜任能力和勤勉尽责原则产生不利影响。在评价这些不利影响的严重程度时，注册会计师需要考虑的因素包括以下方面。

(1) 注册会计师对客户的业务性质、经营复杂程度、业务具体要求，以及拟执行工作的目的、性质和范围的了解。

(2) 注册会计师对相关行业或业务对象的了解。

(3) 注册会计师拥有的与相关监管或报告要求有关的经验。

(4) 会计师事务所制定了质量管理政策和程序，以合理保证仅承接能够胜任的业务。

举例来说，下列防范措施可能能够应对因自身利益产生的不利影响。

(1) 分派足够的、具有必要胜任能力的项目组成员。

(2) 就执行业务的合理时间安排与客户达成一致意见。

(3) 在必要时利用专家的工作。

在连续业务中，注册会计师应当定期评价是否继续保持该业务。在承接某项业务之后，注册会计师可能发现对职业道德基本原则的潜在不利影响，这种不利影响如果在承接之前知悉，将会导致注册会计师拒绝承接该项业务。例如，注册会计师可能发现客户实施不当的盈余管理，或者资产负债表中的估值不当，这些事项可能因自身利益对诚信原则产生不利影响。

2. 专业服务委托的变更

当注册会计师遇到下列情况时，应当确定是否有理由拒绝承接该项业务。

(1) 潜在客户要求其取代另一注册会计师。

(2) 考虑以投标方式接替另一注册会计师执行的业务。

(3) 考虑执行某些工作作为对另一注册会计师工作的补充。

如果注册会计师并未知悉所有相关事实就承接业务，可能因自身利益对专业胜任能力和勤勉尽责原则产生不利影响。如果客户要求注册会计师执行某些工作以作为对现任或前任注册会计师工作的补充，可能因自身利益对专业胜任能力和勤勉尽责原则产生不利影响。注册会计师应当评价不利影响的严重程度。

举例来说，下列防范措施可能能够应对上述因自身利益产生的不利影响。

(1) 要求现任或前任注册会计师提供其已知的信息，这些信息是指现任或前任注册会计师认为，拟接任注册会计师在作出是否承接业务的决定前需要了解的信息。

(2) 从其他渠道获取信息，如通过向第三方进行询问，或者对客户的高级管理层或治理层实施背景调查。

在与现任或前任注册会计师沟通前，拟接任注册会计师通常需要征得客户同意，最好能够征得客户的书面同意。如果不能与现任或前任注册会计师沟通，拟接任注册会计师应当采取其他适当措施获取与可能产生的不利影响相关的信息。当被要求对拟接任注册会计师的沟通作出答复时，现任或前任注册会计师应当遵守相关法律法规的要求，实事求是、清晰明了地提供相关信息。

现任或前任注册会计师需要遵循保密原则。现任或前任注册会计师是否可以或必须与拟接任注册会计师沟通客户的相关事务，取决于业务的性质、是否征得客户的同意，以及相关法律法规或职业道德规范的有关要求。

■ 小思考 4-14

注册会计师能否在投标书中说明"如果中标，即与被审计单位签订业务约定书，无须另行通知"？

■ 知识链接 4-4

前任与现任注册会计师之间必要的沟通事项

(1) 被审计单位管理层是否存在诚信方面的问题。

(2) 前任注册会计师与管理层在重大会计、审计等问题上存在的意见分歧。

(3) 前任注册会计师向被审计单位治理层通报的管理层舞弊、违反法律法规行为以及值得关注的内部控制缺陷。

(4) 前任注册会计师认为导致被审计单位变更会计师事务所的原因。

(三)第二意见

注册会计师可能被要求就某实体或以其名义运用相关准则处理特定交易或事项的情况提供第二意见，而这一实体并非注册会计师的现有客户。向非现有客户提供第二意见可能因自身利益或其他原因对职业道德基本原则产生不利影响。例如，如果第二意见不是以现任或前任注册会计师所获得的相同事实为基础，或依据的证据不充分，可能因自身利益对专业胜任能力和勤勉尽责原则产生不利影响。评价因自身利益产生不利影响的严重程度时，应当考虑被要求提供第二意见的具体情形以及在运用职业判断时能够获得的所有事实和假设等相关因素。

举例来说，下列防范措施可能能够应对此类因自身利益产生的不利影响。

(1) 征得客户同意与现任或前任注册会计师沟通。

(2) 在与客户沟通中说明注册会计师发表专业意见的局限性。

(3) 向现任或前任注册会计师提供第二意见的副本。

如果要求提供第二意见的实体不允许与现任或前任注册会计师沟通，注册会计师应当决定是否提供第二意见。

(四)收费

1. 收费水平

会计师事务所在确定收费时应当主要考虑专业服务所需的知识和技能、所需专业人员的水平和经验、各级别专业人员提供服务所需的时间和提供专业服务所需承担的责任。在专业服务得到良好的计划、监督及管理的前提下，收费通常以每一专业人员适当的小时收费标准或日收费标准为基础计算。

收费报价水平可能影响注册会计师按照职业准则提供专业服务的能力。如果报价水平过低，以致注册会计师难以按照适用的职业准则执行业务，则可能因自身利益对专业胜任能力和勤勉尽责原则产生不利影响。评价不利影响的严重程度时考虑的因素包括客户是否了解业务约定条款，特别是确定收费的基础以及注册会计师在此报价范围内所能提供的服务，以及收费水平是否已由独立第三方(如相关监管部门)作出规定。

如果收费报价明显低于前任注册会计师或其他会计师事务所的相应报价，会计师事务所应当确保在提供专业服务时，遵守执业准则和相关职业道德规范的要求，使工作质量不受损害，并使客户了解专业服务的范围和收费基础。

举例来说，应对此类不利影响的防范措施主要包括调整收费水平或业务范围、由适当复核人员复核已执行的工作。

2. 或有收费

除法律法规允许外，注册会计师不得以或有收费方式提供鉴证服务，收费与否或收费多少不得以鉴证工作结果或实现特定目的为条件。尽管某些非鉴证服务可以采用或有收费的形式,或有收费仍然可能对职业道德基本原则产生不利影响,特别是在某些情况下可能因自身利益对客观公正原则产生不利影响。不利影响存在与否及其严重程度主要取决于下列因素。

(1) 业务的性质。

(2) 可能的收费金额区间。

(3) 确定收费的基础。

(4) 向报告的预期使用者披露注册会计师所执行的工作以及收费的基础。

(5) 会计师事务所的质量管理政策和程序。

(6) 是否由独立第三方复核交易和提供服务的结果。

(7) 收费水平是否已由独立第三方(如监管部门)作出规定。

举例来说,下列防范措施可能能够应对上述因自身利益产生的不利影响。

(1) 由未参与提供非鉴证服务的适当复核人员复核注册会计师已执行的工作。

(2) 预先就收费的基础与客户达成书面协议。

3. 介绍费或佣金

注册会计师收取与客户相关的介绍费或佣金、为获得客户而支付业务介绍费,将因自身利益对客观公正、专业胜任能力和勤勉尽责原则产生非常严重的不利影响,导致没有防范措施能够消除不利影响或将其降低至可接受的水平。因此,注册会计师不得收取与客户相关的介绍费或佣金,也不得向客户或其他方支付业务介绍费。

(五)利益诱惑(包括礼品和款待)

1. 一般规定

利益诱惑是指影响其他人员行为的物质、事件或行为,但利益诱惑并不一定具有不当影响该人员行为的意图。利益诱惑范围广泛,小到正常礼节性的交往,大到可能违反法律法规的行为。利益诱惑可能采取多种形式,如礼品,款待,娱乐活动,捐助,意图建立友好关系,工作岗位或其他商业机会,特殊待遇、权利或优先权。

注册会计师提供或接受利益诱惑,可能因自身利益、密切关系或外在压力对职业道德基本原则产生不利影响,尤其可能对诚信、客观公正、良好职业行为原则产生不利影响。因此,注册会计师应当运用职业道德概念框架识别、评价和应对此类不利影响。

2. 存在不当影响行为意图的利益诱惑

注册会计师不得提供或接受,或者授意他人提供或接受任何不当影响接受方或其他人员行为的利益诱惑,无论这种利益诱惑是存在不当影响行为的意图,还是注册会计师认为理性且掌握充分信息的第三方很可能会视为存在不当影响行为的意图。

在确定是否存在或被认为存在不当影响行为的意图时,注册会计师需要运用职业判断。注册会计师需要考虑下列因素。

(1) 利益诱惑的性质、频繁程度、价值和累积影响。

(2) 提供利益诱惑的时间,这一因素需要结合该利益诱惑可能影响的行动或决策来考虑。

(3) 利益诱惑是否符合具体情形下的惯例或习俗。

(4) 利益诱惑是否从属于专业服务，如提供或接受与商务会议有关的午餐。

(5) 所提供的利益诱惑是仅限于个别接受方还是可以提供给更为广泛的群体。更为广泛的群体可能来自会计师事务所内部或外部，如其他客户或供应商。

(6) 提供或接受利益诱惑的人员在会计师事务所或客户中担任的角色和职位。

(7) 注册会计师是否知悉或有理由相信接受该利益诱惑将违反客户的政策和程序。

(8) 提供利益诱惑的透明程度。

(9) 该利益诱惑是否由接受方要求或索取。

(10) 利益诱惑提供方以往的行为或声誉。

如果注册会计师知悉被提供的利益诱惑存在或被认为存在不当影响行为的意图，即使注册会计师拒绝接受利益诱惑，仍可能对职业道德基本原则产生不利影响。

举例来说，下列防范措施可能能够应对上述不利影响。

(1) 就该利益诱惑的情况告知会计师事务所的高级管理层或客户治理层。

(2) 调整或终止与客户之间的业务关系。

注册会计师应当对其近亲属向现有或潜在客户提供利益诱惑或者接受利益诱惑的情况保持警觉。如果注册会计师知悉其近亲属提供或接受某项利益诱惑，并认为该利益诱惑存在不当影响注册会计师或客户行为的意图，或者理性且掌握充分信息的第三方很可能会认为存在此类意图，则注册会计师应当建议该近亲属不得提供或拒绝接受此类利益诱惑。

3. 不存在不当影响行为意图的利益诱惑

如果注册会计师认为某项利益诱惑不存在不当影响接受方或其他人员行为的意图，应当运用职业道德概念框架识别、评价和应对可能因该利益诱惑产生的不利影响。即使注册会计师认为某项利益诱惑无不当影响行为的意图，提供或接受此类利益诱惑仍可能对职业道德基本原则产生不利影响。在评价因提供或接受此类利益诱惑产生的不利影响的严重程度时，注册会计师需要考虑与上述在确定是否存在或被认为存在不当影响行为的意图时相同的因素。

举例来说，下列防范措施可能能够消除因提供或接受此类利益诱惑产生的不利影响。

(1) 拒绝接受或不提供利益诱惑。

(2) 将向客户提供专业服务的责任移交给其他人员，前提是注册会计师没有理由相信该人员在提供专业服务时可能会受到不利影响。

举例来说，下列防范措施可能能够将提供或接受此类利益诱惑的不利影响降低至可接受的水平。

(1) 就提供或接受利益诱惑的事情，与会计师事务所或客户的高级管理层保持信息对称。

(2) 在由会计师事务所高级管理层或其他负责会计师事务所职业道德合规性的人员监控的，或者由客户维护的记录中登记该利益诱惑。

(3) 针对提供利益诱惑的客户，由未参与提供专业服务的适当复核人员复核注册会计师已执行的工作或作出的决策。

(4) 在接受利益诱惑之后将其捐赠给慈善机构，并向会计师事务所高级管理层或提供利益诱惑的人员适当披露该项捐赠。

(5) 支付与所接受利益诱惑(如款待)同等价值的价款。

(6) 在收到利益诱惑(如礼品)后尽快将其返还给提供者。

(六)保管客户资产

除非法律法规允许或要求，并且满足相关条件，注册会计师不得提供保管客户资金或其他资产的服务。保管客户资产可能因自身利益或其他原因而对客观公正、良好职业行为原则产生不利影响。

注册会计师如果保管客户资金或其他资产，应当符合下列要求。

(1) 遵守所有与保管资产和履行报告义务相关的法律法规。

(2) 将客户资金或其他资产与其个人或会计师事务所的资产分开。

(3) 仅按照预定用途使用客户资金或其他资产。

(4) 随时准备向相关人员报告资产状况及产生的收入、红利或利得。

在承接某项业务时，对于可能涉及保管客户资金或其他资产的，注册会计师应当询问资产的来源，并考虑应履行的相关法定义务。如果客户资金或其他资产来源于非法活动(如洗钱)，注册会计师不得提供保管资产服务，并应当运用职业道德概念框架应对此类违反法律法规的行为。

(七)应对违反法律法规行为

违反法律法规行为包括客户、客户的治理层和管理层，以及为客户工作或在客户指令下工作的人员有意或无意作出的与现行法律法规不符的疏漏或违法行为。

举例来说，主要涉及的违反法律法规的行为包括：舞弊、腐败和贿赂，国家安全、洗钱和犯罪所得，证券市场和交易，银行业务、其他金融产品和服务，信息安全，税务、社会保障，环境保护，公共健康与安全。

注册会计师在向客户提供专业服务的过程中，可能遇到、知悉或怀疑客户存在违反法律法规或涉嫌违反法律法规的行为。当注册会计师知悉或怀疑存在这种违反或涉嫌违反法律法规的行为时，可能因自身利益或外在压力对诚信和良好职业行为原则产生不利影响。注册会计师应当运用职业道德概念框架识别、评价和应对此类不利影响。在应对违反法律法规或涉嫌违反法律法规行为时，注册会计师的目标主要包括以下几个方面。

(1) 遵循诚信和良好职业行为原则。

(2) 通过提醒客户的管理层或治理层(如适用)，使其能够纠正违反法律法规或涉嫌违反法律法规行为或减轻其可能造成的后果，或者阻止尚未发生的违反法律法规行为。

(3) 采取有助于维护公众利益的进一步措施。

如果注册会计师知悉违反法律法规或涉嫌违反法律法规行为，应当及时采取行动。为确保及时采取行动，注册会计师应当同时考虑下列事项：该行为的性质；该行为可能对客户、投资者、债权人、员工或社会公众利益造成的损害。

在了解和应对违反法律法规或涉嫌违反法律法规行为时，注册会计师需要运用专业知识、技能和职业判断。注册会计师可以在遵循保密原则的前提下，向会计师事务所、网络事务所或专业机构的其他人员或者法律顾问进行咨询。

如果注册会计师识别出或怀疑存在已经发生或可能发生的违反法律法规行为，应当与适当级别的管理层和治理层沟通。这种沟通也可能能够促使管理层或治理层对该事项展开调查。注册会计师应当根据管理层和治理层的应对，确定是否需要出于维护公众利益的目的而采取进一步行动。注册会计师可以采取的进一步行动包括以下方面。

(1) 向适当机构报告该事项，即使法律法规没有要求进行报告。

(2) 在法律法规允许的情况下，解除业务约定。

本 章 小 结

注册会计师在执业的过程中经常会陷入道德困境中，而注册会计师要为社会提供高质量、可信赖的专业服务，就必须按照《职业道德守则》的要求来进行执业。《职业道德守则》由五部分构成：前三项准则对执业道德基本要求、职业道德概念框架和提供专业服务的具体要求进行了规范；后两项准则列举出了可能对注册会计师鉴证业务的独立性产生不利影响的多种情形，并提供了应对不利影响因素的防范措施。

注册会计师职业道德基本原则包括"诚信""客观公正""独立性""专业胜任能力和勤勉尽责""保密"以及"良好职业行为"。其中，独立性是鉴证业务的灵魂。可能对职业道德基本原则产生威胁的因素包括自身利益、自我评价、过度推介、密切关系和外在压力。

本章的"小思考"和"知识链接"大都与注册会计师审计相联系，以引发读者的思考或加深其对审计理论和审计实务的认知。《职业道德守则》对威胁职业道德基本原则的具体情形并未予以穷举，注册会计师必须学会利用职业道德概念框架来分析和应对专业服务中层出不穷的危险情形。

复习思考题

1. 《职业道德守则》各组成部分的作用分别是什么？

2. 注册会计师职业道德基本原则有哪些？哪个基本原则属于鉴证业务的灵魂？

3. 可能对注册会计师职业道德基本原则产生威胁的因素有哪些？如何采取措施加以防范？

4. 注册会计师职业道德概念框架有哪些作用？

5. 注册会计师提供的专业服务有哪些？

自测与技能训练

一、基础知识自测

(一)单项选择题

1. 注册会计师的服务是一种有偿服务，下列不能成为会计师事务所收费依据的是(　　　)。

    A. 服务性质   B. 审计结果

    C. 工作量大小   D. 参加人员层次的高低

2. 会计师事务所对无法胜任或不能按时完成的审计业务,应该( )。

    A. 减少审计收费   B. 转包给其他会计师事务所

    C. 聘请其他专业人员帮助   D. 拒绝接受委托

3. 职业道德概念框架用于指导注册会计师( )。

    A. 识别对职业道德基本原则的不利影响

    B. 评价不利影响的严重程度

    C. 必要时采取防范措施消除不利影响或将其降低至可接受水平

    D. 以上全选

4. 下列情形中,属于自我评价对职业道德基本原则产生不利影响的是( )。

    A. 被审计单位财务经理曾经是事务所审计项目组成员

    B. 审计项目组成员曾经是被审计单位出纳

    C. 审计小组成员的妻子是被审计单位的独立董事

    D. 审计小组成员担任被审计单位的辩护人

5. 会计师事务所按法律法规的要求保管客户资产时,( )不符合要求。

    A. 将客户资产与事务所资产分开

    B. 仅按照预定用途使用客户资产

    C. 随时准备向相关人员报告资产状况

    D. 将客户资产视同自有资产,投资于风险高的项目

6. 下列情况中,审计人员可以承办客户委托的审计业务而无须回避的是( )。

    A. 审计人员本人拥有客户的股票

    B. 审计人员的父母拥有客户的股票

    C. 审计人员的子女拥有客户的股票

    D. 审计人员的一位亲密朋友拥有客户的股票

7. 以下关于保密原则的表述中,不恰当的是( )。

    A. 注册会计师在执行审计业务时要对涉密信息保密

    B. 如果是为了自己的利益披露涉密信息,那么不违反保密原则

    C. 注册会计师应当警惕向近亲属或关系密切的人员无意泄密的可能性

    D. 在没有经过客户授权的情况下,不得向后任注册会计师披露涉密信息

8. 下列有关职业道德基本原则的提法中,不恰当的是( )。

    A. 注册会计师在社会交往中应当履行保密的义务

    B. 注册会计师只要执行业务就必须遵守独立性的要求

    C. 客观公正原则要求注册会计师不应因偏见、利益冲突以及他人的不当影响而损害职业判断

    D. 在推介自身和工作时,注册会计师不应对其能够提供的服务、拥有的资质及积累的经验进行夸大宣传

9. 某会计师事务所在与客户签订的审计业务约定书中规定,如果审计后出具无保留意见审计报告,收费为 8 万元;如果出具保留意见的审计报告,收费为 6 万元;如果出具否

定意见的审计报告，收费为 4 万元；如果出具无法表示意见的审计报告，则免费。对此，下列观点中，错误的是(　　)。

  A. 这种做法属于或有收费，是职业道德所明确禁止的

  B. 这种做法将极大地影响注册会计师的独立性

  C. 这属于按照特定目标的实现决定收费的高低，违反了职业道德

  D. 这将诱导注册会计师欺诈，影响注册会计师的客观性

10. 下列各项中，属于注册会计师违反职业道德规范行为的是(　　)。

  A. 按照业务约定和专业准则的要求完成委托业务

  B. 对执行业务过程中知悉的商业秘密保密，不利用其为自己或他人牟取利益

  C. 除非法律允许，会计师事务所不以或有收费形式为客户提供各种鉴证服务

  D. 对其能力进行如实的广告宣传，但在宣传中注意丝毫不诋毁同行

(二)多项选择题

1. 可能对注册会计师职业道德基本原则产生威胁的因素包括(　　)。

  A. 自身利益   B. 自我评价

  C. 过度推介   D. 密切关系

2. 注册会计师如果认为业务报告、申报资料或其他信息有问题，则不得与有问题的信息发生牵连。这些有问题的信息包括(　　)。

  A. 含有缺少充分依据的陈述或信息 B. 含有虚假记载、误导性陈述的信息

  C. 存在重大错报的财务报表   D. 存在遗漏或含糊其词的信息

3. 会计师事务所的下列行为中，不违反职业道德基本原则的有(　　)。

  A. 通过报纸刊登事务所合并的行为

  B. 向客户支付业务介绍费

  C. 收取与客户相关的介绍费

  D. 与审计客户签订审计业务约定书，约定由审计客户报销审计项目组成员的交通、住宿和工作餐费用

4. 按照中国注册会计师的职业道德规范，下列说法不正确的有(　　)。

  A. 注册会计师应当竭诚为客户服务，只要不损害社会公众的利益

  B. 会计师事务所可以降低审计收费，只要仍然保持审计质量、保持职业谨慎并遵循专业准则和质量管理程序

  C. 注册会计师任何时候都应当保守客户的商业秘密

  D. 会计师事务所无法胜任某项特殊的审计工作时，可以委托其他会计师事务所，但要保证其他会计师事务所的注册会计师从总体上看是胜任的

5. 下列做法不违背审计人员职业道德的有(　　)。

  A. 以收费方式为客户提供鉴证服务

  B. 推介自己工作时，客观、真实和得体

  C. 代行委托单位管理决策职能

  D. 经委托人同意，允许法院查阅有关审计工作底稿

6. 注册会计师提供或接受利益诱惑，可能因(　　)对诚信、客观公正和良好职业行为

原则产生不利影响。

    A. 自身利益   B. 密切关系   C. 外在压力   D. 过度推介

7. 在了解和应对客户违反法律法规或涉嫌违反法律法规行为时，注册会计师可能需要( )。

    A. 运用专业知识、技能和职业判断

    B. 在遵循保密原则的前提下，进行咨询

    C. 与适当级别的管理层和治理层沟通

    D. 出于维护公众利益的目的，采取向适当机构报告或解除业务约定的进一步行动

8. 下列各项中，符合注册会计师职业道德规范的有( )。

    A. 会计师事务所在报纸上公开其名称、地址、电话和业务范围

    B. 会计师事务所通过降低收费招揽业务，使工作质量受到损害

    C. 会计师事务所为完成委托项目，雇用正在其他会计师事务所执业的注册会计师

    D. 会计师事务所为完成委托项目，聘请有关专家协助工作

9. 下列有关职业怀疑的说法中，表述恰当的有( )。

    A. 职业怀疑要求注册会计师具有批判和质疑的精神，不应对被审计单位提供的证据和解释不假思索地全盘接受

    B. 职业怀疑要求注册会计师不应依赖以往对被审计单位管理层和治理层诚信形成的判断

    C. 职业怀疑要求注册会计师应假设被审计单位管理层不诚信且存在舞弊

    D. 职业怀疑要求注册会计师对引起疑虑的情形应保持警觉

10. 专业胜任能力要求注册会计师( )。

    A. 不得跨地区、跨行业执业

    B. 对审计业务中涉及的特殊知识和技能，可以聘请专家协助其工作

    C. 当发现无法胜任执行的审计业务时，应当请求事务所改派其他人员

    D. 不承接不胜任的业务

(三)判断题

1. 独立性原则只适用于鉴证业务。   ( )

2. 注册会计师在被审计单位拥有直接投资但数额不大，则其独立性不受影响。( )

3. 注册会计师只有在执行注册会计师审计业务时才需要遵守职业道德规范。( )

4. 会计师事务所从事鉴证业务时，除有关法律法规允许外，不得以服务结果的好坏为条件来决定收费标准的高低。   ( )

5. 注册会计师履行的保密责任在注册会计师与客户的关系终止后仍应继续，因此，注册会计师不应当接受注册会计师协会的调查。   ( )

6. 只要是《职业道德守则》中未明确禁止的情形就是被允许的。   ( )

7. 独立性原则和客观公正性原则适用于注册会计师提供的各种专业服务，而不仅仅限于鉴证业务。   ( )

8. 当某些不利影响是重大的，且合理的防范措施不可行或无法实施时，注册会计师应当拒绝或终止所从事的特定专业服务，必要时与客户解除合约关系，或向其工作单位辞职。   ( )

9. 如果注册会计师知悉被提供的利益诱惑存在或被认为存在不当影响行为的意图，即使注册会计师拒绝接受利益诱惑，仍可能对职业道德基本原则产生不利影响。　　　（　　）

10. 注册会计师应该持续了解并掌握当前法律、技术和实务的发展变化，将专业知识和技能始终保持在应有的水平。　　　（　　）

二、案例分析题

ABC 会计师事务所委派 A 注册会计师担任甲上市公司 2021 年度财务报表审计项目合伙人。审计项目组在审计中遇到下列事项。

(1) 应邀投标时，ABC 会计师事务所在其投标书中说明，在承接业务前需要与前任注册会计师沟通。

(2) A 注册会计师在审计过程中发现甲公司与自己和朋友开立的一家公司存在直接竞争关系。

(3) ABC 会计师事务所为了与甲公司保持良好的合作关系，以同行业平均水平收费的50%为甲公司提供审计服务。

(4) 甲公司为庆祝成立 20 周年，购买了大量商品准备赠予员工，因适逢审计项目组正在该公司进行审计，甲公司便从中选取了一部分价值较高的商品赠给了注册会计师。注册会计师和其所在的会计师事务所并未采取相应的防范措施。

(5) 在审计期间，被审计单位正在接受监管机构的调查，注册会计师应监管机构的要求告知了自己获知的被审计单位的违法行为。

(6) A 注册会计师在审计过程中获知甲公司拟收购乙公司，因其堂妹在乙公司工作，随即将该消息告知了其堂妹。

(7) A 注册会计师向甲公司管理层说明本所的优势及其他会计师事务所注册会计师所处的劣势，以期能够与甲公司有更多的业务往来。

(8) ABC 会计师事务所推荐甲公司与事务所其他审计客户签订了投资协议，因此获得了其他审计客户奖励的资金 2 万元。

(9) 注册会计师 A 的妻子在审计期间加入审计客户担任财务总监。

(10) 甲公司将其供货商的年报审计业务介绍给 ABC 会计师事务所，ABC 会计师事务所为此向甲公司支付 5 000 元佣金。

要求：针对上述(1)至(10)项，逐项指出是否存在违反《职业道德守则》有关职业道德要求的情况，并简要说明理由。

第五章

中国注册会计师法律责任

第一节　中国注册会计师法律责任概述

随着社会主义市场经济体制在我国的建立和发展，注册会计师在社会经济生活中的地位越来越重要，发挥的作用越来越大。注册会计师如果工作失误或犯有欺诈行为，将会给委托人或依赖审定财务报表的第三人造成重大损失，甚至会导致经济秩序出现混乱。而且，会计师事务所专业服务收费应考虑的因素之一是提供专业服务所需承担的责任，即事务所的利益和责任是共存的。

因此，有必要强化注册会计师的责任意识，严格注册会计师的法律责任，以保证其遵守职业道德和提升执业质量。

一、中国注册会计师法律责任的种类

(一)行政责任

行政责任是行政法律责任的简称，是指行为主体因其行为违反与行政管理相关的法律、法规，但尚未构成犯罪，依法应当承担的法律后果。行政责任可以分为行政处分和行政处罚。

行政处分是对国家工作人员及由国家机关委派到企业事业单位任职的人员的行政违法行为，给予的一种制裁性处理。行政处罚是指国家行政机关及其他依法可以行使行政处罚权的组织，对违反行政法律、法规和规章，尚不构成犯罪的公民、法人及其他组织实施的一种制裁行为。

根据行政处罚法的规定，会计师事务所和注册会计师受到的行政处罚主要有以下几种：警告、罚款、没收违法所得、没收非法财物、责令停产停业、暂扣或者吊销许可证、暂扣或者吊销执照、行政拘留以及法律、法规规定的其他行政处罚。实施行政处罚，必须依照法定程序进行。

(二)民事责任

民事责任是指民事主体因违反合同或者不履行其他法律义务，侵害国家、集体的财产，侵害他人财产、人身权利，依法应当承担的民事法律后果。这种法律后果是由国家法律规定并以强制力保证执行的。规定民事责任的目的，就是对已经造成的权利损害和财产损失给予恢复和补救。根据产生责任的原因，民事责任可分为违约责任和侵权责任。违反法律规定应承担的民事责任主要有十种：停止侵害，排除妨碍，消除危险，返还财产，恢复原状，修理、重作、更换，赔偿损失，支付违约金，消除影响、恢复名誉，赔礼道歉。

(三)刑事责任

刑事责任是指由于违反国家的法律、法规，情节严重，构成刑事犯罪而应承担的法律后果。违反法律规定应承担的刑罚种类包括主刑和附加刑。主刑有管制、拘役、有期徒刑、无期徒刑和死刑。附加刑有罚金、剥夺政治权利和没收财产。此外，对于犯罪的外国人，法律规定可以独立适用或者附加适用驱逐出境。

二、中国注册会计师承担民事责任的法律构成要件

注册会计师是否需要承担上述法律责任，应该看其是否达到承担法律责任的必要条件。注册会计师承担法律责任的必要条件因法律责任不同而不同。本书重点介绍我国注册会计师承担民事责任的法律构成要件。

注册会计师在从事鉴证业务的过程中，尤其是在从事审计业务的过程中，可能违约，也可能侵权。比如说，注册会计师如果不能按业务约定书如期完成审计报告，则对被审计单位可能构成了违约；注册会计师如果没有正当理由泄露了被审计单位的秘密，则对被审计单位可能构成了侵权；利害关系人如果使用了注册会计师出具的不实报告而利益受损，则注册会计师对利害关系人也可能构成了侵权。

违约责任的法律构成要件包括两个方面：①违约行为；②过错。

侵权责任的法律构成要件包括四个方面：①违法行为；②过错；③损害后果；④因果关系。

(一)违法(约)行为

违法(约)行为是指注册会计师违反相关法律条款或合同约定的行为。其具体表现在两个方面。

(1) 违反法律法规(违法)。这是指注册会计师直接违反了我国《公司法》《证券法》等法律中规定的义务。例如，注册会计师在执行审计业务期间买卖被审计单位的股票，提前泄露被审计单位的财务信息给外人以谋取利益等。

(2) 违反合同约定(违约)。客户(委托人)与注册会计师之间是一种委托与被委托的民事关系，他们在平等、自愿、协商一致的基础上拟定合同条款，分别就鉴证事项、双方的权利与义务、保密、收费方式、提交报告的时间、违约责任等内容作出明确规定。如果注册会计师在执行合同过程中没有履行合约中的相关条款，应当承担违约责任。违约行为的法律主体只能是签约当事人，不包括使用审计报告的第三人。

(二)过错

一般而言，过错包括过失和故意两种形式。根据我国《注册会计师法》《公司法》《证券法》等相关法律的规定，注册会计师的过错主要有过失和欺诈两类。

1. 过失

按过失的轻重程度不同，通常将注册会计师的过失划分为一般过失和重大过失。

一般过失，也叫普通过失，是指注册会计师没有充分遵循执业准则的要求，在审计过程中对某些非重要审计事项没有保持应有的职业谨慎。这些被忽视的非重要事项累积起来可能引起重大错报，从而导致注册会计师审计失败。比如，注册会计师在审计的时候，对应收账款的肯定式函证数量不足，最终仍有重大错报未能被查出。

重大过失是指注册会计师连最基本、最重要的执业准则都未遵守，给当事人或社会公

众带来较大的损失和危害。比如,注册会计师在审计的时候,对应收账款根本就未予以函证,而该应收账款在被审计单位资产总额中占有很大的比重。

另外,还有一种过失叫"共同过失",即对他人过失,受害方自己未能保持合理的谨慎因而蒙受损失。例如,被审计单位以过失为由控告注册会计师在审计中未能发现存货等资产减少,而注册会计师声称存货等资产的减少是由被审计单位缺乏适当的内部控制造成的,并以此为由来反击被审计单位的诉讼。

2. 欺诈

欺诈是指注册会计师在执业过程中明知财务报告及其他有关材料不真实,但仍然故意作出虚假或失实的陈述,以达到欺骗他人的一种故意行为。例如,注册会计师明知被审计单位在财务报告中虚增收入,仍与被审计单位串通,出具无保留意见的审计报告以欺骗第三方。

应当说明的是,注册会计师过失程度的大小没有特别严格的界限,在实务中也往往难以界定。前面提到了它们之间的主要区别,具体到每一个案例则由法院根据具体情况给予解释。图 5-1 所示为注册会计师民事责任的界定过程。

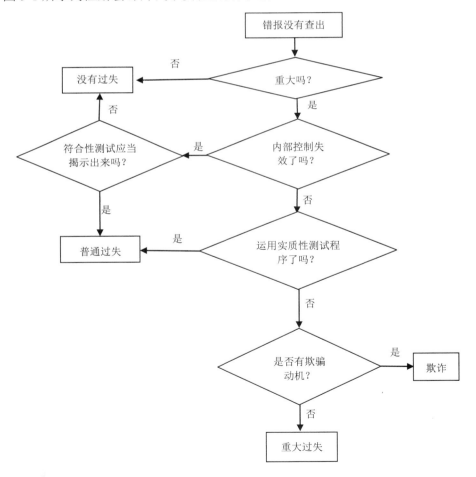

图 5-1 注册会计师民事责任的界定过程

(三)损害后果

注册会计师出具不恰当的审计意见会误导报表使用者，改变他们的决策，给他们造成经济上的损失，从而产生损害后果。损害后果被用于评估注册会计师的侵权行为对利害关系人造成的损害程度。如果没有引起损害后果，则注册会计师不需为侵权行为承担赔偿责任。

(四)因果关系

因果关系是指行为人的行为与受害人遭受的损害之间的因果关系，因果关系是侵权责任确定的重要条件，因为责任自负规则要求任何人对自己的行为造成的损害后果应负责任，而他人对此后果不负责。

三、中国注册会计师法律责任的归责原则

归责原则是确定责任归属所必须依据的法律准则，贯穿于整个侵权行为法之中，并对各个侵权法规起着统率作用。常见的归责原则主要有过错责任原则、过错推定原则和无过错责任原则。归责原则决定着责任构成要件、举证责任的承担、免责条件等。

(1) 过错责任原则的核心是"谁主张，谁举证"，即加害人的过错需要由受害人举证。根据该理论，注册会计师可以凭着"已尽应有的职业关注"为由主张免责。

(2) 过错推定原则的核心是"被告若不能证明自己没有过错，法律便推定被告有过错"。根据该理论，注册会计师只有能够证明自己已经恪尽职守和合理调查才能免除承担责任。

(3) 无过错责任原则的核心是"无过错也要承担责任"。无过错责任原则的基本宗旨在于"对不幸损害之合理分配"。这种基本功能决定了这种制度必然与责任保险联系在一起。无过错责任原则的主要功能在于分担、补偿受害者的损失，它已经没有了过错责任的教育、惩戒功能。

上述三个归责原则一个比一个严苛，因此，过错推定原则和无过错责任原则仅在法律有特别规定的地方适用；法律无特别规定的，皆适用过错责任原则。

我国会计师审计法律责任的确定采取过错责任原则，在证券民事诉讼领域采取过错推定原则。也就是说，如果我国注册会计师审计非上市公司财务报告，其法律责任的确定采取过错责任原则；如果我国注册会计师审计上市公司财务报告，其法律责任的确定采取过错推定原则。两种归责原则的采用体现了法律法规对上市公司广大投资者利益和对整个注册会计师行业稳定发展的一种双重保护。

■ 小思考 5-1

在过错责任原则下，受害者若要主张注册会计师有过错，将面临什么样的难题？如果对注册会计师法律责任的确定都采用过错推定原则，会有什么样的不良后果？

第二节　避免法律诉讼的对策

注册会计师的职业特点决定了它是一个容易遭受法律诉讼的行业，那些蒙受损失的受害人总想通过起诉注册会计师尽可能使其损失得以补偿。因此，法律诉讼一直是困扰西方

国家会计师职业界的一大难题，会计师行业每年不得不为此付出大量的精力、支付巨额的赔偿金、购买高昂的保险费。

随着注册会计师地位和作用的提高，注册会计师的社会影响力越来越大。政府部门和社会公众在了解注册会计师作用的同时，对注册会计师责任的了解也在增加，因此，起诉注册会计师的案件便时有发生。近几年来，我国注册会计师行业发生了一系列震惊整个行业乃至全社会的案件。有的会计师事务所因出具虚假报告造成严重后果而被撤销、没收财产或取消特许业务资格，有的注册会计师被吊销资格，有的注册会计师被追究刑事责任。除一些大案件之外，涉及注册会计师的中小型诉讼案更有日益上升的趋势。如何避免法律诉讼，已成为我国注册会计师非常关注的问题。

一、可能导致注册会计师法律责任的原因

注册会计师被控告的原因可能是多方面的：有的是被审计单位方面的原因，有的是注册会计师方面的责任，有的是双方的责任，还有的是使用者误解的原因。其中，来自注册会计师方面的原因是最重要的。

(一)职业道德素质低下

对于职业道德因素的分析很早就已开始。人们在审计实践中常常发现"审计中所存在的一些问题并非完全是由于技术上或程序上的失误所造成的，注册会计师的日常行为和工作态度有时会成为问题的症结所在"。因此，在探讨审计失败的原因时，除了关注审计技术及程序的发展外，人们也开始关注起注册会计师的自身行为，这类行为通常包括：①注册会计师未能认清其在社会经济生活中所扮演的角色，一味地以赚钱为目的；②与客户存在利害关系，不能保持应有的独立性；③违反职业道德准则的某些特定要求，如以低价策略拉抢客户、承接与审计业务不相容的服务、接受客户的佣金等。

(二)专业胜任能力不足

注册会计师应熟悉并掌握会计、审计和计算机等知识技能，随时了解相关领域的前沿知识，并将掌握的知识有效地运用于研究和分析之中。注册会计师的专业知识欠缺可能导致审计失败，主要表现为：①未能严格遵守独立审计准则对于审计计划、了解内部控制及证据搜集的基本要求；②违反某些特定审计准则的要求，如在接受客户委托之前，未能与前任注册会计师取得联系，没有了解是否存在会计、审计方面的争议问题；③对于会计信息处理过程缺乏基本的了解，特别是对会计电算化代替人工所做的快速及大量的会计信息处理缺乏了解。

(三)对被审计单位经营情况了解不够

注册会计师接受客户的委托，对其财务报表进行审计，以鉴证其对财务状况、经营成果是否进行了公允反映。如果注册会计师对客户的经营情况了解不够，势必会发表错误的审计意见，导致审计失败。注册会计师对客户经营情况了解不够的情形具体表现在以下

方面。

(1) 对客户的经营业务缺乏充分了解，尤其是对一些特殊产业，如金融、保险或高科技的电子产业。例如，美国许多储贷银行倒闭，有很多情况可归因于注册会计师对这些储贷银行的经营政策及程序、产业特性、放款损失评估等情况的了解不够深入。

(2) 对于客户经营所处的环境未能掌握，以至于对经济及产业情况认识不够，以及对客户所面临的风险不能提高警惕。

(3) 对于最高管理人员的思想及作风以及过去背景未能予以正视或评价。

(4) 对于客户经营环境的了解不够。例如，在权威领导的组织里，经营单位的经理可能为了达成公司最高管理层所设定的目标而虚饰其业绩，或故意隐藏其已达成的业绩，以减少未来业绩的压力。

(5) 对客户的组织机构、产品、制造过程及设备了解不够。

(6) 对管理人员的陈述及声明给予过分的信赖。

(7) 对客户其他人员、主管机关或供应商的某些报告未加以研究或重视。

(四)审计程序不妥

注册会计师发表正确审计意见的基础是必须遵循审计准则的要求，实施必要的审计程序，搜集充分适当的审计证据。如果注册会计师实施的审计程序不妥，则会导致审计失败。常见的注册会计师实施审计程序不妥的情形主要包括以下几种。

(1) 未能适当运用分析性复核程序。在审计实务中，注册会计师应运用分析性复核程序，对客户重要的比率或趋势进行分析，以了解客户的基本情况及变化原因，发现客户财务报表和其他会计资料的异常变动。

(2) 询问技巧不足。通常，注册会计师对于客户内部控制制度的了解或问题的澄清，都是通过询问方式进行的。而要达到询问的目的，就必须慎选询问者及注重询问技巧，善于察言观色，找出破绽或发现疑点。

(3) 未能进行充分观察。观察是注册会计师对企业的经营场所、实物资产和有关业务活动及其内部控制制度的执行情况等所进行的实地察看。有经验的注册会计师应能通过观察企业经营业务处理过程，发现其中的缺陷，从而决定采取适当的审计程序。可惜的是，有的注册会计师在审计的过程中未能进行充分观察。

(4) 实施不适当的审计程序。注册会计师使用错误的证据搜集方法，或证据使用的方法错误。例如，企业账上记录一笔未经正式订货程序的销货，销货单上的单价相当高且数量少，经由海运送交国外顾客。注册会计师检查运费单据，证明货物所有权已转移和存货已经出库，所以未能发现疑点。但如果注册会计师询问为什么选择以海运方式送交价高量少的货物，他就很有可能会怀疑这笔销货。再比如，有的注册会计师通过观察来确定实物资产的所有权，有的注册会计师对重大错报风险水平高的应收账款进行消极式的函证，等等。

(5) 实施内部控制测试不当。内部控制测试的目的在于减少实质性程序的工作量，但是注册会计师大都受时间预算的限制，希望其测试结果支持原有内部控制制度良好运行的假设，纵然遇到例外情况，也不会扩大实质性程序范围，因为这样做很可能超出时间预算而增加审计成本。

(五)未能保持应有的职业谨慎

对交易事项缺乏应有的专业怀疑,未能发现关联方交易;过分信赖管理层,轻易接受企业管理层所作的解释;过度信赖内部会计师的工作,不切实际地减少自己的符合性测试和实质性程序。

此外,注册会计师所收集的证据明显不足、未能将审计证据恰当地记录于工作底稿、对客户舞弊的研究与重视不够以及审计欺诈的存在也可能导致注册会计师承担法律责任。

二、注册会计师行业的应对措施

面对注册会计师法律责任的扩展和被控诉讼案件数量的急剧增加,整个注册会计师职业界都在积极研究如何避免法律诉讼。这对于提高注册会计师审计的鉴证水平,增强发现重大错误与舞弊的能力都有较大的帮助。

(一)严格审计程序

注册会计师发表恰当审计意见的前提是必须遵循审计准则的要求,实施必要的审计程序,搜集充分适当的审计证据。审计实践已经证明,只有严格按照正确、合理的审计程序进行审计,才能降低审计风险、防范法律诉讼。因此,高标准的审计程序是保护注册会计师的利器,要求注册会计师执行严格的审计程序是保护行业利益的根本所在。

(二)加强行业监管

只有在维护好社会公众利益的基础上,注册会计师行业才能实现行业利益,彰显自身的社会价值。注册会计师行业的监管对于维护、协调、平衡公众利益和行业利益都是至关重要的。行业监管不仅仅指的是政府部门、独立监管部门的行政监管和独立监管,还包括行业协会对于行业自身的自律性监管。在经历过多次诉讼风暴和信任危机之后,当前国际社会的行业监管呈现日益强化的趋势,监管模式也呈现逐渐混合的态势。

(三)反击恶意诉讼

注册会计师经常作为"深口袋"的角色出现在法庭之上。当遭受到投资损失时,投资者出于急于弥补损失的目的,往往将注册会计师作为被告,西方发达国家的律师行业更是起到了推波助澜的作用。因此,很多针对注册会计师的恶意诉讼案件层出不穷。恶意诉讼中的"恶意"主要体现在两个方面:一是明知自己的诉讼请求缺乏事实和法律依据;二是具有侵害对方合法权益的不正当的诉讼目的。注册会计师行业应当加强与司法系统的沟通交流,在立法层面和司法程序上,对恶意诉讼作出限定,建立防范恶意诉讼的有效司法机制。在面对恶意诉讼时,注册会计师应当抓住原告的"恶意"本意,聘请律师,以合法保护自身的利益。

(四)弥补社会公众期望差距

如果会计职业界不采取措施来缩小审计期望差距,将面临越来越多的诉讼和批评。中国也存在对审计职能认识的"期望差距"，如在审计目标、审计查错防弊的责任以及注册会计师由于疏忽或审计失败而对第三方的责任等方面，审计职业界和审计受益人之间有不同的看法。注册会计师行业应当增加与公众的沟通，通过改善审计质量和提高审计独立性来提高财务报告质量，从而缩小由于不恰当的行为导致的审计差距，进而尽可能地满足公众需求、降低审计风险。另外，出具能够清楚地表达审计责任的审计报告，也可以增进公众对审计工作的了解和理解。

三、会计师事务所和注册会计师的应对措施

会计师事务所和注册会计师避免法律诉讼的具体措施，可以概括为以下几点。

(一)严格遵循职业道德守则

严格遵循职业道德守则是注册会计师保护自身利益和避免法律诉讼最为基本的要求。注册会计师如果要为社会公众提供高质量的、可信赖的专业服务，就必须强化职业道德意识，提高职业道德水准。少数注册会计师忽视职业道德守则的要求，在执业过程中，往往处于被动地位，甚至帮助被审计单位掩饰舞弊。当发生审计诉讼时，此类注册会计师必然会受到应有的处罚。

另外，少数注册会计师在执业过程中，对有关被审计单位的问题并未保持应有的职业谨慎，或者为了节省时间而缩小审计范围和简化审计程序，结果导致财务报表中的重大错报不被发现从而成为被告。因此，注册会计师应当树立起强烈的风险意识、责任意识和道德意识，时刻强调职业道德，防范司法诉讼。

(二)建立会计师事务所质量控制制度

会计师事务所不同于一般的公司(企业)，质量管理是会计师事务所各项管理工作的核心和关键。如果一个会计师事务所质量管理不严，很有可能因某一个人或某一个部门的差错导致整个会计师事务所遭受灭顶之灾。许多审计过程中的差错是由于注册会计师失察或未能对助理人员或其他人员进行切实的监督造成的。对于业务复杂且重大的委托人来说，其审计是由多个注册会计师及许多助理人员共同配合来完成的。如果他们的分工存在重叠或间隙，又缺乏严密的执业监督，发生过失是不可避免的。因此，会计师事务所必须建立、健全一套严密、科学的内部质量控制制度，并把这套制度推行到每一个人、每一个部门和每一项业务，迫使注册会计师按照专业标准的要求执业，保证整个会计师事务所的执业质量。

(三)谨慎选择合伙人

要避免法律诉讼，首要问题是谨慎选择合伙人，以避免可能导致审计失败的隐患。一般来说，不宜选择下列合伙人：崇尚商业利润而忘记职业道德的合伙人；无视职业规范自以为是的合伙人；认为倒霉事不会落到自己头上的合伙人；不评估客户风险的合伙人；逾越内部控制、不遵循事务所政策的合伙人；凡事都授权给经理的合伙人；重大问题不咨询或请教别人的合伙人；不了解客户需要和动机的合伙人；专业技能落伍的合伙人；过度扩

张或过度忙碌的合伙人。

(四)招收合格人员并予以适当培训和督导

对于大多数的审计项目来说，相当多的工作是由缺乏经验的助理人员来完成的，对会计信息公允、正确与否的识别、估测、评价等大量依靠的是注册会计师的专业判断。没有注册会计师的经验以及由经验积累而成的判断，会计师事务所就要承担审计失败的风险。因此，防止审计失败的措施之一，就是必须严格设定选拔助理人员的条件，还要对他们进行有效的业务培训和道德教育，并在审计工作过程中对他们进行适当的监督和指导。

(五)与委托人签订业务约定书

《注册会计师法》第十六条规定，注册会计师承办业务，会计师事务所应与委托人签订委托合同(即业务约定书)。业务约定书具有法律效力，它是确定注册会计师和委托人的责任的一个重要文件。会计师事务所不论承办何种业务，都要按照业务约定书准则的要求与委托人签订约定书，这样才能在发生法律诉讼时将一切口舌争辩减少到最低限度。

(六)审慎选择被审计单位

中外注册会计师法律案例告诉我们，注册会计师如欲避免法律诉讼，必须慎重地选择被审计单位。被审计单位如果在对待其顾客、职工、政府部门和其他方面没有表现出正直品格，则出现差错和舞弊行为的可能性就大，审计失败的可能性也就比较大，即使扩大审计测试的规模，注册会计师也难以使总体审计风险的水平降低到社会可接受的程度内，出现法律纠纷的可能性就会比较大。因此，注册会计师在接受委托之前，就应采取与前任注册会计师联系等程序，评价管理层的品格。一般来说，不宜与下列被审计单位打交道：①曾经有不诚实的记录或在业界的声誉不佳的客户；②以前年度曾经发生过舞弊或违反法规行为的客户；③管理层过分强调盈利预测的实现和企业股价表现的客户；④管理层过去常与注册会计师发生争议，或曾经欺骗过注册会计师，或对注册会计师不够尊重的客户；⑤经常变更会计师事务所、倾向于购买会计原则的客户；⑥经常从事内幕交易的客户；⑦倾向于采用不稳健的会计政策和不适当的冒险做法的客户；⑧面临较大经济和财务压力、陷入财务困境的客户。

(七)严格遵守审计准则

正如前文所述，不能苛求注册会计师对财务报表中所有错报事项都承担法律责任。注册会计师是否应承担法律责任，关键在于注册会计师是否有过失或欺诈行为，而判别注册会计师是否具有过失关键要看注册会计师是否按照专业标准的要求进行执业。因此，注册会计师保持良好的职业道德，严格遵循专业标准的要求执业，对于避免法律诉讼或在提起的诉讼中保护自身利益显得尤其重要。

(八)提取风险基金或购买责任保险

在西方国家，购买充分的责任保险是会计师事务所一项极为重要的保护措施，尽管保险不能免除会计师事务所可能受到的法律诉讼，但保险却可能防止或减少诉讼失败对会计师事务所造成的财务损失。我国《注册会计师法》也规定了会计师事务所应当按规定建立职业风险基金，办理职业保险。

(九)聘请律师

会计师事务所在可能的条件下，应当聘请熟悉相关法规及注册会计师法律责任的律师。在执业过程中如遇重大法律问题，注册会计师应同本所的律师或外聘律师详细讨论所有潜在的危险情况，并仔细考虑律师的建议。一旦发生法律诉讼，也应聘请有经验的律师参与诉讼。

本 章 小 结

随着社会主义市场经济体制在我国的建立和发展，强化注册会计师的责任意识，严格注册会计师的法律责任，以保证其职业道德和执业质量，意义显得愈加重大。

我国注册会计师法律责任包括行政责任、民事责任和刑事责任。对于法律责任，本章重点研究的是我国注册会计师承担民事责任的法律构成要件。归责原则是确定责任归属所必须依据的法律准则，而常见的归责原则主要有过错责任原则、过错推定原则和无过错责任原则。我国注册会计师审计法律责任的确定采取过错责任原则，在证券民事诉讼领域采取过错推定原则。这两种归责原则的采用体现了法律法规对上市公司广大投资者的利益和对整个注册会计师行业稳定发展的一种双重保护。注册会计师被控告的原因可能是多方面的，有的是被审计单位方面的原因，有的是注册会计师方面的责任，而有的是双方的责任，还有的是使用者误解的原因，但来自注册会计师方面的原因是最重要的。为了避免可能出现的法律诉讼，注册会计师行业、会计师事务所和注册会计师应该采取不同的应对措施。

复习思考题

1. 注册会计师可能承担的法律责任有哪些?
2. 注册会计师法律责任的归责原则有哪些?为什么说这些归责原则的采用体现了法律法规对上市公司广大投资者的利益和对整个注册会计师行业稳定发展的一种双重保护?
3. 侵权责任的法律构成要件包括哪些?
4. 简述注册会计师责任的界定过程，并适当举例加以说明。
5. 注册会计师应该如何避免法律诉讼?

自测与技能训练

(一)单项选择题

1. 注册会计师明知被审计单位在财务报告中隐匿大额收入，仍与被审计单位串通，出具无保留意见的审计报告，则该注册会师会被认定为(　　)。

    A. 有欺诈行为　　B. 有普通过失　　C. 有重大过失　　D. 没有过失

2. 重大错报没有被查出来，是由于被审计单位内部控制失效造成的。注册会计师本来应该通过符合性测试检测出被审计单位内控失效，进而查出重大错报。该注册会师会被认定为(　　)。

    A. 有欺诈行为　　B. 有普通过失　　C. 有重大过失　　D. 没有过失

3. 注册会计师对 A 公司的应收账款进行了函证，但由于肯定式函证数量不足，最终仍有重大错报未被查出，则该注册会师会被认定为(　　)。

    A. 没有过失　　B. 有普通过失　　C. 有重大过失　　D. 有共同过失

4. 注册会计师对被审计单位财务报表进行审计，发现被审计单位内部控制极其薄弱，在执业中运用实质性程序仍没有查出重大错报，则该注册会计师会被认定为(　　)。

    A. 没有过失　　B. 有普通过失　　C. 有欺诈行为　　D. 有重大过失

5. 归责原则是确定责任归属所必须依据的法律准则。我国证券民事诉讼领域采取(　　)。

    A. 过错责任原则　　　　　　　　B. 过错推定原则

    C. 无过错责任原则　　　　　　　D. 其他原则

(二)多项选择题

1. 按过失的轻重程度不同，通常将注册会计师的过失分为(　　)。

    A. 轻微过失　　B. 欺诈　　C. 普通过失　　D. 重大过失

2. 法院在审理针对注册会计师的侵权责任诉讼时，需要考虑侵权责任的法律构成要件。注册会计师承担侵权责任的法律构成要件包括(　　)。

    A. 行为人违法　　　　　　　　　B. 行为人有主观过错

    C. 造成了损害后果　　　　　　　D. 主观过错与损害后果之间存在因果关系

3. 以下情况中，(　　)能表明注册会计师存在过失。

    A. 制订的审计计划存在明显的疏漏　　B. 审计收费的金额明显高于往年

    C. 错误判断和评价获取的审计证据　　D. 审计报告的日期明显晚于往年

4. 目前我国颁布的、涉及会计师事务所及注册会计师法律责任的法律有(　　)。

    A. 注册会计师法　　　　　　　　B. 刑法

    C. 证券法　　　　　　　　　　　D. 公司法

5. 下列属于会计师事务所违约的情形有(　　)。

    A. 未按商定的时间提交审计报告　　B. 违反与被审计单位订立的保密协议

    C. 修改了审计程序　　　　　　　　D. 追加了审计程序

(三)判断题

1. 注册会计师如果未能将财务报表中的错误与舞弊揭露出来，就一定负有法律责任。

                                 (　　)

2. 注册会计师过失程度的大小没有特别严格的界定，在实务中也很难加以界定。

                                 (　　)

3. 对财务报表有直接和重大影响的违反法律法规行为，注册会计师在设计和实施审计程序以及评价和报告审计结果时，应当给予充分关注。

                                 (　　)

4. 我国现行法律规定，会计师事务所和注册会计师如果工作失误或者有欺诈行为，对委托人或对依赖经审计的财务报表作出决策的第三人造成损失的，则应当承担法律责任。

（　　）

5. 我国会计师审计法律责任采取过错责任原则，在证券民事诉讼领域实行无过错责任原则。

（　　）

第六章

审计目标与审计过程

第一节　审　计　目　标

一、现阶段我国注册会计师的总体审计目标

《中国注册会计师审计准则第 1101 号——注册会计师的总体目标和审计工作的基本要求》第二十五条规定，在执行财务报表审计工作时，注册会计师的总体目标包括：①对财务报表整体是否不存在由于舞弊或错误导致的重大错报获取合理保证，使得注册会计师能够对财务报表是否在所有重大方面按照适用的财务报告编制基础编制发表审计意见；②按照审计准则的规定，根据审计结果对财务报表出具审计报告，并与管理层和治理层沟通。

■　知识链接 6-1

"对财务报表发表审计意见"不等同于"对账簿发表审计意见"。实务中，账簿没有问题不意味着报表也一定没有问题，比如，被审计单位误解有关列报、没有遵循一些专门的披露要求，或管理层为了实现预定的业绩指标(如收入指标、利润指标)，往往凌驾于内控之上，导致报表上的数据被篡改。

"对财务报表发表审计意见"也不等同于"对内控发表审计意见"。必要的情况下，注册会计师在实质性测试之前要进行控制测试。有效的内控会主动拦截一些错误，由此会提高注册会计师的审计效率。因此，注册会计师需要了解被审计单位的内控。如果被审计单位内控设计合理、得到运行，还要进行控制测试，但是注册会计师并不对内控的有效性发表审计意见。如果注册会计师可以对内控的有效性发表审计意见，此时审计报告的措辞将会发生改变。

正确理解注册会计师的总体目标，还需要把握以下几个概念。

1. 注册会计师

注册会计师是指取得注册会计师证书并在会计师事务所执业的人员，通常是指项目合伙人或项目组其他成员，有时也指所在的会计师事务所。当审计准则明确指出应由项目合伙人遵守的规定或承担的责任时，使用"项目合伙人"而非"注册会计师"的称谓。

2. 财务报表

财务报表是指依据某一财务报告编制基础对被审计单位历史财务信息作出的结构性表述，包括相关附注，旨在反映某一时点的经济资源或义务或者某一时期经济资源或义务的变化。相关附注通常包括重要会计政策概要和其他解释性信息。财务报表通常是指整套财务报表，有时也指单一财务报表。整套财务报表的构成应当根据适用的财务报告编制基础的规定确定。

历史财务信息是指以财务术语表述的某一特定实体的信息，这些信息主要来自特定实体的会计系统，其反映了过去一段时间内发生的经济事项，或过去某一时点的经济状况或情况。

3. 适用的财务报告编制基础

适用的财务报告编制基础是指法律法规要求采用的财务报告编制基础；或者管理层和治理层(如适用)，在编制财务报表时，就被审计单位性质和财务报表目标而言，采用的可接受的财务报告编制基础。

财务报告编制基础分为通用目的的编制基础和特殊目的的编制基础。通用目的的编制基础是指旨在满足广大财务报表使用者共同的财务信息需求的财务报告编制基础，主要是指会计准则。特殊目的的编制基础是指旨在满足财务报表特定使用者对财务信息需求的财务报告编制基础，包括计税核算基础、监管机构的报告要求和合同的约定等。

4. 错报

错报是指某一财务报表项目的金额、分类、列报或披露，与按照适用的财务报告编制基础应当列示的金额、分类、列报或披露之间存在的差异。错报可能是由于被审计单位的错误或舞弊所导致。

当注册会计师对财务报表是否在所有重大方面按照适用的财务报告编制基础编制并实现公允反映发表审计意见时，错报还包括根据注册会计师的判断，为使财务报表在所有重大方面实现公允反映，需要对金额、分类、列报或披露作出的必要调整。

财务报表的错报可能是由于舞弊或错误所致。舞弊和错误的区别在于：导致财务报表发生错报的行为是故意行为还是非故意行为。舞弊是一个宽泛的法律概念，但审计准则要求注册会计师关注导致财务报表发生重大错报的舞弊。与财务报表审计相关的两类故意错报，包括编制虚假财务报告导致的错报和侵占资产导致的错报。

在计划和实施审计工作，以及评价识别出的错报对审计的影响和未更正的错报(如有)对财务报表的影响时，注册会计师应当运用重要性概念。如果合理预期某一错报(包括漏报)单独或连同其他错报可能影响财务报表使用者依据财务报表作出的经济决策，则该项错报通常被认为是重大的。重要性取决于在具体环境下对错报金额或性质的判断，或同时受到两者的影响，并受到注册会计师对财务报表使用者对财务信息需求的了解的影响。注册会计师针对财务报表整体发表审计意见，因此没有责任发现对财务报表整体影响并不重大的错报。

5. 合理保证

合理保证是指注册会计师在财务报表审计中提供的一种高度但并非绝对的保证水平。注册会计师应当按照审计准则的规定，对财务报表整体是否不存在由于舞弊或错误导致的重大错报获取合理保证，以作为发表审计意见的基础。

合理保证是一种高度保证。当注册会计师获取充分、适当的审计证据将审计风险降低至可接受的水平时，就获取了合理保证。由于审计存在固有限制，注册会计师据以得出结论和形成审计意见的大多数审计证据是说服性的而非结论性的，因此，审计只能提供合理保证，不能提供绝对保证。审计的固有限制源于以下几个方面。

(1) 财务报告的性质。管理层在编制财务报表时，需根据适用的财务报告编制基础对被审计单位的事实和情况作出判断。除此之外，许多财务报表项目涉及主观决策或评估，或一定程度的不确定性，而且存在一系列可接受的解释或判断。因此，某些财务报表项目本身就不存在确切的金额，且不能通过追加审计程序来消除。然而，审计准则要求注册会计师对管理层根据适用的会计准则和相关会计制度作出的会计估计是否合理、相关的披露是否充分，以及被审计单位会计实务(会计处理)的质量(包括管理层判断可能存在偏见的迹象)给予特定的考虑。

(2) 审计程序的性质。注册会计师获取审计证据的能力受到实际操作和法律方面的限制。例如：①管理层或其他人员有可能有意或无意地不提供与财务报表编制相关的或注册会计师要求的完整信息，因此即使已实施了旨在确保获取所有相关信息的审计程序，注册会计师也不能确定信息的完整性；②舞弊可能涉及为掩盖真相而精心策划的方案，因此用于收集审计证据的审计程序可能对于发现故意的错报是无效的；③审计不是对涉嫌违法行为的官方调查，因此注册会计师没有被授予对于这类调查的特定法律权力，如搜查权。

(3) 在合理的时间内以合理的成本完成审计的需要。难度、时间或成本等问题，不能作为注册会计师在无法实施替代性程序的情况下省略审计程序(省略不可替代的审计程序)，或满意于缺乏足够说服力的审计证据的正当理由。制订适当的审计计划有助于为执行审计工作提供充分的时间和资源。尽管如此，信息的相关性及其由此而产生的价值会随着时间的推移而降低，所以须在信息的可靠性和成本之间进行权衡。因此，财务报表使用者的期望是注册会计师在合理的时间内、以合理的成本形成财务报表的审计意见。注册会计师难以处理所有可能存在的信息，或在假定信息存在错误或舞弊的基础上(除非能证明并非如此)来竭尽可能地追查每一个事项。

(4) 影响审计固有限制的其他事项。对某些认定或对象(事项)而言，固有限制对注册会计师发现重大错报能力的潜在影响尤为重要。这些认定或对象(事项)包括：舞弊，特别是涉及高级管理人员的舞弊或串通舞弊；关联方关系和交易的存在性和完整性；存在违反法律法规的行为；可能导致被审计单位无法持续经营的未来事项或情况。

6. 审计准则

审计准则是指中国注册会计师审计准则。审计准则旨在规范和指导注册会计师对财务报表整体是否不存在重大错报获取合理保证，要求注册会计师在整个审计过程中运用职业判断和保持职业怀疑。需要运用职业判断并保持职业怀疑的重要审计环节主要包括：①通过了解被审计单位及其环境，识别和评估由于舞弊或错误导致的重大错报风险；②通过对评估的风险设计和实施恰当的应对措施，针对是否存在重大错报获取充分、适当的审计证据；③根据从获取的审计证据中得出的结论，对财务报表形成审计意见。

为了实现注册会计师的总体目标，在计划和实施审计工作时，注册会计师应当运用相关审计准则规定的目标。在使用规定的目标时，注册会计师应当认真考虑各项审计准则之间的相互关系，以采取下列措施：①为了实现审计准则规定的目标，确定是否有必要实施除审计准则规定以外的其他审计程序；②评价是否已获取充分、适当的审计证据。

除非存在下列情况，注册会计师应当遵守每项审计准则的各项要求：①某项审计准则的全部内容与具体审计工作不相关；②由于审计准则的某项要求存在适用条件，而该条件并不存在，导致该项要求不适用。

在极其特殊的情况下，注册会计师可能认为有必要偏离某项审计准则的相关要求。在这种情况下，注册会计师应当实施替代审计程序以实现相关要求的目的。只有当相关要求的内容是实施某项特定审计程序，而该程序无法在具体审计环境下有效地实现要求的目的时，注册会计师才能偏离该项要求。如果不能实现相关审计准则规定的目标，注册会计师应当评价这是否使其不能实现总体目标。如果不能实现总体目标，注册会计师应当按照审计准则的规定出具无保留意见的审计报告，或者在法律法规允许的情况下解除业务约定。不能实现相关审计准则规定的目标构成重大事项，注册会计师应当按照《中国注册会计师审计准则第 1131 号——审计工作底稿》的规定予以记录。

7. 审计意见

审计意见是指注册会计师在完成审计工作后，对于鉴证对象是否符合鉴证标准而发表的意见。对于财务报表审计而言，则是对财务报表是否已按照适用的会计准则编制，以及财务报表是否在所有重大方面公允反映了被审计单位的财务状况、经营成果和现金流量发表意见。

财务报表审计的审计意见的类型分为五种。

(1) 标准的无保留意见：说明注册会计师认为被审计单位编制的财务报表已按照适用的会计准则的规定编制并在所有重大方面公允反映了被审计单位的财务状况、经营成果和现金流量。

(2) 带强调事项段的无保留意见：说明注册会计师认为被审计单位编制的财务报表符合相关会计准则的要求并在所有重大方面公允反映了被审计单位的财务状况、经营成果和现金流量，但是存在需要说明的事项，如对持续经营能力产生重大疑虑及重大不确定事项等。

(3) 保留意见：说明注册会计师认为财务报表整体是公允的，但是存在影响重大的错报。

(4) 否定意见：说明注册会计师认为财务报表整体是不公允的，或没有按照适用的会计准则的规定编制。

(5) 无法表示意见：说明注册会计师的审计范围受到了限制，且其可能产生的影响是重大而广泛的，注册会计师不能获取充分的审计证据。

8. 管理层和治理层

管理层是指对被审计单位经营活动的执行负有管理责任的人员。在某些被审计单位，管理层包括部分或全部的治理层成员，如治理层中负有经营管理责任的人员，或参与日常经营管理的业主(以下简称业主兼经理)。

治理层是指对被审计单位战略方向以及管理层履行经营管理责任负有监督责任的人员或组织。治理层的责任包括监督财务报告过程。在某些被审计单位，治理层可能包括管理层，如治理层中负有经营管理责任的人员，或业主兼经理。

按照审计准则和相关法律法规的规定，注册会计师还可能就审计中出现的事项，负有与管理层、治理层和其他财务报表使用者进行沟通和向其报告的责任。

注册会计师的总体目标是审计工作的起点。为了计划审计工作，收集充分适当的审计证据，注册会计师有必要将总体目标具体化。在通常情况下，注册会计师以财务报表审计的总体目标为指导，以管理层的认定为基础，明确适合于各类交易、账户余额及列报的一般审计目标，然后再根据被审计单位的具体情况确定各类交易、账户余额及列报的具体审计目标。

二、管理层认定

(一)认定的含义

认定是指管理层针对财务报表要素的确认、计量和列报(包括披露)作出一系列明确或隐含的意思表达。通俗地讲，通过阅读财务信息，注册会计师和预期使用者可以获取管理层表达的各类意思即为管理层的认定。当管理层声明财务报表已按照适用的财务报告编制基础进行编制，在所有重大方面作出公允反映时，就意味着管理层对财务报表各组成要素的确认、计量和列报作出了认定。管理层在财务报表上的认定有些是明确的，有些则是隐含的。例如，管理层在资产负债表中列报存货 100 万元，意味着其对存货作出了下列明确的认定：①记录的存货是存在的；②存货以恰当的金额包括在财务报表中，与之相关的计价或分摊调整已恰当记录。同时，管理层也作出了下列隐含的认定：①所有应当记录的存货均已记录；②记录的存货都由被审计单位拥有；③与存货有关的列报是恰当的。

对于管理层对财务报表各组成要素作出的认定，注册会计师的审计工作就是要确定管理层的认定是否恰当。

(二)与所审期间各类交易和事项及披露相关的认定

各类交易和事项主要与利润表有关。注册会计师对各类交易和事项及披露运用的认定通常分为下列类别。

(1) 发生：记录的交易和事项已发生且与被审计单位有关。

(2) 完整性：所有应当记录的交易和事项均已记录，相关披露均已包括。

(3) 准确性：与交易和事项有关的金额及其他数据已恰当记录，相关披露已得到恰当计量和描述。

(4) 截止：交易和事项已记录于正确的会计期间。

(5) 分类：交易和事项已记录于恰当的账户。

(6) 列报：交易和事项已被恰当地汇总或分解且表述清楚，相关披露在适用的财务报告编制基础下是相关的、可理解的。

■ 小思考 6-1

交易和事项与期末余额之间存在什么关系？以应收账款为例，当期末余额无法直接验证时，是否可以通过验证交易和事项以及期初余额的方式达到目的？

(三)与期末账户余额及披露相关的认定

账户余额主要与资产负债表有关。注册会计师对期末账户余额及披露运用的认定通常分为下列类别。

(1) 存在：记录的资产、负债和所有者权益是存在的。

(2) 权利和义务：记录的资产由被审计单位拥有或控制，记录的负债是被审计单位应当履行的偿还义务。

(3) 完整性：所有应当记录的资产、负债和所有者权益均已记录，相关披露均已包括。

（4）准确性、计价和分摊：资产、负债和所有者权益以恰当的金额包括在财务报表中，与之相关的计价或分摊调整已恰当记录，相关披露已得到恰当计量和描述。

（5）分类：资产、负债和所有者权益已记录于恰当的账户。

（6）列报：资产、负债和所有者权益已被恰当地汇总或分解且表述清楚，相关披露在适用的财务报告编制基础下是相关的、可理解的。

■ 知识链接 6-2

注册会计师在对各类认定的运用中，不能完全将其割裂开，而是要对其进行适当综合。比如，虚构销售业务在违反营业收入"发生"认定的同时，通常很可能会违反应收账款"存在"认定。再如，营业收入若符合"发生"和"完整性"认定的要求，便不会存在"截止"认定的问题。

■ 小思考 6-2

既然"营业收入若符合'发生'和'完整性'认定的要求，便不会存在'截止'认定的问题"，为什么注册会计师还要对营业收入作截止测试？

三、具体审计目标

在总体审计目标的统领下，注册会计师根据被审计单位管理层的认定，确定每个项目的具体审计目标，并以此作为评估重大错报风险以及设计和实施进一步审计程序的基础。

(一)与所审期间各类交易和事项及披露相关的具体审计目标

1. 发生

由发生认定推导的具体审计目标是确认被审计单位已经记录的交易和事项是不是真实的。例如，没有发生销售交易，但销售日记账中却记录了一笔销售，则违反了该目标。

发生认定所要解决的问题是管理层是否把那些不曾发生的项目列入财务报表，它主要与财务报表组成要素的高估有关。

2. 完整性

由完整性认定推导的具体审计目标是确认被审计单位应当记录的交易和事项是否均已被记录，所有应当在财务报表中的披露是否均已被包括。比如，发生了销售交易，但没有在销售明细账和总账中记录，则违反了该目标。再如，没在财务报表附注中披露关联方和关联方交易，也违反了该目标。

发生和完整性两者强调的是相反的关注点。发生目标针对潜在的高估，而完整性目标则针对交易漏记(低估)的可能性。

3. 准确性

由准确性认定推导的具体审计目标是确认被审计单位已经记录的交易和事项是否按正确金额反映，相关披露是否已得到恰当计量和描述。比如，销售交易中，发出商品的数量与账单上的数量不符，或是开具账单时使用了错误的销售价格，或是账单中的乘积或加总有误，或是在销售日记账中记录了错误的金额，均违反了该目标。再如，财务报表附注反映的完工百分比确定的方法有误，进而导致用完工百分比法确定的销售收入和销售成本有误，也违反了该目标。

值得注意的是：准确性与发生、完整性之间存在区别。例如，已记录的销售交易是不应当记录的(如发出的商品是寄销商品)，即使发票金额是准确的，仍违反发生目标。再如，已入账的销售交易符合收入确认条件，但金额计算错误，则违反了准确性目标，但没有违反发生目标。在完整性与准确性之间也存在类似的关系。

4. 截止

由截止认定推导的具体审计目标是确认被审计单位接近资产负债表日的交易和事项是否已记录于恰当的会计期间。例如，将本期12月29日的交易推迟到下期1月2日记录，或将下期1月3日的交易提前到本期12月28日记录，均违反了该审计目标。

5. 分类

由分类认定推导的具体审计目标是确认被审计单位已经记录的交易和事项是否记录于恰当的账户。例如，将出售的经营性固定资产所得记录为主营业务收入，则违反该审计目标。

6. 列报

由列报认定推导的具体审计目标是确认被审计单位与交易和事项相关的财务信息是否已被恰当地汇总或分解且表述清楚，相关披露在适用的财务报告编制基础下是不是相关的、可理解的。例如，检查是否将"主营业务收入"和"其他业务收入"合并列为"营业收入"，即是对该审计目标的运用。

(二)与期末账户余额及披露相关的具体审计目标

1. 存在

由存在认定推导的具体审计目标是确认被审计单位记录的资产、负债和所有者权益的金额是不是存在的。例如，不存在对某客户的应收账款，在应收账款试算平衡表中却将其列入，则违反了该目标。

2. 权利和义务

由权利和义务认定推导的具体审计目标是确认资产是否由被审计单位拥有或控制，负债是否被审计单位应当履行的偿还义务。比如，将他人寄售的商品记入 "库存商品"中，违反了权利目标。再如，将属于子公司的债务记入本公司账内，违反了义务目标。

3. 完整性

由完整性认定推导的具体审计目标是确认被审计单位所有应当记录的资产、负债和所有者权益是否均已被记录，所有应当在财务报表中的披露是否均已被包括。比如，存在某客户的应收账款，应收账款明细账却未将其列入，则违反了该目标。再如，没有在报表附注中对存货的主要类别进行披露，也违反了该目标。

4. 准确性、计价和分摊

由准确性、计价和分摊认定推导的具体审计目标是确认被审计单位资产、负债和所有者权益是否以恰当的金额包括在财务报表中，与之相关的计价或分摊调整是否已恰当记录，相关披露是否已得到恰当计量和描述。比如，存货跌价准备计提明显不足，则违反了该目标。再如，财务报表附注没有分别对原材料、在产品和产成品等存货成本核算方法作出恰当说明，也违反了该目标。

5. 分类

由分类认定推导的具体审计目标是确认被审计单位的资产、负债和所有者权益是否记录于恰当的账户。

6. 列报

由列报认定推导的具体审计目标是确认被审计单位与账户余额相关的财务信息是否已被恰当地汇总或分解且表述清楚，相关披露在适用的财务报告编制基础下是不是相关的、可理解的。例如，检查被审计单位是否将一年内到期的长期负债列为流动负债，即是对该目标的运用。

根据前面的介绍可知，管理层认定是确定具体审计目标的基础。注册会计师通常将管理层认定转化为能够通过审计程序予以实现的审计目标。针对财务报表每一项目所表现出的各项认定，注册会计师相应地确定一项或多项审计目标，然后通过执行一系列审计程序获取充分、适当的审计证据以实现审计目标。表 6-1 和表 6-2 是两张来自实务的工作底稿和工作底稿节选，反映了管理层认定、审计目标和审计程序之间的关系。

表 6-1　ABC 会计师事务所存货实质性程序表(节选)

被审计单位：	索引号：4109
项目：存货	截止日：2013.12.31
编制人：	复核人：
日期：2014.2.13	日期：2014.2.15

一、需要从实质性程序获取的保证程度

项目	财务报表认定				
	存在	完整性	权利和义务	计价和分摊	列报
1.审计目标	A	B	C	D	E
2.需从实质性程序获取的保证程度	√	√	√	√	√

注：根据财务报表项目的重要性、评估各认定的重大错报风险以及控制测试(如有)的结果填写。

二、实质性程序

审计目标	可供选择的实质性程序	是否选择	索引号
D	1. 获取或编制存货(包括构成存货报表项目的各类存货及对应的存货跌价准备)明细表 分别复核加计是否正确，并与总账数、明细账核对是否相符，存货总计数与报表数核对是否相符	√	

ADB	2. 实施存货监盘程序 (1)取得被审计单位存货盘点计划。了解并询问盘点范围、方法、人员分工及时间安排等,在存货盘点计划问卷等工作底稿中记录和评价。 (2)在被审计单位盘点存货前,确定应纳入盘点范围的存货是否已经适当整理和排列,并附有盘点标识。对未纳入盘点范围的存货,应当查明未纳入的原因。 (3)对所有权不属于被审计单位的存货,应当取得其规格、数量等有关资料,并确定这些存货已分别存放、标明,且未被纳入盘点范围。 (4)观察被审计单位盘点人员是否遵守盘点计划并准确地记录存货的数量和状况。 (5)选取代表性样本,抽查(存在实物形态的)各类存货明细账的数量与盘点记录的数量是否一致,以确定账面存货的存在和完整性: ①从各类存货明细账中选取具有代表性的样本,与盘点报告(记录)核对; ②从盘点报告(记录)中抽取有代表性的样本,与各类存货明细账的数量核对。 (6)监盘后复核监盘结果,编制存货监盘报告	√	
......	......	......	
BA	6. 实施存货的截止测试 (1)借方(入库)的截止测试: ①在资产负债表日前后存货明细账借方发生额中各选取适量样本(张、 金额以上的凭证),与入库记录(如入库单、购货发票或运输单据)核对,以确定存货入库被记录在正确的会计期间; ②在资产负债表日前后的入库记录(如入库单或购货发票或运输单据)中各选取适量样本(张、 金额以上的凭证),与存货明细账的借方发生额进行核对,以确定存货入库被记录在正确的会计期间; ③存货成本的截止测试:在资产负债表日前后的制造费用明细账借方发生额中各选取适量样本(天 金额以上的凭证),确定有无跨期现象。 (2)贷方(出库)的截止测试: ①在资产负债表日前后存货明细账的贷方发生额中各选取适量样本(张、 金额以上的凭证),与出库记录(如出库单、销货发票或运输单据)核对,以确定存货出库被记录在正确的会计期间; ②在资产负债表日前后的出库记录(如出库单、销货发票或运输单据)中各选取适量样本(张、 金额以上的凭证),与存货明细账的贷方发生额进行核对,以确定存货出库被记录在正确的会计期间	√	
......	......	......	
E	15. 检查存货是否已按照企业会计准则的规定在财务报表中作出恰当列报	√	

表6-2 XYZ会计师事务所存货实质性程序表

被审计单位：		索引号：4300-0	页次：
项目：存货实质性程序		编制人：	日期：2021.1.20
财务报表截止日：2020.12.31		复核人：	日期：2021.3.20

审计目标及内容		财务报表认定				
		存在	完整性	权利和义务	准确性、计价和分摊	列报
A	资产负债表中记录的存货是存在的	√				
B	所有应当记录的存货均已记录		√			
C	记录的存货由被审计单位拥有或控制			√		
D	存货以恰当的金额包括在财务报表中，与之相关的计价调整已恰当记录				√	
E	存货已按照企业会计准则的规定在财务报表中作出恰当列报					√

审计目标	计划实施的实质性程序	是否执行	索引号
ABD	1.获取或编制存货明细表，复核加计正确并与总账数、报表数及明细账合计数核对是否相符		
D	2.对存货的相关会计政策进行了解，评价其是否符合企业适用的会计准则或制度，是否与以前年度保持一贯性		
ABC	3.分析性复核：计算存货周转率，与上期进行比较或与其他同行业的企业进行比较；比较前后各期及各月份存货余额及其构成，以判断期末余额及其构成的总体合理性；将本期存货增加与进项税发生额、应付、预付账款贷方发生额进行核对		
ABC DE	4.对分类存货的数量、计价以及账务处理的查验见各个分项目查验底稿。其中：①对原材料的数量、计价以及账务处理的查验；②对库存商品及产成品的数量、计价以及账务处理的查验；③对发出商品的数量、计价以及账务处理的查验；④对委托加工物资的数量、计价以及账务处理的查验；⑤对生产成本的数量、计价以及账务处理的查验；⑥对劳务成本的数量、计价以及账务处理的查验；⑦对周转材料的数量、计价以及账务处理的查验；⑧对其他类存货的数量、计价以及账务处理的查验		
A	5.存货监盘或抽盘		
ABC D	6.检查与关联方的购销业务是否正常，关注交易价格、交易金额的真实性及合理性，检查对合并范围内购货记录应予合并抵销的数据是否正确，并对关联方交易进行统计和审核		
E	7.检查存货是否已按照企业会计准则的规定在财务报表中作出恰当列报： (1)各类存货的期初和期末账面价值； (2)确定发出存货成本所采用的方法； (3)存货可变现净值的确定依据，存货跌价准备的计提方法，当期计提的存货跌价准备的金额，当期转回的存货跌价准备的金额，以及计提和转回的有关情况； (4)用于担保的存货账面价值		

■ 小思考 6-3

(1) 在风险评估、控制测试和实质性程序中，哪种测试流程需要体现具体审计目标？

(2) 在实务中，是否可以将管理层认定和具体审计目标等同看待？注册会计师在审计的时候将"认定"的术语作为具体审计目标的代名词有什么好处？

(3) 2019 年之后，中注协组织编写的《审计》教材中，将认定和具体审计目标划分为两大类，每大类里都包含"列报"。关于"列报"的认定，现有的分类是不是尽善尽美的？

(4) 现在，国际上和实务中不太认可"与期末账户余额及披露相关"的"分类"认定或具体审计目标。如表 6-2 所示，XYZ 会计师事务所并未将"分类"作为一个具体审计目标单列出来。如果被审计单位将存货计入固定资产中，他可以认为存货的哪一认定出现了问题，并通过表中什么程序来检查出这一错报？

(5) 以存货监盘或抽盘为例，不同的事务所力图实现的具体审计目标是不是相同的？原因何在？

(6) "存在"和"完整性"看似相互矛盾，为什么上述两家会计师事务所在审计存货的时候都同时使用？

(7) 各类交易和事项是否仅与利润表有关？对存货进行截止测试的目的何在？

上述小思考题中，有的需要综合运用审计工作底稿、审计程序、风险评估、控制测试和实质性程序等后续章节的知识，因为审计理论本身具有系统性。

上述两张工作底稿完全来自实务，仅供学习参考。此处不必评价两家事务所的审计程序是否具有合理性。注册会计师如何合理规划审计程序以高效实现具体审计目标受到诸多因素的影响。比如，被审计单位的环境和注册会计师的业务能力等均存在着差异。

第二节　审计目标的实现过程

审计目标的实现过程通常包括接受业务委托、计划审计工作、实施风险评估程序、实施控制测试和实质性程序，以及完成审计工作并出具审计报告五个阶段。

一、接受业务委托

会计师事务所应当按照执业准则的规定，谨慎决策是否接受或者保持某客户关系和具体审计业务。

在接受新客户的业务之前，或者在决定是否保持现有业务或者考虑接受现有客户的新业务时，会计师事务所应当执行一些客户接受和保持的程序，获取以下信息：客户的诚信状况；会计师事务所是否具有执行业务必要的素质、专业胜任能力、时间和资源；是否能够遵守职业道德规范。执行这些政策和程序的目的在于保证事务所的专业胜任能力和尽量减少注册会计师与不诚信的客户发生关系。如果注册会计师与不诚信的客户发生关系，客户的财务报表就可能会存在重大错报并且不为注册会计师所察觉。这会导致财务报表使用者对注册会计师提起法律诉讼。

注册会计师需要作出的最重要的决策之一，就是接受和保持客户。一项不当的决策不仅会增加项目组成员的额外压力，还可能会使事务所声誉受损，甚至涉及潜在诉讼。一旦决定接受委托，注册会计师应该与客户在业务约定书中就审计约定条款达成一致意见。

二、计划审计工作

计划审计工作是整个审计工作的起点，为了保证审计目标的实现，注册会计师必须在具体执行审计程序之前，制订审计计划，对审计工作进行科学、合理的计划与安排。科学、合理的审计计划可以帮助注册会计师有的放矢地去审查和取证，形成正确的审计结论；可以使审计成本保持在合理的水平上，提高审计工作的效率。计划审计工作包括：在本期审计业务开始时开展的初步业务活动，针对审计业务制定总体审计策略和具体审计计划等。需要指出的是，计划审计工作并不是一个孤立阶段，而是一个持续的、不断修正的过程，贯穿于整个审计过程的始终。

三、实施风险评估程序

现代审计是一种风险导向审计。注册会计师应在了解被审计单位及其环境的基础上实施风险评估程序，以识别和评估财务报表层次以及认定层次的重大错报风险。所谓风险评估程序，是指注册会计师实施的了解被审计单位及其环境并识别和评估财务报表重大错报风险的程序。风险评估程序是必要程序，因为了解被审计单位及其环境会为注册会计师在许多关键环节作出职业判断提供重要基础。这一过程实际上是一个连续和动态地收集、更新与分析信息的过程，贯穿于整个审计过程的始终。注册会计师应当运用职业判断确定需要了解被审计单位及其环境的程度。

在通常情况下，实施风险评估程序的主要工作包括：了解被审计单位及其环境，识别和评估财务报表层次以及认定层次的重大错报风险，包括确定需要特别考虑的重大错报风险(即特别风险)以及仅通过实质性程序无法应对的重大错报风险。

四、实施控制测试和实质性程序

注册会计师实施风险评估程序本身还不足以为发表审计意见提供充分、适当的审计证据，注册会计师还应当实施进一步的审计程序。进一步的审计程序包括控制测试和实质性程序。控制测试旨在测试控制运行的有效性。实质性程序是指注册会计师针对评估的重大错报风险实施的直接用于发现认定层次重大错报的审计程序。在注册会计师评估财务报表重大错报风险后，应当运用职业判断，针对评估的财务报表层次重大错报风险确定总体应对措施，并针对评估的认定层次重大错报风险设计和实施进一步的审计程序，以将审计风险降至可接受的低水平。

控制测试与实质性程序之间有着密切关系。如果注册会计师认为被审计单位内部控制的可靠程度高，则实质性程序的工作量可以相应减少；反之，实质性程序的工作量会增加。但无论何时，实质性程序都是必不可少的。

五、完成审计工作并出具审计报告

注册会计师完成了财务报表所有循环的进一步审计程序后，还应当按照有关审计准则的规定做好审计完成阶段的工作，并根据所获取的各种证据，合理运用专业判断，形成适当的审计意见。因此，在审计工作的完成阶段，注册会计师首先要确定对风险的评估是否适当，获取的证据是否充分。然后，注册会计师还需要汇总那些已经发现但没有更正的错报，以确定其是否会引起财务报表的重大错报。在这一阶段，注册会计师还需要评估或有负债发生的可能性，如法律诉讼，同时注册会计师还要查找那些会对财务报表产生影响的期后事项。

终结审计阶段，注册会计师需要做的工作主要包括：审计期初余额、比较数据、期后事项和或有事项；考虑持续经营问题和获取管理层声明；编制审计差异调整表和试算平衡表；复核审计工作底稿和财务报表；与管理层和治理层沟通；形成审计意见，草拟审计报告；实施项目质量复核等。

本 章 小 结

本章从注册会计师审计总体目标入手，介绍了管理层的两种认定及其对应的两种具体审计目标，最后介绍了审计目标的实现过程。注册会计师的总体目标包括：①对财务报表整体是否不存在由舞弊或错误导致的重大错报获取合理保证，使得注册会计师能够对财务报表是否在所有重大方面按照适用的财务报告编制基础编制发表审计意见；②按照审计准则的规定，根据审计结果对财务报表出具审计报告，并与管理层和治理层沟通。总体审计目标界定了注册会计师的责任范围，对注册会计师的审计工作发挥着导向作用。在总体审计目标的统领下，注册会计师需要根据风险评估的结果对被审计单位的认定进行再认定。认定，是指管理层在财务报表中作出的明确或隐含的表达。两种具体审计目标分别与相关的认定相对应，旨在通过实质性测试将重大错报查找出来。审计目标的实现过程通常包括接受业务委托、计划审计工作、实施风险评估程序、实施控制测试和实质性程序，以及完成审计工作并出具审计报告五个阶段，而这五个阶段的具体内容将在后面章节中加以介绍。

复习思考题

1. 现阶段，我国注册会计师的总体审计目标包括哪些内容？
2. 什么是管理层的认定？
3. 与管理层认定相对应的具体审计目标有哪些？
4. 审计目标的实现过程通常包括哪几个阶段？
5. 注册会计师的总体审计目标、具体审计目标和管理层认定之间存在什么关系？

自测与技能训练

一、基础知识自测

(一)单项选择题

1. "完整性"认定是指所有应当记录的交易和事项均已记录,其目标主要针对(　　)。

    A. 数量　　　　　　　　　　　　　　B. 金额

    C. 低估　　　　　　　　　　　　　　D. 高估

2. 甲公司存在的以下各种情形中,导致其 20×6 年度营业收入违背发生认定的是(　　)。

    A. 将20×7年年初实现的销售收入提前到20×6年年末入账

    B. 将销售金额为 10 万元的销售业务按 12 万元入账

    C. 将一笔 3 万元的营业外收入列到营业收入项目中

    D. 将一笔 5 万元的营业收入重复计到该项目中

3. 如果乙公司对存货疏于看管,则最可能导致其资产负债表中存货项目的(　　)认定的重大错报风险上升。

    A. 存在　　　　　　　　　　　　　　B. 完整性

    C. 权利和义务　　　　　　　　　　　D. 准确性、计价和分摊

4. 如果丙公司的存货跌价准备计提不足,则其资产负债表的存货项目违背了(　　)认定。

    A. 存在　　　　　　　　　　　　　　B. 权利和义务

    C. 完整性　　　　　　　　　　　　　D. 准确性、计价和分摊

5. 注册会计师审查丁公司销售收入时发现,12 月份账上某笔销售收入为 1 000 000 元,通过检查该笔销货凭证,证实该笔实际销售额为 100 000 元。那么,注册会计师首先认为管理层对营业收入账户的(　　)认定存在问题。

    A. 发生　　　　　　　　　　　　　　B. 完整性

    C. 准确性　　　　　　　　　　　　　D. 分类

6. 下列各项认定中,与账户余额和交易事项都相关的是(　　)。

    A. 完整性　　　　　　　　　　　　　B. 权利和义务

    C. 发生　　　　　　　　　　　　　　D. 截止

7. 下列认定中,与销售信用批准相关的是(　　)。

    A. 存在　　　　　　　　　　　　　　B. 准确性、计价和分摊

    C. 权利和义务　　　　　　　　　　　D. 完整性

8. 下列认定中,与利润表组成要素无关的是(　　)。

    A. 发生　　　　　　　　　　　　　　B. 完整性

    C. 权利和义务　　　　　　　　　　　D. 准确性

9. 注册会计师通过实施分析程序,发现戊公司 20×1 年销售费用中的运费占营业收入

的比例与上年相比存在不合理下降。根据这一信息，最应当怀疑戊公司(　　)认定存在重大错报。

    A. 销售费用的完整性及营业收入的发生   B. 销售费用的完整性

    C. 销售费用的发生及营业收入的完整性   D. 营业收入的发生

10. 在以下有关期末存货的监盘程序中，与测试存货盘点记录的完整性不相关的是(　　)。

    A. 从存货盘点记录中选取项目追查至存货实物

    B. 从存货实物中选取项目追查至存货盘点记录

    C. 在存货盘点过程中关注存货的移动情况

    D. 在存货盘点结束前再次观察盘点现场

(二)多项选择题

1. 财务报表审计的总体目标是注册会计师通过执行审计工作，对财务报表发表审计意见，包括(　　)。

    A. 财务报表是否按照适用的财务报告编制基础编制

    B. 财务报表是否在所有重大方面公允反映被审计单位的财务状况、经营成果和现金流量

    C. 财务报表是否按照适用的会计准则、会计法和相关会计制度的规定编制

    D. 财务报表是否在所有方面公允反映被审计单位的财务状况、经营成果和现金流量

2. 审计具体目标的确定依据有(　　)。

    A. 总体审计目标   B. 审计项目目标

    C. 审计一般目标   D. 被审计单位管理层的认定

3. 现阶段，我国注册会计师审计的总体目标为评价财务报表的(　　)。

    A. 公允性   B. 一贯性

    C. 合法性   D. 真实性

4. 与期末账户余额相关的认定有(　　)。

    A. 准确性、计价和分摊   B. 完整性

    C. 权利和义务   D. 存在

5. 与交易和事项相关的认定有(　　)。

    A. 准确性、计价和分摊   B. 发生

    C. 准确性   D. 截止

(三)判断题

1. 管理层在财务报表上的认定都是明确表达的。   (　　)

2. 注册会计师审计的总体目标是由具体审计目标组成。   (　　)

3. 特定财务报表项目的具体审计目标是依据总体审计目标和管理层的认定、依据被审计单位的具体情况加以制定的。   (　　)

4. 注册会计师的总体审计目标是对财务报表的公允性、合法性及会计处理方法的一贯性负责。   (　　)

5. 被审计单位管理层的认定就是对各类交易和事项以及账户余额的认定。   (　　)

二、案例分析题

1. A 注册会计师是甲公司 2020 年度财务报表审计业务的项目合伙人。根据对甲公司及其环境的了解和对重大错报风险的评估，A 注册会计师针对甲公司 2020 年 12 月 31 日资产负债表的应收账款项目拟定了如表 6-3 所示的具体审计目标。

表 6-3　应收账款项目的具体审计目标

序　号	应收账款项目的具体审计目标
①	应收账款以其账面价值在资产负债表内列示；所有应收账款均已按正确的账龄归入账龄分析表并计提坏账准备
②	应收账款项目中包含了全部借方余额的预收款项
③	所有符合收入确认条件的赊销金额均已计入应收账款
④	资产负债表日，所有已记录的应收账款均未收回
⑤	应收账款的贴现、抵押借款情况均已在财务报表附注中适当说明

请根据认定与具体审计目标之间的对应关系，在表 6-4 中填列与每个具体审计目标相对应的认定。

表 6-4　具体审计目标与认定对应表

序　号	①	②	③	④	⑤
认　定					

2. B 注册会计师在对乙公司财务报表进行审计时，了解到乙公司将发出商品作为销售收入确认的时点。在表 6-5 中，针对注册会计师执行的具体审计程序，逐项指出对应项目的相关认定。

表 6-5　具体审计程序与认定对应表

审计程序	应收账款项目	营业收入项目
①检查被审计单位是否定期向客户寄送对账单		
②检查登记入账的销售业务所附的发运凭证、销售发票等		
③检查销售发票、发运单是否连续编号		
④检查赊销及现金折扣是否由专人进行审批		
⑤对大额应收账款进行函证		

第七章

审计证据与审计工作底稿

第一节　审　计　证　据

一、审计证据的含义与构成

(一)审计证据的含义

审计证据是指注册会计师为了得出审计结论和形成审计意见而使用的信息。注册会计师应当获取充分、适当的审计证据,以得出合理的审计结论,作为形成审计意见的基础。

审计人员发表的意见要令人信服,必须有充分、适当的证据作为根据。从一定意义上讲,审计证据是审计成败的关键,因为没有证据就没有发言权,审计意见也就无从谈起,因此,审计实施的过程实质上就是收集和评价审计证据的过程。审计人员运用适当的审计程序,采用各种审计方法无非都是围绕着收集审计证据这一目的进行的。通过审计证据的收集和评价以证明被审计单位财务报表的合法性和公允性,证明经济活动的合法性和效益性,并证明审计人员所做结论和所提意见的正确性。总之,审计证据是做好审计工作,合理出具审计报告,达到审计目标的重要条件。

(二)审计证据的构成

1. 构成财务报表基础的会计记录所含有的信息

构成财务报表基础的会计记录一般包括会计分录的记录和支持性记录。例如,支票、合同、发票、成本计算单、记账凭证、账簿和其他信息。

依据会计记录编制财务报表是被审计单位管理层的责任,注册会计师应当测试会计记录以获取审计证据。但是会计记录所含有的信息本身对财务报表发表审计意见并不足以提供最充分的审计证据,注册会计师还应获取用作审计证据的其他信息。

2. 其他信息

其他信息的内容比较广泛,包括有关被审计单位所在行业的信息、内外部环境的其他信息等。具体包括:注册会计师从被审计单位内部或外部获取的会计记录以外的信息,如被审计单位会议记录、内部控制手册、询证函的回函、分析师的报告、与竞争者的比较数据等;注册会计师通过询问、观察和检查等审计程序获取的信息,如通过检查存货获取存货存在性的证据等;注册会计师自身编制或获取的可以通过合理推断得出结论的信息,如注册会计师编制的各种计算表、分析表等。

会计记录所含有的信息和其他信息共同构成了审计证据,两者缺一不可。如果没有前者,审计工作将无法进行;如果没有后者,可能无法识别重大错报风险。只有将两者结合在一起,才能将审计风险降低至可接受的水平,为注册会计师发表审计意见提供合理基础。

3. 利用专家的工作和使用被审计单位生成的信息

注册会计师可能在获取审计证据时,利用专家的工作。专家是指在会计或审计以外的某一领域具有专长的个人或组织，其工作被管理层利用以协助编制财务报表。在这种情况下，注册会计师应当考虑专家的工作对于实现注册会计师目的的重要性，在必要的范围内实施评价专家的胜任能力、专业素质和客观性，了解专家的工作。如果注册会计师将专家的工作作为相关认定的审计证据，注册会计师还要评价其适当性。

注册会计师还有可能使用被审计单位生成的信息。在这种情况下，注册会计师应当评价信息对实现注册会计师的目的是否足够可靠，应当根据具体情况，在必要时实施获取有关信息准确性和完整性的审计证据；评价信息对实现注册会计师的目的是否足够准确和详细。

二、审计证据的种类

对审计证据分类的目的，在于找出更合理、更有效、更具有证明力的证据，以达到较好的证明效果，从而有利于审计工作的顺利完成。审计证据按照不同的标准，可以进行多种分类。

(一)按审计证据的表现形态分类

按审计证据外在表现形态分类，可分为以下几类。

1. 实物证据

实物证据是指以实物的外部特征和内含性能来证明事物真相的各种财产物资。实物证据主要用于查明实物(如库存现金、存货、固定资产等)的存在。实物证据是证明力很强的证据，但不能完全证明实物的质量和所有权，而且有时取得比较麻烦。

2. 书面证据

书面证据是以文字记载的内容来证明被审计事项的各种书面资料。比如有关被审计事项的会计凭证、会计账簿和财务报表以及各种会议记录和合同等。审计工作过程中，收集得最多的就是书面证据。书面证据的来源比较广泛。

3. 口头证据

口头证据是以知情人陈述的事实来证明审计事项的真相。一般情况下，口头证据本身并不足以证明事物的真相，但审计人员往往通过口头证据发掘出一些重要线索，从而有利于对某些情况作进一步的调查。

4. 环境证据

环境证据是指对审计事项产生影响的各种环境事实。比如观察到车间一段时间内一直没有开工，注册会计师意识到被审计单位销售收入相比之下可能会下降。环境证据虽然有助于审计人员了解到被审计单位和被审计事项所处的环境，但它不是决定性的。

■ 知识链接 7-1

如果不同性质、不同来源的证据不能相互印证，则表明某项证据不可靠，注册会计师应当追加审计程序。比如，通过观察得到的环境证据证明被审计单位的车间本年度基本没有开工，而通过检查得到的书面证据证明上一年的收入比去年明显增多，则注册会计师应该追加审计程序以验证收入是否被虚构。

(二)按审计证据对审计结论的支持程度分类

按审计证据对审计结论的支持程度分类，可分为以下两类。

1. 直接证据

直接证据是指对审计事项具有直接证明力，能单独、直接地证明审计事项真相的资料和事实，如存货监盘记录是能证明实物存在的最直接的证据，因为它是在审计人员亲自监督下取得的。审计人员有了直接证据，无须再收集其他证据，就能根据直接证据得出审计事项的结论。

2. 间接证据

间接证据是指对审计事项只起间接证明作用，需要与其他证据结合起来，经过分析、判断、核实才能证明审计事项真相的资料和事实。例如，存货的账面记录是证明存货存在的间接证据，存货真实存在多少需要监盘记录加以证实。

除此之外，按照证据的来源进行分类，审计证据可分为来自审计客户内部的证据、来自审计客户外部的证据；根据证据所提供的逻辑证明，审计证据可划分为正面证据和反面证据；按照证据的证明力，审计证据可划分为充分证明力证据、部分证明力证据和无证明力证据三种类型。

上述各种证据分类不是截然分开的。针对每一个具体账户及其相关认定，注册会计师应当选择适当的审计证据以实现具体审计目标，力求做到证据收集既有效又经济。

三、审计证据的特征

审计证据的充分性和适当性是审计证据的两个基本特征。

(一)审计证据的充分性

审计证据的充分性是对审计证据数量的衡量，主要与注册会计师确定的样本量有关。影响审计证据充分性的主要因素如下所述。

1. 重大错报风险

重大错报风险越大，需要的审计证据可能越多。在可接受的审计风险水平一定的情况下，重大错报风险越大，注册会计师就可能要收集越多的证据，以将审计风险控制在可接受的水平。

2. 被审计单位的规模及业务复杂性

被审计单位规模越大、业务越复杂，需要的审计证据可能越多。也就是说，同样的注册会计师，对不同规模的被审计单位审计相同的业务，所需的审计证据可能是有所区别的，尤其在样本不够大的情况下更是如此。

3. 审计人员的审计经验

丰富的审计经验，可使注册会计师及其助理人员从较少的审计证据中判断出被审事项是否存在错误或舞弊行为。相对来说，此时就可减轻对审计证据数量的依赖程度。

4. 被审计单位是否存在舞弊行为

一旦审计过程中发现了被审事项存在舞弊的行为，则被审计单位整体财务报表存在问题的可能性就会增加，因此注册会计师需增加审计证据的数量，以确保能作出合理的审计结论，形成恰当的审计意见。

5. 审计证据总体是否具有同质性

审计证据总体的同质性越强，所需的审计证据越少；反之亦然。

6. 审计证据的质量

审计证据质量越高，需要的审计证据可能越少。一般而言，如果大多数审计证据都是从独立于被审计单位的第三者获取的，而且这些证据本身不易被伪造，则审计证据的质量就较高，相对而言，注册会计师所需获取的审计证据的数量就可减少。

恰当的审计意见必须建立在有足够数量的审计证据的基础之上，但是这并不是说审计证据的数量越多越好。为了使注册会计师进行有效率、有效益的审计，注册会计师通常把需要足够数量审计证据的范围降到最低限度。也就是说，注册会计师在收集审计证据的时候，还要考虑审计证据的质量。

(二)审计证据的适当性

审计证据的适当性，是对审计证据质量的衡量。审计证据的适当性要求审计证据对形成的结论具有相关性和可靠性。

1. 审计证据的相关性

相关性是指审计证据应与审计目标相关联。

在确定审计证据的相关性时，注册会计师应当考虑以下两个方面。

(1) 特定的审计程序可能只为某些特定认定提供相关的审计证据，而与其他认定无关。例如，存货监盘结果只能证明存货是否存在、是否完整，而不能证明存货的计价和所有权的情况。

(2) 针对同一项认定可以从不同来源获取审计证据或获取不同性质的审计证据。例如，注册会计师可以通过函证、检查资产负债表日后收回情况，或检查合同、订单以及发运凭证来检查资产负债表日应收账款的存在性。

2. 审计证据的可靠性

可靠性是指审计证据应能如实地反映客观事实。

审计证据的可靠性受其来源和性质的影响，取决于获取审计证据的具体环境。审计证据的可靠程度通常可用下列标准来判断。

(1) 从被审计单位外部独立来源获取的审计证据比从其他来源获取的审计证据更可

靠。从外部独立来源获取的审计证据由完全独立于被审计单位以外的机构或人士编制并提供，未经被审计单位有关职员之手，从而减少了伪造、变造的可能性，因而其证明力最强。此类证据如银行询证函回函、应收账款询证函回函等。另外，某些外部凭证编制过程非常谨慎，通常由律师或其他有资格的专家进行复核，因而具有较高的可靠性，如土地使用权证、保险单、契约和合同等文件。相反，从其他来源获取的审计证据，如被审计单位内部的银行存款余额调节表、与销售有关的原始凭证等，由于证据提供者与被审计单位存在经济或行政关系等原因，其可靠性应受到质疑。

(2) 被审计单位内控有效时生成的审计证据比内控薄弱时生成的审计证据更可靠。如果被审计单位有着健全的内部控制而且在日常管理中得到一贯执行，那么会计记录的可信赖程度将会增加。如果被审计单位的内部控制薄弱，甚至不存在任何内部控制，则被审计单位内部凭证记录的可靠性就会大大降低。比如，非出纳人员编制的银行存款余额调节表要比出纳编制的银行存款余额调节表可靠。

(3) 注册会计师直接获取的审计证据比间接获取或推论得出的审计证据更可靠。例如，注册会计师观察某项控制的运行得到的证据比询问被审计单位某项内部控制的运行得到的证据更可靠；领料单要比发出材料汇总表可靠。间接获取的证据有被涂改及伪造的可能，降低了可信赖程度。推论得出的审计证据，其主观性较强，人为因素较多，可信赖程度也受到影响。

(4) 以文件记录形式(无论是纸质、电子还是其他介质)存在的审计证据比口头形式的审计证据更可靠。例如，会议的同步书面记录比对讨论事项事后的口头表述更可靠。口头证据本身并不足以证明事物的真相，仅仅提供一些重要线索，为进一步调查确认所用，如注册会计师在对应收账款进行账龄分析后，可以向应收账款负责人询问逾期应收账款收回的可能性。如果该负责人的意见与注册会计师自行估计的坏账损失基本一致，则这一口头证据就可成为证实注册会计师对有关坏账损失的判断的重要证据。但在一般情况下，口头证据往往需要得到其他相应证据的支持。

(5) 从原件获取的审计证据比从复印、传真或通过拍摄、数字化或其他方式转化成电子形式的文件获取的审计证据更可靠。注册会计师可以审查原件是否有被涂改或伪造的迹象，排除伪证，提高证据的可信赖程度。而传真件或复印件容易被变造或者伪造，可靠性较低。

注册会计师在按照上述标准评价审计证据的可靠性时，还应当注意可能出现的重要例外情况。例如，审计证据虽是从独立的外部来源获得，但如果该证据是由不知情者或不具备资格者提供，那么审计证据也可能是不可靠的。如果注册会计师不具备评价证据的专业能力，那么即使是直接获取的证据，也可能不可靠。例如，注册会计师无法确定被监盘的珠宝玉石的真实价值。

如果针对某项认定从不同来源获取的审计证据或获取的不同性质的审计证据能够相互印证，与该项认定相关的审计证据则具有更强的说服力。反之，如果从不同来源获取的审计证据或获取的不同性质的审计证据不一致，则可能表明某项审计证据不可靠，注册会计师应当追加必要的审计程序。

审计工作通常不涉及鉴定文件记录的真伪，注册会计师也不是鉴定文件记录真伪的专家，但应当考虑用作审计证据的信息的可靠性，并考虑与这些信息生成与维护相关的控制的有效性。如果在审计过程中识别出的情况使其认为文件记录可能是伪造的或文件记录中的某些条款已发生变动，注册会计师应当作进一步调查，包括直接向第三方询证，或考虑利用专家的工作以评价文件记录的真伪。

(三)充分性和适当性之间的关系

审计证据的充分性与适当性密切相关，审计证据的适当性会影响其充分性。一般而言，审计证据的相关性与可靠性程度高，则所需审计证据的数量就可减少。如果审计证据的质量存在缺陷，那么注册会计师仅靠获取更多的审计证据可能无法弥补其质量方面的缺陷。也就是说，如果注册会计师获取的证据不可靠，那么证据数量再多也难以起到证明作用。

■ 小思考 7-1

对于审计证据的充分性、相关性和可靠性，注册会计师在获取审计证据时，应该如何确定它们的顺序？

第二节　获取审计证据的审计程序

在实施风险评估、控制测试或实质性程序时，注册会计师可根据需要单独或综合运用下列审计程序，以获取充分、适当的审计证据。

一、检查记录或文件

检查记录或文件是指注册会计师对被审计单位内部或外部生成的，以纸质、电子或其他介质形式存在的记录或文件进行审查，其目的是对财务报表所包含或应包含的信息进行验证。

检查记录或文件可以用于所有的测试流程，并且在实质性测试中能实现所有的具体审计目标，因为记录、文件涉及所有的方面。

检查记录或文件可提供可靠程度不同的审计证据，审计证据的可靠性取决于记录或文件的来源和性质。

二、检查有形资产

检查有形资产是指注册会计师对资产实物进行审查。检查有形资产程序大多数情况下适用于对现金、存货、有价证券、应收票据和有形固定资产的验证。

■ 知识链接 7-2

区分有形资产检查与记录或文件检查，对具体审计目标来说非常重要。如果被检查的对象(如购货发票)本身没有价值，则这种检查属于记录或文件的检查。支票在签发以前没有价值，签发以后就变成了资产，核销以后又没了价值。因此，只有在支票是一项资产时，对其进行检查，才能称得上是对有形资产的检查。

检查有形资产是验证资产确实存在的直接手段，可获取最可靠、最有用的审计证据，仅适用于实质性测试流程。在实质性测试中能实现存在、完整的审计目标，但不一定能够为权利和义务或计价认定提供可靠的审计证据。

注册会计师对个别有形资产的检查，可以与监盘同时进行。

监盘是指审计人员通过实地监督盘点取得审计证据。例如，审计人员通过对库存现金、材料、固定资产等实物的监盘，确定其实有额，证明账实相符情况。这是取得实物证据最有效的途径。

三、观察

观察是指注册会计师察看相关人员正在从事的活动或执行的程序。例如，对客户执行的存货盘点或控制活动进行观察。

观察适用于所有的测试流程。通过观察获取的环境证据证明力非常差，因为观察到的时点的情况并不能证明一贯的情况，而且被观察人员也会保持足够的警惕。由于环境证据是说明性的，而不是决定性的，因此它在实质性测试中不能单独实现任何的具体审计目标。

四、询问

询问是指注册会计师以书面或口头方式，向被审计单位内部或外部的知情人员获取财务信息和非财务信息，并对答复进行评价的过程。

询问适用于所有的测试流程。通过询问获取的口头或书面证据证明力不强。知情人员对询问的答复与注册会计师已经获取的信息可能相佐，也可能相反。因为被询问者在回答问题时，往往会夹杂着自己的个人情感、判断。在实质性测试中，询问只能为"准确性"之外的具体审计目标提供一个线索。

五、函证

(一)函证的含义与形式

1. 函证的含义

函证是指注册会计师直接从第三方(被询证者)获取书面答复作为审计证据的过程。书面答复可以采用纸质、电子或其他介质等形式。

2. 函证的形式

询证函有积极式询证函和消极式询证函两种形式。

(1) 积极式询证函，要求被询证者直接向注册会计师回复，以表明是否同意询证函所列示的信息，或填列所要求的信息。

积极的函证方式主要适用于以下情况：个别账户的欠款金额较大；有理由相信欠款可能存在争议、差错或问题。

(2) 消极式询证函，要求被询证者只有在不同意询证函所列示的信息时才直接向注册会计师回复。消极式函证常用的语言为"如果与贵公司记录相符，无须回复；如果不相符，请列明正确信息并予以回复"。

消极式函证比积极式函证提供的审计证据的说服力低。除非同时满足下列条件，注册会计师不得将消极式函证作为唯一实质性程序，以应对评估的认定层次重大错报风险：①注册会计师将重大错报风险评估为低水平，并已就与认定相关的控制的运行有效性获取充分、适当的审计证据；②需要实施消极式函证程序的总体由大量的小额、同质的账户余额、交易或事项构成；③预期不符事项的发生率很低；④没有迹象表明接收询证函的人员或机构不认真对待函证。

理论上，两种函证方式结合起来使用可能更适宜：对于大金额的账项采用积极式函证，对于小金额的账项采用消极式函证。但是，由于上述四个条件很难在实务中得到同时满足，所以消极式函证在实务中很少被采用。

■ **知识链接 7-3**

企业询证函

上海国棉纺织厂：　　　　　　　　　　　　　　　　　　　　　编号：099

本公司聘请的××会计师事务所正在对本公司财务报表进行审计，按照中国注册会计师审计准则的要求，应当询证本公司与贵公司的往来账项等事项。下列数据出自本公司账簿记录，如与贵公司记录相符，请在本函下端"数据证明无误"处签章证明；如有不符，请在"数据不符"处列明不符金额。回函请直接寄至××会计师事务所。

通信地址：辽宁省丹东市×××区××后街 116 号

邮编：118000　　　　　电话：0415-3789×××　　　　传真：0415-3789×××

1. 往来账项

本公司与贵公司的往来账项列示如下。

截止日期	贵公司欠	欠贵公司	备　注
2021.12.31	113 000		

2. 其他事项

本函仅为复核账目之用，并非催款结算。若款项在上述日期之后已经付清，仍请及时函复为盼。

公司签章

2022 年 2 月 10 日

结论：

1. 数据证明无误。

2022 年 2 月 18 日

2. 数据不符，请列明不符金额。

公司签章

年　　月　　日

(二)函证程序

注册会计师应当确定是否有必要实施函证程序以获取认定层次的相关、可靠的审计证据。

函证应用在实质性测试中，获取的书面证据能较强地实现"存在"或"完整性"具体审计目标。

在作出决策时，注册会计师应当考虑评估的认定层次重大错报风险，以及通过实施其他审计程序获取的审计证据如何将检查风险降低至可接受的水平。

注册会计师应当对银行存款、借款(包括零余额账户和在本期内注销的账户)及与金融机构往来的其他重要信息实施函证程序，除非有充分证据表明这些项目对财务报表不重要且与之相关的重大错报风险很低。如果不对这些项目函证，注册会计师应当在工作底稿中说明理由。

注册会计师应当对应收账款实施函证程序，除非有充分证据表明应收账款对财务报表不重要，或函证很可能无效。如果认为函证很可能无效，注册会计师应当实施替代审计程序，获取相关、可靠的审计证据。如果不对应收账款函证，注册会计师应当在工作底稿中说明理由。

当实施函证程序时，注册会计师应当对询证函保持控制，包括以下四个方面。

(1) 确定需要确认或填列的信息。

(2) 选择适当的被询证者。

(3) 设计询证函，包括正确填列被询证者的姓名和地址，以及被询证者直接向注册会计师回函的地址。

(4) 发出询证函并予以跟进，必要时再次向被询证者寄发询证函。

(三)管理层不允许寄发询证函时的处理

如果管理层不允许寄发询证函，注册会计师应当注意以下三点。

(1) 询问管理层不允许寄发询证函的原因，并就其原因的正当性及合理性收集审计证据。

(2) 评价管理层不允许寄发询证函对评估的相关重大错报风险(包括舞弊风险)，以及其他审计程序的性质、时间安排和范围的影响。

(3) 实施替代程序，以获取相关、可靠的审计证据。

如果认为管理层不允许寄发询证函的原因不合理，或实施替代程序无法获取相关、可靠的审计证据，注册会计师应当按照《中国注册会计师审计准则第 1151 号——与治理层的沟通》的规定与治理层进行沟通。注册会计师还应当按照《中国注册会计师审计准则第 1502 号——在审计报告中发表非无保留意见》的规定，确定其对审计工作和审计意见的影响。

(四)实施函证程序的结果

如果存在对询证函回函的可靠性产生疑虑的因素，注册会计师应当进一步获取审计证据以消除这些疑虑。

如果认为询证函回函不可靠，注册会计师应当评价其对评估的相关重大错报风险(包括舞弊风险），以及其他审计程序的性质、时间安排和范围的影响。

在未回函的情况下，注册会计师应当实施替代程序以获取相关、可靠的审计证据。如果注册会计师认为取得积极式询证函回函是获取充分、适当的审计证据的必要程序，则替代程序不能提供注册会计师所需要的审计证据，在这种情况下，如果未获取回函，注册会计师应当确定其对审计工作和审计意见的影响。

如果回函存在不符事项，注册会计师应当调查不符事项，以确定其是否表明存在错报。

六、重新计算

重新计算是指注册会计师以人工方式或使用计算机辅助审计技术，对记录或文件中的数据计算的准确性进行核对。比如，计算销售发票和存货的总金额；对被审计单位的凭证、账簿和报表中的数字进行计算，以验证其是否正确；检查折旧费用和生产成本的计算，检查应纳税额的计算等。重新计算应用于实质性测试，形成的书面证据用于实现准确性和计价的具体审计目标。

注册会计师的重新计算并不一定按照被审计单位原先的计算形式和顺序进行。在计算过程中，注册会计师不仅要注意计算结果是否正确，而且还要对某些其他可能的差错(如计算结果的过账和转账有误等)予以关注。

七、重新执行

重新执行是指注册会计师以人工方式或使用计算机辅助审计技术，重新独立执行作为被审计单位内部控制组成部分的程序或控制。例如，注册会计师利用被审计单位的银行存款日记账和银行对账单，重新编制银行存款余额调节表，并与被审计单位编制的银行存款余额调节表进行比较。重新执行用于控制测试，以检查内部控制是否得到有效执行。

八、分析程序

(一)分析程序的含义

分析程序是指注册会计师通过分析不同财务数据之间以及财务数据与非财务数据之间的内在关系，对财务信息作出评价。分析程序还包括在必要时对识别出的、与其他相关信息不一致或与预期数据严重偏离的波动和关系进行调查。

理解不同财务数据之间以及财务数据与非财务数据之间的内在关系，是分析程序的切入点，也是分析程序区别于其他审计程序的主要特征。通常某些财务数据之间或财务数据与非财务数据之间存在一定的内在关系，除非情况发生变化，这种内在关系将持续存在。例如，销售毛利与营业收入一般有某种关系存在，除非售价、销售组合或成本结构发生变动，否则该关系将维持不变。

(二)分析程序的运用

1. 实施风险评估程序，以了解被审计单位及其环境

注册会计师实施风险评估程序的目的在于了解被审计单位及其环境并评估财务报表层次和认定层次的重大错报风险。在风险评估过程中，使用分析程序可以帮助注册会计师发现财务报表中的异常变化，或者预期发生而未发生的变化，识别存在潜在重大错报风险的领域。风险评估程序必须采用分析性程序，但无须每个方面都采用。

2. 选择使用实质性程序，以测试认定层次的重大错报

当使用分析程序比细节测试能更有效地将认定层次的检查风险降低至可接受的水平时，可以单独使用分析程序，前提条件是重大错报风险低且数据之间具有稳定的预期关系；否则，注册会计师应将分析程序与细节测试结合使用，以减少细节测试的工作量，节约审计成本。但是，得到的书面证据证明力比较弱。也就是说，在实质性程序中，注册会计师不能仅依赖分析性程序而忽略对细节性测试的运用。

3. 采用分析程序对财务报表进行总体复核

在审计结束或临近结束时，注册会计师应当运用分析程序，在已收集的审计证据的基础上，对财务报表整体的合理性作最终把握，评价报表仍然存在重大错报风险而未被发现的可能性，考虑是否需要追加审计程序，以便为发表审计意见提供合理基础。

如果注册会计师在实施分析程序时识别出与其他相关信息不一致或与预期数据严重偏离的波动或关系，可能表明财务报表存在重大错报风险，应当采取下列措施调查这些差异。

(1) 询问管理层，并针对管理层的答复获取适当的审计证据。

(2) 根据具体情况在必要时实施其他审计程序。

第三节　审计工作底稿

一、审计工作底稿的含义

审计工作底稿是指注册会计师对制订的审计计划、实施的审计程序、获取的相关审计证据，以及得出的审计结论作出的记录。审计工作底稿是审计证据的载体，是注册会计师在审计过程中形成的审计工作记录和获取的资料。它形成于审计过程，也反映了整个审计过程。

二、审计工作底稿的编制目的

审计工作底稿在计划和执行审计工作中发挥着关键作用。注册会计师应当及时编制审计工作底稿，以实现下列目的。

(1) 提供充分适当的记录，作为出具审计报告的基础。

(2) 提供证据，证明注册会计师已按照审计准则和相关法律法规的规定计划和执行了审计工作。

除上述目的外，编制审计工作底稿还可以实现下列目的。

(1) 有助于项目组计划和执行审计工作。

(2) 有助于负责督导的项目组成员按照《中国注册会计师审计准则第 1121 号——对财务报表审计实施的质量管理》的规定，履行指导、监督与复核审计工作的责任。

(3) 便于项目组说明其执行审计工作的情况。

(4) 保留对未来审计工作持续产生重大影响的事项的记录。

(5) 便于会计师事务所实施项目质量复核与检查。

(6) 便于监管机构和注册会计师协会根据相关法律法规或其他相关要求，对会计师事务所实施执业质量检查。

三、审计工作底稿的编制要求

注册会计师编制的审计工作底稿，应当使未曾接触该项审计工作的有经验的专业人士清楚地了解以下三个方面。

(1) 按照审计准则和相关法律法规的规定实施的审计程序的性质、时间安排和范围。

(2) 实施审计程序的结果和获取的审计证据。

(3) 审计中遇到的重大事项和得出的结论，以及在得出结论时作出的重大职业判断。

有经验的专业人士是指会计师事务所内部或外部的具有审计实务经验，并且对下列方面有合理了解的人士。

(1) 审计过程。

(2) 审计准则和相关法律法规的规定。

(3) 被审计单位所处的经营环境。

(4) 与被审计单位所处行业相关的会计和审计问题。

四、审计工作底稿的内容

审计工作底稿通常包括总体审计策略、具体审计计划、分析表、问题备忘录、重大事项概要、询证函回函和声明、核对表、有关重大事项的往来函件(包括电子邮件)。注册会计师还可以将被审计单位文件记录的摘要或复印件(如重大的或特定的合同和协议)作为审计工作底稿的一部分。

此外，审计工作底稿通常还包括业务约定书、管理建议书、项目组内部或项目组与被审计单位举行的会议记录、与其他人士(如其他注册会计师、律师、专家等)的沟通文件及错报汇总表等。

审计工作底稿通常不包括已被取代的审计工作底稿的草稿或财务报表的草稿、反映不全面或初步思考的记录、存在印刷错误或其他错误而作废的文本，以及重复的文件记录等。由于这些草稿、错误的文本或重复的文件记录不直接构成审计结论和审计意见的支持性证据，因此注册会计师通常无须保留这些记录。

审计工作底稿可以以纸质、电子或其他介质形式存在。

为了便于会计师事务所内部进行质量管理和外部执业质量检查或调查，以电子或其他介质形式存在的审计工作底稿，应与其他纸质形式的审计工作底稿一并归档，并应能通过打印等方式，转换成纸质形式的审计工作底稿。

五、审计工作底稿的要素

通常而言，审计工作底稿包括下列全部或部分要素。

(1) 审计工作底稿的标题。

(2) 审计过程记录。

(3) 审计结论。

(4) 审计标识及其说明。

(5) 索引号及编号。

(6) 编制者姓名及编制日期。

(7) 复核者姓名及复核日期。

(8) 其他应说明事项。

(一)审计工作底稿的标题

每张底稿应当包括被审计单位的名称、审计项目的名称以及资产负债表日和底稿覆盖的会计期间。

(二)审计过程记录

在记录审计过程时，应当特别注意以下几个方面。

1. 具体项目或事项的识别特征

在记录实施审计程序的性质、时间安排和范围时，注册会计师应当记录测试的具体项目或事项的识别特征。记录具体项目或事项的识别特征可以实现多种目的，如既能反映项目组履行职责的情况，也便于对例外事项或不符事项进行调查以及对测试的项目或事项进行复核。

识别特征是指被测试的项目或事项表现出的征象或标志。识别特征因审计程序的性质和测试的项目或事项不同而不同。对某一个具体项目或事项而言，其识别特征通常具有唯一性，这种特性可以使其他人员根据识别特征在总体中识别该项目或事项并重新执行该测试。

以下列举部分审计程序中所测试的样本的识别特征。

(1) 如在对被审计单位生成的订购单进行细节测试时，注册会计师可以将订购单的日期或其唯一编号作为测试订购单的识别特征。需要注意的是，在以日期或编号作为识别特征时，注册会计师需要同时考虑被审计单位对订购单编号的方式。例如，若被审计单位按年对订购单依次编号，则识别特征是××年的××号；若被审计单位仅以序列号进行编号，则可以直接将该号码作为识别特征。

（2）对于需要选取或复核既定总体内一定金额以上的所有项目的审计程序时，注册会计师可以记录实施程序的范围并指明该总体。例如，应收账款明细账中一定金额以上的所有会计分录。

（3）对于需要系统化抽样的审计程序，注册会计师可能会通过记录样本的来源、抽样的起点及抽样间隔来识别已选取的样本。例如，若被审计单位对发运单顺序编号，测试的发运单的识别特征可以是对 1 月 1 日至 10 月 30 日的发运记录，从第 0123 号发运单开始每隔 150 号系统抽取发运单。

（4）对于需要询问被审计单位中特定人员的审计程序，注册会计师可能会以询问的时间、被询问人的姓名及职位作为识别特征。

（5）对于观察程序，注册会计师可以以观察的对象或观察过程、相关被观察人员及其各自的责任、观察的地点和时间作为识别特征。

2．重大事项的记录

重大事项的记录不同于一般事项，重大事项对整个审计工作、审计结论都会产生重要的影响，在编制审计工作底稿过程中要引起重视，严格按照有关规范执行。注册会计师应当根据具体情况判断某一事项是否属于重大事项。重大事项通常包括以下几项。

（1）引起特别风险的事项。比如，被审计单位所在行业出现罕见的大萧条，被审计单位实行与市场业绩挂钩的激励机制，则可以认为行业的不景气是引起特别风险的事项。

（2）实施审计程序的结果，该结果表明财务信息可能存在重大错报，或需要修正以前对重大错报的评估和针对这些风险拟采取的应对措施。

（3）导致注册会计师难以实施必要审计程序的情形。例如，在审计过程中无法实施函证，相应的科目又是重要的，没有满意的替代程序。

（4）导致出具非标准审计报告的情形等。

注册会计师应当考虑编制重大事项概要，将其作为审计工作底稿的组成部分，以有效地复核和检查审计工作底稿，并评价重大事项的影响。重大事项概要包括审计过程中识别的重大事项及其如何得到解决或对其他支持性审计工作底稿的交叉索引。注册会计师应当及时记录与管理层、治理层和其他人员对重大事项的讨论，包括讨论的内容、时间、地点和参加人员。

在审计过程中，如果识别出的信息与针对重大事项得出的最终结论相矛盾或不一致，注册会计师应当记录形成最终结论时如何处理该矛盾或不一致的情况。

（三）审计结论

审计结论是注册会计师通过实施必要的审计程序后，对某一审计事项所做的专业判断。就控制测试而言，是指注册会计师对被审计单位内部控制设计的健全性和执行的有效性所作出的专业判断，其审计结论通常有"内部控制良好""内部控制一般"等表达方式；就实质性测试而言，是指注册会计师对某一审计事项的余额或发生额的确认情况，其审计结论通常有"××账户余额可以确认""账实相符""账表相符"等表达方式。

在记录审计结论时需注意，在审计工作底稿中记录的审计程序和审计证据是否足以支持所得出并记录的审计结论。

(四)审计标识及其说明

审计工作底稿中可使用各种审计标识以提高审计效率，但应说明其含义，并保持前后一致。以下是注册会计师在审计工作底稿中列明标识并说明其含义的例子，可供参考。在实务中，注册会计师也可以依据实际情况运用更多的审计标识。

- ∧：纵加核对。
- ＜：横加核对。
- B：与上年结转数核对一致。
- T：与原始凭证核对一致。
- G：与总账核对一致。
- S：与明细账核对一致。
- T/B：与试算平衡表核对一致。
- C：已发询证函。
- G\：已收回询证函。

(五)索引号及编号

通常而言，审计工作底稿需要注明索引号及顺序编号，相关审计工作底稿之间需要保持清晰的钩稽关系。索引号是指注册会计师对某一审计事项的审计工作底稿以固定的标记和编码加以表示所产生的一种特定符号，其主要作用是方便审计工作底稿的分类检索和引用，并使分散的、活页式的审计工作底稿构成有机联系的审计档案。编号是在同一索引号下不同的审计工作底稿的顺序编号。在实务中，注册会计师可以按照所记录的审计工作的内容层次进行编号。例如，固定资产汇总表的编号为C1；按类别列示的固定资产明细表的编号为 C1-1；列示单个固定资产原值及累计折旧的明细表编号：房屋建筑物编号为 C1-1-1，机器设备编号为 C1-1-2，运输工具编号为 C1-1-3 及其他设备编号为 C1-1-4。相互引用时，需要在审计工作底稿中交叉注明索引号。

以下是不同审计工作底稿之间相互索引的例子，仅供参考。

例如，固定资产的原值、累计折旧及净值的总额应分别与固定资产明细表的数字互相钩稽。表 7-1 和表 7-2 分别是从固定资产汇总表工作底稿及固定资产明细表工作底稿中节选的部分，在此作为相互索引的示范。

表 7-1　固定资产汇总表(工作底稿索引号：C1)(节选)

工作底稿索引号	固定资产	20×2 年 12 月 31 日	20×1 年 12 月 31 日
C1-1	原值	×××G	×××
C1-1	累计折旧	×××G	×××
	净值	×××T/B	×××B
		∧	∧

表 7-2　固定资产明细表(工作底稿索引号：C1-1)(节选)

工作底稿索引号	固定资产	期初余额	本期增加	本期减少	期末余额
	原值				
C1-1-1	1.房屋建筑物	×××		×××	×××S
C1-1-2	2.机器设备	×××	×××		×××S
C1-1-3	3.运输工具	×××			×××S
C1-1-4	4.其他设备	×××			×××S
	小计	×××B	×××	×××	×××<C1
		∧	∧	∧	∧
	累计折旧				
C1-1-1	1.房屋建筑物	×××		×××	×××S
C1-1-2	2.机器设备	×××	×××		×××S
C1-1-3	3.运输工具	×××			×××S
C1-1-4	4.其他设备	×××			×××S
	小计	×××B	×××	×××	×××<C1
		∧	∧	∧	∧
	净值	×××B			×××C1
		∧			∧

(六)编制者姓名及编制日期和复核者姓名及复核日期

在记录实施审计程序的性质、时间和范围时，注册会计师应当记录：审计工作的执行人员及完成该项审计工作的日期，审计工作的复核人员及复核的日期和范围。

在需要项目质量复核的情况下，还需要注明项目质量复核的人员及日期。

通常情况下，需要在每一张审计工作底稿上注明执行审计工作的人员和复核人员、完成该项审计工作的日期以及完成复核的日期。

在实务中，如果若干页的审计工作底稿记录同一性质的具体审计程序或事项，并且编制在同一个索引号中，此时可以仅在审计工作底稿的第一页上记录审计工作的执行人员和复核人员并注明日期。

六、审计工作底稿的复核

审计工作底稿的复核不仅是审计准则的要求，也是质量管理准则的要求。审计工作底稿的复核，一方面便于上级管理人员对审计人员进行审计质量监控和工作业绩考评，减少或消除人为的审计误差，降低审计风险，提高审计质量；另一方面可以及时发现和解决问题，保证审计计划顺利执行，并不断地协调审计进度、节约审计时间、提高审计效率。根据审计准则和质量管理准则的规定，对审计工作底稿的复核可分为两个层次：项目组内部的三级复核和项目组外部独立的项目质量复核。

(一)项目组内部的三级复核制度

审计工作底稿的三级复核制度是指审计工作底稿应由项目经理、部门经理和审计机构的主任会计师或合伙人，对审计工作底稿进行逐级复核的一种复核制度。它实际上是执业经验丰富的人员对执业经验较少的人员执行审计工作的监督和指导。

项目经理(或项目负责人)复核是三级复核制度中的第一级复核，称为详细复核。它要求项目经理对下属审计助理人员形成的审计工作底稿逐张复核，发现问题及时指出，并督促审计助理人员及时修改完善。主要复核的内容为：所引用的资料是否翔实、可靠；所获取的审计证据是否充分、适当；审计判断是否有理有据；审计结论是否恰当。

部门经理复核是三级复核制度中的第二级复核，称为重点复核。它是在项目经理完成了详细复核之后，由部门经理再对审计工作底稿中重要的会计账目的审计、重要审计程序的执行，以及审计调整事项等进行复核。主要复核的内容为：复核计划确定的重要审计程序是否适当，是否得以较好实施，是否实现了审计目标；复核重点审计项目的审计证据是否充分、适当；复核审计范围是否充分；复核对建议调整的不符事项和未调整不符事项的处理是否恰当；复核审计工作底稿中重要的钩稽关系是否正确；复核审计工作中发现的问题及其对财务报表和审计报告的影响，审计项目组对这些问题的处理是否恰当；复核已审财务报表总体上是否合理可信。

主任会计师(或合伙人)复核是三级复核中的最后一级复核，又称原则性复核。它是对审计过程中的重大会计问题、重大审计调整事项及重要的审计工作底稿所进行的复核。主要复核的内容为：复核所采用审计程序的适当性；复核审计过程中是否存在重大遗漏；复核审计工作是否符合会计师事务所的质量要求。

值得注意的是，如果在审计过程中某两级的复核主体发生重叠(如部门经理与主任会计师是同一人)，则应找独立的第三人进行某一级别的复核，而不能取消该级别的复核。

(二)项目组外部独立的项目质量复核

1. 项目质量复核的含义

项目质量复核是指会计师事务所挑选不参与该业务的人员(项目质量复核人员)，在出具报告前，对项目组作出的重大判断和在准备报告时形成的结论进行客观评价的过程。项目质量复核人员是指项目组成员以外的，具有足够、适当的经验和权限，对项目组作出的重大判断和在准备审计报告时得出的结论进行客观评价的合伙人、会计师事务所其他人员、具有适当资格的外部人员或由这类人员组成的小组。会计师事务所应当制定政策和程序，要求对特定业务实施项目质量复核，以客观评价项目组作出的重大判断以及准备报告时得出的结论。但值得注意的是，项目合伙人应当对会计师事务所分派的每项审计业务的总体质量负责，项目质量复核并不能减轻项目合伙人的责任，更不能替代项目合伙人的责任。

2. 项目质量复核的性质

会计师事务所应当根据实现项目质量复核目标的总体要求，并结合具体情况，合理确定项目质量复核的性质。确定复核的性质就是决定采用怎样的方法实施复核，会计师事务所通常采用的项目质量复核方法包括以下几种。

(1) 与项目负责人进行讨论。

(2) 复核财务报表或其他业务对象信息及报告，尤其考虑报告是否适当。

(3) 选取与项目组作出重大判断及形成结论有关的工作底稿进行复核。

(4) 复核有关处理和解决重大疑难问题或争议事项形成的工作底稿，复核重大事项概要等。

3. 项目质量复核的时间

在业务过程中的适当阶段及时实施复核，以使重大事项在出具报告前得到满意解决。如果项目负责人不接受项目质量复核人员的建议，并且重大事项未得到满意解决，项目负责人不应当出具报告。只有在按照会计师事务所处理意见分歧的程序解决重大事项后，项目负责人才能出具报告。

七、审计工作底稿的归档

(一)审计工作底稿归档工作的性质

在出具审计报告前，注册会计师应完成所有必要的审计程序，取得充分、适当的审计证据并得出适当的审计结论。由此，在审计报告日后将审计工作底稿归整为最终审计档案是一项事务性的工作，不涉及实施新的审计程序或得出新的结论。

如果在归档期间对审计工作底稿作出的变动属于事务性的，注册会计师可以作出变动，主要包括：删除或废弃被取代的审计工作底稿；对审计工作底稿进行分类、整理和交叉索引；对审计档案归整工作的完成核对表签字认可；记录在审计报告日前获取的、与项目组相关成员进行讨论并达成一致意见的审计证据。

(二)审计工作底稿的归档期限

注册会计师应当按照会计师事务所质量管理政策和程序的规定，及时将审计工作底稿归整为最终审计档案。审计工作底稿的归档期限为审计报告日后 60 天内。如果注册会计师未能完成审计业务，审计工作底稿的归档期限为审计业务中止后的 60 天内。

如果针对客户的同一财务信息执行不同的委托业务，出具两个或多个不同的报告，会计师事务所应当将其视为不同的业务，根据会计师事务所内部制定的政策和程序，在规定的归档期限内分别将审计工作底稿归整为最终审计档案。

(三)审计工作底稿归档后的变动

一般情况下，在审计档案归整后，注册会计师不应在规定的保存期限届满前删除或废弃任何性质的审计工作底稿。

1. 需要变动审计工作底稿的情形

注册会计师发现有必要修改现有审计工作底稿或增加新的审计工作底稿的情形主要有以下两种。

（1）注册会计师已实施了必要的审计程序，取得了充分、适当的审计证据并得出了恰当的审计结论，但审计工作底稿的记录不够充分。

（2）审计报告日后，发现例外情况要求注册会计师实施新的或追加的审计程序，或导致注册会计师得出新的结论。例外情况主要是指审计报告日后发现与已审计财务信息相关，且在审计报告日已经存在的事实，该事实如果被注册会计师在审计报告日前获知，可能影响审计报告。例如，注册会计师在审计报告日后才获知法院在审计报告日前已对被审计单位的诉讼、索赔事项作出最终判决。例外情况可能在审计报告日后发现，也可能在财务报表报出日后发现，注册会计师应当按照《中国注册会计师审计准则第1332号——期后事项》有关"财务报表报出后发现的事实"的相关规定，对例外事项实施新的或追加的审计程序。

2. 变动审计工作底稿时的记录要求

在完成最终审计档案的归整工作后，如果发现有必要修改现有审计工作底稿或增加新的审计工作底稿，无论修改或增加的性质如何，注册会计师均应当记录下列事项：修改或增加审计工作底稿的理由；修改或增加审计工作底稿的时间和人员，以及复核的时间和人员。

(四)审计工作底稿的保存期限

会计师事务所应当自审计报告日起，对审计工作底稿至少保存10年。如果注册会计师未能完成审计业务，会计师事务所应当自审计业务中止日起，对审计工作底稿至少保存10年。

值得注意的是，对于连续审计的情况，当期归整的审计档案虽然包括以前年度(有可能是10年以前)获得的资料，但由于其作为本期档案的一部分，并作为支持审计结论的基础，注册会计师对于这些对当期有效的档案，应视为当期取得并保存10年。如果这些资料在某一个审计期间被替换，被替换资料可以从被替换的年度起至少保存10年。

在完成最终审计档案的归整工作后，注册会计师不得在规定的保存期限届满前删除或废弃审计工作底稿。

本 章 小 结

审计的整个过程就是收集审计证据，并根据审计证据形成审计结论和审计意见的过程。审计工作底稿则是审计过程和结果的书面证明，也是审计证据的汇集和编写审计报告的依据。本章从审计证据的含义和构成入手，介绍了获取审计证据的八种审计程序，进而介绍了审计工作底稿的相关内容。审计证据是指注册会计师为了得出审计结论和形成审计意见而使用的信息。会计记录所含有的信息和其他信息共同构成了审计证据，两者缺一不可。审计证据可以按不同的标准进行分类，按表现形态可分为实物证据、书面证据、口头证据和环境证据。注册会计师在获取证据时，要在充分性和适当性之间进行权衡。为了在测试流程中获取充分适当的审计证据，注册会计师要学会采用恰当的审计程序。最终，注册会计师要在审计工作底稿中将审计证据加以汇总，并体现审计过程。除此之外，审计工作底稿还要体现审计计划、审计结论等内容。注册会计师要在灵活设计审计工作底稿的基础上，对其进行恰当的编制、复核和归档。

复习思考题

1. 什么是审计证据？审计证据的来源有哪些？
2. 审计证据的基本分类是什么？
3. 影响审计证据充分性的因素包括哪些？
4. 如何评价审计证据的相关性和可靠性？
5. 获取审计证据的审计程序有哪些？如何具体运用？
6. 什么是审计工作底稿？为什么要编制审计工作底稿？
7. 审计工作底稿的基本要素包括哪些？

自测与技能训练

一、基础知识自测

(一)单项选择题

1. ( )是审计证据的主要组成部分，也可称之为基本证据。
   A. 实物证据　　　　　　　　　　B. 书面证据
   C. 口头证据　　　　　　　　　　D. 环境证据
2. 注册会计师为发现被审计单位的财务报表和其他会计资料中的重要比率及趋势的异常变动应采用的审计程序是( )。
   A. 检查　　　　　　　　　　　　B. 计算
   C. 分析程序　　　　　　　　　　D. 估价
3. 注册会计师为了验证甲公司"应收账款——A 公司 300 万元"存在的认定，在获取的下列以文件记录形式的证据中，证明力最强的是( )。
   A. 销售发票　　　　　　　　　　B. 产品出库单
   C. 甲公司提供的月末与 A 公司对账的回单　　D. 对 A 公司应收账款函证的回函
4. 下列事项中，难以通过观察的方法来获取审计证据的是( )。
   A. 经营场所　　　　　　　　　　B. 存货的所有权
   C. 实物资产的存在　　　　　　　D. 内部控制的执行情况
5. 应收账款函证的回函应当( )。
   A. 直接寄给客户
   B. 直接寄给客户和会计师事务所
   C. 直接寄给会计师事务所
   D. 直接寄给客户，由客户转交会计师事务所
6. 下列有关审计工作底稿归档期限的表述中，正确的是( )。

    A. 如果完成审计业务，归档期限为审计报告日后 2 个月内

    B. 如果完成审计业务，归档期限为审计工作结束日后 60 天内

    C. 如果未能完成审计业务，归档期限为审计工作中止日后 30 天内

    D. 如果未能完成审计业务，归档期限为审计业务中止日后 60 天内

7. 审计证据的相关性是指审计证据应当与(　　)相关联。

    A. 审计范围　　　　B. 审计项目　　　　C. 审计目标　　　D. 审计计划

8. 下列关于分析程序的用法中，错误的是(　　)。

    A. 将分析程序用作风险评估程序

    B. 将分析程序用作实质性程序

    C. 将分析程序用作控制测试程序

    D. 将分析程序用作对财务报表进行总体复核的程序

9. 下列有关审计证据可靠性的说法中，正确的是(　　)。

    A. 审计证据的充分性影响审计证据的可靠性

    B. 可靠的审计证据是高质量的审计证据

    C. 从独立的外部来源获得的审计证据可能是不可靠的

    D. 内部控制薄弱时内部生成的审计证据是不可靠的

10. 下列有关审计证据的表述中，不正确的是(　　)。

    A. 被审计单位财务报表的重大错报风险越高，对审计证据的要求也越高

    B. 注册会计师在获取审计证据时，应当考虑获取审计证据的成本

    C. 如果注册会计师从不同来源获取的不同审计证据相互矛盾，注册会计师应当追加必要的审计程序

    D. 注册会计师获取的审计证据质量越高，需要的审计证据数量可能越少

(二)多项选择题

1. 在确定审计工作底稿的格式、内容和范围时，注册会计师应当考虑的主要因素有(　　)。

    A. 编制审计工作底稿使用的文字　　　　B. 审计工作底稿的归档期限

    C. 拟实施审计程序的性质　　　　　　　D. 已获取审计证据的重要程度

2. 在下列各项中，注册会计师通常认为适合运用实质性分析程序的有(　　)。

    A. 存款利息收入　　　　　　　　B. 借款利息支出

    C. 营业外收入　　　　　　　　　D. 房屋租赁收入

3. 在确定审计证据的数量时，下列表述中有错误的是(　　)。

    A. 评估的错报风险越大，需要获取的审计证据越多

    B. 审计证据质量越低，需要的审计证据可能越多

    C. 获取更多的审计证据可以弥补这些审计证据质量上的缺陷

    D. 审计证据总体的同质性越强，所需的审计证据越多

4. 下列与审计证据相关的表述中，正确的有(　　)。

    A. 如果审计证据的数量足够多，审计证据的质量就会提高

    B. 审计工作通常不涉及鉴定文件的真伪，对用作审计证据的文件记录，只需考虑相关内部控制的有效性

    C. 审计证据的可靠性受其来源和性质的影响，与审计证据的数量无关

D. 会计记录中含有的信息本身不足以提供充分的审计证据作为对财务报表发表审计意见的基础

5. 下列有关获取审计证据的说法中，恰当的有( )。
    A. 检查文件记录不能提供可靠的证据
    B. 检查有形资产可以为其存在提供可靠的审计证据
    C. 观察所提供的审计证据仅限于发生时点，不能提供期间的证据
    D. 直接获取的审计证据通常比间接或推论得出的审计证据更可靠

(三)判断题

1. 审计证据的充分性是对审计证据质量的衡量。 ( )
2. 审计程序的类型包括控制测试及实质性程序。 ( )
3. 实物资产通常是证明被审计单位对拥有该实物资产所有权的非常有说服力的证据。 ( )
4. 被审计单位管理声明不属于审计证据。 ( )
5. 一般而言，内部证据不如外部证据可靠。 ( )
6. 通常而言，直接获取的审计证据比间接或推论得出的审计证据更可靠。 ( )
7. 如果通过实施分析程序识别出以前未识别的重大错报风险，注册会计师应当修改原计划实施的进一步审计程序。 ( )
8. 注册会计师取得的已被取代的财务报表草稿通常应形成最终审计工作底稿。 ( )
9. 审计证据的充分性是对审计证据数量的衡量，主要与确定的样本量有关。 ( )
10. 行业协会进行业务检查时，可以查阅会计师事务所的审计档案。 ( )

二、案例分析题

1. 注册会计师王芳在对顺达公司 20×1 年度财务报表进行审计时，收集到以下 5 组证据。要求：分别说明每组证据中哪项审计证据较为可靠，并简要说明理由。
    (1) 存货盘点表与存货监盘记录。
    (2) 收料单与购货发票。
    (3) 领料单与材料成本计算表。
    (4) 工资计算单与工资发放单。
    (5) 银行询证函回函与银行对账单。

2. 审计人员在对甲股份有限公司 20×1 年度的财务报表进行审计时，进行了下列审计程序。
    (1) 抽样重新计算 20×1 年度甲公司材料的计价是否正确。
    (2) 资产负债表日后对大额应收账款进行函证。
    (3) 按照甲公司内部控制规定的赊销审批手续独立执行该流程。
    (4) 对甲公司的库存现金进行监盘。
    要求：根据上述审计程序，在表 7-3 中填列出相应的审计程序名称和能够实现的主要审计目标。

表 7-3 审计程序及审计目标对应表

审计程序	审计程序名称	能够实现的主要审计目标
(1)		
(2)		
(3)		
(4)		

第八章

计划审计工作

第一节　初步业务活动

一、初步业务活动的目的

注册会计师需要开展初步业务活动，以实现以下三个主要目的：①具备执行业务所需要的独立性和能力；②不存在因管理层诚信问题而可能影响注册会计师保持该项业务的意愿的事项；③与被审计单位之间不存在对业务约定条款的误解。

二、初步业务活动的内容

(一)针对保持客户关系和具体审计业务实施相应的质量管理程序

会计师事务所应当制定有关客户关系和具体业务接受与保持的政策和程序，只有在已考虑了客户的诚信且没有信息表明客户缺乏诚信且本事务所能够胜任该项业务并具有执行业务所必需的素质、时间和资源以及能够遵守相关职业道德要求的条件下，才能接受或保持客户关系和具体业务。

会计师事务所制定的相关政策和程序如下所述。

(1) 在接受新客户的业务前，或者在决定是否保持现有业务和考虑接受现有客户的新业务时，会计师事务所需要根据具体情况获取必要信息。

会计师事务所在确定接受客户的委托、签订业务约定书前，应先对客户的基本情况进行相关调查和评估，确定是否可以接受该项委托。注册会计师应了解的被审计单位的基本情况包括：委托人的业务性质、经营规模和组织结构、经营状况和经营风险；以前年度接受审计的情况；财务会计机构及其工作组织；厂房、设备及办公场所；其他与签订审计业务约定书有关的事项等。

注册会计师可以通过巡视客户的经营场所、复核年度报告、与客户管理层和员工进行讨论、利用网络获取公众信息和公共数据库，对新老客户的上述基本情况进行初步审查。如果是老客户，应该复核以前年度的工作底稿。如果是新客户，注册会计师在接受委托前，应当向前任注册会计师询问被审计单位变更会计师事务所的原因，并关注前任注册会计师与被审计单位管理当局在重大会计、审计等问题上可能存在的意见分歧。后任注册会计师应当提请被审计单位书面授权前任注册会计师对其询问作出充分答复。如果被审计单位不同意前任注册会计师作出答复，或限制答复的范围，后任注册会计师应当向被审计单位询问原因，并考虑是否接受委托。

(2) 在接受新客户或现有客户的新业务时，如果识别出潜在的利益冲突，会计师事务所需确定接受该业务是否适当。

(3) 当识别出问题而又决定接受或保持客户关系或具体业务时，会计师事务所要记录问题是如何得到解决的。

如果在接受业务后获知某项信息，而该信息若在接受业务前获知的话可能导致会计师事务所拒绝接受该业务，会计师事务所应当针对这种情况制定保持具体业务和客户关系的政策和程序。这些政策和程序应当考虑下列方面：适用于这种情况的职业责任和法律责任，包括是否要求会计师事务所向委托人报告或在某些情况下向监管机构报告；解除业务约定或同时解除业务约定和客户关系的可能性。

(二)评价遵守相关职业道德要求的情况

职业道德要求项目组成员恪守独立、客观、公正的原则，保持专业胜任能力和应有的关注，并对审计过程中获知的信息保密。在整个审计过程中，项目组组长应当对项目组成员违反职业道德的迹象保持警惕。如果发现项目组成员违反职业道德，项目组组长应当与会计师事务所的相关人员商讨，以便采取适当的措施。项目组组长应当记录识别出的违反职业道德的问题，以及这些问题是如何得到解决的。在适当情况下，项目组其他成员也应当记录上述内容。

会计师事务所应当制定政策和程序，以合理保证会计师事务所及其人员遵守相关职业道德要求，以及合理保证会计师事务所及其人员和其他受独立性要求约束的人员(包括网络事务所的人员)，保持相关职业道德规定的独立性。

这些政策和程序应当有以下要求。

(1) 项目组组长向会计师事务所提供与客户委托业务相关的信息(包括服务范围)，以使会计师事务所能够评价这些信息对保持独立性的总体影响。

(2) 会计师事务所人员应立即向会计师事务所报告对独立性产生不利影响的情形，以便会计师事务所采取适当行动。

(3) 会计师事务所收集相关信息，并向适当人员传达。

质量管理准则要求会计师事务所制定政策和程序，以及项目组组长实施相应措施，以保持独立性。例如，会计师事务所应当每年至少向所有需要按照相关职业道德规范要求保持独立性的人员获取其遵守独立性政策和程序的书面确认函一次。会计师事务所应当确保审计小组中的每位成员以及整个会计师事务所都能达到相应的独立性要求。

保持客户关系及具体审计业务而实施相应的质量管理程序和评价职业道德的工作贯穿于审计业务的全过程。例如，在现场审计过程中，如果注册会计师发现财务报表存在舞弊，因而对管理层、治理层的胜任能力或诚信产生了极大疑虑，则注册会计师需要针对这一新情况，考虑并在必要时重新实施相应的质量管理程序，以决定是否继续保持该项业务及客户关系。虽然保持客户关系及具体审计业务而实施相应的质量管理程序和评价职业道德的工作贯穿于审计业务的全过程，但是这两项活动需要安排在其他审计工作之前，以确保注册会计师已具备执行业务所需要的独立性和专业胜任能力，且不存在因管理层诚信问题而影响注册会计师保持该项业务意愿等情况。

(三)就审计业务约定条款达成一致意见

在承接或保持审计业务前，注册会计师应当实施下列工作。

(1) 确定审计的前提条件存在。

(2) 确认与管理层和治理层(如适用)就审计业务约定条款达成一致意见。

1. 审计的前提条件

1) 标准适当且能够被预期使用者获取

承接鉴证业务的条件之一是标准适当且能够被预期使用者获取。标准是指用于评价和计量鉴证对象的基准,当涉及列报时,还包括列报与披露的基准。就审计准则而言,适用的财务报告编制基础为注册会计师提供了用于审计财务报表的标准。

按财务报表的目的分,标准分为通用目的的编制基础和特殊目的的编制基础。通用目的的编制基础是指旨在满足广大财务报表使用者共同的财务信息需求的财务报告编制基础,主要是指会计准则。特殊目的的编制基础是指旨在满足财务报表特定使用者对财务信息需求的财务报告编制基础,包括计税核算基础、监管机构的报告要求和合同的约定等。

2) 管理层认可并理解其承担的责任

(1) 按照适用的财务报告编制基础编制财务报表,并使其实现公允反映(如适用)。大多数财务报告编制基础包括与财务报表列报相关的要求,对于这些财务报告编制基础,在提到"按照适用的财务报告编制基础编制财务报表"时,编制包括列报。实现公允列报的报告目标非常重要,因而在与管理层达成一致意见的执行审计工作的前提中需要特别提及公允列报,或需要特别提及管理层负有确保财务报表根据财务报告编制基础编制并使其实现公允反映的责任。

(2) 设计、执行和维护必要的内部控制,以使财务报表不存在由于舞弊或错误导致的重大错报。由于内部控制的固有限制,无论其如何有效,也只能合理保证被审计单位实现其财务报告目标。注册会计师按照审计准则的规定执行的独立审计工作,不能代替管理层维护编制财务报表所需要的内部控制。因此,注册会计师需要就管理层认可并理解其与内部控制有关的责任与管理层达成共识。

(3) 为注册会计师提供必要的工作条件,包括允许注册会计师接触与编制财务报表相关的所有信息(如记录、文件和其他事项),向注册会计师提供审计所需要的其他信息,允许注册会计师在获取审计证据时不受限制地接触其认为必要的内部人员和其他相关人员。

按照准则的规定,注册会计师应当要求管理层就其已经履行的某些责任提供书面声明。如果管理层不认可其责任,或不同意提供书面声明,注册会计师将不能获取充分、适当的审计证据。在这种情况下,注册会计师承接此类业务是不恰当的,除非法律另有规定。如果法律规定承接此类审计业务,注册会计师可能需要向管理层解释这种情况的重要性及其对审计报告的影响。

2. 审计业务约定书

在作出接受或保持客户关系及具体审计业务的决策后,注册会计师应当按照审计准则的规定,在审计业务开始前,与被审计单位就审计业务约定条款达成一致意见,签订或修改审计业务约定书,以避免双方对审计业务的理解产生分歧。

1) 审计业务约定书的定义

审计业务约定书是指会计师事务所与被审计单位签订的,用于记录和确认审计业务的委托与受托关系、财务报表审计的目标和范围、双方的责任以及拟出具审计报告的预期形式和内容等事项的书面协议。

2) 审计业务约定书的基本内容

审计业务约定书的具体内容可能因被审计单位的不同而存在差异，但应当包括下列主要方面。

(1) 财务报表审计的目标与范围。财务报表审计的目标就是注册会计师通过执行审计工作，对财务报表是否按照适用的财务报告编制基础编制以及财务报表是否在所有重大方面公允反映被审计单位的财务状况、经营成果和现金流量发表意见。

(2) 双方的责任。管理层的责任如前所述，而注册会计师的责任是按照中国注册会计师审计准则的规定实施审计程序，获取充分、适当的审计证据，从而对财务报表发表审计意见。

(3) 管理层编制财务报表所适用的财务报告编制基础。

(4) 注册会计师拟出具的审计报告的预期形式和内容，以及在特定情况下对出具的审计报告可能不同于预期形式和内容的说明。

(5) 审计工作范围，包括提及使用的法律法规、审计准则，以及注册会计师协会发布的职业道德守则和其他公告。财务报表的审计范围是指为实现财务报表审计目标，注册会计师根据审计准则和职业判断实施的恰当的审计程序的总和。注册会计师执行财务报表审计业务时应遵守与财务报表审计相关的各项审计准则。

(6) 对审计业务结果的其他沟通形式。

(7) 说明由于审计和内部控制的固有限制，即使审计工作按照审计准则的规定得到恰当的计划和执行，仍不可避免地存在某些重大错报未被发现的风险。

(8) 计划和执行审计工作的安排，包括审计项目组的构成。

(9) 管理层确认将提供书面声明。

(10) 管理层同意向注册会计师及时提供财务报表草稿和其他所有附带信息，以使注册会计师能够按照预定的时间表完成审计工作。

(11) 管理层同意告知注册会计师在审计报告日至财务报表报出日之间注意到的可能影响财务报表的事实。

(12) 收费的计算基础和收费安排。

(13) 管理层确认收到审计业务约定书并同意其中的条款。

3) 审计业务约定书的特殊考虑

如果情况需要，注册会计师应当考虑在审计业务约定书中列明下列内容。

(1) 在某些方面对利用其他注册会计师和专家工作的安排。

(2) 对审计涉及的内部审计人员和被审计单位其他员工工作的安排。

(3) 在首次审计的情况下，与前任注册会计师(如存在)沟通的安排。

(4) 说明对注册会计师责任可能存在的限制。

(5) 注册会计师与被审计单位之间需要达成进一步协议的事项。

(6) 向其他机构或人员提供审计工作底稿的义务。

如果母公司的注册会计师同时也是组成部分的注册会计师，需考虑下列因素，决定是否向组成部分单独致送审计业务约定书。

(1) 组成部分注册会计师的委托人。

(2) 是否对组成部分单独出具审计报告。

(3) 与审计委托相关的法律法规的规定。

(4) 母公司占组成部分的所有权份额。

(5) 组成部分管理层相对于母公司的独立程度。

注册会计师可以决定不在每期都致送新的审计业务约定书或其他书面协议。然而，下列因素可能导致注册会计师修改审计业务约定条款或提醒被审计单位注意现有的业务约定条款。

(1) 有迹象表明被审计单位误解审计目标和范围。

(2) 需要修改约定条款或增加特别条款。

(3) 被审计单位的高级管理人员近期发生变动。

(4) 被审计单位的所有权发生重大变动。

(5) 被审计单位业务的性质或规模发生重大变化。

(6) 法律法规的规定发生变化。

(7) 编制财务报表采用的财务报告编制基础发生变更。

(8) 其他报告要求发生变化。

4) 审计业务约定书的范例

实务中，审计业务约定书多采用合同式。

■ 知识链接 8-1

审计业务约定书(合同式)

甲方：A 股份有限公司

乙方：B 会计师事务所

兹由甲方委托乙方对 20×1 年度财务报表进行审计，经双方协商，达成以下约定。

一、审计的目标和范围

1. 乙方接受甲方委托，对甲方按照企业会计准则编制的 20×1 年 12 月 31 日的资产负债表，20×1 年度的利润表、所有者权益(或股东权益)变动表和现金流量表以及财务报表附注(以下统称财务报表)进行审计。

2. 乙方通过执行审计工作，对财务报表的下列方面发表审计意见：①财务报表是否在所有重大方面按照企业会计准则的规定编制；②财务报表是否在所有重大方面公允反映甲方 20×1 年 12 月 31 日的财务状况以及 20×1 年度的经营成果和现金流量。

二、甲方的责任

1. 根据《中华人民共和国会计法》及《企业财务会计报告条例》，甲方及甲方负责人有责任保证会计资料的真实性和完整性。因此，甲方管理层有责任妥善保存和提供会计记录(包括但不限于会计凭证、会计账簿及其他会计资料)，这些记录必须真实、完整地反映甲方的财务状况、经营成果和现金流量。

2. 按照企业会计准则的规定编制和公允列报财务报表是甲方管理层的责任，这种责任包括：①按照企业会计准则的规定编制财务报表，并使其实现公允反映；②设计、执行和维护必要的内部控制，以使财务报表不存在由于舞弊或错误导致的重大错报。

3. 及时为乙方的审计工作提供与审计有关的所有记录、文件和所需的其他信息(在 20×2 年×月×日之前提供审计所需的全部资料，如果在审计过程中需要补充资料，亦应及时提供)，并保证所提供资料的真实性和完整性。

4. 确保乙方不受限制地接触其认为必要的甲方内部人员和其他相关人员。

5. 甲方管理层对其作出的与审计有关的声明予以书面确认。

6. 为乙方派出的有关工作人员提供必要的工作条件和协助，乙方将于外勤工作开始前提供主要事项清单。

7. 按本约定书的约定及时足额支付审计费用以及乙方人员在审计期间的交通、食宿和其他相关费用。

8. 乙方的审计不能减轻甲方及甲方管理层的责任。

三、乙方的责任

1. 乙方的责任是在执行审计工作的基础上对甲方财务报表发表审计意见。乙方根据中国注册会计师审计准则(以下简称审计准则)的规定执行审计工作。审计准则要求注册会计师遵守中国注册会计师职业道德守则，计划和执行审计工作以对财务报表是否不存在重大错报获取合理保证。

2. 审计工作涉及实施审计程序，以获取有关财务报表金额和披露的审计证据。选择的审计程序取决于乙方的判断，包括对由于舞弊或错误导致的财务报表重大错报风险的评估。在进行风险评估时，乙方考虑与财务报表编制和公允列报相关的内部控制，以设计恰当的审计程序，但目的并非对内部控制的有效性发表意见。审计工作还包括评价管理层选用会计政策的恰当性和作出会计估计的合理性，以及评价财务报表的总体列报。

3. 由于审计和内部控制的固有限制，即使按照审计准则的规定适当地计划和执行审计工作，仍不可避免地存在财务报表的某些重大错报可能未被乙方发现的风险。

4. 在审计过程中，乙方若发现甲方存在乙方认为值得关注的内部控制缺陷，应以书面形式向甲方治理层或管理层通报。但乙方通报的各种事项，并不代表已全面说明所有可能存在的缺陷或已提出所有可行的改进建议。甲方在实施乙方提出的改进建议前应全面评估其影响。未经乙方书面许可，甲方不得向任何第三方提供乙方出具的沟通文件。

5. 按照约定时间完成审计工作，出具审计报告。乙方应于20×2年×月×日前出具审计报告。

6. 除下列情况外，乙方应当对执行业务过程中知悉的甲方信息予以保密：①法律法规允许披露，并取得甲方的授权；②根据法律法规的要求，为法律诉讼仲裁准备文件或提供证据，以及向监管机构报告发现的违法行为；③在法律法规允许的情况下，在法律诉讼、仲裁中维护自己的合法权益；④接受注册会计师协会或监管机构的执业质量检查，答复其询问和调查；⑤法律法规、执业准则和职业道德规范规定的其他情形。

四、审计收费

1. 本次审计服务的收费是以乙方各级别工作人员在本次工作中所耗费的时间为基础计算的。乙方预计本次审计服务的费用总额为人民币××万元。

2. 甲方应于本约定书签署之日起××日内支付×%的审计费用，其余款项于审计报告草稿完成日结清。

3. 如果由于无法预见的原因，致使乙方从事本约定书所涉及的审计服务实际时间较本约定书签订时预计的时间有明显增加或减少时，甲、乙双方应通过协商，相应调整本部分第1条所述的审计费用。

4. 如果由于无法预见的原因，致使乙方人员抵达甲方的工作现场后，本约定书所涉及的审计服务中止，甲方不得要求退还预付的审计费用；如上述情况发生于乙方人员完成现场审计工作，并离开甲方的工作现场之后，甲方应另行向乙方支付人民币××元的补偿费，该补偿费应于甲方收到乙方的收款通知之日起××日内支付。

5. 与本次审计有关的其他费用(包括交通费、食宿费等)由甲方承担。

五、审计报告和审计报告的使用

1. 乙方按照中国注册会计师审计准则规定的格式和类型出具审计报告。

2. 乙方向甲方致送审计报告一式×份。

3. 甲方在提交或对外公布乙方出具的审计报告及其后附的已审计财务报表时，不得对其进行修改。当甲方认为有必要修改会计数据、报表附注和所做的说明时，应当事先通知乙方，乙方将考虑有关的修改对审计报告的影响，必要时，将重新出具审计报告。

六、本约定书的有效期间

本约定书自签署之日起生效，并在双方履行完毕本约定书约定的所有义务后终止。但其中第三项第 6 条，第四、五、七、八、九、十项并不因本约定书终止而失效。

七、约定事项的变更

如果出现不可预见的情况，影响审计工作如期完成，或需要提前出具审计报告，甲、乙双方均可要求变更约定事项，但应及时通知对方，并由双方协商解决。

八、终止条款

1. 如果根据乙方的职业道德及其他有关专业职责、适用的法律法规或其他任何法定的要求，乙方认为已不适宜继续为甲方提供本约定书约定的审计服务，乙方可以采取向甲方提出合理通知的方式终止履行本约定书。

2. 在本约定书终止的情况下，乙方有权就其于终止之日前对约定的审计服务项目所做的工作收取合理的费用。

九、违约责任

甲、乙双方按照《中华人民共和国民法典》的规定承担违约责任。

十、适用法律和争议解决

本约定书的所有方面均应适用中华人民共和国法律进行解释并受其约束。本约定书履行地为乙方出具审计报告所在地，因本约定书引起的或与本约定书有关的任何纠纷或争议(包括关于本约定书条款的存在、效力或终止，或无效之后果)，双方协商确定采取以下第__种方式予以解决。

(1) 向有管辖权的人民法院提起诉讼。

(2) 提交××仲裁委员会仲裁。

十一、双方对其他有关事项的约定

本约定书一式两份，甲、乙双方各执一份，具有同等法律效力。

<table>
<tr><td>A 股份有限公司(盖章)</td><td>B 会计师事务所(盖章)</td></tr>
<tr><td>授权代表：(签名并盖章)</td><td>授权代表：(签名并盖章)</td></tr>
<tr><td>二○×二年×月×日</td><td>二○×二年×月×日</td></tr>
</table>

5) 审计业务约定条款的变更

在完成审计业务前，如果被要求将审计业务变更为保证程度较低的业务，比如将审计业务变更为审阅业务或相关服务业务，注册会计师应当确定是否存在合理理由。在缺乏合理理由的情况下，注册会计师不应同意变更审计业务约定条款。

可能导致注册会计师变更审计业务约定条款的事项包括：环境变化对审计服务的需求产生影响；对原来要求的审计业务的性质存在误解；无论是管理层施加的还是其他情况引

起的审计范围受到限制。

由于环境变化导致对审计服务的需求产生影响，或对原来要求的审计业务性质存在误解，可以认为是被审计单位要求变更审计业务约定条款的合理理由。相反，如果有迹象表明变更审计业务约定条款的要求与错误的、不完整的或不能令人满意的信息有关，该变更不能认为是合理的。例如，如果注册会计师不能就存货获取充分、适当的审计证据，而被审计单位要求将审计业务变更为审阅业务，以避免注册会计师发表保留意见或无法表示意见，则该变更是不合理的。如果没有合理理由，注册会计师不应同意变更审计业务约定条款，而管理层又不同意执行原审计业务，注册会计师应当：①在适用的法律法规允许的情况下，解除业务约定书；②确定是否有约定义务或其他义务向治理层、所有者或监管机构报告该事项。

第二节　总体审计策略和具体审计计划

审计人员执行审计业务，应当编制审计计划，对审计工作作出合理安排。审计计划是指审计人员为了完成各项审计业务，达到预期的审计目标，在执行审计程序之前编制的工作计划。

一、审计计划的作用

1. 使审计人员能够根据具体情况收集充分、适当的证据

一般情况下，审计人员在审计计划的指导下，实施审计程序，搜集审计证据，编制审计工作底稿，并据以发表审计意见。审计计划越周详，审计人员越能收集充分、适当的审计证据。

2. 保持合理的审计成本，提高审计工作的效率和质量

通过审计计划，审计项目负责人可以全面了解审计工作的整体安排和各审计步骤的具体时间安排，适当掌握好审计工作的进程；可以通过预先的计划安排，使所有参加审计工作的人员有一个合理的分工搭配，协调一致地完成审计工作。助理审计人员也可以通过审计计划，明确自己在审计过程的各个阶段应做的工作以及时间安排等，做到心中有数，从而有利于做好审计工作。

因此，对任何一个审计项目，不论其业务繁简，也不论其规模大小，审计计划都是至关重要的，只不过审计计划在不同情况下的繁简、粗细程度有所不同罢了。

审计计划一般分为总体审计策略和具体审计计划。

二、总体审计策略

注册会计师应当为审计工作制定总体审计策略。总体审计策略用于确定审计范围、时间安排和方向，并指导具体审计计划的制订。在制定总体审计策略时，应当考虑以下主要事项。

(一)审计范围

在确定审计范围时,需要考虑下列具体事项。

(1) 编制拟审计的财务信息所依据的财务报告编制基础,包括是否需要将财务信息调整至按照其他财务报告编制基础编制。

(2) 特定行业的报告要求,如某些行业监管机构要求提交的报告。

(3) 预期审计工作涵盖的范围,包括应涵盖的组成部分的数量及所在地点。

(4) 母公司和集团组成部分之间存在的控制关系的性质,以确定如何编制合并财务报表。

(5) 由组成部分注册会计师审计组成部分的范围。

(6) 拟审计的经营部分的性质,包括是否需要具备专门知识。

(7) 外币折算,包括外币交易的会计处理、外币财务报表的折算和相关信息的披露。

(8) 除为合并目的执行的审计工作之外,对个别财务报表进行法定审计的需求。

(9) 内部审计工作的可获得性及注册会计师拟信赖内部审计工作的程度。

(10) 被审计单位使用服务机构的情况,以及注册会计师如何取得有关服务机构内部控制设计和运行有效性的证据。

(11) 对利用在以前审计工作中获取的审计证据(如获取的与风险评估程序和控制测试相关的审计证据)的预期。

(12) 信息技术对审计程序的影响,包括数据的可获得性和对使用计算机辅助审计技术的预期。

(13) 协调审计工作与中期财务信息审阅的预期涵盖范围和时间安排,以及中期审阅所获取的信息对审计工作的影响。

(14) 与被审计单位人员的时间协调和相关数据的可获得性。

(二)报告目标、时间安排及所需沟通的性质

在确定报告目标、时间安排和所需沟通的性质时,需要考虑下列事项。

(1) 被审计单位对外报告的时间表,包括中间阶段和最终阶段。

(2) 与管理层和治理层举行会谈,讨论审计工作的性质、时间安排和范围。

(3) 与管理层和治理层讨论注册会计师拟出具的报告的类型和时间安排以及沟通的其他事项(口头或书面沟通),包括审计报告、管理建议书和向治理层通报的其他事项。

(4) 与管理层讨论预期就整个审计业务中审计工作的进展进行的沟通。

(5) 与组成部分注册会计师沟通拟出具的报告的类型和时间安排,以及与组成部分审计相关的其他事项。

(6) 项目组成员之间沟通的预期性质和时间安排,包括项目组会议的性质和时间安排,以及复核已执行审计工作的时间安排。

(7) 预期是否需要与第三方进行其他沟通,包括与审计相关的法定或约定的报告责任。

(三)审计方向

根据职业判断,总体审计策略的制定应当考虑影响审计业务的重要因素,以确定项目

组工作方向，包括确定适当的重要性水平，初步识别可能存在较高的重大错报风险的领域，初步识别重要的组成部分和账户余额，评价是否需要针对内部控制的有效性获取审计证据，识别被审计单位、所处行业、财务报告要求及其他相关方面最近发生的重大变化等。

在确定审计方向时，注册会计师一般需要考虑下列事项。

(1) 重要性方面。主要包括：在制订审计计划时确定的重要性水平；为组成部分确定重要性且与组成部分的注册会计师沟通；在审计过程中重新考虑重要性水平；识别重要的组成部分和账户余额。

(2) 重大错报风险较高的审计领域。

(3) 评估的财务报表层次的重大错报风险对指导、监督及复核的影响。

(4) 项目组人员的选择(在必要时包括项目质量复核人员)和工作分工，包括向重大错报风险较高的审计领域分派具备适当经验的人员。

(5) 项目预算，包括考虑为重大错报风险可能较高的审计领域分配适当的工作时间。

(6) 如何向项目组成员强调在收集和评价审计证据过程中保持职业怀疑必要性的方式。

(7) 以往审计中对内部控制运行有效性评价的结果，包括所识别的控制缺陷的性质及应对措施。

(8) 管理层重视设计和实施健全的内部控制的相关证据，包括这些内部控制得以适当记录的证据。

(9) 业务交易量规模，以基于审计效率的考虑确定是否依赖内部控制。

(10) 管理层对内部控制重要性的重视程度。

(11) 影响被审计单位经营的重大发展变化，包括信息技术和业务流程的变化，关键管理人员变化，以及收购、兼并和分立。

(12) 重大的行业发展情况，如行业法规变化和新的报告规定。

(13) 会计准则的变化。

(14) 其他重大变化，如影响被审计单位的法律环境的变化。

(四)审计资源

注册会计师应当在总体审计策略中清楚地说明审计资源的规划和调配，包括确定执行审计业务所必需的审计资源的性质、时间安排和范围。

(1) 向具体审计领域调配的资源，包括向高风险领域分派有适当经验的项目组成员，就复杂的问题利用专家工作等。

(2) 向具体审计领域分配资源的多少，包括分派到重要地点进行存货监盘的项目组成员的人数，在集团审计中复核组成部分注册会计师工作的范围，向高风险领域分配的审计时间预算等。

(3) 何时调配这些资源，包括是在期中审计阶段还是在关键的截止日期调配资源等。

(4) 如何管理、指导、监督这些资源，包括预期何时召开项目组预备会和总结会，预期项目合伙人和经理如何进行复核，是否需要实施项目质量复核等。

注册会计师应当根据实施风险评估程序的结果对上述内容予以调整，而且总体审计策略的详略程度应当随被审计单位的规模及该项审计业务的复杂程度的不同而变化。在小型被审计单位审计中，全部审计工作可能由一个很小的审计项目组执行，项目组成员间容易沟通和协调，总体审计策略可以相对简单。

总体审计策略一经制定，注册会计师应当针对总体审计策略中所识别的不同事项，制订具体审计计划，并考虑通过有效利用审计资源以实现审计目标。

■ 知识链接 8-2

总体审计策略示例

被审计单位：×××有限公司	索引：B6	页次：
项目：总体审计策略	编制：曾艳芳	日期：20×1.12.25
财务报表截止日/期间：	复核：郑波	日期：20×1.12.28

一、审计范围

报告要求	内　容
适用的财务报告编制基础(包括是否需要将财务信息按照其他财务报告编制基础进行转换)	企业会计准则、新三板申报相关规定
适用的审计准则	中国注册会计师审计准则
与财务报告相关的行业特别规定	符合新三板监管机构发布的有关信息披露的法规、特定行业主管部门发布的与财务报告相关的法规
由组成部分注册会计师审计的组成部分的范围	不适用

二、审计时间安排

(一)报告时间要求

审计工作	时　间
1. 提交审计报告草稿	20×2.2.20
2. 签署正式审计报告	20×2.2.26
3. 公布已审计报表和审计报告	20×2.2.28

(二)执行审计工作的时间安排

审计工作	时　间
1. 制定总体审计策略	20×1.12.25
2. 制订具体审计计划	20×1.12.27
3. 执行存货监盘	20×1.12.31

(三)沟通的时间安排

沟　通	时　间
与管理层的沟通	20×1.12.20
与治理层的沟通	20×1.12.20

	续表
沟　　通	时　　间
项目组会议(包括预备会和总结会)	20×1-12-23
与注册会计师专家的沟通	不适用
与组成部分注册会计师的沟通	不适用
与前任注册会计师的沟通	不适用

三、影响审计业务的重要因素

(一)重要性

重　要　性	索　引　号
财务报表整体重要性	B7
特定类别的交易、账户余额(或)披露的一个或多个重要性水平(如适用)	不适用
实际执行的重要性	B7
明显微小错报的临界值	B7

(二)可能存在较高重大错报风险的领域

可能存在较高重大错报风险的领域	索　引　号
营业收入	G1
营业成本	G2
存货	D9
应收账款	D19
研发支出	D26

(三)识别重要组成部分

组成部分名称	索　引　号
销售收款循环	G 系列
存货成本循环	
研发支出	

(四)识别重要的交易、账户余额和披露及相关认定

重要的交易、账户余额和披露及相关认定	索　引　号
销售收款循环中的营业收入、营业成本	G1、G2
成本循环中的存货	D9
研发支出	D26

四、人员安排

(一)项目组主要成员

姓　名	职　级	主要职责
曾艳芳	部门经理	合并报表编制、附注编制、综合性底稿
夏天宇	审计助理	采购付款循环、筹资投资循环

续表

姓　名	职　级	主要职责
韩浩	审计助理	销售收款循环、成本循环
李晓乐	审计助理	筹资投资循环

(二)质量复核人员

姓　名	职　级	主要职责
董志毅	复核合伙人	项目全面复核

五、对专家或其他第三方工作的利用

(一)对专家工作的利用

利用领域	专家名称	主要职责及工作范围	索引号
存货盘点	资产评估师	存货盘点中的测量和计算	见存货盘点底稿

(二)对内部审计工作的利用

利用领域	拟利用的内部审计工作	索引号
存货	内部审计部门对各仓库的存货每半年至少盘点一次。在中期审计时，项目组已经对内部审计部门盘点步骤进行观察，结果满意，因此项目组将审阅年底的盘点结果，并缩小存货监盘的范围	不适用

(三)对组成部分注册会计师工作的利用

组成部分注册会计师名称	利用其工作范围及程度	索引号

(四)对被审计单位使用服务机构的考虑

获取相关安监局、环保局的相关环评验收意见及申报期内相关的检查意见。

六、其他事项

暂无。

七、总体审计策略的更新

发生的变化	对总体审计策略的影响	日　期	工作底稿索引号
暂无			

三、具体审计计划

具体审计计划比总体审计策略更加详细，其内容包括：为获取充分、适当的审计证据将审计风险降至可接受的低水平，项目组成员拟实施的审计程序的性质、时间安排和范围。可以说，为获取充分、适当的审计证据而确定审计程序的性质、时间安排和范围的决策是具体审计计划的核心。具体审计计划包括风险评估程序、计划实施的进一步审计程序和计划的其他审计程序。

(一)风险评估程序

注册会计师为了识别和评估财务报表重大错报风险，应当了解被审计单位及其环境。注册会计师应当在具体审计计划中列明拟实施的风险评估程序的性质、时间安排和范围。

注册会计师常用的风险评估程序有：询问管理层以及被审计单位内部其他人员；分析程序；观察和检查。

(二)计划实施的进一步审计程序

针对评估的认定层次的重大错报风险，注册会计师制订的具体审计计划应当包括拟实施的进一步审计程序的性质、时间安排和范围。

通常而言，进一步审计程序可以分为进一步审计程序的总体方案和拟实施的具体审计程序两个层次。进一步审计程序的总体方案主要指注册会计师针对各类交易、账户余额和披露决定采用的总体方案，包括综合性方案和实质性方案两种。拟实施的具体审计程序则是对进一步审计程序总体方案的延续和细化，它通常包括控制测试和实质性程序的性质、时间安排和范围。在实务中，注册会计师通常单独制定一套包括这些具体程序的"进一步审计程序表"，待具体实施审计程序时，注册会计师基于所计划的具体审计程序，进一步记录所实施的审计程序及结果，并最终形成有关进一步审计程序的审计工作底稿。

另外，完整、详细的进一步审计程序的计划包括对各类交易、账户余额和披露实施的具体审计程序的性质、时间安排和范围，如抽取的样本量等。在实务中，注册会计师可以统筹安排进一步审计程序的先后顺序，如果对某类交易、账户余额和披露已经作出计划，则可以安排先行开展工作，与此同时再制定其他交易、账户余额和披露的进一步审计程序。

(三)计划的其他审计程序

根据中国注册会计师审计准则的规定，注册会计师针对审计业务需要实施其他审计程序。计划的其他审计程序可以包括上述进一步审计程序的计划中没有涵盖的、根据其他审计准则的要求注册会计师应当执行的既定程序。例如，阅读含有已审计财务报表的文件中的其他信息、寻求与被审计单位律师直接沟通等。

■ 知识链接 8-3

具体审计计划示例

被审计单位：	索引：	财务报表期间：
编制人：	复核人：	项目质量复核人：
编制日期：	复核日期：	项目质量复核日期：

四、审计过程中对计划的更改

　　计划审计工作并非审计业务的一个孤立阶段，而是一个持续的、不断修正的过程，贯穿于整个审计业务的始终。由于未预期事项、条件的变化或在实施审计程序中获取的审计证据等原因，注册会计师应当在审计过程中对总体审计策略和具体审计计划作出必要的更新和修改。

　　审计过程是一个前后紧密衔接的过程，在通常情况下，前一阶段的工作结果是制订后一阶段工作计划的基础和依据，而前一阶段的工作毕竟是在当时了解到的情况下完成的，在后一阶段的工作过程中可能会发现新的情况，这就需要对已制订的相关计划进行相应的更新和修改。这些更新和修改涉及比较重要的事项，如对重要性水平的修改，对某类交易、账户余额和列报的重大错报风险的评估，对进一步审计程序(包括总体方案和拟实施的具体审计程序)的更新和修改等。

　　例如，A 注册会计师接受 B 公司委托审计其 20×6 年度的财务报表，A 注册会计师在完成初步业务活动后，开始制定总体审计策略和具体审计计划。A 注册会计师通过对 B 公司存货相关控制的设计和实施的了解和评估，认为存货相关的控制设计合理并得以执行，并将其评价为低风险领域，计划执行控制测试。但在对存货执行控制测试时发现存货盘点结果与账面数量差别较大，存货盘点人员并没有认真盘点。因此，Ａ 注册会计师决定将存货的风险从低风险调整为高风险，并据以修改具体审计计划，决定采用控制测试和实质性程序相结合的方法。

五、监督、指导与复核

注册会计师应当制订计划，确定对项目组成员的指导和监督以及对其工作的复核的性质、时间安排和范围。对项目组成员工作的指导、监督与复核的性质、时间安排和范围主要取决于下列因素：被审计单位的规模和复杂程度；审计领域；重大错报风险；执行审计工作的项目组成员的素质和专业胜任能力。

注册会计师应在评估重大错报风险的基础上，计划对项目组成员工作的指导、监督与复核的性质、时间安排和范围。当评估的重大错报风险增加时，注册会计师通常会扩大指导与监督的范围，增强指导与监督的及时性，执行更详细的复核工作。在计划复核的性质、时间安排和范围时，注册会计师还应考虑单个项目组成员的素质和专业胜任能力。

第三节　审计重要性

一、错报与重要性的含义

在审计过程中，错报没查出，如果不重大，则注册会计师没有过失。审计重要性，实际上是讲错报重不重要。

(一)错报的含义

错报是指某一财务报表项目的金额、分类、列报或披露，与按照适用的财务报告编制基础应当列示的金额、分类、列报或披露之间存在的差异；或根据注册会计师的判断，为使财务报表在所有重大方面实现公允反映，需要对金额、分类、列报或披露作出的必要调整。错报可能是由于错误或舞弊造成的。

(二)重要性的含义

我国审计准则对重要性的定义为："重要性取决于在具体环境下对错报金额和性质的判断。如果合理预期错报(包括漏报)单独或汇总起来可能影响财务报表使用者依据财务报表作出的经济决策，则通常认为该项错报是重大的。"

■ 知识链接 8-4

重要性的概念是基于成本效益原则的要求而产生的。由于现代企业经济活动日趋复杂，注册会计师审计所面对的会计信息量也日益庞大，注册会计师既无必要也不可能去审查全部的会计资料，而只能在对内部控制和风险评估的基础上采用抽样的方法来确认财务报表的合法性和公允性。因此，在审计过程中，注册会计师在确定审计程序的性质、时间安排和范围以及评价错报的影响时，应当考虑重要性。

国际会计准则委员会(IASB)对重要性的定义为："如果信息的错报或漏报会影响使用者根据财务报表采取的经济决策，信息就具有重要性。"美国财务会计准则委员会(FASB)对重要性的定义为："一项会计信息的错报或漏报是重要的，指在特定环境下，一个理性的人依赖该信息所作的决策可能因为这一错报或漏报得以变化或修正。"英国会计准则委员会(ASB)对重要性的定义为："错报或漏报可能影响财务报表使用者的决策即为重要性。重要性可能在整个财务报表范围内、单个财务报表或财务报表的单个项目中加以考虑。"由此可以看出，各国对重要性的认识是基本一致的，即信息的错报或漏报可能影响到财务报表使用者的决策就是重要的。

通常而言，重要性的概念可从下列方面进行理解。

1. 重要性的判断与具体环境有关

不同的审计对象面临不同的环境。在不同的环境下，被审计单位的规模、性质、报表使用者对信息的需求都不尽相同，因此，注册会计师确定的重要性也不相同。从被审计单位的规模来看，某一金额的错报对一个规模较小的被审计单位的财务报表来说可能重要，而对另一个规模较大的被审计单位的财务报表来说可能就不重要。同理，对于同一审计对象，不同时期制定的重要性水平也是不同的。

由此可见，对重要性的评估需要运用职业判断。重要性的判断是一个复杂的过程，离不开特定的环境。注册会计师不能机械地套用，只能根据被审计单位面临的环境，并综合考虑其他因素，充分发挥其主观能动性进行专业判断，合理确定重要性水平。不同的注册会计师在确定同一被审计单位财务报表层次和认定层次的重要性水平时，得出的结果也可能不同，这主要是因为对影响重要性的各因素的判断存在差异。

2. 对重要性的判断受错报的金额或性质的影响，或受两者共同作用的影响

数额的大小无疑是判断重要性的一个重要因素。同样类型的错报或漏报，金额大的错报比金额小的错报更重要。在考虑数额大小的时候，还要注意多项小额错报的累计影响，一项错报单独来看并不重要，但如果多次出现，积少成多，就可能变得重要了。仅从数量角度考虑，重要性水平只是提供了一个门槛或临界点，在该门槛或临界点之上的错报就是重要的；反之，该错报则不重要。在有些情况下，某些金额的错报从数量上看并不重要，但从性质上考虑，则可能是重要的。从性质上考虑错报的重要性要注意以下几个方面。

(1) 错报是属于错误还是舞弊。如果错报属于舞弊，则性质相对严重。因为舞弊与违法行为反映了管理当局或其他人员的诚实和可信性存在问题。对于财务报表使用者而言，蓄意错报比相同金额的笔误更重要。

(2) 错报是否会引起履行合同义务。如果错报致使履行了合同义务，则相对重要。例如，某项错报使得企业的营运资金增加了几万元，从数量上看并不重要，但这项错报使营运资金从低于贷款合同规定的营运资金数变为稍稍高于贷款合同规定的营运资金数，影响了贷款合同所规定的义务，所以是重要的。

(3) 错报是否会影响收益趋势。如果影响了收益的趋势，则相对重要。在其他情况下，认为是不重要的错报。例如，一家连续两年亏损的上市公司，在第三年年报中显示净

利润 2 000 元，但审计发现该公司通过一笔业务虚构利润 10 000 元，如果扣除该虚构业务的影响，该公司将亏损 8 000 元。这里，尽管这笔错报的金额可能占这家公司主营业务收入的比重较小，但从性质上看它仍是一项重要的错报。

3. 判断重要性应从财务报表使用者整体需求的角度出发

财务报表的使用者包括企业的投资者、债权人、政府、社会公众等，他们需要利用财务报表提供的信息作出各种经济决策。

判断一项错报重要与否，应视其对财务报表使用者依据财务报表作出经济决策的影响程度而定。如果财务报表中的某项错报足以改变或影响财务报表使用者的相关决策，则该项错报就是重要的，否则就不重要。

在财务报表的审计中，注册会计师判断某事项对财务报表使用者是否重大，是在考虑财务报表使用者整体共同的财务信息需求的基础上作出的。由于不同财务报表使用者对财务信息的需求可能差异很大，比如，投资者关注盈利能力、控制能力，而债权人关注偿债能力，因此，不考虑错报对个别财务报表使用者可能产生的影响。

(三)重要性与审计证据之间的关系

重要性是注册会计师认为财务报表使用者整体能容忍的最大错报。如果重要性水平定得较低(指金额的大小)，表明审计对象重要，意味着注册会计师把超过重要性水平的错报都要查出来，在审计过程中就必须执行较多的测试，获取较多的证据。可见，重要性与审计证据之间构成反向变动关系。

(四)重要性的层次

1. 财务报表层次的重要性

由于审计的目的是对财务报表的合法性、公允性发表审计意见，因此，审计人员必须考虑财务报表层次的重要性，只有这样，才能得出财务报表是否合法、公允的整体性结论。

2. 特定类别交易、账户余额或披露的重要性

由于财务报表所提供的信息来源于各账户或各交易，审计人员只有通过验证各账户和各交易才能得出财务报表是否合法、公允的整体性结论。如果报表使用者特别关注某个项目，可以再特别制定具体的重要性。

二、重要性水平的确定

重要性水平指从金额(数量)上来衡量审计重要性。

在计划阶段，确定的重要性主要指重要性水平；在判断审计结果时，要从性质和金额两个方面来考虑是否会影响报告使用者决策。

(一)确定计划的重要性水平应考虑的因素

确定计划的重要性水平需要考虑以下因素。

1. 对被审计单位及其环境的了解

被审计单位的行业状况、法律环境与监管环境等其他外部因素，以及被审计单位业务的性质、对会计政策的选择和应用，被审计单位的目标、战略及相关的经营风险，被审计单位的内部控制等内部因素，都将影响注册会计师对重要性水平的判断。

2. 审计的目标

信息使用者的要求(包括特定报告要求)等因素影响注册会计师对重要性水平的确定。例如，对特定项目进行审计的业务，其重要性水平可能需要以该项目为基准加以确定，而不是以财务报表的一些汇总性财务数据为基础加以确定。再如，对于一般年报审计和 IPO 审计，确定的重要性水平也是不一样的。

3. 财务报表各项目的性质及其相互关系

财务报表项目的重要程度是有差别的，因为报表使用者对财务报表不同项目的关心程度不同。一般而言，财务报表使用者十分关心流动性较高的项目，因此注册会计师对此应从严制定重要性水平。财务报表各项目之间是相互关联的，注册会计师在确定重要性水平的时候，应考虑这种相互关系。

4. 财务报表项目的金额及其波动的幅度

财务报表项目的金额及其波动的幅度可能会促使报表使用者作出不同的反应。报表使用者喜欢关注金额大的和金额波动大的项目。

(二)财务报表整体的重要性水平

财务报表层次的重要性在数量的确定上一般采用经验法则：

$$重要性水平=恰当的基准×适当的百分比$$

■ 知识链接 8-5

新准则不再以举例的方式对"恰当的基准"和"适当的百分比"加以详细的说明，体现了新准则注重原则导向。如果通过举例加以说明，则经验法则很可能被当成事实准则，从而减少注册会计师的职业判断。按经验法则确定的重要性水平只是个参考指标，注册会计师还应该运用职业判断，综合其他因素加以确定。

1. 选择恰当的基准应考虑的因素

选择恰当的基准应考虑以下因素。

(1) 财务报表要素(如资产、负债、所有者权益、收入和费用)。理由很简单，因为财务报表要素是确定报表层次的重要性水平。报表使用者关注的重点最终落在报表项目上。

(2) 是否存在特定会计主体的财务报表使用者特别关注的项目。例如，新兴行业，目前侧重于抢占市场份额、扩大企业知名度和影响力，报表使用者更关注其收入；对于公益性基金会,报表使用者更关注捐赠收入或捐赠支出总额是否出现了错误;为了评价财务业绩,报表使用者可能更关注利润、收入或净资产;对于开放式基金公司(致力于优化投资组合、提高基金净值、为基金持有人创造投资价值),报表使用者更关注其净资产。

(3) 被审计单位的性质、所处的生命周期阶段以及所处行业和经济环境。例如,在开办期,注册会计师采用总资产作为标准,因为尚未开始经营,且正在建造厂房及购买机器设备;在成长期,注册会计师会采用营业收入作为基准;在进入经营成熟期后,注册会计师可能采用经常性业务的税前利润作为标准。

(4) 被审计单位的所有权结构和融资方式。如果被审计单位仅通过债务而非权益进行融资,则债权人更关注资产及资产的索偿权。

(5) 基准的相对波动性。例如,企业近年来经营状况大幅度波动,盈利和亏损交替发生,注册会计师以"过去 3~5 年经常性业务的税前利润或亏损(取绝对值)的平均值"作为基准。

■ **知识链接 8-6**

通常情况下,对于以营利为目的的企业,利润可能是大多数财务报表使用者最为关注的财务指标。当按照经常性业务的税前利润的一定百分比确定被审计单位财务报表整体的重要性时,如果被审计单位本年度税前利润因情况变化出现意外增加或减少,注册会计师可能认为按照近几年的经常性业务的平均税前利润确定财务报表整体的重要性更加合适。但是如果企业处于微利或微亏的状况时,采用经常性税前利润为基准确定的重要性可能会影响审计的效率;如果微利或微亏状态是由宏观经济环境的波动或企业自身的经营的周期性所导致,可以考虑采用过去 3~5 年的经常性业务的税前利润平均值作为基准,否则采用财务报表使用者关注的其他财务指标作为基准,如营业收入、总资产等。

总之,恰当的基准应该满足三个条件:稳定;好获取;能反映企业的实际情况或报表使用者关注的内容。

就选定的基准而言,相关的财务数据通常包括前期财务成果和财务状况、本期最新的财务成果和财务状况、本期的预算和预测结果。当然,本期最新的财务成果和财务状况、本期的预算和预测结果需要根据被审计单位情况的重大变化(如重大的企业并购)和被审计单位所处的行业和经济情况的相关变化等作出调整。

确定财务报表整体重要性水平时,不需考虑与具体项目计量相关的固有不确定性。财务报表含有高度不确定性的大额估计(如减值),注册会计师并不会因此而确定一个比不含有该估计的财务报表的重要性更高或更低的重要性水平。

2. 选择适当的百分比应考虑的因素

选择适当的百分比应考虑以下因素。

(1) 考虑被审计单位是否为上市公司或公众利益实体。如果被审计单位是上市公司或公众利益实体,则赋予的百分比应该相对降低。

(2) 考虑百分比与基准之间的关联性。百分比和基准之间存在着关联性,比如,税前利润对应的百分比通常比营业收入对应的百分比要高。

(3) 财务报表使用者的范围。若财务报表使用者的范围大,则赋予的百分比应该相对降低,因为重要性是在考虑财务报表使用者整体共同财务信息需求的基础上作出的。

(4) 被审计单位是否由集团内部关联方提供融资或是否有大额对外融资(如债券或银行贷款)。如果是由集团内部关联方提供融资，则对报表使用者要求松；如果有大额对外融资(如债券或银行贷款)，则对报表使用者要求严。

(5) 财务报表使用者是否对基准数据特别敏感(如抱有特殊目的的财务报表使用者)。比如，报表使用者对新兴行业的收入特别敏感，此时比率要低一些。

(三)特定类别交易、账户余额或披露的重要性水平

根据被审计单位的特定情况，如果存在一个或多个特定类别的交易、账户余额或披露，其发生的错报金额虽然低于财务报表整体的重要性，但合理预期可能影响财务报表使用者依据财务报表作出的经济决策，注册会计师还应当确定适用于这些交易、账户余额或披露的一个或多个重要性水平。也就是说，不一定必须为交易、账户余额或披露确定重要性水平。特定类别交易、账户余额或披露的重要性水平可以是一个，可以是多个，也可以一个没有。如果必要，特定类别的交易、账户余额或披露的重要性水平应低于财务报表整体的重要性。财务报表整体的重要性与各类交易、账户余额或披露的重要性并不存在必然的等式关系，即不采用比例分配法将报表层次的重要性水平在各类交易、账户余额之间进行分配。

■ 知识链接 8-7

2010 年，新准则不再将第二层次的重要性水平叫作"认定层次的重要性水平"，而且新准则的精神是不一定必须制定第二个层次的重要性水平。这一规定显然减轻了注册会计师在确认重要性水平方面的责任。实际上，注册会计师不一定会为具体的账户余额、列报或披露确定重要性水平，更不会为具体的认定确认重要性水平。在制订审计计划时，注册会计师比较难以制定第二个层次的重要性水平，尤其是在初次审计时，注册会计师并不完全了解被审计单位，如果硬性规定，反而会影响审计效果，降低审计效率。至于采用比例分配法将报表层次的重要性水平在各类交易、账户余额之间进行分配，更是有悖于风险导向审计的理念。

根据被审计单位的特定情况，下列因素可能表明存在一个或多个特定类别的交易、账户余额或披露，其发生的错报金额虽然低于财务报表整体重要性，但合理预期将影响财务报表使用者依据财务报表作出的经济决策。

(1) 法律法规或适用的财务报告编制基础是否影响财务报表使用者对特定项目(如关联方交易、管理层和治理层的薪酬)计量或披露的预期。

(2) 与被审计单位所处行业相关的关键性披露，如制药企业的研究与开发成本。

(3) 财务报表使用者是否特别关注财务报表中单独披露的业务的特定方面，如新收购的业务。

三、实际执行的重要性

(一)实际执行的重要性的含义

实际执行的重要性是指注册会计师确定的低于财务报表整体的重要性的一个或多个金

额，旨在将未更正和未发现错报的汇总数超过财务报表整体重要性的可能性降至适当的低水平。

如果适用，实际执行的重要性还指注册会计师确定的低于特定类别的交易、账户余额或披露的重要性水平的一个或多个金额。

(二)确定实际执行的重要性水平应考虑的因素

确定实际执行的重要性并非简单机械的计算，需要注册会计师运用职业判断，并考虑下列因素的影响：对被审计单位的了解(这些了解在实施风险评估的过程中得到更新)；前期审计工作中识别出的错报的性质和范围；根据前期识别出的错报对本期错报作出的预期。

(三)实际执行的重要性水平的定量考虑

通常而言，实际执行的重要性为财务报表整体重要性的 50%～75%，可能更高或更低。

注册会计师考虑采用较低的百分比来确定实际执行的重要性水平的情形如下所述。

(1) 首次接受委托的审计项目。

(2) 连续审计项目，以前年度审计调整得较多。

(3) 项目总体风险较高，如处于高风险行业、管理层能力欠缺、面临较大的市场竞争压力或业绩压力等。

(4) 存在或预期存在值得关注的内部控制缺陷。

注册会计师考虑采用较高的百分比来确定实际执行的重要性水平的情形如下所述。

(1) 连续审计，以前年度审计调整得较少。

(2) 项目总体风险为低到中等，如处于非高风险行业、管理层有足够能力、面临较低的业绩压力等。

(3) 以前期间的审计经验表明内部控制运行有效。

审计准则要求注册会计师确定低于财务报表整体重要性的一个或多个金额作为实际执行的重要性，注册会计师无须通过将财务报表整体的重要性平均分配或按比例分配至各个报表项目的方法来确定实际执行的重要性，而是根据对报表项目的风险评估结果，确定一个或多个实际执行的重要性。例如，根据以前期间的审计经验和本期审计计划阶段的风险评估结果，注册会计师认为可以按财务报表整体重要性的 75% 作为大多数报表项目的实际执行的重要性；与营业收入项目相关的内部控制存在缺陷，而且以前年度审计中存在审计调整，因此考虑以财务报表整体重要性的 50% 作为营业收入项目的实际执行的重要性，从而有针对性地对高风险领域执行更多的审计工作。

(四)实际执行的重要性水平的运用

注册会计师在计划审计工作时，可以根据实际执行的重要性确定需要对哪些类型的交易、账户余额和披露实施进一步审计程序。

注册会计师制订审计计划时，通常会将金额超过实际执行的重要性的账户纳入审计范围，因为这些账户有可能导致财务报表出现重大错报。但是，这不代表注册会计师可以对所有金额低于实际执行的重要性的财务报表项目不实施进一步审计程序，这主要出于以下考虑。

(1) 单个金额低于实际执行的重要性的财务报表项目汇总起来可能金额重大(可能远远超过财务报表整体的重要性),注册会计师需要考虑汇总后的潜在错报风险。

(2) 对于存在低估风险的财务报表项目,不能因为金额低于实际执行的重要性而不实施进一步的审计程序。

(3) 对于识别出的存在舞弊风险的财务报表项目,不能因为其金额低于实际执行的重要性而不实施进一步的审计程序。

运用实际执行的重要性确定进一步审计程序的性质、时间安排和范围。例如,在实施实质性分析程序时,运用实际执行的重要性确定可接受的差异临界值,即已经记录的金额与预期之间的可接受的差额通常不超过实际执行的重要性;在运用审计抽样进行细节性测试的时候,注册会计师可以将可容忍错报的金额设定为等于或低于实际执行的重要性。

四、重要性水平的修改

如果在审计过程中获知了某项信息,而该信息可能导致注册会计师确定与原来不同的金额,注册会计师应当修改财务报表整体的重要性和特定类别的交易、账户余额或披露的一个或多个重要性水平(如适用)。

导致在审计过程中修改重要性的因素包括:①审计过程中情况发生重大变化(如决定处置被审计单位的一个重要组成部分);②获取新信息;③通过实施进一步审计程序,注册会计师对被审计单位及其经营的了解发生变化。例如,注册会计师在审计的过程中发现,实际财务成果与最初确定财务报表整体的重要性时使用的本期预期财务成果之间存在很大差异,则需要修改重要性。

如果认为运用低于最初确定的财务报表整体的重要性和特定类别的交易、账户余额或披露的一个或多个重要性水平(如适用)是适当的,注册会计师应当确定是否有必要修改实际执行的重要性,并确定进一步审计程序的性质、时间安排和范围是否仍然适当。

五、错报的累积与评价

(一)明显微小错报的临界值

注册会计师需要在制定审计策略和审计计划时,确定一个明显微小错报的临界值,低于该临界值的错报被视为明显微小的错报,可以不累积。因为注册会计师根据职业判断,认为这些明显微小的错报,无论单独或汇总起来,无论从规模、性质或发生的环境来看都是明显微不足道的,即这些错报的汇总数明显不会对财务报表产生重大影响。

实务中的通常做法是将明显微小错报的临界值定为财务报表整体重要性的3%~5%,但不超过10%。注册会计师需要运用职业判断,将其考虑相关因素后确定的明显微小错报的临界值记录在工作底稿中。

注册会计师在确定明显微小错报的临界值时应考虑以下因素。

(1) 以前年度审计中识别出的错报(包括已更正和未更正错报)的数量和金额。

(2) 重大错报风险的评估结果。

(3) 被审计单位治理层和管理层对注册会计师与其沟通错报的期望。

(4) 被审计单位的财务指标是否勉强达到监管机构的要求或投资者的期望。

如果注册会计师预期被审计单位存在数量较多金额较小的错报，可能考虑采用较低的临界值，以免大量低于临界值的错报积少成多构成重大错报。如果不确定一个或多个错报是否明显微小，就不能认为这些错报是明显微小的。

(二)累积识别出的错报

注册会计师应当累积审计过程中识别出的错报，除非错报明显微小。

错报的汇总数＝已识别的具体错报＋推断错报

＝事实错报＋判断错报＋抽样推断错报

为了方便注册会计师评价审计过程中累积的错报影响以及与被审计单位管理层和治理层进行沟通，将错报分为事实错报、判断错报和推断错报。

1. 事实错报

事实错报是毋庸置疑的错报。这类错报产生于被审计单位收集和处理数据的错误，对事实的忽略或误解，或故意舞弊行为。例如，注册会计师在审计测试中发现被审计单位最近购入存货的实际价值为 20 000 元，但账面记录的金额却为 15 000 元。因此，存货被低估了 5 000 元，这里被低估的 5 000 元就是已识别的对事实的具体错报。

2. 判断错报

这类错报一般产生于两种情况：一是管理层和注册会计师对会计估计值的判断差异。例如，由于包含在财务报表中的管理层作出的估计值超出了注册会计师确定的一个合理范围，导致出现判断差异；二是管理层和注册会计师对选择和运用会计政策的判断差异。由于注册会计师认为管理层选用会计政策造成错报，而管理层却认为选用会计政策适当，导致出现判断差异。

3. 推断错报

推断错报通常是指通过测试样本估计出的总体错报减去在测试中发现的已经识别的具体错报。例如，存货年末余额为 2 000 万元，注册会计师抽查 10%的样本发现样本金额有 2 万元的高估，高估部分为账面金额的 1%，据此注册会计师推断总体的错报金额为 20 万元(2 000×1%)，那么上述 2 万元就是已识别的具体错报，其余 18 万元即为推断错报。

(三)对审计过程中识别出的错报的考虑

错报可能不会孤立发生，一项错报的发生还可能表明存在其他错报。例如，注册会计师识别出由于内部控制失效而导致的错报，或被审计单位广泛运用不恰当的假设而导致的错报，均表明还存在其他错报。

抽样风险和非抽样风险可能导致某些错报未被发现。审计过程中累积错报的汇总数接近于重要性，则表明未被发现的错报连同审计过程中累积错报的汇总数可能超过重要性。

在从样本识别出的错报推断总体错报时，注册会计师可能要求管理层检查某类交易、账户余额或披露，以使管理层了解错报产生的原因，并要求管理层采取措施以确定这些交易、账户余额或披露实际发生错报的金额，以及对财务报表作出适当的调整。

(四)评价未更正错报的汇总数对财务报表的影响

尚未更正错报与财务报表层次重要性水平相比，可能出现以下三种情况。

(1) 如果尚未更正错报的汇总数低于重要性水平(并且特定项目的尚未更正错报也低于考虑其性质所设定的更低的重要性水平，下同)，则尚未更正错报汇总数对财务报表的影响不重大，注册会计师可以发表无保留意见的审计报告。

(2) 如果尚未更正错报汇总数超过了重要性水平，则尚未更正错报的汇总数对财务报表的影响可能是重大的，注册会计师应当考虑通过扩大审计程序的范围或要求管理层就已识别的错报调整财务报表。如果管理层拒绝调整财务报表，并且扩大审计程序范围的结果不能使注册会计师认为尚未更正错报的汇总数不重大，注册会计师应当考虑出具非无保留意见的审计报告。

(3) 如果尚未更正错报的汇总数接近重要性水平，注册会计师应当考虑该汇总数连同尚未发现的错报是否可能超过重要性水平，并考虑通过实施追加的审计程序，或要求管理层调整财务报表来降低审计风险。

■ **知识链接 8-8**

扩大审计程序的范围与追加审计程序的区别如下。

扩大审计程序范围是对原来没有进行测试或详细测试的项目，现在要求测试或进行更详细的测试。扩大审计程序范围也包括增加样本量。测试的程序可能与原程序相同，也可能不同。执行扩大审计程序一般是因为原审计范围过小使得所执行的审计程序不能达到原定审计目标，注册会计师必须执行更大范围的审计程序，才能合理保证所有重大错报都已揭示。比如，对企业存货进行监盘，计划只对存放于被审计单位的一部分存货进行盘点，而不是对所有的存货进行监盘，不进行监盘的存货以被审计单位上月的盘点记录以及入库出库记录推算。但是在监督盘点过程中发现存货有大量流失，此时注册会计师就需要执行扩大审计程序，以确定流失存货的具体数量，以最大限度地降低审计风险。

追加审计程序是在原来的审计程序仍然有效，之后有迹象表明原程序没有达到预定审计目标，注册会计师就需在原程序基础上追加程序。需要注意的是，这里执行的其他审计程序在性质上一般不同于原审计程序，但也不排除相同的情况。追加程序是指对个别审计事项追加测试。比如，对应收账款进行测试时，之前已经实施了函证程序，但经过实施其他程序发现应收账款的错报可能性比预期的要高，注册会计师就应当对应收账款项目追加测试程序，而所追加的程序可以与原程序相同，也可以不同，比如追加实施函证、检查程序，甚至可以派专人到被函证单位进行询问，从而获取更为直接和详细的审计证据。

如果错漏报的汇总数超过重要性水平，应扩大实质性测试范围。如果追加审计程序，则会影响审计效果，因为已经超过了重要性水平，说明审计程序还没有做完，没有查到的部分可能还会存在其他的错漏报，所以必须扩大审计程序，以发现更大范围存在的问题。

如果是错漏报的汇总数接近重要性水平，应追加审计程序。如果扩大审计程序，则会影响审计效率，因为本来没有超过重要性水平，那么就再在原审计的范围内对其改变程序进行测试即可，以便发现错漏报。

除非法律法规禁止，注册会计师应当与治理层沟通未更正错报，以及这些错报单独或汇总起来可能对审计意见产生的影响。注册会计师在沟通时应当逐项指明未更正的重大错报，并要求被审计单位更正这些未更正错报。注册会计师还应当与治理层沟通与以前期间相关的未更正错报对相关类别的交易、账户余额或列报以及财务报表整体的影响。

如果被审计单位拒绝更正发现的未更正错报，注册会计师应当要求管理层和治理层(如适用)提供书面声明书，说明其是否认为未更正错报单独或汇总起来对财务报表整体的影响不重大。这些错报项目的概要应当包含在书面声明书中或附在其后。

当然，注册会计师应当确定是否需要修改总体审计策略和具体审计计划。

表 8-1 所示是一张实务中某事务所确定重要性的工作底稿。

表 8-1　某事务所确定重要性的工作底稿

×××会计师事务所(特殊普通合伙)				
被审计单位：×××有限公司	索引：	B7	页次：	
项目：重要性	编制人：	曾艳芳	日期：	20×1.9.30
财务报表截止日/期间：20×0 年 12 月 31 日；20×1 年 9 月 30 日	复核人：	郑波	日期：	20×1.10.8
1.被审计单位是否为上市公司？	否			

2.定量因素(金额单位：万元)

(1)计算重要性的基准

最合适的确定重要性的基准：	经常性业务的税前利润
请说明确定重要性基准的依据：	以营利为目的的实体，且连续盈利

(2)计算基础

项目	本年预测数或年末未审数	上年数	倒数第二年	计算基础(运用预计数或平均数)
经常性业务的税前利润	1 433.03	3 247.68	2 173.71	2 234.81
基准	计算基础	金额	比率	
			5.00%	10.00%
经常性业务的税前利润	三年平均数	2 234.81	112.00	223.00

3.重要性的初步判断(金额单位：万元)

(1)财务报表整体重要性

基准	计算基数	选定的比率	本年财务报表整体重要性	上年财务报表整体重要性
经常性业务的税前利润	2 234.81	5%	112.00	

记录确定重要性水平的理由，在确定基准的百分比时需考虑的性质方面的因素：被审计单位连续盈利，并且波动不大

(2)实际执行的重要性水平

百分比(50%~75%)	本年实际执行的重要性	上年实际执行的重要性
50%	56.00	
请说明采用相关比例的依据：	本次为股改审计	

(3)错报临界值			
百分比(3%～5%)	错报临界值	取整后的错报临界值	上年错报临界值
3%	3.36	3.00	
说明确定错报临界值百分比的依据：	本次为股改审计，标准从严		

(4)特定类别的交易、账户余额或披露的一个或多个重要性水平		
特定类别的交易、账户余额或披露	实际执行的重要性水平	上年实际执行的重要性水平
不适用		

对设定特定的重要性水平的依据的说明：

4.重要性水平的修订(金额单位：万元)

	修改前	修改后	说明
财务报表整体的重要性	不适用		
财务报表整体的实际执行的重要性			
特定类别的交易、账户余额或披露的重要性水平			
特定类别的交易、账户余额或披露的实际执行的重要性			

5.修改重要性对之前确定的进一步审计程序的性质、时间安排和范围的影响

不适用

第四节　审　计　风　险

一、审计风险的含义

审计风险是指财务报表存在重大错报时，注册会计师发表不恰当审计意见的可能性。审计风险并不包含下面这种情况，即财务报表不含有重大错报，而注册会计师错误地发表了财务报表含有重大错报的审计意见。

合理保证与审计风险互为补数，即合理保证与审计风险之和等于100%。如果注册会计师将审计风险降至可接受的低水平，则对财务报表不存在重大错报获取了合理保证。

审计风险不同于企业的经营风险，但二者具有很密切的联系。经营风险是指可能对被审计单位实现目标和实施战略的能力造成不利影响的重要情况、事项、作为或不作为而导致的风险，或由于制定不恰当的目标和战略而导致的风险。不同的企业可能面临不同的经营风险，这取决于企业经营的性质、所处行业、外部监管环境、企业的规模和复杂程度。管理层有责任识别和应对这些风险。

审计风险与经营风险之所以具有很密切的联系，是因为经营风险与财务报表发生重大错报的风险密切相关。许多经营风险最终都会有财务后果，因而影响财务报表，进而对财

务报表审计产生影响。例如，宏观经济形势不景气可能对商业银行贷款损失准备产生重大影响；化工企业面临的环境风险可能意味着需要确认预计负债；技术升级风险可能导致企业原有的生产设备和存货发生减值，甚至影响持续经营假设的适用性。更为严重的是，在经营风险引起经营失败时，可能促使被审计单位管理层通过财务报表舞弊对此加以掩盖。尽管被审计单位在实施战略以实现其目标的过程中可能面临各种经营风险，但并非所有经营风险都与财务报表相关，注册会计师应当重点关注可能影响财务报表的经营风险。

审计风险是客观存在的，会计师事务所要针对承接业务的情况，根据事务所承受风险的能力、承接业务人员的胜任能力等情况确定其"可接受"的审计风险。

二、审计风险模型

传统风险导向时期的审计风险模型为

$$审计风险=固有风险×控制风险×检查风险$$

固有风险是指在考虑相关的内部控制之前，某类交易、账户余额或披露的某一认定易发生错报(该错报单独或连同其他错报可能是重大的)的可能性。报表中某些类别的交易、账户余额、披露及其认定固有风险较高，比如复杂的计算可能比简单的计算更可能出错；受重大计量不确定性影响的会计估计发生错报的可能性较大。产生经营风险的外部因素也可能影响固有风险，如技术进步可能导致某项产品陈旧，进而导致存货易于发生高估错报。

控制风险是指某类交易、账户余额或披露的某一认定发生错报，该错报单独或连同其他错报是重大的，但没有被内部控制及时防止或发现并纠正的可能性。控制风险取决于与财务报表有关的内部控制的设计和运行的有效性。由于控制的固有局限性，某种程序的控制风险始终存在。

由于固有风险和控制风险不可分割地交织在一起，有时无法单独进行评估，注册会计师通常将这两者合并称为"重大错报风险"。

因此，现代风险导向审计下的审计风险模型为

$$审计风险=重大错报风险×检查风险$$

虽然固有风险和控制风险不可分割地交织在一起，但是审计准则规定，对于识别出的认定层次重大错报风险，注册会计师应当分别评估固有风险和控制风险。对于识别出的财务报表层次重大错报风险，审计准则未明确规定，是应当分别评估固有风险和控制风险，还是合并评估。注册会计师识别和评估财务报表层次重大错报风险采用的具体方法，取决于其偏好的审计技术方法以及实务上的考虑。

(一)重大错报风险

重大错报风险是指财务报表在审计前存在重大错报的可能性。

重大错报风险分为两个层次，即财务报表层次的重大错报风险和认定层次的重大错报风险。

(1) 财务报表层次的重大错报风险通常与控制环境有关，如管理层缺乏诚信、治理层形同虚设而不能对管理层进行有效监督等，但也可能与其他因素有关，如人员素质低下、经济萧条、企业所处的行业处于衰退期等。该层次的重大错报风险与财务报表整体存在广泛联系，可能影响多项认定，但难以界定某类交易、账户余额、列报的具体认定，与由舞

弊引起的风险特别相关。审计人员应当评估财务报表层次的重大错报风险，并根据评估结果确定总体应对措施，这些措施包括向项目组分派更有经验或具有特殊技能的审计人员、利用专家的工作或提供更多的督导等。

(2) 认定层次的重大错报风险仅仅影响具体认定。例如，技术进步可能导致某项产品陈旧，进而导致存货易于发生高估错报(计价认定)；对价值高的、易转移的存货缺乏实物安全控制，可能导致存货的存在认定出错；会计计量过程受重大计量不确定性影响，可能导致相关项目的准确性认定出错。注册会计师应当评估认定层次的重大错报风险，并根据既定的审计风险水平确定可接受的检查风险水平，进而计划和实施进一步审计程序。

重大错报风险是企业的风险，不受注册会计师的控制，注册会计师只能通过风险评估程序来进行评估。

(二)检查风险

检查风险是指如果存在某一错报，该错报单独或连同其他错报可能是重大的，注册会计师为将审计风险降至可接受的低水平而实施程序后没有发现这种错报的可能性。

检查风险是注册会计师在可接受的审计风险水平下，根据评估的重大错报风险水平确定的可接受的检查风险水平。根据现代风险导向审计下的风险模型，可以导出下面更有实际指导意义的模型。

$$(可接受的)检查风险=\frac{(可接受的)审计风险}{(评估的)重大错报风险}$$

在既定的审计风险水平下，可接受的检查风险水平与认定层次重大错报风险的评估结果构成反向变动关系：评估的重大错报风险越高，可接受的检查风险越低；评估的重大错报风险越低，可接受的检查风险越高。审计人员应当获取认定层次充分、适当的审计证据，以便在完成审计工作时，能够以可接受的低审计风险对财务报表整体发表审计意见。重大错报风险的评估最终影响到审计工作的效果和效率(见表8-2)。

表8-2　风险评估对审计工作影响情况

可接受的审计风险①	重大错报风险②	检查风险③=①÷②	实际接受的审计风险④=③×50%	对审计工作的影响
5%	25%(低估)	20%	10%	影响效果
	50%(接近实际)	10%	5%	恰到好处
	80%(高估)	6.25%	3.125%	影响效率

当然，实务中注册会计师不一定用绝对数量来表达这些风险水平，而是选用"高""中""低"等文字进行定性描述。

检查风险取决于审计程序设计的合理性和执行的有效性。注册会计师应当合理设计审计程序的性质、时间安排和范围，以控制检查风险。但无论如何，注册会计师无法将审计风险降为零，其原因如下所述。

(1) 选择性测试方法的运用。注册会计师要在合理的时间内以合理的成本完成鉴证任务，通常只能采用选取特定项目和抽样等选择性测试的方法对被鉴证单位的信息进行检查。选取特定项目实施鉴证程序的结果不能推断至总体，抽样也可能产生误差，因此，这两种方法都不能百分之百地保证鉴证对象信息不存在重大错报。

(2)　内控固有局限性。例如，在决策时的人为判断可能出现错误或由于人为失误而导致内部控制失效；内部控制可能由于两个或更多的人员进行串通或管理层凌驾于内部控制之上而被规避。小型企业拥有的员工通常较少，限制了其职责分离的程度，业主凌驾于内部控制之上的可能性更大。

(3)　大多数证据是说服性而非结论性的。证据的性质决定了注册会计师依靠的并非完全可靠的证据。不同类型的证据，其可靠程度存在差异，即使是可靠程度最高的证据也有其自身的缺陷。例如，对应收账款进行函证，虽然提供的证据相对比较可靠，但受到被询证者是否认真对待询证函、是否能够保持独立性和客观性、是否熟悉所函证事项等诸多因素的影响。尽管注册会计师在设计询证函时要考虑这些因素，但是很难百分之百地保证函证结果的可靠性。

(4)　在获取和评价证据以及由此得出结论时涉及大量判断。在获取证据时，注册会计师可以决定获取何种类型和何种来源的证据；获取证据之后，注册会计师要依据职业判断，对其充分性和适当性进行评价；最后依据证据得出结论时，更是离不开注册会计师的职业判断。职业判断很难保证与事实之间高度一致。

(5)　在某些情况下，鉴证对象具有特殊性。例如，鉴证对象是矿产资源的储量、艺术品的价值、计算机软件开发的进度等。除此之外，财务报表本身具有很多估计、假设、判断，会计处理不可能百分百真实；注册会计师取证时可能会受到法律或实务的限制，等等。因此，检查风险不能为零，进而说明了审计风险也不可能为零，即审计风险是客观存在的。

三、审计风险与审计证据之间的关系

1. 评估的重大错报风险与审计证据数量之间成正向变动关系

评估的重大错报风险与所需收集的审计证据的数量之间存在正向变动关系。一般而言，评估的重大错报风险越高，需要收集的审计证据就越多；评估的重大错报风险越低，所需收集的审计证据越少。

2. 可接受的检查风险水平与审计证据数量之间成反向变动关系

可接受的检查风险水平与审计证据的数量之间存在反向变动关系。一般而言，对于同一个审计客户的同一审计项目，可以接受的检查风险水平越高，所需收集的审计证据就越少；可以接受的检查风险水平越低，所需收集的审计证据越多。

四、审计风险与重要性水平之间的关系

重要性水平指从金额(数量)上来衡量审计重要性，而且是从会计报表的使用者角度来判断的。重要性水平越高，审计风险越低；重要性水平越低，审计风险越高。

一般来说，对于同一被审计单位，4 万元的重要性水平比 2 万元的重要性水平高，如果重要性水平是 4 万元，则意味着低于 4 万元的错报和漏报不会影响到会计报表使用者的判断与决策，审计人员仅仅通过执行有关审计程序查出高于 4 万元的错报或漏报即可；如

果重要性水平是 2 万元，则意味着金额在 2 万元至 4 万元的错报或漏报仍然会影响到会计报表使用者的决策与判断，审计人员不仅需要执行有关审计程序查出金额在 4 万元以上的错报或漏报，而且还需要通过执行有关审计程序查出金额在 2 万元至 4 万元的错报或漏报。可见，如果注册会计师付出同样的努力，重要性水平是 4 万元的审计风险比重要性水平是 2 万元的审计风险低。

重要性水平与审计风险之间的这种关系只有在客观、准确确定重要性水平的前提下才会成立，注册会计师不能通过不合理地人为调高重要性水平来降低审计风险。因为重要性水平是根据相关判断标准客观确定的，而不是由主观期望的审计风险水平确定的。

本 章 小 结

本章从初步业务活动的目的和内容入手，介绍了总体审计策略、具体审计计划、审计重要性和审计风险的相关内容。计划审计工作对于注册会计师顺利完成审计工作和控制审计风险具有极其重要的意义。合理的审计计划有助于注册会计师关注重点审计领域、及时发现和解决潜在问题及恰当地组织和管理审计工作，以使审计工作更加有效。同时，充分的审计计划可以帮助注册会计师对项目组成员进行恰当分工和指导监督，并复核其工作，还有助于协调其他注册会计师和专家的工作。计划审计工作是一项持续的过程，注册会计师通常在前一期审计工作结束后即开展本期的审计计划工作，并直到本期审计工作结束为止。在计划审计工作时，注册会计师需要进行初步业务活动、制定总体审计策略和具体审计计划。在此过程中，需要作出很多关键决策，包括确定可接受的审计风险水平和重要性水平、配置项目人员等。

复习思考题

1. 初步业务活动的目的和内容有哪些？
2. 审计业务约定书的作用和基本内容有哪些？
3. 具体审计计划包括哪些程序？
4. 如何理解审计的重要性概念？
5. 如何确定审计重要性水平？
6. 如何理解审计风险模型？
7. 检查风险为什么不能为零？

自测与技能训练

一、基础知识自测

(一)单项选择题

1. 通常情况下，审计计划阶段的主要工作不包括(　　　)。

A. 初步评价被审计单位的内部控制制度

B. 调查了解被审计单位的基本情况

C. 确定重要性，分析审计风险

D. 复核审计工作底稿，审计期后事项

2. 审计的固有限制导致注册会计师不能(　　)。

    A. 将检查风险降低为零　　　　　　　B. 实施恰当的审计程序

    C. 获取具有说服力的审计证据　　　　D. 获取充分、适当的审计证据

3. 关于可接受的检查风险水平与评估的认定层次重大错报风险之间的关系，下列说法正确的是(　　)。

    A. 在既定的审计风险水平下，两者存在反向变动关系

    B. 在既定的审计风险水平下，两者存在正向变动关系

    C. 在既定的审计风险水平下，两者之和等于100

    D. 在既定的审计风险水平下，两者没有关系

4. 注册会计师在确定财务报表整体的重要性时，在选择百分比时不需要考虑的是(　　)。

    A. 百分比与基准的关系

    B. 被审计单位所处的生命周期阶段

    C. 报表使用者特别关注的项目

    D. 与具体项目计量相关的固有不确定性

5. 下列关于审计重要性的说法中，不正确的是(　　)。

    A. 重要性的概念应从注册会计师的角度来考虑

    B. 重要性应从财务报表使用者的角度考虑

    C. 重要性是注册会计师运用专业判断得来的

    D. 不同环境下对重要性的判断可能是不同的

6. 财务报表在审计之前存在重大错报的可能性，被称为(　　)。

    A. 控制风险　　　　B. 检查风险　　　　C. 审计风险　　　　D. 重大错报风险

7. 如果同一期间不同财务报表的重要性水平不同，注册会计师确定财务报表层次的重要性水平的基本原则是选择(　　)。

    A. 最高者　　　　B. 最低者　　　　C. 平均数　　　　D. 加权平均数

8. 下列关于错报的说法中，错误的是(　　)。

    A. 明显微小的错报不需要累积

    B. 错报可能是由于错误或舞弊导致的

    C. 错报仅指某一财务报表项目金额与按照企业会计准则应当列示的金额之间的差异

    D. 判断错报是指由于管理层对会计估计作出不合理的判断或不恰当地选择和运用会计政策而导致的差异

9. 注册会计师应当在审计业务开始时开展初步业务活动。下列各项中，不属于初步业务活动的是(　　)。

    A. 针对保持客户关系和具体审计业务实施相应的质量管理程序

    B. 评价遵守相关职业道德要求的情况

C. 在执行首次审计业务时，查阅前任注册会计师的审计工作底稿

D. 就审计业务的约定条款与被审计单位达成一致意见

10. 注册会计师在确定财务报表整体的重要性时通常选定一个基准。下列各项因素中，在选择基准时不需要考虑的是(　　)。

A. 被审计单位所处的生命周期阶段　　　B. 基准的重大错报风险

C. 基准的相对波动性　　　　　　　　　D. 被审计单位的所有权结构和融资方式

(二)多项选择题

1. 注册会计师无法将鉴证业务风险降至零，其主要限制因素有(　　)。

A. 内部控制的固有局限性

B. 在获取和评价证据以及由此得出结论时涉及大量判断

C. 选择性测试方法的运用

D. 鉴证对象的特殊性

2. 下列有关审计固有限制的说法中，正确的有(　　)。

A. 审计工作可能因高级管理人员的舞弊行为而受到限制

B. 审计工作可能因审计收费过低而受到限制

C. 审计工作可能因项目组成员素质和能力的不足而受到限制

D. 审计工作可能因财务报表项目涉及主观决策而受到限制

3. 审计计划的繁简程度取决于(　　)。

A. 被审计单位的经营规模　　　　　　　B. 被审计单位声明书的情况

C. 预定审计工作的复杂程度　　　　　　D. 审计业务约定书的内容

4. 注册会计师针对管理层向注册会计师提供必要的工作条件获取相关书面声明时，声明的内容必须包括(　　)。

A. 为注册会计师提供审计所需的场所、交通等条件

B. 允许注册会计师接触与被审计单位审计相关的所有信息

C. 向注册会计师提供审计所需要的其他信息

D. 允许注册会计师在获取审计证据时不受限制地接触其认为必要的内部人员和其他相关人员

5. 在制定总体审计策略时，注册会计师的下列考虑中，不恰当的有(　　)。

A. 应当确定一个财务报表整体的重要性水平

B. 应当确定一个或多个特定类别交易、账户余额或披露的重要性水平

C. 只能确定一个财务报表整体的实际执行的重要性水平

D. 可以确定一个或多个特定类别交易、账户余额或披露的实际执行的重要性水平

(三)判断题

1. 为保证审计计划的严肃性，审计计划一旦制订，在执行中就不能进行任何修改。

(　　)

2. 财务报表项目的性质不同，在财务报表中其被错报、漏报的风险也不一样。(　　)

3. 注册会计师在以利润为基础判断重要性水平时，如果被审计单位净利润波动幅度较大，则以当年净利润为基础确定重要性水平。(　　)

4. 审计人员确定的审计重要性水平越高，审计风险水平越低。　　　　　（　　）

5. 在对重要性水平作初步判断时，注册会计师无须考虑被审计单位内部控制的有效性。　　　　　　　　　　　　　　　　　　　　　　　　　　　（　　）

6. 审计业务约定书具有与其他商业合同类似的法律效力。　　　　　　（　　）

7. 以前年度审计调整越多，评估的项目总体风险越高，实际执行的重要性越接近财务报表整体的重要性。　　　　　　　　　　　　　　　　　　　　　　（　　）

8. 注册会计师应当合理设计审计程序的性质、时间和范围，并有效执行审计程序，以消除检查风险。　　　　　　　　　　　　　　　　　　　　　　　　（　　）

9. 重大错报风险只能被评估出来，因为不能被控制，所以不能被降低。　（　　）

10. 判断一项错报是否重大，应当考虑对个别特定财务报表使用者产生的影响。（　　）

二、案例分析题

1. 甲公司是 ABC 会计师事务所的长年客户，A 注册会计师负责审计该上市公司 20×1 年度会计报表。摘录的审计工作底稿内容如表 8-3 所示。

表 8-3　与重要性的确定和错报评估相关的底稿摘录

单位：万元

项　目	20×1 年	20×0 年	备　注
营业收入	16 000（未审数）	15 000（已审数）	20×1 年，竞争对手推出新产品抢占市场，甲公司通过降价和增加广告投放促销
税前利润	50（未审数）	2 000（已审数）	20×1 年，降价及销售费用增加导致盈利大幅下降
财务报表整体的重要性	80	100	
实际执行的重要性	60	75	
明显微小错报的临界值	0	5	

(1) 20×0 年度，财务报表整体的重要性以税前利润的 5% 计算。20×1 年度，由于甲公司处于盈亏临界点，A 注册会计师以过去三年税前利润的平均值作为基准确定财务报表整体的重要性。

(2) 由于 20×0 年度建议的多项审计调整金额均不重大，A 注册会计师确定 20×1 年度实际执行的重要性为财务报表整体重要性的 75%，与 20×0 年度保持一致。

(3) 治理层希望知悉审计过程中发现的 20×1 年度所有的错报。因此，A 注册会计师确定 20×1 年度明显微小错报的临界值为 0。

(4) 20×1 年年末，甲公司非流动负债余额中包括一年内到期的长期借款 2 500 万元，占流动负债总额的 50%。A 注册会计师认为，该错报对利润表没有影响，不属于重大错报，同意管理层不予调整。

(5) A 注册会计师仅发现一笔影响利润表的错报，即管理费用少计 60 万元。A 注册会计师认为，该错报金额小于财务报表整体的重要性，不属于重大错报，同意管理层不予调整。

要求：针对上述(1)至(5)项，假定不考虑其他条件，逐项指出 A 注册会计师的做法是否恰当。如不恰当，请简要说明理由。

2. ABC 会计师事务所指派 B 注册会计师担任乙公司 20×1 年度财务报表审计业务的项目合伙人。B 注册会计师正在编制乙公司的审计计划，相关资料如下。

(1) 根据 ABC 事务所质量管理政策和程序的要求，B 注册会计师将乙公司 20×1 年度财务报表审计的可接受审计风险水平确定为 5%。

(2) B 注册会计师通过实施风险评估程序，评估的重大错报风险水平如表 8-4 所示。

表 8-4　乙公司报表项目的重大错报风险水平

财务报表项目	应收票据及应收账款	存　货	固定资产
评估的重大错报风险	80%	20%	5%

(3) 上年度审计工作底稿显示，乙公司应收票据及应收账款、存货项目的可接受检查风险水平依次为 15%和 20%。

要求：

(1) 请根据资料(1)和(2)，代 B 注册会计师确定应收票据及应收账款、存货和固定资产项目的可接受检查风险水平。

应收票据及应收账款项目的可接受检查风险=

存货项目的可接受检查风险=

固定资产项目的可接受检查风险=

(2) 请指出可接受检查风险水平与所需审计证据数量之间的关系，并根据资料(3)和上述计算结果(不考虑其他情况)，指出 B 注册会计师应如何根据上年度应收票据及应收账款、存货项目审计证据的数量相应调整(增加或减少)本期所需审计证据数量。

(3) 请根据(1)的计算结果，指出 B 注册会计师是否可以仅对固定资产项目实施控制测试而不实施实质性程序，并简要说明理由。

第九章

风险评估

第一节　风险评估概述

一、风险评估的意义

风险评估是指通过了解被审计单位及其环境(包括内部控制)，识别和评估财务报表层次和认定层次的重大错报风险(无论该风险由于舞弊还是错误导致)，从而为设计和实施针对评估的重大错报风险采取的应对措施提供基础。

风险评估过程是从了解被审计单位及其环境开始的，在此过程中，注册会计师要通过一定的程序，对被审计单位及其环境进行全面细致的了解，目的是识别和评估财务报表层次和认定层次的重大错报风险。了解的内容包括被审计单位所在行业状况、法律环境和监管环境以及其他外部因素，被审计单位的性质，被审计单位对会计政策的选择和运用，被审计单位的目标、战略以及可能导致重大错报风险的相关经营风险，对被审计单位财务业绩的衡量和评价，被审计单位的内部控制等。

注册会计师对被审计单位及其环境了解的程度，应以是否满足识别和评估财务报表重大错报风险为判断标准，如果获取的信息足以识别和评估重大错报风险，说明了解的程度是适宜的。要求注册会计师对被审计单位的了解程度等同于管理层的了解程度未必可取，因为获取更多的信息通常会伴随着审计成本的增加。了解被审计单位及其环境是一个连续和动态地收集、更新与分析信息的过程，注册会计师应运用职业判断确定需要了解被审计单位及其环境的程度。

了解被审计单位及其环境不是可有可无的程序，而是必须实施的程序，它对于注册会计师合理运用职业判断，有效实施审计程序，实现审计目标有着重要的意义：①有助于重要性水平的确定，并可帮助注册会计师随着审计工作的进程评估其对重要性的判断是否适当或需要调整；②有助于注册会计师考虑被审计单位会计政策的选择和运用是否恰当及财务报表的列报(包括披露)是否适当；③有助于注册会计师识别需要特别考虑的领域，包括关联方交易、管理层运用持续经营假设的合理性、交易是否具有合理的商业目的等；④有助于注册会计师确定实施分析程序时所使用的预期值；⑤有助于注册会计师设计和实施进一步审计程序，将审计风险降至可接受的低水平；⑥有助于评价所获取的审计证据的充分性和适当性。总之，职业判断贯穿于审计的全过程，注册会计师只有对被审计单位及其环境有充分的了解，才可能作出恰当的职业判断。

二、风险评估程序和信息来源

注册会计师了解被审计单位及其环境应当实施的风险评估程序主要包括：询问被审计单位管理层和内部其他相关人员、分析程序、观察和检查、其他审计程序和信息来源。

(一)询问被审计单位管理层和内部其他相关人员

询问被审计单位管理层和内部其他相关人员是注册会计师了解被审计单位及其环境的一个重要程序和重要信息来源。一般情况下，注册会计师可以考虑向管理层和财务负责人询问下列事项。

(1) 管理层所关注的主要问题。例如新的竞争对手、主要客户和供应商的流失、新的税收法规的实施以及经营目标或战略的变化等。

(2) 被审计单位的财务状况和最近的经营成果及现金流量。

(3) 可能影响财务报告的交易和事项，或者目前发生的重大会计处理问题。例如重大的并购事宜等。

(4) 被审计单位发生的其他重要变化。例如所有权结构、组织结构的变化，以及内部控制的变化等。

注册会计师通过询问管理层和对财务报告负有责任的人员可获取大部分信息，但为了更好地识别和评估风险，注册会计师还应当考虑询问内部审计人员、采购人员、生产人员、销售人员等其他人员，并考虑询问不同层次的员工，以便从不同的视角获取对识别重大错报风险有用的信息。

在确定所要获取的信息和选择询问对象时，注册会计师应当考虑被审计单位不同人员的层次及所掌握的信息，从有助于识别和评估重大错报风险的角度加以确定。一般而言，询问治理层，有助于注册会计师了解财务报表编制的环境；询问内部审计人员，有助于注册会计师了解被审计单位内部审计针对内部控制设计和运行的有效性所实施的工作，也可以了解管理层对内部审计发现的问题是否采取了适当的行动；询问参与生成、处理或记录复杂或异常交易的员工，有助于注册会计师评估被审计单位选择和运用某项会计政策的适当性；询问内部法律顾问，有助于注册会计师了解有关诉讼、法律法规的遵循情况、影响被审计单位的舞弊或涉嫌舞弊、产品保证和售后责任、与业务合作伙伴的关系(如合营企业)，以及合同条款的含义；询问营销或销售人员，有助于注册会计师了解被审计单位的营销策略及其变化、销售趋势或与其客户的合同安排；询问采购人员和生产人员，有助于注册会计师了解被审计单位的原材料采购和产品生产等情况；询问仓库管理人员，有助于注册会计师了解原材料、产成品等存货的进出、保管和盘点等情况。

(二)分析程序

分析程序是指注册会计师通过研究不同财务数据之间以及财务数据与非财务数据之间的内在联系，并对发现的与其他相关信息不一致或与预期数据有严重偏离、较大波动和异常关系的数据调查和分析，对财务信息作出评价的程序。分析程序既可用作风险评估程序和实质性程序，也可用来对财务报表进行总体复核。注册会计师实施分析程序有助于识别异常的交易或事项以及对财务报表和审计产生影响的金额、比率和趋势，确定重点审计领域和事项，以较低的成本实现审计目标。

运用分析程序的一个基本前提是数据之间存在某种关系，并且有理由预计这些关系将继续存在。因此，在实施分析程序时，注册会计师应当预期各种数据之间可能存在的合理关系，并与被审计单位记录的金额、依据记录金额计算的比率或趋势进行比较。分析程序也包括将公司财务报表的本期数与上期数、预算数以及同行业标准之间进行的比较。如果发现未预期到的关系或异常波动，注册会计师应当在识别重大错报风险时考虑这些发现。例如，毛利率是销售毛利与销售收入的比率，也体现了销售收入与销售成本之间的内在联系，如果本期的生产及销售情况没有重要变化，那么本期的毛利率与上期的毛利率也应大体相等；如果由于原材料价格上升导致产品成本大幅提高而毛利率却没有变化，说明销售成本的列报可能存在重大错报风险，应实施进一步程序加以核实。

如果使用了高度汇总的数据，实施分析程序的结果可能仅初步显示财务报表存在重大错报风险，注册会计师应当将分析结果连同识别重大错报风险时获取的其他信息一并考虑。也就是说，为了确定重大风险的真正来源，注册会计师应当针对数据汇总的每一来源实施更为详细的分析程序。例如，被审计单位存在很多产品系列，各个产品系列的毛利率存在一定差异。对总体毛利率实施分析程序的结果可能仅初步显示销售成本存在重大错报，此时注册会计师需要实施更为详细的分析程序，如对每一产品系列进行毛利率分析，或者将总体毛利率分析的结果连同其他信息一并考虑。

(三)观察和检查

观察和检查程序可以印证对管理层和其他相关人员的询问结果，并可提供有关被审计单位及其环境的信息。注册会计师可实施的观察和检查程序包括以下五个方面。

1. 观察被审计单位的生产经营活动

例如，通过观察被审计单位人员正在从事的生产活动和内部控制活动，可以增加注册会计师对被审计单位人员如何进行生产经营活动及实施内部控制的了解。

2. 检查有关书面文件和记录

这里的书面文件和记录包括被审计单位的章程，被审计单位与其他单位签订的合同、协议，股东大会、董事会会议、高级管理层会议的会议记录或纪要，各业务流程操作指引和内部控制手册，各种会计资料、内部凭证和单据等。

3. 阅读由管理层和治理层编制的报告

例如，阅读被审计单位年度和中期财务报告、管理层的讨论和分析资料、经营计划和战略、管理层和治理层对重要经营环节和外部因素的评价、内部管理报告以及其他特殊目的报告(如新投资项目的可行性分析报告)。

4. 现场访问和实地察看被审计单位的生产经营场所和设备

通过现场访问和实地察看被审计单位的生产经营场所和设备，可以帮助注册会计师了解被审计单位的性质及其经营活动。在实地察看被审计单位的厂房和办公场所的过程中，注册会计师有机会与被审计单位管理层和担任不同职责的员工进行交流，可以增强注册会计师对被审计单位的经营活动及其重大影响因素的了解。

5. 追踪交易在财务报告信息系统中的处理过程(穿行测试)

通过追踪某笔或某几笔交易在财务报告系统中如何生成、记录、处理和报告，以及相关内部控制如何执行，注册会计师可以确定被审计单位的交易流程和内部控制是否与之前通过其他程序所获得的了解一致，并确定内部控制是否得到执行。

(四)其他审计程序和信息来源

1. 其他审计程序

除了采用询问、分析程序、观察和检查程序从被审计单位内部获得信息以外，如果根据职业判断认为从被审计单位外部获取的信息有助于识别重大错报风险，注册会计师应当实施其他审计程序以获取这些信息。例如，询问被审计单位聘请的外部法律顾问、专业评估师、投资顾问和财务顾问等；阅读外部的信息，如证券分析师、银行、评级机构出具的有关被审计单位及其所处行业的经济或市场环境等状况的报告，贸易与经济方面的杂志，法规或金融出版物，以及政府部门或民间组织发布的行业报告和统计数据等。

2. 其他信息来源

在承接新审计业务或保持既有审计业务的时候，注册会计师都会对被审计单位及其环境有一个初步的了解，以确定是否承接或续接该业务，所以注册会计师在实施风险评估程序时应当考虑在这个过程中获取的信息，以及向被审计单位提供其他服务所获得的经验是否有助于识别重大错报风险。当然，对于连续审计业务，如果拟利用在以前期间获取的信息，注册会计师应当确定被审计单位及其环境是否已发生变化，以及该变化是否可能影响以前期间获取的信息在本期审计中的相关性。例如，注册会计师前期已经了解了内部控制的设计和执行情况，但被审计单位及其环境可能在本期发生变化，导致内部控制也发生相应变化。在这种情况下，注册会计师需要实施询问和其他适当的审计程序(如穿行测试)，以确定该变化是否可能影响此类信息在本期审计中的相关性。

注册会计师还可以考虑通过向被审计单位提供其他服务(如执行中期财务报表审阅业务)所获得的经验是否有助于识别重大错报风险。

注册会计师一般会从相关行业状况和法律环境等外部因素、被审计单位的性质等几个方面了解被审计单位及其环境，注册会计师无须在了解每个方面时都实施以上所有的风险评估程序。但在了解被审计单位及其环境的整个过程中，注册会计师通常会综合实施上述风险评估程序。

还应提及的是，为了有效地实施风险评估程序，准确识别和评估重大错报风险，审计业务项目组成员应就财务报表存在重大错报风险的可能性进行讨论。讨论的目的是互通信息，交流意见，使每个人都了解在自己负责的领域发生重大错报风险的可能性，了解各自实施的审计程序对其他人工作的影响以及对确定进一步审计程序的影响，明确在整个审计过程中保持职业怀疑态度的重要性，对可能发生重大错报风险的迹象保持足够的警惕。讨论的内容包括被审计单位面临的经营风险、财务报表易发生错报的领域和发生错报的方式，尤其要关注由于舞弊导致重大错报风险的可能性。参与讨论的人员包括项目组的关键成员，如果项目组需要拥有信息技术或其他特殊技能的专家，这些专家也应参加讨论。讨论的方式可视具体情况而定，在整个审计过程中项目组成员要持续交换有关财务报表发生重大错报可能性的信息。

第二节　了解被审计单位及其环境

注册会计师应从以下方面了解被审计单位及其环境：①相关行业状况、法律环境与监管环境及其他外部因素；②被审计单位的性质；③被审计单位对会计政策的选择和运用；④被审计单位的目标、战略以及相关经营风险；⑤对被审计单位财务业绩的衡量和评价；⑥被审计单位的内部控制。

上述第①项是被审计单位的外部环境，第②、③、④、⑥项是被审计单位的内部因素，第⑤项则既有外部因素也有内部因素。值得注意的是，被审计单位及其环境的各个方面可能会互相影响。例如，被审计单位的行业状况、法律环境与监管环境以及其他外部因素可能影响到被审计单位的目标、战略以及相关经营风险；而被审计单位的性质、目标、战略以及相关经营风险可能影响到被审计单位对会计政策的选择和运用，以及内部控制的设计和执行。因此，注册会计师在对被审计单位及其环境的各个方面进行了解和评估时，应当考虑各因素之间的相互关系。

注册会计师针对上述六个方面实施的风险评估程序的性质、时间安排和范围取决于审计业务的具体情况，如被审计单位的规模和复杂程度，以及注册会计师的相关审计经验，包括以前对被审计单位提供审计和相关服务的经验以及对类似行业、类似企业的审计经验。此外，识别被审计单位及其环境在上述各方面与以前期间相比发生的重大变化，对于充分了解被审计单位及其环境、识别和评估重大错报风险尤为重要。

一、相关行业状况、法律环境与监管环境及其他外部因素

(一)行业状况

被审计单位所处的行业状况可能会对被审计单位的经营活动乃至财务报表产生重大影响，注册会计师应了解的被审计单位行业状况主要包括：①所处行业的市场与竞争，包括市场需求、生产能力和价格竞争；②生产经营的季节性和周期性；③与被审计单位产品相关的生产技术；④能源供应与成本；⑤行业的关键指标和统计数据。

具体而言，注册会计师可能需要了解以下情况。

(1) 被审计单位所处行业的总体发展趋势是什么。

(2) 行业处于哪一发展阶段，如起步阶段、快速成长阶段、成熟阶段或衰退阶段。

(3) 行业所处市场的需求、市场容量和价格竞争如何。

(4) 该行业是否受经济周期波动的影响，以及采取了什么行动使波动产生的影响最小化。

(5) 该行业受技术发展影响的程度如何。

(6) 该行业是否开发了新的技术。

(7) 能源消耗在成本中所占比重，能源价格的变化对成本的影响如何。

(8) 谁是被审计单位最重要的竞争者，它们各自所占的市场份额是多少。

(9) 被审计单位与其竞争者相比主要的竞争优势是什么。

(10) 被审计单位业务的增长率和财务业绩与行业的平均水平及主要竞争者相比如何，存在重大差异的原因是什么。

(11) 竞争者是否采取了某些行动，如并购活动、降低销售价格、开发新技术等，从而对被审计单位的经营活动产生影响。

(二)法律环境与监管环境

了解法律环境与监管环境的主要原因在于：①某些法律法规或监管要求可能对被审计

单位经营活动有重大影响，如不遵守将导致停业等严重后果；②某些法律法规或监管要求(如环保法规等)规定了被审计单位某些方面的责任和义务；③某些法律法规或监管要求决定了被审计单位需要遵循的行业惯例和核算要求。

注册会计师应当了解被审计单位所处的法律环境与监管环境，主要包括：①会计原则和行业特定惯例；②受管制行业的法规框架；③对被审计单位经营活动产生重大影响的法律法规，包括直接的监管活动；④税收政策(关于企业所得税和其他税种的政策)；⑤目前对被审计单位开展经营活动产生影响的政府政策，如货币政策(包括外汇管制)、财政政策、财政刺激措施(如政府援助项目)、关税或贸易限制政策等；⑥影响行业和被审计单位经营活动的环保要求。

具体而言，注册会计师可能需要了解以下情况。

(1) 国家对某一行业的企业是否有特殊的监管要求，如对银行、保险等行业的特殊监管要求。

(2) 是否存在新出台的法律法规(如新出台的有关产品责任、劳动安全或环境保护的法律法规等)，对被审计单位有何影响。

(3) 国家货币、财政、税收和贸易等方面政策的变化是否会对被审计单位的经营活动产生影响。

(4) 与被审计单位相关的税务法规是否发生变化。

(三)其他外部因素

注册会计师还应当了解影响被审计单位经营的其他外部因素，主要包括总体经济情况、利率、融资的可获得性、通货膨胀水平和币值变动等。

具体而言，注册会计师可能需要了解以下情况。

(1) 当前的宏观经济状况以及未来的发展趋势如何。

(2) 目前国内或本地区的经济状况(如增长率、通货膨胀率、失业率、利率等)怎样影响被审计单位的经营活动。

(3) 被审计单位的经营活动是否受到汇率波动或全球市场力量的影响。

(四)了解的重点和程度

注册会计师对行业状况、法律环境与监管环境以及其他外部因素了解的范围和程度会因被审计单位所处行业、规模以及其他因素(如在市场中的地位)的不同而不同。例如，对从事计算机硬件制造的被审计单位，注册会计师可能更关心市场和竞争以及技术进步的情况；对金融机构，注册会计师可能更关心宏观经济走势以及货币、财政等方面的宏观经济政策；对化工等产生污染的行业，注册会计师可能更关心相关环保法规。注册会计师应当考虑将了解的重点放在对被审计单位的经营活动可能产生重要影响的关键外部因素以及与前期相比发生的重大变化上。注册会计师应当考虑被审计单位所在行业的业务性质或监管程度是否可能导致特定的重大错报风险，考虑项目组是否配备了具有相关知识和经验的成员。

二、被审计单位的性质

(一)所有权结构

对被审计单位所有权结构的了解有助于注册会计师识别关联方关系并了解被审计单位的决策过程。注册会计师应当了解所有权结构以及所有者与其他人员或实体之间的关系，考虑关联方关系是否已经得到识别，以及关联方交易是否得到恰当核算。例如，注册会计师应当了解被审计单位是属于国有企业、外商投资企业、民营企业，还是属于其他类型的企业，还应当了解其直接控股母公司、间接控股母公司、最终控股母公司和其他股东的构成，以及所有者与其他人员或实体(如控股母公司控制的其他企业)之间的关系。注册会计师应当按照《中国注册会计师审计准则第1323号——关联方》的规定，了解被审计单位识别关联方的程序，获取被审计单位提供的所有关联方信息，并考虑关联方关系是否已经得到识别，关联方交易是否得到恰当记录和充分披露。

同时，注册会计师可能需要对其控股母公司(股东)的情况作进一步的了解，包括控股母公司的所有权性质、管理风格及其对被审计单位经营活动及财务报表可能产生的影响；控股母公司与被审计单位在资产、业务、人员、机构、财务等方面是否分开，是否存在占用资金等情况；控股母公司是否施加压力，要求被审计单位达到其设定的财务业绩目标。

(二)治理结构

良好的治理结构可以对被审计单位的经营和财务运作实施有效的监督，从而降低财务报表发生重大错报的风险。注册会计师应当了解被审计单位的治理结构，如董事会的构成情况、董事会内部是否有独立董事；治理结构中是否设有审计委员会或监事会及其运作情况。注册会计师应当考虑治理层是否能够在独立于管理层的情况下对被审计单位事务(包括财务报告)作出客观判断。

(三)组织结构

复杂的组织结构可能导致某些特定的重大错报风险。注册会计师应当了解被审计单位的组织结构，考虑复杂组织结构可能导致的重大错报风险，包括财务报表合并、商誉减值以及长期股权投资核算等问题。

例如，对于在多个地区拥有子公司、合营企业、联营企业或其他成员机构，或者存在多个业务分部和地区分部的被审计单位，不仅编制合并财务报表的难度增加，还存在其他可能导致重大错报风险的复杂事项，包括对于子公司、合营企业、联营企业和其他股权投资类别的判断及其会计处理等。

(四)经营活动

了解被审计单位的经营活动有助于注册会计师识别预期在财务报表中反映的主要交易类别、重要账户余额和列报。注册会计师了解被审计单位经营活动的内容主要包括以下几个方面。

(1) 主营业务的性质。例如，主营业务是制造业还是商品批发与零售；是银行、保险业务还是其他金融服务；是公用事业、交通运输业还是提供技术产品和服务等。

(2) 与生产产品或提供劳务相关的市场信息。例如，主要客户和合同、付款条件、利润率、市场份额、竞争者、出口、定价政策、产品声誉、质量保证、营销策略和目标等。

(3) 业务的开展情况。例如，业务分部的设立情况、产品和服务的交付、衰退或扩展的经营活动的详情等。

(4) 联盟、合营与外包情况。

(5) 从事电子商务的情况。例如，是否通过互联网销售产品和提供服务以及从事营销活动。

(6) 地区分布与行业细分。例如，是否涉及跨地区经营和多种经营，各个地区和各行业分布的相对规模以及相互之间是否存在依赖关系。

(7) 生产设施、仓库和办公室的地理位置，存货存放地点和数量。

(8) 关键客户。例如，销售对象是少量的大客户还是众多的小客户；是否有被审计单位高度依赖的特定客户(如超过销售总额10%的顾客)；是否有造成高回收性风险的若干客户或客户类别(如正处在一个衰退市场中的客户)；是否与某些客户订立了不寻常的销售条款或条件。

(9) 货物和服务的重要供应商。例如，是否签订长期供应合同，原材料供应的可靠性和稳定性、付款条件，以及原材料是否受重大价格变动的影响。

(10) 劳动用工安排。例如，分地区用工情况、劳动力供应情况、工薪水平、退休金和其他福利、股权激励或其他奖金安排以及与劳动用工事项相关的政府法规。

(11) 研究与开发活动及其支出。

(12) 关联方交易。例如，有些客户或供应商是否为关联方；对关联方和非关联方是否采用不同的销售和采购条款。此外，还存在哪些关联方交易、对这些交易采用怎样的定价政策。

(五)投资活动

了解被审计单位的投资活动有助于注册会计师关注被审计单位在经营策略和方向上的重大变化。注册会计师了解被审计单位投资活动的内容主要包括以下几个方面。

(1) 近期拟实施或已实施的并购活动与资产处置情况，包括业务重组或某些业务的终止。注册会计师应当了解并购活动如何与被审计单位目前的经营业务相协调，并考虑它们是否会引发进一步的经营风险。例如，被审计单位并购了一个新的业务部门，注册会计师需要了解管理层如何管理这一新业务，而新业务又如何与现有业务相结合，发挥协同优势，如何解决原有经营业务与新业务在信息系统、企业文化等各方面的不一致。

(2) 证券投资、委托贷款的发生与处置。

(3) 资本性投资活动，包括固定资产和无形资产投资、近期或计划发生的变动，以及重大的资本承诺等。

(4) 不纳入合并范围的投资。例如，联营、合营或其他投资，包括近期计划的投资项目。

(六)筹资活动

了解被审计单位的筹资活动有助于注册会计师评估被审计单位在融资方面的压力,并进一步考虑被审计单位在可预见未来的持续经营能力。注册会计师了解被审计单位筹资活动的内容主要包括以下几个方面。

(1) 债务结构和相关条款,包括资产负债表外融资和租赁安排。例如,获得的信贷额度是否可以满足营运需要;得到的融资条件及利率是否与竞争对手相似,如不相似,原因何在;是否存在违反借款合同中限制性条款的情况;是否承受重大的汇率与利率风险。

(2) 主要子公司和联营企业(无论是否处于合并范围内)的重要融资安排。

(3) 实际受益方及关联方。例如,实际受益方是国内的还是国外的,其商业声誉和经验可能对被审计单位产生的影响。

(4) 衍生金融工具的使用。例如,衍生金融工具是用于交易目的还是套期目的,以及运用的种类、范围和交易对手等。

三、被审计单位对会计政策的选择和运用

注册会计师应该了解被审计单位对会计政策的选择和运用是否符合适用的会计准则和相关会计制度,是否符合被审计单位具体情况。了解的内容主要包括以下几个方面。

(1) 重大和异常交易的会计处理方法。例如,本期发生的企业合并的会计处理方法。某些被审计单位可能存在与其所处行业相关的重大交易,如银行向客户发放贷款、证券公司对外投资、医药企业的研究与开发活动等。注册会计师应当考虑被审计单位对重大的和不经常发生的交易的会计处理方法是否适当。

(2) 在缺乏权威性标准或共识、有争议的或新兴领域,采用重要会计政策产生的影响。在缺乏权威性标准或共识的领域,注册会计师应当关注被审计单位选用了哪些会计政策、为什么选用这些会计政策以及选用这些会计政策产生的影响。

(3) 会计政策的变更。如果被审计单位变更了重要的会计政策,注册会计师应当考虑变更的原因及其适当性,即考虑:会计政策变更是不是法律、行政法规或者适用的会计准则要求的变更;会计政策变更是否能够提供更可靠、更相关的会计信息。除此之外,注册会计师还应当关注会计政策的变更是否得到恰当处理和充分披露。

(4) 被审计单位何时采用、如何采用新颁布的财务报告准则、法律法规。例如,当新的企业会计准则颁布施行时,注册会计师应考虑被审计单位是否应采用新颁布的会计准则,如果采用,是否已按照新会计准则的要求做好衔接调整工作,并收集执行新会计准则需要的信息资料。

除上述与会计政策的选择和运用相关的事项外,注册会计师还应对被审计单位下列与会计政策运用相关的情况予以关注:是否采用激进的会计政策、方法、估计和判断;财会人员是否拥有足够的运用会计准则的知识、经验和能力;是否拥有足够的资源支持会计政策的运用,如人力资源及培训、信息技术的采用、数据和信息的采集等。

注册会计师应当考虑被审计单位是否按照适用的会计准则和相关的规定恰当地进行了列报,并披露了重要事项。列报和披露的主要内容包括:财务报表及其附注的格式、结构

安排、内容，财务报表项目使用的术语，披露信息的明细程度，项目在财务报表中的分类以及列报信息的来源等。注册会计师应当考虑被审计单位是否已对特定事项做了适当的列报和披露。

四、被审计单位的目标、战略以及相关经营风险

(一)目标、战略与经营风险

目标是企业经营活动的指针，企业管理层或治理层一般会根据企业经营面临的外部环境和内部各种因素，制定合理可行的经营目标。战略是管理层为实现经营目标采用的方法。为了实现某一既定的经营目标，企业可能有多个可行战略。例如，如果目标是在某一特定期间内进入一个新的市场，那么可行的战略可能包括收购该市场内的现有企业、与该市场内的其他企业合资经营或自行开发进入该市场。随着外部环境的变化，企业应对目标和战略作出相应的调整。经营风险是指可能对被审计单位实现目标和实施战略的能力产生不利影响的重要状况、事项、情况、作为(或不作为)所导致的风险，或由于制定不恰当的目标和战略而导致的风险。不同的企业可能面临不同的经营风险，这取决于企业经营的性质、所处行业、外部监管环境、企业的规模和复杂程度，管理层有责任识别和应对这些风险。

不能随环境的变化而作出相应的调整固然可能产生经营风险，但是调整的过程也可能导致经营风险。例如，为应对消费者需求的变化，企业开发了新产品，但是开发的新产品可能会产生开发失败的风险；即使开发成功，市场需求可能不如预期，从而产生产品营销风险；产品的缺陷还可能导致企业遭受声誉风险和承担产品赔偿责任的风险。

注册会计师应当了解被审计单位是否存在与下列方面有关的目标和战略，并考虑相应的经营风险。

1. 行业发展

潜在的相关经营风险可能是被审计单位不具备足以应对行业变化的人力资源和业务专长。

2. 开发新产品或提供新服务

潜在的相关经营风险可能是被审计单位产品责任增加。

3. 业务扩张

潜在的相关经营风险可能是被审计单位对市场需求的估计不准确。

4. 新的会计要求

潜在的相关经营风险可能是被审计单位不当执行相关会计要求，或会计处理成本增加。

5. 监管要求

潜在的相关经营风险可能是被审计单位法律责任增加。

6. 本期及未来的融资条件

潜在的相关经营风险可能是被审计单位由于无法满足融资条件而失去融资机会。

7. 信息技术的运用

潜在的相关经营风险可能是被审计单位信息系统与业务流程难以融合。

(二)经营风险对重大错报风险的影响

经营风险与财务报表重大错报风险是既有联系又相互区别的两个概念，前者比后者范围更广。注册会计师了解被审计单位的经营风险，有助于其识别财务报表重大错报风险。多数经营风险最终都会产生财务后果，从而影响财务报表。经营风险可能对某类交易、账户余额和披露的认定层次重大错报风险或财务报表层次重大错报风险产生直接影响。例如，贷款客户的企业合并导致银行客户群减少，使银行信贷风险集中，由此产生的经营风险可能增加与贷款计价认定有关的重大错报风险。同样的风险，在经济紧缩时，可能具有更为长期的后果，注册会计师在评估持续经营假设的适当性时需要考虑这一问题。注册会计师应当根据被审计单位的具体情况考虑经营风险是否可能导致财务报表发生重大错报。并非所有的经营风险都与财务报表相关，注册会计师没有责任识别或评估对财务报表没有重大影响的经营风险。

目标、战略、经营风险和重大错报风险之间的相互联系可举例予以说明。例如，企业当前的目标是在某一特定期间内进入某一新的海外市场，企业选择的战略是在当地成立合资公司。从该战略本身来看，是可以实现这一目标的。但是成立合资公司可能会带来很多的经营风险，如企业如何与当地合资方在经营活动、企业文化等各方面相协调，是否在合资公司中获得控制权或共同控制权，当地市场情况是否会发生变化，当地对合资公司的税收和外汇管理方面的政策是否稳定，合资公司的利润是否可以汇回，是否存在汇率风险等。这些经营风险反映到财务报表中，可能会因涉及对合资公司是属于子公司、合营企业或联营企业的判断问题，投资核算问题(包括是否存在减值问题)，对当地税收规定的理解是否充分的问题，以及外币折算等问题，从而导致财务报表出现重大错报风险。

(三)被审计单位的风险评估过程

管理层通常制定识别和应对经营风险的策略，注册会计师应当了解被审计单位的风险评估过程。此类风险评估过程是被审计单位内部控制的组成部分。

(四)对小型被审计单位的考虑

小型被审计单位通常没有正式的计划和程序来确定其目标、战略和管理经营风险。注册会计师应当询问管理层或观察小型被审计单位如何应对这些事项，以评估重大错报风险。

五、对被审计单位财务业绩的衡量和评价

内部或外部对被审计单位财务业绩的衡量和评价可能对被审计单位管理层产生压力，

促使其采取行动改善财务业绩或歪曲财务报表。因此,注册会计师应当了解对被审计单位财务业绩的衡量和评价情况,考虑这种压力是否可能导致管理层采取行动,以至于增加财务报表发生重大错报的风险。了解的主要内容包括以下五个方面。

(1) 关键业绩指标(财务的或非财务的)、关键比率、趋势和经营统计数据。

(2) 同期财务业绩比较分析。

(3) 预算、预测、差异分析,分部信息与分部、部门或其他不同层次的业绩报告。

(4) 员工业绩考核与激励性报酬政策。

(5) 被审计单位与竞争对手的业绩比较。

在了解的这些信息中,注册会计师应当关注被审计单位内部财务业绩衡量所显示的未预期到的结果或趋势、管理层的调查结果和纠正措施,以及相关信息是否显示财务报表可能存在的重大错报。如果拟利用被审计单位内部信息系统生成的财务业绩衡量指标,注册会计师应当考虑相关信息是否可靠,以及利用这些信息是否足以实现审计目标。

对于小型被审计单位来说,由于通常没有正式的财务业绩衡量和评价程序,管理层往往将某些关键指标作为评价财务业绩和采取适当行动的基础,注册会计师应当了解管理层使用的关键指标。

第三节　了解被审计单位的内部控制

一、内部控制的基本理论

(一)内部控制的含义和要素

内部控制是被审计单位为了合理保证财务报告的可靠性、经营的效率和效果以及对法律法规的遵守,由治理层、管理层和其他人员设计与执行的政策及程序。

注册会计师可以从以下几个方面理解内部控制。

(1) 内部控制的目标是合理保证:财务报告的可靠性,这一目标与管理层履行财务报告编制责任密切相关;经营的效率和效果,即经济有效地使用企业资源,以最优方式实现企业的目标;遵守适用的法律法规的要求,即在法律法规的框架下从事经营活动。

(2) 设计和实施内部控制的责任主体是治理层、管理层和其他人员,组织中的每一个人都对内部控制负有责任。

(3) 实现内部控制目标的手段是设计和执行控制政策及程序。

一般而言,内部控制包括下列要素:控制环境;风险评估过程;与财务报告相关的信息系统和沟通;控制活动;对控制的监督。这五个要素的内涵以及注册会计师对内部控制要素了解的重点,将在本节的二至六小节中加以阐述。

■ **知识链接 9-1**

本书采用了全国反虚假财务报告委员会下属的发起人委员会(The Committee of Sponsoring Organizations of the Treadway Commission,COSO)发布的内部控制框架,被审计单位可能并不一定采用这种分类方式来设计和执行内部控制。也就是在了解和评价内部控制时,采用的具体分析框架及控制要素的分类可能并不唯一,重要的是控制能否实现控制目标。注册会计师可以使用不同的框架和术语描述内部控制的不同方面，但必须涵盖上述内部控制五个要素所涉及的方面。无论对内部控制要素如何进行分类，注册会计师都应当重点考虑被审计单位某项控制是否能够以及如何防止或发现并纠正各类交易、账户余额、列报存在的重大错报。

小型被审计单位通常采用非正式和简单的内部控制实现其目标，参与日常经营管理的业主可能承担多项职能，内部控制要素没有得到清晰区分，注册会计师应当综合考虑小型被审计单位内部控制要素能否实现其目标。

(二)与审计相关的控制

内部控制的目标既包括财务报告的可靠性，也包括经营的效率和效果以及对法律法规的遵守，但注册会计师审计的目标是对财务报表是否存在重大错报发表审计意见，所以注册会计师考虑的并非被审计单位整体的内部控制，而只是与财务报表审计相关的内部控制，即与审计相关的控制。与审计相关的控制，包括被审计单位为实现财务报告可靠性目标设计和实施的控制。注册会计师应当运用职业判断，考虑一项控制单独或连同其他控制是否与评估重大错报风险以及针对评估的风险设计和实施进一步审计程序有关。在运用职业判断时，注册会计师应当考虑下列因素。

(1) 注册会计师确定的重要性水平。

(2) 被审计单位的性质。

(3) 被审计单位的规模。

(4) 被审计单位经营的多样性和复杂性。

(5) 法律法规和监管要求。

(6) 作为内部控制组成部分的系统的性质和复杂性。

此外，如果在设计和实施进一步审计程序时拟利用被审计单位内部生成的信息，注册会计师应当考虑用于保证该信息完整性和准确性的控制可能与审计相关。

如果用于保证经营效率、效果的控制以及对法律法规遵守的控制与实施审计程序时评价或使用的数据相关，注册会计师应当考虑这些控制可能与审计相关。

用于防止未经授权购买、使用或处置资产的内部控制可能包括与实现财务报告可靠性和经营效率、效果目标相关的控制。注册会计师在了解保护资产的内部控制各项要素时，可仅考虑其中与财务报告可靠性目标相关的控制。

(三)对内部控制了解的深度

对内部控制了解的深度是指在了解被审计单位及其环境时对内部控制了解的程度，包括评价控制的设计，并确定其是否得到执行，但不包括对控制是否得到一贯执行的测试。

评价控制的设计是指考虑一项控制单独或连同其他控制是否能够有效防止或发现并纠正重大错报。控制得到执行是指某项控制存在且被审计单位正在使用。设计不当的控制可能表明内部控制存在重大缺陷，注册会计师在确定控制是否得到执行时，应当首先考虑控制的设计，因为无效控制的运行没有任何意义。

注册会计师通常实施下列风险评估程序，以获取有关控制的设计和控制得到执行的审计证据。

(1) 询问被审计单位的人员。

(2) 观察特定控制的运用。

(3) 检查文件和报告。

(4) 追踪交易在财务报告信息系统中的处理过程(穿行测试)。

需要注意的是，询问本身并不足以评价控制的设计以及确定其是否得到执行，注册会计师应当将询问与其他风险评估程序结合使用。

对于自动化控制来说，除非存在某些可以使控制得到一贯运行的自动化控制，注册会计师对控制的了解并不能够代替对控制运行有效性的测试。

(四)内部控制的人工和自动化成分

1. 考虑内部控制的人工和自动化特征及其影响

大多数被审计单位出于编制财务报告和实现经营目标的需要使用信息技术。然而，即使信息技术得到广泛使用，人工因素仍然会存在于这些系统之中。不同的被审计单位采用的控制系统中人工控制和自动化控制的比例是不同的。在一些小型的、生产经营不太复杂的被审计单位，可能以人工控制为主；而在另外一些大型的、生产经营较复杂的被审计单位，可能以自动化控制为主。内部控制可能既包括人工成分，又包括自动化成分，在风险评估以及设计和实施进一步审计程序时，注册会计师应当考虑内部控制的人工和自动化特征及其影响。

内部控制采用人工系统还是自动化系统，将影响交易生成、记录、处理和报告的方式。在以人工为主的系统中，内部控制一般包括批准和复核业务活动，编制调节表并对调节项目进行跟踪。当采用信息技术系统生成、记录、处理和报告交易时，交易的记录形式(如订购单、发票、装运单及相关的会计记录)可能是电子文档而不是纸质文件。信息技术系统中的控制可能既有自动化控制(如嵌入计算机程序的控制)，又有人工控制。人工控制可能独立于信息技术系统，也可能用于监督信息技术系统和自动化控制的有效运行或者处理例外事项。

2. 信息技术的优势及相关内部控制风险

1) 信息技术的优势

信息技术通常在下列方面提高被审计单位内部控制的效率和效果。

(1) 在处理大量的交易或数据时，一贯运用事先确定的业务规则，并进行复杂运算。

(2) 提高信息的及时性、可获得性及准确性。

(3) 促进对信息的深入分析。

(4) 提高对被审计单位的经营业绩及其政策和程序执行情况进行监督的能力。

(5) 降低控制被规避的风险。

(6) 通过对应用程序系统、数据库系统和操作系统执行安全控制，提高不兼容职务分离的有效性。

2) 信息技术对内部控制的风险

信息技术也可能对内部控制产生特定风险。注册会计师应当从下列方面了解信息技术对内部控制产生的特定风险。

(1) 所依赖的系统或程序不能正确处理数据，或处理了不正确的数据，或两种情况并存。

(2) 未经授权访问数据，可能导致数据的毁损或对数据不恰当的修改，包括记录未经授权或不存在的交易，或不正确地记录了交易，多个用户同时访问同一数据库可能会造成特定风险。

(3) 信息技术人员可能获得超越其履行职责范围的数据访问权限，破坏了系统应有的职责分工。

(4) 未经授权改变主文档的数据。

(5) 未经授权改变系统或程序。

(6) 未能对系统或程序作出必要的修改。

(7) 不恰当的人为干预。

(8) 可能丢失数据或不能访问所需要的数据。

3. 人工控制的适用范围及相关内部控制风险

1) 人工控制的适用范围

内部控制的人工成分在处理下列需要主观判断或酌情处理的情形时可能更为适当。

(1) 存在大额、异常或偶发的交易。

(2) 存在难以界定、预计或预测的错误的情况。

(3) 针对变化的情况，需要对现有的自动化控制进行人工干预。

(4) 监督自动化控制的有效性。

2) 人工控制产生的风险

由于人工控制由人执行，受人为因素影响，也产生了特定风险，注册会计师应从下列方面了解人工控制可能产生的特定风险。

(1) 人工控制可能更容易被规避、忽视或凌驾。

(2) 人工控制可能不具有一贯性。

(3) 人工控制可能更容易产生简单错误或失误。

相对于自动化控制，人工控制的可靠性较低。因此，注册会计师应当考虑人工控制在下列情形中可能是不适当的：存在大量或重复发生的交易；事先可预计或预测的错误能够通过自动化控制参数得以防止或发现并纠正；用特定方法实施控制的控制活动可得到适当设计和自动化处理。

内部控制风险的程度和性质取决于被审计单位信息系统的性质和特征。考虑到信息系统的特征，被审计单位可以通过建立有效的控制，应对由于采用信息技术或人工成分而产生的风险。

(五)内部控制的局限性

内部控制存在固有局限性，无论如何设计和执行，只能对财务报告的可靠性提供合理的保证。内部控制存在的固有局限性主要包括以下几个方面。

(1) 在决策时，人为判断可能出现错误和由于人为失误而导致内部控制失效。例如，被审计单位信息技术工作人员没有完全理解系统如何处理销售交易，为使系统能够处理新型产品的销售，可能错误地对系统进行更改；或者对系统的更改是正确的，但是程序员没能把更改转化为正确的程序代码。

(2) 可能由于两个或更多的人员进行串通或管理层凌驾于内部控制之上而导致内控被规避。例如，管理层可能与客户签订背后协议，对标准的销售合同做出变动，从而导致确认收入发生错误。再如，软件中的编辑控制旨在发现和报告超过赊销信用额度的交易，但这一控制可能被逾越或规避。

(3) 如果被审计单位内部行使控制职能的人员素质不适应岗位要求，也会影响内部控制功能的正常发挥。被审计单位实施内部控制的成本效益问题也会影响其效能，当实施某项控制的成本大于控制效果而发生损失时，就没有必要设置该控制环节或控制措施。内部控制一般都是针对经常而重复发生的业务设置的，如果出现不经常发生或未预计到的业务，原有控制就可能不适用。

(4) 小型被审计单位拥有的员工通常较少，限制了其职责分离的程度，业主凌驾于内部控制之上的可能性较大，注册会计师应当考虑一些关键领域是否存在有效的内部控制，包括考虑小型被审计单位总体的控制环境，特别是业主对于内部控制及其重要性的态度、认识和措施。

二、注册会计师对被审计单位控制环境的了解

控制环境包括治理职能和管理职能，以及治理层和管理层对内部控制及其重要性的态度、认识和措施。控制环境设定了被审计单位的内部控制基调，影响员工对内部控制的意识。良好的控制环境是实施有效的内部控制的基础，防止或发现并纠正舞弊和错误是被审计单位治理层和管理层的责任。在评价控制环境的设计和实施情况时，注册会计师应当了解管理层在治理层的监督下，是否营造并保持了诚实守信和合乎道德的文化，以及是否建立了防止或发现并纠正舞弊和错误的恰当控制。实际上，在审计业务承接阶段，注册会计师就需要对控制环境作出初步了解和评价。

在评价控制环境时，注册会计师应当考虑构成环境的下列要素，以及这些要素如何被纳入被审计单位流程。

(一)对诚信和道德价值观念的沟通与落实

诚信和道德价值观念是控制环境的重要组成部分，影响重要业务流程的内部控制设计和运行。内部控制的有效性直接依赖于负责创建、管理和监控内部控制的人员的诚信和道德价值观念。被审计单位是否存在道德行为规范，以及这些规范如何在被审计单位内部得到沟通和落实，决定了是否能产生诚信和道德的行为。对诚信和道德价值观念的沟通与落实，既包括管理层如何处理不诚实、非法或不道德行为，也包括在被审计单位内部，通过行为规范以及高层管理人员的身体力行，对诚信和道德价值观念的营造和保持。例如，管理层在行为规范中指出，不允许员工从供货商那里获得超过一定金额的礼品，超过部分必须报告和退回。尽管该行为规范本身并不能绝对保证员工都照此执行，但至少意味着管理

层已对此进行明示，它连同其他程序可能构成一个有效的预防机制。

注册会计师在了解和评估被审计单位诚信和道德价值观念的沟通与落实时，考虑的主要因素可能包括：被审计单位是否有书面的行为规范并向所有员工传达；被审计单位的企业文化是否强调诚信和道德价值观念的重要性；管理层是否身体力行，高级管理人员是否起表率作用；对违反有关政策和行为规范的情况，管理层是否采取适当的惩罚措施。

(二)对胜任能力的重视

胜任能力是指具备完成某一职位的工作所应有的知识和能力。管理层对胜任能力的重视包括对于特定工作所需的胜任能力水平的设定，以及对达到该水平所必需的知识和能力的要求。注册会计师应当考虑主要管理人员和其他相关人员是否能够胜任承担的工作和职责，如财会人员是否对编报财务报表所适用的会计准则有足够的了解并能正确运用。

注册会计师在就被审计单位对胜任能力的重视情况进行了解和评估时，考虑的主要因素包括以下三个方面。

(1) 财会人员以及信息管理人员是否具备与被审计单位业务性质和复杂程度相称的足够的胜任能力和培训，在发生错误时，是否通过调整人员或系统来加以处理。

(2) 管理层是否配备足够的财会人员以适应业务发展和有关方面的需要。

(3) 财会人员是否具备理解和运用会计准则所需的技能。

(三)治理层的参与程度

被审计单位的控制环境在很大程度上受治理层的影响，治理层的职责应在被审计单位的章程和政策中予以规定。治理层(董事会)通常通过其自身的活动，并在审计委员会或类似机构的支持下，监督被审计单位的财务报告政策和程序。因此，董事会、审计委员会或类似机构应关注被审计单位的财务报告，并监督被审计单位的会计政策以及内部、外部的审计工作和结果。治理层的职责还包括监督用于复核内部控制有效性的政策和程序设计是否合理、执行是否有效。

治理层对控制环境影响的要素包括：治理层相对于管理层的独立性、成员的经验和品德、对被审计单位业务活动的参与程度、治理层行为的适当性、治理层所获得的信息、管理层对治理层所提出问题的追踪程度，以及治理层与内部审计人员和注册会计师的联系程度等。

注册会计师在对被审计单位治理层的参与程度进行了解和评估时，考虑的主要因素包括以下几个方面。

(1) 董事会是否建立了审计委员会或类似机构。

(2) 董事会、审计委员会或类似机构是否与内部审计人员以及注册会计师有联系和沟通，联系和沟通的性质以及频率是否与被审计单位的规模和业务复杂程度相匹配。

(3) 董事会、审计委员会或类似机构的成员是否具备适当的经验和资历。

(4) 董事会、审计委员会或类似机构是否独立于管理层。

(5) 审计委员会或类似机构会议的数量和时间是否与被审计单位的规模和业务复杂程度相匹配。

(6) 董事会、审计委员会或类似机构是否充分地参与了监督编制财务报告的过程。

(7)　董事会、审计委员会或类似机构是否对经营风险的监控有足够的关注，进而影响被审计单位和管理层的风险评估过程。

(8)　董事会成员是否保持相对的稳定性。

(四)管理层的理念和经营风格

管理层负责企业的运作以及经营策略和程序的制定、执行与监督。控制环境的每个方面在很大程度上都受管理层采取的措施和作出决策的影响，或在某些情况下受管理层不采取某些措施或不作出某种决策的影响。在有效的控制环境中，管理层的理念和经营风格可以创造一个积极的氛围，促进业务流程和内部控制的有效运行，同时创造一个减少错报发生可能性的环境。当管理层以一个或少数几个人为主时，管理层的理念和经营风格对内部控制的影响尤为突出。

1. 管理层的理念

管理层的理念包括管理层对内部控制的理念，即管理层对内部控制以及对具体控制实施环境的重视程度。管理层对内部控制的重视，有助于控制的有效执行，并减少特定控制被忽视或规避的可能性。控制理念反映在管理层制定的政策、程序及所采取的措施中，而不是反映在形式上。因此，要使控制理念成为控制环境的一个重要特质，管理层必须告知员工内部控制的重要性。同时，只有建立适当的管理层控制机制，控制理念才能产生预期的效果。

衡量管理层对内部控制重视程度的重要标准，是管理层收到有关内部控制缺陷及违规事件的报告时是否作出适当反应。管理层及时下达纠弊措施，表明他们对内部控制的重视，也有利于加强企业内部的控制意识。

2. 管理层的经营风格

了解管理层的经营风格也很有必要，管理层的经营风格可以表明管理层所能接受的业务风险的性质。例如，管理层是否经常投资于风险特别高的领域或者在接受风险方面极为保守，不敢越雷池一步。注册会计师应考虑的问题包括：管理层是否谨慎从事，是否只有在对方案的风险和潜在利益进行仔细研究分析后才进一步采取措施。

了解管理层的经营风格有助于注册会计师判断哪些因素影响管理层对待内部控制的态度，哪些因素影响在编制财务报表时所做的判断，特别是在作出会计估计以及选用会计政策时。这种了解也有助于注册会计师进一步认识管理层的能力和经营动机。注册会计师对管理层的能力和诚信越有信心，就越有理由信赖管理层提供的信息和作出的解释及声明。相反，如果对管理层经营风格的了解加重了注册会计师的怀疑，注册会计师就会加大职业怀疑的程度，从而对管理层的各种声明产生疑问。因此，了解管理层的经营风格对注册会计师评估重大错报风险有着重要的意义。

3. 了解和评估管理层的理念和经营风格需考虑的因素

注册会计师在了解和评估被审计单位管理层的理念和经营风格时，考虑的主要因素包括以下几个方面。

(1)　管理层是否对内部控制，包括信息技术的控制，给予了适当的关注。

(2) 管理层是否由一个或几个人所控制，董事会、审计委员会或类似机构对其是否实施了有效监督。

(3) 管理层在承担和监控经营风险方面是风险偏好者还是风险规避者。

(4) 管理层在选择会计政策和作出会计估计时是倾向于激进还是保守。

(5) 管理层对于信息管理人员以及财会人员是否给予了适当关注。

(6) 对于重大的内部控制和会计事项，管理层是否征询注册会计师的意见，或者经常在这些方面与注册会计师存在不同意见。

(五)组织结构及职权与责任的分配

被审计单位的组织结构为计划、运作、控制及监督经营活动提供了一个整体框架。通过集权或分权决策，可在不同部门间进行适当的职责划分，建立适当层次的报告体系。组织结构将影响权利、责任和工作任务在组织成员中的分配，被审计单位的组织结构在一定程度上取决于被审计单位的规模和经营活动的性质。

注册会计师应当考虑被审计单位组织结构中是否采用向个人或小组分配控制职责的方法，是否建立了执行特定职能(包括交易授权)的授权机制，是否确保每个人都清楚地了解报告关系和责任。注册会计师还需审查对分散经营活动的监督是否充分，有效的权责分配制度有助于形成整体的控制意识。

注册会计师应当关注组织结构及权责分配方法的实质，而不是仅仅关注其形式。相应地，注册会计师应当考虑相关人员对政策与程序的整体认识水平和遵守程度，以及管理层对其实施监督的程度。

注册会计师对组织结构的审查，有助于其确定被审计单位的职责划分应该达到何种程度，也有助于其评价被审计单位在这方面的不足会对整体审计策略产生的影响。

信息系统处理环境是注册会计师对组织结构及权责分配方法进行审查的一个重要方面。注册会计师应当考虑信息系统职能部门的结构安排是否明确了职责分配，是否授权和批准系统变化的职责分配，以及是否明确程序开发、运行及使用者之间的职责划分。

注册会计师在对被审计单位组织结构和职权与责任的分配进行了解和评估时，考虑的主要因素包括以下几个方面。

(1) 在被审计单位内部是否有明确的职责划分，是否将业务授权、业务记录、资产保管和维护以及执行的责任尽可能地分离。

(2) 数据所有权划分是否合理。

(3) 是否已针对授权交易建立适当的政策和程序。

(六)人力资源政策与实务

政策与程序(包括内部控制)的有效性通常取决于执行人，因此被审计单位员工的能力与诚信是控制环境中不可缺少的因素。人力资源政策与实务涉及雇用、培训、考核、晋升和工薪等方面。被审计单位是否有能力雇用并保留一定数量既有能力又有责任心的员工在很大程度上取决于其人事政策与实务。例如，如果招聘录用标准要求录用最合适的员工，包括强调员工的学历、经验、诚信和道德，这表明被审计单位希望录用有能力并值得信赖的人员。被审计单位有关培训方面的政策应显示员工应达到的工作表现和业绩水准，而定期考核的晋升政策则表明被审计单位希望具备相应资格的人员承担更多的职责。

1. 考虑因素

注册会计师在对被审计单位人力资源政策与实务进行了解和评估时，考虑的主要因素包括以下几个方面。

(1) 被审计单位在招聘、培训、考核、咨询、晋升、薪酬、补救措施等方面是否都有适当的政策和实务(特别是在会计、财务和信息系统方面)。

(2) 是否有书面的员工岗位职责手册，或者在没有书面文件的情况下，对于工作职责和期望是否做了适当的沟通和交流。

(3) 人力资源政策与程序是否清晰，并且定期发布和更新。

(4) 是否设定适当的程序，对分散在各地区和海外的经营人员建立和沟通人力资源政策与程序。

综上所述，注册会计师应当对控制环境的构成要素获取足够的了解，并考虑内部控制的实质及其综合效果，以了解管理层和治理层对内部控制及其重要性的态度、认识以及所采取的措施。

2. 执行效果

在评价控制环境各个要素时，注册会计师应当考虑控制环境的各个要素是否得到执行。因为管理层也许建立了合理的内部控制，但却未有效执行。例如，管理层已建立正式的行为守则，但实际操作中却没有对不遵守该守则的行为采取措施。又如，管理层要求信息系统建立安全措施，但却没有提供足够的资源。

在确定构成控制环境的要素是否得到执行时，注册会计师应当考虑将询问与其他风险评估程序相结合以获取审计证据。通过询问管理层和员工，注册会计师可能了解管理层如何就业务规程和道德价值观念与员工进行沟通；通过观察和检查，注册会计师可能了解管理层是否建立了正式的行为守则，在日常工作中行为守则是否得到遵守，以及管理层如何处理违反行为守则的情形。

控制环境对重大错报风险的评估具有广泛影响，注册会计师应当考虑控制环境的总体优势是否为内部控制的其他要素提供了适当的基础，并且未被控制环境中存在的缺陷削弱。

注册会计师在评估重大错报风险时，存在令人满意的控制环境是一个积极的因素。虽然令人满意的控制环境并不能绝对防止舞弊，但却有助于降低发生舞弊的风险。有效的控制环境还能为注册会计师相信在以前年度和期中所测试的控制将继续有效运行提供一定基础。相反，控制环境中存在的弱点可能削弱控制的有效性。例如，注册会计师在进行风险评估时，如果认为被审计单位控制环境薄弱，则很难认定某一流程的控制是有效的。

控制环境本身并不能防止或发现并纠正各类交易、账户余额和披露认定层次的重大错报。注册会计师在评估重大错报风险时，应当将控制环境连同其他内部控制要素产生的影响一并考虑，如将控制环境与对控制的监督和具体控制活动一并考虑。

在小型被审计单位，可能无法获取以文件形式存在的有关控制环境要素的审计证据，特别是在管理层与其他人员的沟通不够正式但却有效的情况下。例如，小型被审计单位可能没有书面的行为守则，但却通过口头沟通和管理层的示范作用形成了强调诚信和道德行为重要性的文化。因此，管理层或业主兼经理的态度、认识和措施对注册会计师了解小型被审计单位的控制环境非常重要。

三、注册会计师对被审计单位风险评估过程的了解

(一)被审计单位风险评估过程

任何经济组织在经营活动中都会面临各种各样的风险，风险对其生存和竞争能力产生影响。虽然很多风险并不为经济组织所控制，但管理层应当确定可以承受的风险水平，识别这些风险并采取一定的应对措施。

被审计单位可能产生风险的事项和情形包括以下几个方面。

(1) 监管及经营环境的变化。监管和经营环境的变化会导致竞争压力的变化以及重大的相关风险。

(2) 新员工的加入。新员工可能对内部控制有不同的认识和关注点。

(3) 新信息系统的使用或对原系统进行升级。信息系统的重大变化会改变与内部控制相关的风险。

(4) 业务快速发展。快速的业务扩张可能会使内部控制难以应对，从而增加内部控制失效的可能性。

(5) 新技术。将新技术运用于生产过程和信息系统可能改变与内部控制相关的风险。

(6) 新生产型号、产品和业务活动。进入新的业务领域和发生新的交易可能带来新的与内部控制相关的风险。

(7) 企业重组。企业重组可能带来裁员以及管理职责的重新划分，将影响与内部控制相关的风险。

(8) 发展海外经营。海外扩张或收购会带来新的并且往往是特别的风险，进而可能影响内部控制，如外币交易的风险。

(9) 新的会计准则。采用新的或变化了的会计准则可能会增大财务报告发生重大错报的风险。

风险评估过程的作用是识别、评估和管理影响被审计单位实现经营目标能力的各种风险。而针对财务报告目标的风险评估过程则包括识别与财务报告相关的经营风险，评估风险的重大性和发生的可能性，以及采取措施管理这些风险。例如，风险评估可能会涉及被审计单位如何考虑对某些交易未予记录的可能性，或者识别和分析财务报告中的重大会计估计发生错报的可能性。另外，与财务报告相关的风险也可能与特定事项和交易有关。

被审计单位的风险评估过程包括：识别与财务报告相关的经营风险，以及针对这些风险所采取的措施。注册会计师应当了解被审计单位的风险评估过程和结果。

(二)对风险评估过程的了解

在评价被审计单位风险评估过程的设计和执行时，注册会计师应当确定管理层如何识别与财务报告相关的经营风险，如何估计该风险的重要性，如何评估风险发生的可能性，以及如何采取措施管理这些风险。如果被审计单位的风险评估过程符合其具体情况，了解

被审计单位的风险评估过程和结果，有助于注册会计师识别财务报表重大错报风险。

注册会计师在对被审计单位整体层面的风险评估过程进行了解和评估时，考虑的主要因素包括以下几个方面。

(1)　被审计单位是否已建立并沟通其整体目标，并辅以具体策略和业务流程层面的计划。

(2)　被审计单位是否已建立风险评估过程，包括识别风险、估计风险的重大性、评估风险发生的可能性以及确定需要采取的应对措施。

(3)　被审计单位是否已建立某种机制，识别和应对可能对被审计单位产生重大且普遍影响的变化，如在金融机构中建立资产负债管理委员会，在制造型企业中建立期货交易风险管理组等。

(4)　会计部门是否建立了某种流程，以识别会计准则的重大变化。

(5)　当被审计单位业务操作发生变化并影响交易记录的流程时，是否存在沟通渠道以通知会计部门。

(6)　风险管理部门是否建立了某种流程，以识别经营环境包括监管环境发生的重大变化。

注册会计师可以通过了解被审计单位及其环境的其他方面信息，评价被审计单位风险评估过程的有效性。例如，在了解被审计单位的业务情况时，发现了某些经营风险，注册会计师应当了解管理层是否也意识到这些风险以及如何应对。在对业务流程的了解中，注册会计师还可能进一步地获得与被审计单位有关业务流程的风险评估过程的信息。例如，在销售循环中，如果发现了销售的截止性错报的风险，注册会计师应当考虑管理层是否也识别了该错报风险以及如何应对该风险。注册会计师应当询问管理层识别出的经营风险，并考虑这些风险是否可能导致重大错报。

在审计过程中，如果发现与财务报表有关的风险因素，注册会计师可通过向管理层询问和检查有关文件确定被审计单位的风险评估过程是否也发现了该风险。如果识别出管理层未能识别的重大错报风险，注册会计师应当考虑被审计单位的风险评估过程为何没有识别出这些风险，以及评估过程是否适合于具体环境。

在小型被审计单位，管理层可能没有正式的风险评估过程，注册会计师应当与管理层讨论其如何识别经营风险以及如何应对这些风险。

四、注册会计师对被审计单位信息系统与沟通的了解

(一)与财务报告相关的信息系统

与财务报告相关的信息系统，包括用于生成、记录、处理和报告交易、事项和情况，对相关资产、负债和所有者权益履行经营管理责任的程序和记录。交易可能通过人工或自动化程序生成。记录包括识别和搜集与交易、事项有关的信息。处理包括编辑、核对、计量、估价、汇总和调节活动，可能由人工或自动化程序来执行。报告是指用电子或书面形式编制财务报告和其他信息，供被审计单位用于衡量和考核财务及其他方面的业绩。

与财务报告相关的信息系统应当与业务流程相适应。业务流程是指被审计单位开发、

采购、生产、销售、发送产品和提供服务、保证遵守法律法规、记录信息等一系列活动。与财务报告相关的信息系统所生成信息的质量，对管理层能否作出恰当的经营管理决策以及编制可靠的财务报告具有重大影响。

与财务报告相关的信息系统通常包括下列职能。

(1) 识别与记录所有的有效交易。

(2) 及时、详细地描述交易，以便在财务报告中对交易作出恰当分类。

(3) 恰当计量交易，以便在财务报告中对交易的金额作出准确记录。

(4) 恰当确定交易生成的会计期间。

(5) 在财务报表中恰当列报交易。

(二)对与财务报告相关的信息系统的了解

注册会计师应当从下列方面了解与财务报告相关的信息系统(包括相关的业务流程)。

(1) 在被审计单位经营过程中，对财务报表具有重大影响的各类交易。

(2) 在信息技术和人工系统中，被审计单位的交易生成、记录、处理、必要的更正、结转至总账以及在财务报表中报告的程序。

(3) 用于生成、记录、处理和报告(包括纠正不正确的信息以及信息如何结转至总账)交易的会计记录、支持性信息和财务报表中的特定账户。

(4) 被审计单位的信息系统如何获取除交易以外的对财务报表重大的事项和情况。

(5) 用于编制被审计单位财务报表(包括作出的重大会计估计和披露)的财务报告过程。

(6) 与会计分录相关的控制，这些分录包括用于记录非经常性的、异常的交易或调整的非标准会计分录。

自动化程序和控制可能降低了发生无意错误的风险，但是并没有消除个人凌驾于控制之上的风险，如某些高级管理人员可能篡改自动过入总分类账和财务报告系统的数据金额。当被审计单位运用信息技术进行数据的传递时，发生篡改可能不会留下痕迹或证据。

(三)与财务报告相关的沟通

与财务报告相关的沟通包括使员工了解各自在与财务报告有关的内部控制方面的角色和职责、员工之间的工作联系，以及向适当级别的管理层报告例外事项的方式。

公开的沟通渠道有助于确保例外情况得到报告和处理。沟通可以采用政策手册、会计和财务报告手册及备忘录等形式进行，也可以通过发送电子邮件、口头沟通和管理层的行动来进行。

(四)对与财务报告相关的沟通的了解

注册会计师应当了解被审计单位内部如何对财务报告的岗位职责以及与财务报告相关的重大事项进行沟通。注册会计师还应当了解管理层与治理层(特别是审计委员会)之间的沟通，以及被审计单位与外部(包括与监管部门)的沟通。具体包括以下内容。

(1) 管理层就员工的职责和控制责任是否进行了有效沟通。

(2) 针对可疑的不恰当事项和行为是否建立了沟通渠道。

(3) 组织内部沟通的充分性是否能够使人员有效地履行职责。

(4) 对于与客户、供应商、监管者和其他外部人士的沟通，管理层是否及时采取适当的进一步行动。

(5) 被审计单位是否受到某些监管机构发布的监管要求的约束。

(6) 外部人士如客户和供应商在多大程度上获知被审计单位的行为守则。

在小型被审计单位，与财务报告相关的信息系统和沟通可能不如大型被审计单位的正式和复杂，管理层可能会更多地参与日常经营管理活动和财务报告活动，不需要很多书面的政策和程序指引，也没有复杂的信息系统和会计流程。由于小型被审计单位的规模较小、报告层次较少，因此小型被审计单位可能比大型被审计单位更容易实现有效的沟通。注册会计师应当考虑这些特征对评估重大错报风险的影响。

五、注册会计师对被审计单位控制活动的了解

(一)与审计相关的控制活动

控制活动是指有助于确保管理层的指令得以执行的政策和程序，包括与授权、业绩评价、信息处理、实物控制和职责分离等相关的活动。

1. 授权

注册会计师应当了解与授权有关的控制活动，包括一般授权和特别授权。授权的目的在于保证交易在管理层授权范围内进行。

一般授权是指管理层制定要求组织内部遵守的普遍适用于某类交易或活动的政策。特别授权是指管理层针对特定类别的交易或活动逐一设置的授权，如重大资本支出和股票发行等。特别授权也可能用于超过一般授权限制的常规交易，如因某些特别原因，同意对某个不符合一般信用条件的客户赊销商品。

2. 业绩评价

注册会计师应当了解与业绩评价有关的控制活动，主要包括被审计单位分析评价实际业绩与预算(或预测、前期业绩)的差异，综合分析财务数据与经营数据的内在关系，将内部数据与外部信息的来源相比较，评价职能部门、分支机构或项目活动的业绩(如银行客户信贷经理复核各分行、地区和各种贷款类型的审批和收回)，以及对发现的异常差异或关系采取必要的调查与纠正措施。

通过调查非预期的结果和非正常的趋势，管理层可以识别可能影响经营目标实现的情形。管理层对业绩信息的使用(如是将这些信息用于经营决策，还是同时用于对财务报告系统报告的非预期结果进行追踪)，决定了业绩指标的分析是只用于经营目的，还是同时用于财务报告目的。

3. 信息处理

被审计单位通常执行各种措施，检查各种类型信息处理环境下的交易的准确性、完整性和授权。信息处理控制可以是人工的、自动化的，或是基于自动流程的人工控制。信息处理控制分为两类，即信息技术的一般控制和应用控制。

信息技术一般控制是指与多个应用系统有关的政策和程序，有助于保证信息系统持续恰当地运行(包括信息的完整性和数据的安全性)，支持应用控制作用的有效发挥，通常包括数据中心和网络运行控制，系统软件的购置、修改及维护控制，接触或访问权限控制，应用系统的购置、开发及维护控制。例如，程序改变的控制、限制接触程序和数据的控制、与新版应用软件包实施有关的控制等都属于信息技术一般控制。

信息技术应用控制是指主要在业务流程层面运行的人工或自动化程序，与用于生成、记录、处理、报告交易或其他财务数据的程序相关，通常包括检查数据计算的准确性、审核账户和试算平衡表、设置对输入数据和数字序号的自动检查，以及对例外报告进行人工干预。

4. 实物控制

注册会计师应当了解实物控制，主要包括了解对资产和记录采取适当的安全保护措施、对访问计算机程序和数据文件设置授权，以及定期盘点并将盘点记录与会计记录相核对。例如，现金、有价证券和存货的定期盘点控制。实物控制的效果影响资产的安全，从而对财务报表的可靠性及审计产生影响。

5. 职责分离

注册会计师应当了解职责分离，主要包括了解被审计单位如何将交易授权、交易记录以及资产保管等职责分配给不同员工，以防范同一员工在履行多项职责时可能发生的舞弊或错误。当信息技术运用于信息系统时，职责分离可以通过设置安全控制来实现。

(二)对与审计相关的控制活动的了解

在了解控制活动时，注册会计师应当重点考虑一项控制活动单独或连同其他控制活动，是否能够以及如何防止或发现并纠正各类交易、账户余额、列报存在的重大错报。注册会计师的工作重点是识别和了解针对重大错报可能发生的领域的控制活动。如果多项控制活动能够实现同一目标，则注册会计师不必了解与该目标相关的每项控制活动。

注册会计师对被审计单位整体层面的控制活动进行的了解和评估，主要是针对被审计单位的一般控制活动，特别是信息技术的一般控制。在了解和评估一般控制活动时，考虑的主要因素包括以下几个方面。

(1) 被审计单位的主要经营活动是否都有必要的控制政策和程序。

(2) 管理层在预算、利润和其他财务及经营业绩方面是否都有清晰的目标，在被审计单位内部，是否对这些目标加以清晰的记录和沟通，并且积极地对其进行监控。

(3) 是否存在计划和报告系统，以识别与目标业绩的差异，并向适当层次的管理层报告该差异。

(4) 是否由适当层次的管理层对差异进行调查，并及时采取适当的纠正措施。

(5) 不同人员的职责应在何种程度上相分离，以降低舞弊和不当行为发生的风险。

(6) 会计系统中的数据是否与实物资产定期核对。

(7) 是否建立了适当的保护措施，以防止未经授权接触文件、记录和资产。

(8) 是否存在信息安全职能部门负责监控信息安全的政策和程序。

小型被审计单位的控制活动可能没有大型被审计单位那样正式和复杂，并且某些控制活动可能直接由小型被审计单位中的管理层执行。例如，由管理层批准销售的信用额度、重大的采购等，可能就不再需要更具体的控制活动。小型被审计单位通常难以实施适当的职责分离，注册会计师应当考虑小型被审计单位采取的控制活动(特别是职责分离)能否有效实现控制目标。

六、注册会计师对被审计单位控制监督的了解

(一)对控制的监督

管理层的重要职责之一就是建立和维护控制并保证其持续有效运行，对控制的监督可以实现这一目标。监督是由适当的人员，在适当、及时的基础上，评估控制的设计和运行情况的过程。对控制的监督是指被审计单位评价内部控制在一段时间内运行有效性的过程，该过程包括及时评价控制的设计和运行，以及根据情况的变化采取必要的纠正措施。例如，管理层对是否定期编制银行存款余额调节表进行复核；内部审计人员评价销售人员是否遵守公司关于销售合同条款的政策；法律部门定期监控公司的道德规范和商务行为准则是否得以遵循等。监督对控制的持续有效运行十分重要。假如没有对银行存款余额调节表是否得到及时和准确的编制进行监督，该项控制可能无法得到持续的执行。

通常而言，被审计单位通过持续的监督活动、专门的评价活动或两者相结合，实现对控制的监督。持续的监督活动通常贯穿于被审计单位的日常经营活动与常规管理工作中。例如，管理层在履行其日常管理活动时，取得内部控制持续发挥功能的信息。当业务报告、财务报告与他们获取的信息有较大差异时，会对有重大差异的报告提出疑问，并做必要的追踪调查和处理。

被审计单位可能使用内部审计人员或具有类似职能的人员对内部控制的设计和执行进行专门的评价，以找出内部控制的优点和不足，并提出改进建议。被审计单位也可能利用与外部有关各方沟通或交流所获取的信息监督相关的控制活动。在某些情况下，外部信息可能显示内部控制存在的问题和需要改进之处。例如，客户通过付款来表示其同意发票金额，或者认为发票金额有误而不付款。监管机构(如银行监管机构)可能会对影响内部控制运行的问题与被审计单位沟通。管理层可能也会考虑与注册会计师就内部控制进行沟通，通过与外部信息的沟通，可以发现内部控制存在的问题，以便采取纠正措施。

值得注意的是，上述用于监督活动的很多信息都由被审计单位的信息系统产生，这些信息可能会存在错报，从而导致管理层从监督活动中得出错误的结论。因此，注册会计师应当了解与被审计单位监督活动相关的信息来源，以及管理层认为信息具有可靠性的依据。如果拟利用被审计单位监督活动使用的信息(包括内部审计报告)，注册会计师应当考虑该信息是否具有可靠的基础，是否足以实现审计目标。

(二)对被审计单位控制监督的了解

注册会计师在对被审计单位整体层面的监督进行了解和评估时，考虑的主要因素包括以下几个方面。

(1) 被审计单位是否定期评价内部控制。

(2) 被审计单位人员在履行正常职责时，能够在多大程度上获得内部控制是否有效运行的证据。

(3) 与外部的沟通能够在多大程度上证实内部产生的信息或者指出存在的问题。

(4) 管理层是否采纳内部审计人员和注册会计师有关内部控制的建议。

(5) 管理层是否及时纠正控制运行中的偏差。

(6) 管理层根据监管机构的报告及建议是否及时采取纠正措施。

(7) 是否存在协助管理层监督内部控制的职能部门(如内部审计部门)。如存在，对内部审计职能需进一步考虑的因素包括：①独立性和权威性；②向谁报告，如直接向董事会、审计委员会或类似机构报告，对接触董事会、审计委员会或类似机构是否有限制；③是否有足够的人员、培训和特殊技能，如对于复杂的高度自动化的环境应使用有经验的信息系统审计人员；④是否坚持适用的专业准则；⑤活动的范围，如财务审计和经营审计工作的平衡，在分散经营情况下，内部审计的覆盖程度和轮换程度；⑥计划、风险评估和执行工作的记录和形成结论的适当性；⑦是否不承担经营管理责任。

小型被审计单位通常没有正式的持续监督活动，且持续的监督活动与日常管理工作难以明确区分，业主往往通过其对经营活动的密切参与来识别财务数据中的重大差异和错报，并对控制活动采取纠正措施。注册会计师应当考虑业主对经营活动的密切参与能否有效实现其对控制的监督目标。

■ 知识链接 9-2

以下两种观点都有失偏颇：①不管企业规模大小，都应细致地对内部控制制度进行调查和评价；②小企业内部控制不充分、不严密，注册会计师不应该花时间去了解它的内控，而应该直接进行实质性测试。

对于大部分小企业而言，内部控制制度不完善，此时注册会计师再花费大量的时间去了解内控，显然不符合成本效益原则。然而，企业与企业之间情况不同，不是所有的小企业内部控制制度都不可信赖。而且，评价控制风险、设计恰当的实质性测试程序，不是调查企业内部控制制度的唯一目的。对小企业的内部控制制度进行初步的调查和分析，有助于注册会计师评估财务报表的可信度，预测企业财务报表中的潜在错误，抓住审计重点。因为内控反映在具体的业务流程中，对内控的了解有助于注册会计师收集审计证据。另外，注册会计师除了对被审计单位的财务报表发表审计意见外，还需就被审计单位内控存在的问题与管理层或治理层进行沟通。

七、在整体层面和业务流程方面了解内部控制

内部控制的某些要素(如控制环境)更多地对被审计单位整体层面产生影响，而其他要素(如信息系统与沟通、控制活动)则可能更多地与特定业务流程相关。在实务中，注册会计师应当从被审计单位整体层面和业务流程层面分别了解和评价被审计单位的内部控制。整体层面的控制(包括对管理层凌驾于内部控制之上的控制)和信息技术一般控制通常在所有业务活动中普遍存在。业务流程层面的控制主要是对工薪、销售和采购等交易的控制。

整体层面的控制对内部控制在所有业务流程中得到严格的设计和执行具有重要影响，整体层面的控制较差，甚至可能使最好的业务流程层面的控制失效。例如，被审计单位可能有一个有效的销售系统，但如果会计人员不胜任，仍然会发生大量错误，而且其中一些错误可能导致财务报表存在重大错报。同时，管理层凌驾于内部控制之上(它们经常在企业整体层面出现)也是不好的公司行为中的普遍问题。

在初步计划审计工作时，注册会计师需要确定在被审计单位财务报表中可能存在重大错报风险的重大账户及其相关认定。为实现此目的，在实务中，注册会计师通常采取下列步骤从业务流程层面了解内部控制。

(一)确定被审计单位的重要业务流程和重要交易类别

在实务中，将被审计单位的整个经营活动划分为几个重要的业务循环，有助于注册会计师更有效地了解和评估重要业务流程及相关控制。不同企业的业务循环划分可能有所不同，如制造业企业，可以将业务循环划分为销售与收款循环、采购与付款循环、生产与存货循环、人力资源与工薪循环、投资与筹资循环等；对银行来说，没有存货与仓储循环，而有发放贷款循环、吸收存款循环。重要交易类别是指可能对被审计单位财务报表产生重大影响的各类交易。重要交易类别应与相关账户及其认定相联系。

(二)了解重要交易流程并进行记录

在确定重要的业务流程和交易类别后，注册会计师便可着手了解每一类重要交易在信息技术或人工系统中生成、记录、处理及在财务报表中报告的程序，即重要交易流程。这是确定在哪个环节或哪些环节可能发生错报的基础。

交易流程通常包括一系列工作：输入数据的核准与修订，数据的分类与合并，进行计算、更新账簿资料和客户信息记录，生成新的交易，归集数据，列报数据。而注册会计师了解与重要交易相关的流程通常包括生成、记录、处理和报告交易等活动。例如，在销售循环中，这些活动包括输入销售订购单、编制货运单据和发票、更新应收账款信息记录等。相关的处理程序包括通过编制调整分录，修改并再次处理以前被拒绝的交易，以及修改被错误记录的交易。

注册会计师要注意记录以下信息：输入信息的来源；所使用的重要数据档案，如客户清单及价格信息记录；重要的处理程序，包括在线输入和更新处理；重要的输出文件、报告和记录；基本的职责划分，即列示各部门所负责的处理程序。

注册会计师通常只是针对每一年的变化修改记录流程的工作底稿，除非被审计单位的交易流程发生重大改变。然而，无论业务流程与以前年度相比是否有变化，注册会计师每年都需要考虑上述注意事项，以确保对被审计单位的了解是最新的，并已包括被审计单位交易流程中相关的重大变化。

(三)确定可能发生错报的环节

注册会计师需要确认和了解被审计单位应在哪些环节设置控制，以防止或发现并纠正各重要业务流程可能发生的错报。注册会计师所关注的控制，是那些能通过防止错报的发生，或者通过发现和纠正已有错报，从而确保每个流程中业务活动的具体流程(从交易的发生到记录于账目)能够顺利运转的人工或自动化控制程序。

(四)识别和了解相关控制

通过对被审计单位的了解,包括在被审计单位整体层面对内部控制各要素的了解,以及对重要业务流程的了解,注册会计师可以确定是否有必要进一步了解在业务流程层面的控制。在某些情况下,注册会计师之前的了解可能表明被审计单位在业务流程层面针对某些重要交易流程所设计的控制是无效的,或者注册会计师并不打算信赖控制,这时注册会计师没有必要进一步了解在业务流程层面的控制。特别需要注意的是,如果认为仅通过实质性程序无法将认定层次的检查风险降至可接受的低水平,或者针对特别风险,注册会计师应当了解和评估相关的控制活动。

1. 控制的类型

控制包括被审计单位使用并依赖的、用于在交易流程中防止错报的发生或在发生错报后发现与纠正错报的所有政策和程序。有效的控制应与错报发生的环节相关,并能降低错报风险。通常将业务流程中的控制划分为预防性控制和检查性控制。

(1) 预防性控制。预防性控制通常用于正常业务流程的每一项交易,以防止错报的发生。在流程中防止错报是信息系统的重要目标。缺少有效的预防性控制会增加数据发生错报的可能性,特别是在相关账户及其认定存在较高重大错报风险时,更是如此。

对于处理大量业务的复杂业务流程,被审计单位通常使用对程序修改的控制和访问的控制来确保自动化控制的持续有效。实施针对程序修改的控制,是为了确保所有对计算机程序的修改在实施前都经过适当的授权、测试以及核准。实施访问控制,是为了确保只有经过授权的人员和程序才有权访问数据,且只能在预先授权的情况下才能处理数据(如查询、执行和更新)。程序修改的控制和访问的控制通常不能直接防止错报,但对于确保自动化控制在整个拟信赖期间内的有效性有着十分重要的作用。

(2) 检查性控制。建立检查性控制的目的是发现流程中可能发生的错报(尽管有预防性控制,还是会发生的错报)。被审计单位通过检查性控制,监督其流程和相应的预防性控制能否有效地发挥作用。检查性控制通常是管理层用来监督实现流程目标的控制。检查性控制可以由人工执行,也可以由信息系统自动执行。

检查性控制通常并不适用于业务流程中的所有交易,而适用于一般业务流程以外的已经处理或部分处理的某类交易,可能一年只运行几次,如每月将应收账款明细账与总账比较;也可能每周运行,甚至一天运行几次。

与预防性控制相比,不同被审计单位之间检查性控制差别很大。许多检查性控制取决于被审计单位的性质、执行人员的能力、习惯和偏好。检查性控制可能是正式建立的程序(如编制银行存款余额调节表,并追查调节项目或异常项目),也可能是非正式的程序。

有些检查性控制虽然并没有正式设定,但员工会有规律地执行并做记录,这些控制也是被审计单位内部控制的有机组成部分。例如,财务总监复核月度毛利率的合理性;信用管理部经理可能有一本记录每月到期应收款的备查簿,以确定这些应收款是否收到,并追查挂账的项目;财务总监实施特定的分析程序来确定某些费用与销售的关系是否与经验数据相符,如果不符,调查不符的原因并纠正其中的错报等。

需要注意的是，对控制的分类取决于控制运用的目的和方式，以及被审计单位和注册会计师对控制的认识。从根本上看，控制被归为哪类并不重要，重要的是它是否有效，以及注册会计师能否测试其有效性。业务流程中重要交易类别的有效控制应同时包括预防性控制和检查性控制，因为没有相应的预防性控制，检查性控制也不能充分发挥作用。

2. 记录相关控制

在被审计单位已设置的控制中，如果有可以对应"哪个环节需设置控制"问题的，注册会计师应将其记录于工作底稿，同时记录由谁执行该控制。注册会计师可以通过备忘录、笔记或复印被审计单位相关资料而逐步使信息趋于完整。

如果注册会计师对重要业务流程的记录符合下列条件，可以认为其是充分的：该记录识别了所有重要交易类别；该记录指出在业务处理流程中"在什么环节可能出错"，即在什么环节需要控制；该记录描述了针对"在什么环节可能出错"建立的预防性控制与检查性控制，而且指出这些控制由谁执行以及如何执行。

(五)执行穿行测试，证实对交易流程和相关控制的了解

为了了解各类重要交易在业务流程中发生、处理和记录的过程，注册会计师通常会每年执行穿行测试。执行穿行测试可获得下列方面的证据：①确认对业务流程的了解；②确认对重要交易的了解是完整的，即在交易流程中所有与财务报表认定相关的可能发生错报的环节都已被识别；③确认所获取的有关流程中的预防性控制和检查性控制信息的准确性；④评估控制设计的有效性；⑤确认控制是否得到执行；⑥确认之前所做的书面记录的准确性。

需要注意的是，如果不打算信赖控制，注册会计师仍需要执行穿行测试以确认以前对业务流程及可能发生错报环节的了解的准确性和完整性。

对于重要的业务流程，不管是人工控制还是自动化控制，注册会计师都要对整个流程执行穿行测试，涵盖交易从发生到记账的整个过程。当某重要业务流程有显著变化时，注册会计师应当根据变化的性质，以及其对相关账户发生重大错报的影响程度，考虑是否需要对变化前后的业务都执行穿行测试。

注册会计师应将对业务流程和相关控制的测试情况记录于工作底稿，记录的内容包括穿行测试中查阅的文件、穿行测试的程序以及注册会计师的发现和结论。

(六)进行初步评价和风险评估

1. 对控制的初步评价

在识别和了解控制后，根据执行上述程序及获取的审计证据，注册会计师需要评价控制设计的合理性并确定其是否得到执行。

注册会计师对控制的评价结论主要包括：①所设计的控制单独或连同其他控制能够防止或发现并纠正重大错报，并得到执行；②控制本身的设计是合理的，但没有得到执行；③控制本身的设计就是无效的或缺乏必要的控制。

由于对控制的了解和评价是在穿行测试完成后，但又是在测试控制运行有效前进行的，因此上述评价结论只是初步结论，仍可能随控制测试后实施实质性程序的结果而发生变化。

2. 风险评估需考虑的因素

注册会计师对控制的评价，进而对重大错报风险进行评估时，需考虑以下因素。

1) 账户特征及识别的重大错报风险

如果已识别的重大错报风险水平为高(如复杂的发票计算或计价过程增加了开票错误的风险；经营的季节性特征增加了在旺季发生错报的可能性)，相关的控制应该有较高的敏感度，即在错报率较低的情况下也能防止或发现并纠正错报。

2) 对被审计单位整体层面控制的评价

注册会计师应将对整体层面获得的了解和结论，同在业务流程层面获得的有关重大交易流程及其控制的证据结合起来考虑。

在评价业务流程层面的控制要素时，考虑的影响因素可能包括：管理层及执行控制的员工表现出来的胜任能力及诚信度；员工受监视的程度及员工流动的频繁程度；管理层凌驾于控制之上的潜在可能性；缺乏职责划分，包括信息技术系统中自动化的职责划分情况；所审计期间内部审计人员或其他监督人员测试控制运行情况的程度；业务流程变更所产生的影响，如变更期间控制程序的有效性是否受到了削弱；在被审计单位的风险评估过程中，所识别的与某项控制运行相关的风险，以及对于该控制是否有进一步的监督。注册会计师同时也要考虑其识别出针对某控制的风险，被审计单位是否也识别出该风险，并采取了适当措施来降低该风险。

除非存在某些可以使控制得到一贯运行的自动化控制，注册会计师对控制的了解和评价并不能代替对控制运行有效性的测试。例如，注册会计师获得了某一人工控制在某一时点得到执行的审计证据，但这并不能证明该控制在审计期间内的其他时点也得到了有效执行。

第四节　评估重大错报风险

评估重大错报风险是风险评估阶段的最后一个步骤。通过实施风险评估程序获取的关于风险因素和抵消控制风险的信息，将全部用于对财务报表层次以及各类交易、账户余额和列报相关的重大错报风险的评估。重大错报风险的评估将作为确定进一步审计程序的性质、范围和时间的基础，目的是应对识别的风险。

一、评估财务报表层次和认定层次的重大错报风险

(一)评估重大错报风险时考虑的因素

表 9-1 列示了风险评估时考虑的部分风险因素。

表 9-1　风险评估时考虑的部分风险因素

1.已识别的风险是什么？	
财务报表层次	(1)源于薄弱的被审计单位整体层次内部控制或信息技术一般控制。 (2)与财务报表整体广泛相关的特别风险。 (3)与管理层凌驾和舞弊相关的风险因素。 (4)管理层愿意接受的风险，如小企业因缺乏职责分工导致的风险

认定层次	(1)与完整性、准确性、存在或计价相关的特定风险： ①收入、费用和其他交易； ②账户余额； ③财务报表披露。 (2)可能产生多重错报的风险
相关内部控制程序	(1)特别风险。 (2)用于预防、发现或减轻已识别风险的，经恰当设计并执行的内部控制程序。 (3)仅通过执行控制测试应对的风险
2.错报(金额影响)发生的规模有多大？	
财务报表层次	什么事项可能导致财务报表重大错报？ 管理层凌驾、舞弊、未预期事件和以往经验
认定层次	(1)交易、账户余额或披露的固有性质。 (2)日常和例外事件。 (3)以往经验
3.事件(风险)发生的可能性有多大？	
财务报表层次	(1)来自高层的声音。 (2)管理层风险管理的方法。 (3)采用的政策和程序。 (4)以往经验
认定层次	(1)相关的内部控制活动。 (2)以往经验
相关内部控制程序	识别对于降低事件发生可能性非常关键的管理层风险应对要素

(二)评估重大错报风险的审计程序

在评估重大错报风险时，注册会计师应当实施下列审计程序。

(1) 在了解被审计单位及其环境的整个过程中识别风险，并考虑各类交易、账户余额和列报。注册会计师应当运用各项风险评估程序，在了解被审计单位及其环境的整个过程中识别风险，并将识别的风险与各类交易、账户余额和列报相联系。例如，被审计单位因相关环境法规的实施需要更新设备，可能面临原有设备闲置或贬值的风险；宏观经济的低迷可能预示应收账款的回收存在问题；竞争者开发的新产品上市，可能导致被审计单位的主要产品在短期内过时，预示将出现存货跌价和长期资产(如固定资产等)的减值。

(2) 将识别的风险与认定层次可能发生错报的领域相联系。例如，销售困难使产品的市场价格下降，可能导致年末存货成本高于其可变现净值而需要计提存货跌价准备，这显示存货的计价认定可能发生错报。

(3) 考虑识别的风险是否重大。风险是否重大是根据风险造成后果的严重程度加以判断的。上例中，除考虑产品市场价格下降因素外，注册会计师还应当考虑产品市场价格下降的幅度、该产品在被审计单位产品中的比重等，以确定识别的风险对财务报表的影响是否重大。假如产品市场价格大幅下降，导致产品销售收入不能补偿成本，毛利率为负，那么年末存货跌价问题严重，存货计价认定发生错报的风险重大；假如价格下降的产品在被审计单位销售收入中所占比例很小，被审计单位其他产品销售毛利率很高，尽管该产品的毛利率为负，但可能不会使年末存货发生重大跌价问题。

(4) 考虑识别的风险导致财务报表发生重大错报的可能性。注册会计师还需要考虑上述识别的风险是否会导致财务报表发生重大错报。例如，考虑存货的账面余额是否重大，是否已适当计提存货跌价准备等。在某些情况下，尽管识别的风险重大，但仍不至于导致财务报表发生重大错报。例如，被审计单位对于存货跌价准备的计提实施了比较有效的内部控制，管理层已根据存货的可变现净值计提了相应的跌价准备，在这种情况下，财务报表发生重大错报的可能性将相应降低。

注册会计师应当利用实施风险评估程序获取的信息，包括在评价控制设计和确定其是否得到执行时获取的审计证据作为支持风险评估结果的审计证据。注册会计师应当根据风险评估的结果，确定实施进一步审计程序的性质、时间和范围。

(三)识别两个层次的重大错报风险

在对重大错报风险进行识别和评估后，注册会计师应当确定识别的重大错报风险是与特定的某类交易、账户余额、列报的认定相关，还是与财务报表整体广泛相关，进而影响多项认定。

某些重大错报风险可能与特定的某类交易、账户余额、列报的认定相关。例如，被审计单位存在复杂的联营或合资，这一事项表明长期股权投资账户的认定可能存在重大错报风险。又如，被审计单位存在重大的关联方交易，该事项表明关联方及关联方交易的披露认定可能存在重大错报风险。

某些重大错报风险可能与财务报表整体广泛相关，进而影响多项认定。例如，在经济不稳定的国家和地区开展业务、资产的流动性出现问题、重要客户流失、融资能力受到限制等，可能导致注册会计师对被审计单位的持续经营能力产生重大疑虑。又如，管理层缺乏诚信或承受异常的压力可能引发舞弊风险，这些风险与财务报表整体相关。

(四)控制环境对评估财务报表层次重大错报风险的影响

财务报表层次的重大错报风险很可能源于薄弱的控制环境。薄弱的控制环境带来的风险可能对财务报表产生广泛影响，难以限于某类交易、账户余额、列报，注册会计师应当采取总体应对措施。例如，被审计单位治理层、管理层对内部控制的重要性缺乏认识，没有建立必要的制度和程序；或管理层经营理念偏于激进，又缺乏实现激进目标的人力资源等，这些缺陷源于薄弱的控制环境，可能对财务报表产生广泛影响，需要注册会计师采取总体应对措施。

(五)控制对评估认定层次重大错报风险的影响

在评估重大错报风险时，注册会计师应当将所了解的控制与特定认定相联系。这是由于控制有助于防止或发现并纠正认定层次的重大错报。在评估重大错报发生的可能性时，除了考虑可能的风险外，还要考虑控制对风险的抵消和遏制作用。有效的控制会减少错报发生的可能性，而控制不当或缺乏控制，错报就会有可能变成现实。

控制可能与某一认定直接相关，也可能与某一认定间接相关。关系越间接，控制在防止或发现并纠正认定中错报的作用就越小。例如，销售经理对分地区的销售网点的销售情况进行复核，与销售收入完整性的认定只是间接相关。相应地，该项控制在降低销售收入完整性认定中的错报风险方面的效果，要比与该认定直接相关的控制(如将发货单与开具的销售发票相核对)的效果差。

注册会计师可能识别出有助于防止或发现并纠正特定认定发生重大错报的控制。在确定这些控制是否能够实现上述目标时，注册会计师应当将控制活动和其他要素综合考虑。例如，将销售和收款的控制置于其所在的流程和系统中考虑，以确定其能否实现控制目标。因为单个的控制活动(如将发货单与销售发票相核对)本身并不足以控制重大错报风险，只有多种控制活动和内部控制的其他要素综合作用才足以控制重大错报风险。

当然，也有某些控制活动可能专门针对某类交易或账户余额的个别认定。例如，被审计单位建立的、以确保盘点工作人员能够正确地盘点和记录存货的控制活动，直接与存货账户余额的存在和完整性认定相关。注册会计师只需要对盘点过程和程序进行了解，就可以确定控制是否能够实现目标。

注册会计师应当考虑对识别的各类交易、账户余额和披露认定层次的重大错报风险予以汇总和评估，以确定进一步审计程序的性质、时间安排和范围。表 9-2 给出了评估认定层次重大错报风险汇总表示例。

表 9-2　评估认定层次重大错报风险汇总表

重大账户	认　　定	识别的重大错报风险	风险评估结果
列示重大账户，如应收账款	列示相关的认定，如存在、完整性、计价或分摊	汇总实施审计程序识别出的与该重大账户的某项认定相关的重大错报风险	评估该项认定的重大错报风险水平(应考虑控制设计是否合理、是否得到执行)
⋮	⋮	⋮	⋮

注：注册会计师也可以在该表中记录针对评估的认定层次、重大错报风险而相应制定的审计方案。

(六)考虑财务报表的可审计性

注册会计师在了解被审计单位内部控制后，可能对被审计单位财务报表的可审计性产生怀疑。例如，对被审计单位会计记录的可靠性和状况的担心会使注册会计师认为可能很难获取充分、适当的审计证据，以支持对财务报表发表意见。再如，管理层严重缺乏诚信，注册会计师认为管理层在财务报表中作出虚假陈述的风险高到无法进行审计的程度。因此，如果通过对内部控制的了解发现下列情况，并对财务报表局部或整体的可审计性产生疑问，注册会计师应当考虑出具保留意见或无法表示意见的审计报告。

(1) 被审计单位会计记录的状况和可靠性存在重大问题，不能获取充分、适当的审计证据以发表无保留意见。

(2) 对管理层的诚信存在严重疑虑。必要时，注册会计师应当考虑解除业务约定。

二、需要特别考虑的重大错报风险

(一)特别风险

特别风险是指通常与重大的非常规交易和判断事项有关的需要特别考虑的重大错报风险。注册会计师应当运用职业判断，确定识别的风险中哪些是特别风险。

日常的、不复杂的、经正规处理的交易不太可能产生特别风险。特别风险通常与重大的非常规交易和判断事项有关。

非常规交易是指由于金额或性质异常而不经常发生的交易。例如，企业并购、债务重组、重大或有事项等。由于非常规交易具有下列特征，与重大非常规交易相关的特别风险可能导致更高的重大错报风险：①管理层更多地介入会计处理；②数据搜集和处理涉及更多的人工成分；③复杂的计算或会计处理方法；④非常规交易的性质可能使被审计单位难以对由此产生的特别风险实施有效控制。

判断事项通常包括作出的会计估计，如资产减值准备金额的估计、需要运用复杂估值技术确定的公允价值计量等。由于下列原因，与重大判断事项相关的特别风险可能导致更高的重大错报风险：①对涉及会计估计、收入确认等方面的会计原则存在不同的理解；②所要求的判断可能是主观和复杂的，或需要对未来事项作出假设。

(二)确定特别风险时应考虑的事项

在确定哪些风险是特别风险时，注册会计师应当在考虑识别出的控制对相关风险的抵消效果前，根据风险的性质、潜在错报的重要程度(包括该风险是否可能导致多项错报)和发生的可能性，判断风险是否属于特别风险。

在确定风险的性质时，注册会计师应当考虑下列事项。

(1) 风险是否属于舞弊风险。

(2) 风险是否与近期经济环境、会计处理方法和其他方面的重大变化有关。

(3) 交易的复杂程度。

(4) 风险是否涉及重大的关联方交易。

(5) 财务信息计量的主观程度，特别是对不确定事项的计量是否具有高度不确定性。

(6) 风险是否涉及异常或超出正常经营过程的重大交易。

(三)考虑与特别风险相关的控制

了解与特别风险相关的控制，有助于注册会计师制定有效的审计应对方案。对于特别风险，注册会计师应当评价相关控制的设计情况，并确定其是否已经得到执行。由于与重大非常规交易或判断事项相关的风险很少受到日常控制的约束，注册会计师应当了解被审计单位是否针对该特别风险设计和实施了控制。

例如，作出会计估计所依据的假设是否由管理层或专家进行复核，是否建立作出会计估计的正规程序，重大会计估计结果是否由治理层批准等。再如，管理层在收到重大诉讼事项的通知时采取的措施，包括这类事项是否提交适当的专家(如内部或外部的法律顾问)

处理，是否对该事项的潜在影响作出评估，是否确定该事项在财务报表中的披露问题以及如何确定等。

如果管理层未能实施控制以恰当地应对特别风险，注册会计师应当认为内部控制存在重大缺陷，并考虑其对风险评估的影响。在此情况下，注册会计师应当就此类事项与治理层沟通。

三、仅通过实质性程序无法应对的重大错报风险

作为风险评估的一部分，如果认为仅通过实质性程序获取的审计证据无法应对认定层次的重大错报风险，注册会计师应当评价被审计单位针对这些风险设计的控制并确定其执行情况。

在被审计单位对日常交易采用高度自动化处理的情况下，审计证据可能仅以电子形式存在，其充分性和适当性通常取决于自动化信息系统相关控制的有效性，注册会计师应当考虑仅通过实施实质性程序不能获取充分、适当审计证据的可能性。

例如，某企业通过高度自动化的系统确定采购品种和数量，生成采购订单，并通过系统中设定的收货确认和付款条件进行付款。除了系统中的相关信息以外，该企业没有其他有关订单和收货的记录。在这种情况下，如果认为仅通过实施实质性程序不能获取充分、适当的审计证据，注册会计师应当考虑依赖的相关控制的有效性，并对其进行了解、评估和测试。

实务中，注册会计师可以用表 9-3 来汇总识别的重大错报风险。

表 9-3　识别的重大错报风险汇总表

识别的重大错报风险	对财务报表的影响	相关的各类交易、账户余额和披露认定	是否与财务报表整体广泛相关	是否属于特别风险	是否属于仅通过实质性程序无法应对的重大错报风险
记录识别的重大错报风险	描述对财务报表的影响和导致财务报表发生重大错报的可能性	列示相关的各类交易、账户余额和披露及其认定	考虑是否属于财务报表层次的重大错报风险	考虑是否属于特别风险	考虑是否属于仅通过实质性程序无法应对的重大错报风险

四、对风险评估的修正

注册会计师对认定层次重大错报风险的评估应以获取的审计证据为基础，并可能随着不断获取审计证据而作出相应的变化。例如，注册会计师对重大错报风险的评估可能基于预期控制运行有效这一判断，即相关控制可以防止或发现并纠正认定层次的重大错报，但在测试控制运行的有效性时，注册会计师获取的证据可能表明相关控制在被审计期间并未有效运行；同样在实施实质性程序后，注册会计师可能发现错报的金额和频率比在风险评估时预计的金额和频率要高。如果通过实施进一步审计程序获取的审计证据与初始评估重

大错报风险时获取的审计证据相矛盾，注册会计师应当修正风险评估结果，并相应修改原计划实施的进一步审计程序。因此，评估重大错报风险与了解被审计单位及其环境一样是一个连续和动态地收集、更新与分析信息的过程，且贯穿于整个审计过程的始终。

本 章 小 结

本章从风险评估的意义入手，介绍了风险评估的程序和信息来源，重点介绍了注册会计师对被审计单位及其环境(含内控)的了解，从而引出风险评估的最后一个步骤——评估两个层次的重大错报风险。风险评估是指通过了解被审计单位及其环境(包括内部控制)，识别和评估财务报表层次和认定层次的重大错报风险(无论该风险由于舞弊还是错误导致)，从而为设计和实施针对评估的重大错报风险采取的应对措施提供基础。注册会计师了解被审计单位及其环境应当实施的风险评估程序主要包括询问被审计单位管理层和内部其他相关人员、分析程序、观察和检查、其他审计程序和信息来源。注册会计师应从以下方面了解被审计单位及其环境：①相关行业状况、法律环境与监管环境及其他外部因素；②被审计单位的性质；③被审计单位对会计政策的选择和运用；④被审计单位的目标、战略以及可能导致重大错报风险的相关经营风险；⑤对被审计单位财务业绩的衡量和评价；⑥被审计单位的内部控制。注册会计师对内控的了解不仅是用于风险评估，还为进一步审计程序如何进行奠定了基础。注册会计师要把识别出的两个层次的重大错报风险加以记录和汇总，目的是对进一步审计程序很好地加以应对。

复习思考题

1. 什么是风险评估？它包括哪些程序？
2. 注册会计师应从哪些方面了解被审计单位及其环境？
3. 审计中，注册会计师应从哪几个方面了解被审计单位的内控？
4. 注册会计师对内控了解的目的是什么？
5. 注册会计师如何在整体层面和业务流程层面了解内控？
6. 注册会计师需要特别考虑的重大错报风险有哪些？

自测与技能训练

一、基础知识自测

(一)单项选择题

1. 了解被审计单位及其环境一般(　　)。
   A. 在承接客户和续约时进行　　　　B. 在制订审计计划时进行
   C. 在进行期中审计时进行　　　　　D. 贯穿于整个审计过程的始终
2. 了解被审计单位财务业绩衡量和评价的最重要的目的是(　　)。

A. 了解被审计单位的业绩趋势

B. 确定被审计单位的业绩是否达到预算

C. 考虑是否存在舞弊风险

D. 将被审计单位的业绩与同行业作比较

3. 某产品20×1年的毛利率与20×0年相比有所上升，K公司提供了以下解释，其中与毛利率变动不相关的是(   )。

A. 该产品的销售价格与20×0年相比有所上升

B. 该产品的产量与20×0年相比有所增加

C. 该产品的销售收入占当年主营业务收入的比例与20×0年相比有所上升

D. 该产品使用的主要原材料的价格与20×0年相比有所下降

4. 下列各项中，与被审计单位财务报表层次重大错报风险评估最相关的是(   )。

A. 被审计单位应收账款周转率呈明显下降趋势

B. 被审计单位持有大量价值高且易被盗窃的资产

C. 被审计单位控制环境薄弱

D. 被审计单位的生产成本计算过程相当复杂

5. 注册会计师在执行财务报表审计时，首先应当了解被审计单位及其环境，以识别和评估(   )。

A. 可接受的检查风险   B. 审计风险

C. 财务报表重大错报风险   D. 控制风险

(二)多项选择题

1. 内部控制的要素包括(   )。

A. 控制环境、控制活动   B. 风险评估过程

C. 信息系统与沟通   D. 对控制的监督

2. 了解内控的程序包括(   )。

A. 询问   B. 观察

C. 检查   D. 穿行测试

3. 下列属于注册会计师应当了解的被审计单位行业情况的有(   )。

A. 所在行业的市场供求与竞争   B. 生产经营的季节性和周期性

C. 产品生产技术的变化   D. 能源供应与成本

4. 注册会计师应当了解控制活动。控制活动是指有助于确保管理层的指令得以执行的政策和程序，包括的活动有(   )。

A. 授权   B. 业绩评价   C. 信息处理   D. 实物控制

5. 在评价被审计单位风险评估过程的设计和执行时，注册会计师应当确定管理层(   )。

A. 如何识别与财务报告相关的经营风险

B. 如何评估该风险的重要性

C. 如何评估风险发生的可能性

D. 如何将该风险降至注册会计师可接受的低水平

6. 注册会计师在执行年度财务报告审计时，为了了解被审计单位及其环境，应当实施的风险评估程序有(　　)。

    A. 监盘　　　　　　　　　　　　B. 分析程序

    C. 观察　　　　　　　　　　　　D. 检查

7. 注册会计师应当考虑人工控制在(　　)时可能是不适当的。

    A. 存在大量或重复发生的交易

    B. 存在大额、异常或偶发的交易

    C. 事先可预见的错误能够通过自动化控制得以防范或发现

    D. 控制活动可得到适当设计和自动化处理

8. 注册会计师应当了解影响被审计单位经营的其他外部因素，其主要包括(　　)。

    A. 宏观经济的景气度　　　　　　B. 利率和资金供求状况

    C. 通货膨胀水平及币值变动　　　D. 国际经济环境和汇率变化

9. 注册会计师可能实施的风险评估程序有(　　)。

    A. 询问被审计单位管理层和内部其他人员

    B. 实地察看被审计单位生产经营场所和设备

    C. 执行分析程序

    D. 重新执行内部控制

10. 下列有关控制环境的说法中，正确的有(　　)。

    A. 控制环境对重大错报风险的评估具有广泛影响

    B. 有效的控制环境本身可以防止、发现并纠正各类交易、账户余额和披露认定层次的重大错报

    C. 有效的控制环境可以降低舞弊发生的风险

    D. 财务报表层次重大错报风险很可能源于控制环境存在缺陷

(三)判断题

1. 注册会计师无须了解被审计单位的所有内部控制，而只需了解与审计相关的内部控制。　　　　　　　　　　　　　　　　　　　　　　　　　　　　(　　)

2. 特别风险很少受到日常控制的约束。因此，对于特别风险，注册会计师无须了解被审计单位相关的内部控制。　　　　　　　　　　　　　　　　　　　　(　　)

3. 如果注册会计师不打算信赖被审计单位的内部控制，则无须对内部控制进行了解。　　　　　　　　　　　　　　　　　　　　　　　　　　　　　　　(　　)

4. 小型被审计单位拥有的员工通常较少，限制了其职责分离的程度，业主凌驾于内部控制之上的可能性较大，因而注册会计师无须了解小型被审计单位的内部控制。　(　　)

5. 风险评估时，注册会计师要考虑控制环境和其他控制要素的综合作用。　(　　)

6. 内部控制是被审计单位为了合理保证财务报表的可靠性、经营的效率和效果以及对法律法规的遵守，由治理层设计和执行的政策和程序。　　　　　　　　(　　)

7. 评估重大错报风险是一个连续和动态地收集、更新与分析信息的过程，贯穿于整个审计过程的始终。　　　　　　　　　　　　　　　　　　　　　　　　(　　)

8. 内部控制存在固有局限性，无论如何设计和执行，只能对财务报告的可靠性提供合理的保证。 （ ）

9. 注册会计师在进行穿行测试时，需要追踪大量交易在财务报告系统中如何生成、记录、处理和报告。 （ ）

10. 注册会计师在进行风险评估时，需要了解被审计单位的内部控制是否得到一以贯之的执行。 （ ）

二、案例分析题

1. 根据资料进行相关的风险评估。

(1) DF 电子历年主营业务收入和主营业务利润率如表 9-4 所示。

表 9-4　DF 电子历年主营业务收入和主营业务利润率

年份	1997	1998	1999	2000
主营业务收入/亿元	2.37	4.50	8.56	13.75
主营业务毛利率/%	47.3	47.3	52.9	47.1

DF 电子的主营业务收入中，电力自动化系统销售是其主要来源，DF 电子低价接单在业界几乎是众所周知。

根据《2001 年中国电力年鉴》，1998 年以来我国农网电力系统自动化改造的投资有 50 亿元左右；农村电网自动化改造领域发展的企业已多达 200 多家。

(2) 乙公司委托第三方加工生产 A 产品。自 20×0 年 1 月起，新增丁公司为委托加工方。乙公司支付给丁公司的单位产品委托加工费较其他加工方高 20%。管理层解释，由于丁公司加工的产品质量较高，因此委托丁公司加工 A 产品并向其支付较高的委托加工费。注册会计师发现，20×0 年 A 产品的退货大部分由丁公司加工。

(3) 甲公司产品以美元定价，人民币对美元汇率由 20×3 年年初的 7.3：1 升值到 20×3 年 6 月的 6.8：1，之后基本保持稳定。20×3 年主要产品平均销售下降了约 7%，但甲公司 20×3 年年末审计财务报表显示依然完成了 85 000 万元收入和 9 200 万元毛利的经营目标。

(4) A 公司董事会确定的 20×0 年销售收入增长目标为 30%。A 公司管理层实行年薪制，总体薪酬水平根据上述目标的完成情况上下浮动。A 公司所处行业 20×0 年的平均销售增长率是 18%。

2. 根据下列资料，逐项分析其是否符合内部控制的要求，并说明理由。

(1) 某公司领导规定当出纳员因事不在岗时，为了不影响工作，出纳业务由登记固定资产明细账的会计代理。

(2) 某公司财务处主管会计王飞与出纳员张静于 20×1 年 10 月 1 日结婚，在结婚典礼上经理举杯祝贺说：“祝你们夫妻在今后的会计和出纳工作中配合得更好，为公司财务工作作出更大的贡献。”

(3) 采购员小王直接以现金 900 元购买办公用品，返回后凭发票直接到财会部门作了报销。

(4) 某商品仓库有 3 个保管员，3 个人经常轮班休息。为了商品出入库方便，领导决定配 3 套钥匙，每人一套。

(5) 某公司经理经常外出联系业务，回来后填制"差旅费报销单"，在领导批示栏经理直接签署同意，即予报销。

3. A 审计人员对 XYZ 股份有限公司 20×1 年度会计报表进行审计。该公司坏账核算采用备抵法。坏账准备按期末应收账款余额的 5%计提。

应收账款和坏账准备项目附注：

应收账款/坏账准备：16 553 /400

应收账款账龄分析如表 9-5 所示。

表 9-5　应收账款账龄分析

账　　龄	20×1 年年初数	20×1 年年末数
1 年以内	8 392	10 915
1~2 年	1 186	1 399
2~3 年	1 161	1 365
3 年以上	1 421	2 874
合计	12 160	16 553

要求：假定上述附注内容中的年初数已审定无误，如果你是 A 审计人员，在审计计划阶段，请运用专业判断，指出上述附注内容中是否存在不合理的情况，并对你认为的不合理的内容作出说明。

4. 公开发行股票的甲公司是 ABC 事务所的审计客户。注册会计师对甲公司 20×2 年的会计报表进行审计，经初步了解，甲公司 20×2 年的经营形式、管理和经营结构与 20×1 年度相比未发生重大变化，且未发生重大重组行为。注册会计师获取的相关资料如表 9-6 和表 9-7 所示。

表 9-6　甲公司营业收入和营业成本相关数据

单位：人民币万元

产　　品	营业收入		营业成本	
	20×1 年	20×2 年	20×1 年	20×2 年
A 产品	5 000	6 000	4 000	3 500
B 产品	2 400	2 500	1 800	1 850
合计	7 400	8 500	5 800	5 350

表 9-7　甲公司 20×2 年各季度的营业收入

单位：人民币万元

项　　目	第一季度	第二季度	第三季度	第四季度
A 产品营业收入	1 250	1 200	1 200	2 350
B 产品营业收入	600	550	580	770

要求：针对上述资料，运用分析程序，指出甲公司可能存在的重大错报风险。

第十章

风 险 应 对

第一节　针对报表层次重大错报风险的总体应对措施

一、财务报表层次重大错报风险的总体应对措施

所谓财务报表层次的重大错报风险，是指识别的与财务报表整体相关、涉及多项认定从而具有广泛影响性的重大错报风险。在评估重大错报风险时，注册会计师应当确定识别的重大错报风险是与特定的某类交易、账户余额、列报的认定相关，还是与财务报表整体相关，进而影响多项认定。如果重大错报风险是与财务报表整体相关，则属于财务报表层次的重大错报风险。

1. 总体应对措施

一般来说，针对评估的财务报表层次重大错报风险的总体应对措施可能包括以下几个方面。

(1) 向项目组强调保持职业怀疑的必要性。项目经理应该向项目组成员强调在执业的过程中对报表层次的重大错报风险更应该保持足够的职业怀疑态度，比如，哪怕发现的舞弊金额很小，都应该向项目经理汇报。

(2) 指派更有经验或具有特殊技能的审计人员，或利用专家的工作。来自不同行业的审计客户，在经营业务、经营风险、财务报告、法规和监管要求等方面可能各具特点，审计人员的选派必须针对客户的特殊性，项目组成员中应有一定比例的人员曾经参与过被审计单位以前年度的审计，或具有被审计单位所处行业的相关审计经验，必要时，还应考虑利用信息技术、税务、评估、精算等方面的专家的工作。

(3) 提供更多的督导。对于财务报表层次重大错报风险较高的被审计单位，项目组的高级注册会计师(如项目合伙人、项目经理等经验较丰富的人员)应强化对一般注册会计师提供更详细、更经常、更及时的督导，严格复核一般注册会计师的工作。

(4) 在选择拟实施的进一步审计程序时融入更多的不可预见的因素。被审计单位人员，尤其是管理层，如果熟悉注册会计师的审计套路，就可能采取种种规避手段，掩盖财务报告中的舞弊行为。因此，在设计拟实施审计程序的性质、时间安排和范围时，为了避免既定思维对审计方案的限制，避免对审计效果的人为干涉，从而使得针对重大错报风险的进一步审计程序更加有效，注册会计师要考虑使某些程序不为被审计单位管理层所预见或事先了解。

(5) 对拟实施审计程序的性质、时间安排或范围作出总体修改。财务报表层次的重大错报风险很可能源于薄弱的控制环境。薄弱的控制环境带来的风险可能对财务报表产生广泛影响，难以限于某类交易、账户余额和披露，注册会计师应当采取总体应对措施。相应地，注册会计师对控制环境的了解也影响其对财务报表层次重大错报风险的评估。有效的控制环境可以使注册会计师增强对内部控制和被审计单位内部产生的证据的信赖程度。

2. 控制环境存在缺陷时应考虑的事项

如果控制环境存在缺陷，注册会计师在对拟实施审计程序的性质、时间安排和范围作出总体修改时应当考虑以下各项。

(1) 在期末而非期中实施更多的审计程序。控制环境的缺陷通常会削弱期中获得的审计证据的可信赖程度。

(2) 通过实施实质性程序获取更广泛的审计证据。良好的控制环境是其他控制要素发挥作用的基础。控制环境存在缺陷通常会削弱其他控制要素的作用，导致注册会计师可能无法信赖内部控制，而主要依赖实施实质性程序获取审计证据。

(3) 增加拟纳入审计范围的样本数量。在内控环境不好的情况下，扩大样本规模可以降低检查风险。

二、增加不可预见性审计程序的方法

(一)增加不可预见性审计程序的思路

在实务中，注册会计师可以通过以下方式提高审计程序的不可预见性。

(1) 对某些以前未测试过的低于设定的重要性水平或风险较小的账户余额和认定实施实质性程序。注册会计师可以关注以前未曾关注过的审计领域，尽管这些领域可能重要程度比较低。如果这些领域有可能被用于掩盖舞弊行为，注册会计师就要针对这些领域实施一些具有不可预见性的测试。

(2) 调整实施审计程序的时间，使其超出被审计单位的预期。比如，如果注册会计师在以前年度的大多数审计工作都围绕着 12 月或在年底前后进行，那么被审计单位就会了解注册会计师这一审计习惯，由此可能会把一些不适当的会计调整放在年度的 9 月、10 月或 11 月等，以避免引起注册会计师的注意。因此，注册会计师可以考虑调整实施审计程序的时间，从测试 12 月的项目调整到测试 9 月、10 月或 11 月的项目。

(3) 采取不同的审计抽样方法，使当期抽取的测试样本与以前有所不同。比如，原来采用系统抽样法，现在采用随机抽样法或 PPS 抽样法。

(4) 选取不同的地点实施审计程序，或预先不告知被审计单位所选定的测试地点。例如，监盘程序中，注册会计师可以到未事先通知被审计单位的盘点现场进行监盘，使被审计单位没有机会事先安排，进而无法隐藏一些不想让注册会计师知道的情况。

(二)增加不可预见性审计程序的实施要点

在实务中，增加不可预见性审计程序的实施要点如下所述。

(1) 注册会计师需要与被审计单位的高层管理人员事先沟通，要求实施具有不可预见性的审计程序，但不能告知其具体内容。注册会计师可以在签订审计业务约定书时明确提出这一要求。

(2) 虽然对于不可预见性程度没有量化的规定，但审计项目组可根据对舞弊风险的评估等确定具有不可预见性的审计程序。审计项目组可以汇总那些具有不可预见性的审计程序，并记录在审计工作底稿中。

(3) 项目合伙人需要安排项目组成员有效地实施具有不可预见性的审计程序，但同时要避免使项目组成员处于困难境地。

(三)增加不可预见性审计程序的示例

表 10-1 举例说明了一些具有不可预见性的审计程序。

表 10-1　不可预见性审计程序的示例

审计领域	一些可能适用的具有不可预见性的审计程序
存货	向以前审计过程中接触不多的被审计单位员工询问，如采购、销售、生产人员等
	在事先不通知被审计单位的情况下，选择一些以前未曾到过的盘点地点进行存货监盘
销售和应收账款	向以前审计过程中接触不多或未曾接触过的被审计单位员工询问，如负责处理大客户账户的销售部人员
	改变实施实质性分析程序的对象，如对收入按细类进行分析
	针对销售和销售退回延长截止测试期间
	实施以前未曾考虑过的审计程序，例如： (1)函证确认销售条款或者选定销售额较不重要、以前未曾关注的销售交易，如对出口销售实施实质性程序； (2)实施更细致的分析程序，如使用计算机辅助审计技术复核销售及客户账户； (3)测试以前未曾函证过的账户余额，如金额为负或是零的账户，或者余额低于以前设定的重要性水平的账户； (4)改变函证日期，即把所函证账户的截止日期提前或者推迟； (5)对关联公司销售和相关账户余额，除了进行函证外，再实施其他审计程序进行验证
采购和应付账款	如果以前未曾对应付账款余额普遍进行函证，可考虑直接向供应商函证确认余额。如果经常采用函证方式，可考虑改变函证的范围或者时间
	对以前低于设定的重要性水平而未曾测试过的采购项目，进行细节性测试
	使用计算机辅助审计技术查阅采购和付款账户，以发现一些特殊项目，如是否有不同的供应商使用相同的银行账户
现金和银行存款	多选几个月的银行存款余额调节表进行测试
	对有大量银行账户的，考虑改变抽样方法
固定资产	对以前由于低于设定的重要性水平而未曾测试过的固定资产进行测试，如考虑实地盘查一些价值较低的固定资产，如汽车和其他设备等
集团审计项目	修改组成部分的审计工作的范围或者区域(如增加某些不重要的组成部分的审计工作量，或实地去组成部分开展审计工作)

三、总体应对措施对拟实施进一步审计程序的总体审计方案的影响

　　财务报表层次重大错报风险难以限于某类交易、账户余额和披露的特点，意味着此类风险可能对财务报表的多项认定产生广泛影响，并相应增加注册会计师对认定层次重大错报风险的评估难度。因此，注册会计师评估的财务报表层次重大错报风险以及采取的总体应对措施，对拟实施进一步审计程序的总体审计方案具有重大影响。

　　拟实施进一步审计程序的总体审计方案包括实质性方案和综合性方案。其中，实质性

方案是指注册会计师实施的进一步审计程序以实质性程序为主；综合性方案是指注册会计师在实施进一步审计程序时，将控制测试与实质性程序结合使用。当评估的财务报表层次重大错报风险属于高风险水平(并相应采取更强调审计程序不可预见性以及重视调整审计程序的性质、时间安排和范围等总体应对措施)时，拟实施进一步审计程序的总体方案往往更倾向于实质性方案。

第二节 针对认定层次重大错报风险的进一步审计程序

一、进一步审计程序的含义和设计应考虑的因素

(一)进一步审计程序的含义

相对于风险评估程序而言，进一步审计程序是指注册会计师针对评估的各类交易、账户余额和披露认定层次重大错报风险实施的审计程序，包括控制测试和实质性程序。

注册会计师应当针对评估的认定层次重大错报风险设计和实施进一步审计程序，包括审计程序的性质、时间和范围。注册会计师实施的审计程序应具有目的性和针对性，有的放矢地配置审计资源，以有利于提高审计效率和效果。

需要说明的是，尽管在应对评估的认定层次重大错报风险时，拟实施的进一步审计程序的性质、时间和范围都应当确保其具有针对性，但其中进一步审计程序的性质是最重要的。例如，注册会计师评估的重大错报风险越高，实施进一步审计程序的范围通常越大；但是只有首先确保进一步审计程序的性质与特定风险相关时，扩大审计程序的范围才是有效的。

(二)进一步审计程序设计应考虑的因素

在设计进一步审计程序时，注册会计师应当考虑下列因素。

1. 风险的重要性

风险的重要性是指风险造成后果的严重程度。风险的后果越严重，注册会计师就越需要关注和重视，越需要精心设计有针对性的进一步审计程序。

2. 重大错报发生的可能性

重大错报发生的可能性越大，同样越需要注册会计师精心设计进一步审计程序。

3. 涉及的各类交易、账户余额和列报的特征

不同的交易、账户余额和列报，产生的认定层次的重大错报风险也会存在差异，适用的审计程序也有差别，需要注册会计师区别对待，并设计有针对性的进一步审计程序予以应对。

4. 被审计单位采用的特定控制的性质

不同性质的控制(不管是人工控制还是自动化控制)对注册会计师设计进一步的审计程

序具有重要影响。

5. 拟获取审计证据的作用

注册会计师是否拟获取审计证据，以确定内部控制在防止或发现并纠正重大错报方面的有效性。

如果注册会计师在风险评估时预期内部控制运行有效，随后拟实施的进一步审计程序就必须包括控制测试，且实质性程序自然会受到之前控制测试结果的影响。

综合上述几方面因素，注册会计师对认定层次重大错报风险的评估为确定进一步审计程序的总体方案奠定了基础。因此，注册会计师应当根据对认定层次重大错报风险的评估结果，恰当选用实质性方案或综合性方案。通常情况下，注册会计师出于成本效益的考虑可以采用综合性方案设计进一步审计程序，即将测试控制运行的有效性与实质性程序结合使用。但在某些情况下(如仅通过实质性程序无法应对重大错报风险)，注册会计师必须通过实施控制测试，才可能有效应对评估出的某一认定的重大错报风险；而在另一些情况下(如注册会计师的风险评估程序未能识别出与认定相关的任何控制，或注册会计师认为控制测试很可能不符合成本效益原则)，注册会计师可能认为仅实施实质性程序就是适当的。

小型被审计单位可能不存在能够被注册会计师识别的控制活动，注册会计师实施的进一步审计程序可能主要是实质性程序。但是，注册会计师始终应当考虑在缺乏控制的情况下，仅通过实施实质性程序是否能够获取充分、适当的审计证据。

还需要特别说明的是，注册会计师对重大错报风险的评估毕竟是一种主观判断，可能无法充分识别所有的重大错报风险，同时内部控制存在固有局限性(特别是存在管理层凌驾于内部控制之上的可能性)。因此，无论选择何种方案，注册会计师都应当对所有重大的各类交易、账户余额、列报设计和实施实质性程序。

二、进一步审计程序的性质

(一)进一步审计程序的性质的含义

进一步审计程序的性质是指进一步审计程序的目的和类型。其中，进一步审计程序的目的包括通过实施控制测试以确定内部控制运行的有效性，通过实施实质性程序以发现认定层次的重大错报；进一步审计程序的类型包括询问、观察、检查、函证、重新计算、重新执行和分析程序。

如前所述，在应对评估的风险时，合理确定审计程序的性质是最重要的。这是因为不同的审计程序应对特定错报风险的效力不同。例如，对于与收入完整性认定相关的重大错报风险，控制测试通常更能有效应对；对于与收入发生认定相关的重大错报风险，实质性程序通常更有效果。再如，实施应收账款的函证程序可以为应收账款在某一时点存在的认定提供审计证据，但通常不能为应收账款的计价认定提供审计证据。对应收账款的计价认定，注册会计师通常需要实施其他更为有效的审计程序，如审查应收账款账龄和期后收款情况，了解欠款客户的信用情况等。

(二)进一步审计程序的性质的选择

在确定进一步审计程序的性质时，注册会计师首先需要考虑的是认定层次重大错报风险的评估结果。因此，注册会计师应当根据认定层次重大错报风险的评估结果选择审计程序。评估的认定层次重大错报风险越高，对通过实质性程序获取的审计证据的相关性和可靠性的要求越高，从而可能影响进一步审计程序的类型及其综合运用。例如，当注册会计师判断某类交易协议的完整性存在更高的重大错报风险时，除了检查文件以外，注册会计师还可能决定向第三方询问或函证协议条款的完整性。

除了从总体上把握认定层次重大错报风险的评估结果对选择进一步审计程序的影响外，在确定拟实施的审计程序时，注册会计师接下来应当考虑评估的认定层次重大错报风险产生的原因，包括考虑各类交易、账户余额和披露的具体特征以及内部控制。例如，注册会计师可能判断某特定类别的交易即使在不存在相关控制的情况下发生重大错报的风险仍较低，此时注册会计师可能认为仅实施实质性程序就可以获取充分、适当的审计证据。再如，对于经由被审计单位信息系统日常处理和控制的某类交易，如果注册会计师预期此类交易在内部控制运行有效的情况下发生重大错报的风险较低，且拟在控制运行有效的基础上设计实质性程序，注册会计师就会决定先实施控制测试。

需要说明的是，如果在实施进一步审计程序时拟利用被审计单位信息系统生成的信息，注册会计师应当就信息的准确性和完整性获取审计证据。例如，注册会计师在实施实质性分析程序时，使用了被审计单位生成的非财务信息或预算数据。再如，注册会计师在对被审计单位的存货期末余额实施实质性程序时，拟利用被审计单位信息系统生成的各个存货存放地点及其余额清单，注册会计师应当获取关于这些信息的准确性和完整性的审计证据。

三、进一步审计程序的时间

(一)进一步审计程序的时间的含义

进一步审计程序的时间是指注册会计师何时实施进一步审计程序，或审计证据适用的期间或时点。因此，当提及进一步审计程序的时间时，在某些情况下指的是审计程序的实施时间，在另一些情况下是指需要获取的审计证据适用的期间或时点。

(二)进一步审计程序的时间的选择

有关进一步审计程序的时间的选择问题：第一个层面是注册会计师选择在何时实施进一步审计程序的问题，第二个层面是选择获取什么期间或时点的审计证据的问题。第一个层面的选择问题主要集中在如何权衡期中与期末实施审计程序的关系；第二个层面的选择问题分别集中在如何权衡期中审计证据与期末审计证据的关系、如何权衡以前审计获取的审计证据与本期审计获取的审计证据的关系。这两个层面的最终落脚点都是如何确保获取审计证据的效率和效果。

注册会计师可以在期中或期末实施控制测试或实质性程序。这就引出了注册会计师应当如何选择实施审计程序的时间的问题。一项基本的考虑因素应当是注册会计师评估的重大错报风险，当重大错报风险较高时，注册会计师应当考虑在期末或接近期末实施实质性程序，或采用不通知的方式，或在管理层不能预见的时间实施审计程序。

虽然在期末实施审计程序在很多情况下非常必要，但仍然不排除注册会计师在期中实施审计程序可能发挥积极作用。在期中实施进一步审计程序，可能有助于注册会计师在审计工作初期识别重大事项，并在管理层的协助下及时解决这些事项；或针对这些事项制定有效的实质性方案或综合性方案。当然，在期中实施进一步审计程序也存在很大的局限性。首先，注册会计师往往难以仅凭在期中实施的进一步审计程序获取有关期中以前的充分、适当的审计证据(如某些期中以前发生的交易或事项在期中审计结束时尚未完结)；其次，即使注册会计师在期中实施的进一步审计程序能够获取有关期中以前的充分、适当的审计证据，但从期中到期末这段剩余期间还往往会发生重大的交易或事项(包括期中以前发生的交易、事项的延续，以及期中以后发生的新的交易、事项)，从而对所审计期间的财务报表认定产生重大影响；最后，被审计单位管理层也完全有可能在注册会计师于期中实施了进一步审计程序之后对期中以前的相关会计记录作出调整甚至篡改，导致注册会计师在期中实施了进一步审计程序所获取的审计证据已经发生了变化。为此，如果在期中实施了进一步审计程序，注册会计师还应当针对剩余期间获取审计证据。

注册会计师在确定何时实施审计程序时应当考虑以下几项重要因素。

1. 控制环境

良好的控制环境可以抵消在期中实施进一步审计程序的一些局限性，使注册会计师在确定实施进一步审计程序的时间时有更大的灵活度。

2. 何时能得到相关信息

例如，某些控制活动可能仅在期中(或期中以前)发生，而之后可能难以再被观察到。再如，某些电子化的交易和账户文档如未能及时取得，可能被覆盖。在这些情况下，注册会计师如果希望获取相关信息，则需要考虑能够获取相关信息的时间。

3. 错报风险的性质

例如，被审计单位可能为了保证盈利目标的实现，而在会计期末以后伪造销售合同以虚增收入，此时注册会计师需要考虑在期末(即资产负债表日)这个特定时点获取被审计单位截至期末所能提供的所有销售合同及相关资料，以防范被审计单位在资产负债表日后伪造销售合同虚增收入的做法。

4. 审计证据适用的期间或时点

注册会计师应当根据需要获取的特定审计证据确定何时实施进一步审计程序。例如，为了获取资产负债表日的存货余额证据，显然不宜在与资产负债表日间隔过长的期中时点或期末以后时点实施存货监盘等相关审计程序。

需要说明的是，虽然注册会计师在很多情况下可以根据具体情况选择实施进一步审计程序的时间，但也存在一些限制选择的情况。某些审计程序只能在期末或期末以后实施，包括将财务报表与会计记录相核对，检查财务报表编制过程中所做的会计调整等。如果被审计单位在期末或接近期末发生了重大交易，或重大交易在期末尚未完成，注册会计师应当考虑交易的发生或截止等认定可能存在的重大错报风险，并在期末或期末以后检查此类交易。

四、进一步审计程序的范围

进一步审计程序的范围是指实施进一步审计程序的数量，包括抽取的样本量、对某项控制活动的观察次数等。

在确定进一步审计程序的范围时，注册会计师应当考虑下列因素。

1. 确定的重要性水平

确定的重要性水平越低，注册会计师实施进一步审计程序的范围越广。

2. 评估的重大错报风险

评估的重大错报风险越高，对拟获取审计证据的相关性、可靠性的要求越高，因此，注册会计师实施的进一步审计程序的范围也越广。

3. 计划获取的保证程度

计划获取的保证程度是指注册会计师计划通过所实施的审计程序对测试结果可靠性所获取的信心。计划获取的保证程度越高，对测试结果可靠性要求越高，注册会计师实施的进一步审计程序的范围越广。例如，注册会计师对财务报表是否不存在重大错报的信心可能来自控制测试和实质性程序。如果注册会计师计划从控制测试中获取更高的保证程度，则控制测试的范围就更广。

可容忍错报、评估的重大错报风险及计划获取的保证程度与样本规模的关系，详见第十一章审计抽样。

需要说明的是，随着重大错报风险的增加，注册会计师应当考虑扩大审计程序的范围。但是，只有当审计程序本身与特定风险相关时，扩大审计程序的范围才是有效的。

4. 使用计算机辅助审计技术

在考虑确定进一步审计程序的范围时，使用计算机辅助审计技术具有积极的作用。注册会计师可以使用计算机辅助审计技术对电子化的交易和账户文档进行更广泛的测试，包括从主要电子文档中选取交易样本，或按照某一特征对交易进行分类，或对总体而非样本进行测试。

鉴于进一步审计程序的范围往往是通过一定的抽样方法加以确定的，因此，注册会计师需要慎重考虑抽样过程对审计程序范围的影响是否能够有效实现审计目的。注册会计师使用恰当的抽样方法通常可以得出有效结论。但如果存在下列情形，注册会计师依据样本得出的结论可能与对总体实施同样的审计程序得出的结论不同，出现不可接受的风险：①从总体中选择的样本量过小；②选择的抽样方法对实现特定目标不适当；③未对发现的例外事项进行恰当的追查。

此外，注册会计师在综合运用不同审计程序时，除了面临各类审计程序的性质选择问题以外，还面临如何权衡各类程序的范围问题。因此，注册会计师在综合运用不同审计程序时，不仅应当考虑各类审计程序的性质，还应当考虑测试的范围是否适当。

第三节 控 制 测 试

控制测试是为了获取关于控制防止或发现并纠正认定层次重大错报的有效性而实施的测试。注册会计师应当选择为相关认定提供证据的控制进行测试。

一、控制测试的含义和适用情况

(一)控制测试的含义

控制测试是指用于评价内部控制在防止或发现并纠正认定层次重大错报方面的运行有效性的审计程序。在测试控制运行的有效性时，注册会计师应当从下列方面获取关于控制是否有效运行的审计证据。

(1) 控制在所审计期间的不同时点是如何运行的。

(2) 控制是否得到一贯执行。

(3) 控制由谁或以何种方式运行(如人工控制或自动化控制)。

从这三个方面来看，控制运行有效性强调的是控制能够在各个不同时点按照既定设计得以一贯执行。

■ 知识链接 10-1

"了解内控"与"控制测试"是有区别的。"了解内控"包含两层含义，一是评价控制的设计，二是确定控制是否得到执行。"控制测试"的目的是检验控制是否按照既定的设计一以贯之地执行。

在了解控制是否得到执行时，注册会计师只需抽取少量的交易进行检查或观察某几个时点。但在测试控制运行的有效性时，注册会计师需要抽取足够数量的交易进行检查或对多个不同时点进行观察。

比如，注册会计师通过询问了解到某被审计单位针对销售收入和销售费用的业绩评价控制如下：财务经理每月审核实际销售收入(按产品细分)和销售费用(按费用项目细分)，并与预算数和上年同期数比较，对于差异金额超过 5%的项目进行分析并编制分析报告，销售经理审阅该报告并采取适当跟进措施。注册会计师抽查了最近 3 个月的分析报告，并看到上述管理人员在报告上签字确认，证明该控制已经得到执行(这是了解内控)。然而，注册会计师在与销售经理的讨论中，发现他对分析报告中明显异常的数据并不了解其原因，也无法作出合理解释，从而显示该控制并未得到有效执行(这是控制测试)。

"了解内控"与"控制测试"也是有联系的。为评价控制设计和确定控制是否得到执行而实施的某些风险评估程序并非专为控制测试而设计，也可能提供有关控制运行有效性的审计证据，注册会计师可以考虑在评价控制设计和获取其得到执行的审计证据的同时测试控制运行的有效性，以提高审计效率；同时注册会计师应当考虑这些审计证据是否足以实现控制测试的目的。

例如，被审计单位可能采用预算管理制度，以防止或发现并纠正与费用有关的重大错报风险。通过询问管理层是否编制预算，观察管理层对月度预算费用与实际发生费用的比较，并检查预算金额与实际金额之间的差异报告，注册会计师可能获取有关被审计单位费用预算管理制度的设计及其是否得到执行的审计证据，同时也可能获取相关制度运行有效性的审计证据。当然，注册会计师需要考虑所实施的风险评估程序获取的审计证据是否能够充分、适当地反映被审计单位费用预算管理制度在各个不同时点按照既定设计得以一贯执行。

(二)控制测试的适用情况

作为进一步审计程序的类型之一，控制测试并非在任何情况下都需要实施。当存在下列情形之一时，注册会计师应当实施控制测试：在评估认定层次重大错报风险时，预期控制的运行是有效的；仅实施实质性程序不足以提供认定层次充分、适当的审计证据。

如果在评估认定层次重大错报风险时预期控制的运行是有效的，注册会计师应当实施控制测试，就控制在相关期间或时点的运行有效性获取充分、适当的审计证据。

注册会计师通过实施风险评估程序，可能发现某项控制的设计是存在的，也是合理的，同时得到了执行。在这种情况下，出于成本效益的考虑，注册会计师可能预期，如果相关控制在不同时点都得到了一贯执行，与该项控制有关的财务报表认定发生重大错报的可能性就不会很大，也就不需要实施很多的实质性程序。为此，注册会计师可能会认为值得对相关控制在不同时点是否得到了一贯执行进行测试，即实施控制测试。这种测试主要是出于成本效益的考虑，其前提是注册会计师通过了解内部控制以后认为某项控制存在着被信赖和利用的可能。因此，只有认为控制设计合理、能够防止或发现并纠正认定层次的重大错报，注册会计师才有必要对控制运行的有效性实施测试。

如果认为仅实施实质性程序获取的审计证据无法将认定层次重大错报风险降至可接受的低水平，注册会计师应当实施相关的控制测试，以获取控制运行有效性的审计证据。

有时，对有些重大错报风险，注册会计师仅通过实质性程序无法予以应对。例如，在被审计单位对日常交易或与财务报表相关的其他数据(包括信息的生成、记录、处理、报告)采用高度自动化处理的情况下，审计证据可能仅以电子形式存在，此时审计证据是否充分和适当通常取决于自动化信息系统相关控制的有效性。如果信息的生成、记录、处理和报告均通过电子格式进行而没有适当有效的控制，则生成不正确信息或信息被不恰当修改的可能性就会大大增加。在认为仅通过实施实质性程序不能获取充分、适当的审计证据的情况下，注册会计师必须实施控制测试，且这种测试已经不再是单纯出于成本效益的考虑，而是必须获取的一类审计证据。

此外需要说明的是，被审计单位在所审计期间内可能由于技术更新或组织管理变更而更换信息系统，从而导致在不同时期使用了不同的控制。如果被审计单位在所审计期间内的不同时期使用了不同的控制，注册会计师应当考虑不同时期控制运行的有效性。

二、控制测试的性质

(一)控制测试采用审计程序的类型

控制测试的性质是指控制测试所使用的审计程序的类型及其组合。

计划从控制测试中获取的保证水平是决定控制测试性质的主要因素之一。注册会计师应当选择适当类型的审计程序以获取有关控制运行有效性的保证。计划的保证水平越高，对有关控制运行有效性的审计证据的可靠性要求越高。当拟实施的进一步审计程序主要以控制测试为主，尤其是仅实施实质性程序获取的审计证据无法将认定层次重大错报风险降至可接受的低水平时，注册会计师应当获取有关控制运行有效性的更高的保证水平。

控制测试采用审计程序的类型通常包括询问、观察、检查和重新执行。

1. 询问

注册会计师可以向被审计单位适当员工询问，获取与内部控制运行情况相关的信息。例如，询问信息系统管理人员有无未经授权接触计算机硬件和软件；向负责复核银行存款余额调节表的人员询问如何进行复核，包括复核的要点是什么，发现不符事项如何处理等。然而，仅仅通过询问不能为控制运行的有效性提供充分的证据，注册会计师通常需要印证被询问者的答复，如向其他人员询问和检查执行控制时所使用的报告、手册或其他文件等。因此，虽然询问是一种有用的手段，但它必须和其他测试手段结合使用才能发挥作用。在询问过程中，注册会计师应当保持职业怀疑态度。

2. 观察

观察是测试不留下书面记录的控制(如职责分离)的运行情况的有效方法。例如，观察存货盘点控制的执行情况。观察也可运用于实物控制，如查看仓库门是否锁好，或空白支票是否妥善保管。通常情况下，注册会计师通过观察直接获取的证据比间接获取的证据更可靠。但是，注册会计师还要考虑其所观察到的控制在注册会计师不在场时可能未被执行的情况。

3. 检查

对运行情况留有书面证据的控制，检查非常适用。书面说明、复核时留下的记号，或其他记录在偏差报告中的标志，都可以被当作控制运行情况的证据。例如，检查销售发票是否有复核人员签字，检查销售发票是否附有客户订购单和出库单等。

4. 重新执行

通常只有当询问、观察和检查程序结合在一起仍无法获得充分的证据时，注册会计师才考虑通过重新执行来证实控制是否有效运行。例如，为了合理保证计价认定的准确性，被审计单位的一项控制是由复核人员核对销售发票上的价格与统一价格单上的价格是否一致。但是，要检查复核人员有没有认真执行核对，仅仅检查复核人员是否在相关文件上签字是不够的，注册会计师还需要自己选取一部分销售发票进行核对，这就是重新执行程序。但是，如果需要进行大量的重新执行，注册会计师就要考虑通过实施控制测试以缩小实质性程序的范围是否有效率。

询问本身并不足以测试控制运行的有效性，注册会计师应当将询问与其他审计程序结合使用，以获取有关控制运行有效性的审计证据。观察提供的证据仅限于观察发生的时点，本身也不足以测试控制运行的有效性。将询问、观察与检查或重新执行结合使用，通常能够比仅实施询问和观察获取更高的保证。例如，被审计单位针对处理收到的邮政汇款单设计和执行了相关的内部控制，注册会计师通过询问和观察程序往往不足以测试此类控制的运行有效性，还需要检查能够证明此类控制在所审计期间的其他时段有效运行的文件和凭证，以获取充分、适当的审计证据。

■ **知识链接 10-2**

穿行测试与重新执行的区别如下。

穿行测试是多种审计程序的综合运用，而重新执行是一项具体的审计程序。

穿行测试，就是注册会计师选取一笔或很少几笔重要的交易流程从前到后跟着循环走一遍，以确定是否与之前了解的一样。比如，拿销售与收款循环来说，就是通过检查、观察、询问等审计程序，从接受客户订单、赊销审批、销售单形成、发货、收款、账务处理等一系列的内容，按照"一条线"全部"走"一遍，然后确定内部控制的设置是否良好、内部控制是否正在执行等情况，从而对相关的内部控制进行评价，并且在评价的基础上确定是否进一步执行控制测试。

重新执行是指在控制测试中注册会计师选取一定的样本量，重新独立执行作为被审计单位内部控制组成部分的程序或控制(比如销售单的复核、发货的复核等)，也就是自己完全按照被审计单位的内部控制独立地执行一遍，再和被审计单位执行的相比较，以确定被审计单位内部控制是否得到有效的运行。

(二)确定控制测试性质时的要求

1. 考虑特定控制的性质

注册会计师应当根据特定控制的性质选择所需实施审计程序的类型。例如，某些控制可能存在反映控制运行有效性的文件记录，在这种情况下，注册会计师可以检查这些文件记录以获取控制运行有效性的审计证据；某些控制可能不存在文件记录(如一项自动化的控制活动)，或文件记录与能否证实控制运行有效性不相关，注册会计师应当考虑实施检查以外的其他审计程序(如询问和观察)或借助计算机辅助审计技术，以获取有关控制运行有效性的审计证据。

2. 考虑测试与认定直接相关和间接相关的控制

在设计控制测试时，注册会计师不仅应当考虑与认定直接相关的控制，还应当考虑这些控制所依赖的与认定间接相关的控制，以获取支持控制运行有效性的审计证据。例如，被审计单位可能针对超出信用额度的例外赊销交易设置报告和审核制度(与认定直接相关的控制)。在测试该项制度的运行有效性时，注册会计师不仅应当考虑审核的有效性，还应当考虑与例外赊销报告中信息准确性有关的控制(与认定间接相关的控制)是否有效运行。

3. 如何对一项自动化的应用控制实施控制测试

对于一项自动化的应用控制，由于信息技术处理过程的内在一贯性，注册会计师可以利用该项控制得以执行的审计证据和信息技术一般控制(特别是对系统变动的控制)运行有效性的审计证据，作为支持该项控制在相关期间运行有效性的重要审计证据。

(三)实施双重目的的测试

控制测试的目的是评价控制是否有效运行；细节测试的目的是发现认定层次的重大错

报。尽管两者的目的不同，但注册会计师可以考虑针对同一交易同时实施控制测试和细节测试，以实现双重目的。例如，注册会计师通过检查某笔交易的发票可以确定其是否经过适当的授权，也可以获取关于该笔交易的金额、发生时间等细节证据。当然，如果拟实施双重目的的测试，注册会计师应当仔细设计和评价测试程序。

(四)实施实质性程序的结果对控制测试结果的影响

如果通过实施实质性程序未发现某项认定存在错报，这本身并不能说明与该认定有关的控制是有效运行的；但如果通过实施实质性程序发现某项认定存在错报，注册会计师应当在评价相关控制的运行有效性时予以考虑。因此，注册会计师应当考虑实施实质性程序发现的错报对评价相关控制运行有效性的影响(如降低对相关控制的信赖程度、调整实质性程序的性质、扩大实质性程序的范围等)。如果实施实质性程序发现被审计单位没有识别出的重大错报，通常表明内部控制存在重大缺陷，注册会计师应当就这些缺陷与管理层和治理层进行沟通。

三、控制测试的时间

(一)控制测试的时间的含义

如前所述，控制测试的时间包含两层含义：一是何时实施控制测试；二是测试所针对的控制适用的时点或期间。一个基本的原理是，如果测试特定时点的控制，注册会计师仅得到该时点控制运行有效性的审计证据；如果测试某一期间的控制，注册会计师可获取控制在该期间有效运行的审计证据。因此，注册会计师应当根据控制测试的目的确定控制测试的时间，并确定拟信赖的相关控制的时点或期间。

关于根据控制测试的目的确定控制测试的时间，如果仅需要测试控制在特定时点的运行有效性(如对被审计单位期末存货盘点进行控制测试)，注册会计师只需要获取该时点的审计证据。如果需要获取控制在某一期间有效运行的审计证据，仅获取与时点相关的审计证据是不充分的，注册会计师应当辅以其他控制测试，包括测试被审计单位对控制的监督。换言之，关于控制在多个不同时点的运行有效性的审计证据的简单累加并不能构成控制在某期间的运行有效性的充分、适当的审计证据；而所谓的"其他控制测试"应当具备的功能是，能提供相关控制在所有相关时点都运行有效的审计证据；被审计单位对控制的监督起到的就是一种检验相关控制在所有相关时点是否都有效运行的作用，因此注册会计师测试这类活动能够强化控制在某期间运行有效性的审计证据的效力。

(二)如何考虑期中审计证据

前文已述及，注册会计师可能在期中实施进一步审计程序。对于控制测试，注册会计师在期中实施此类程序具有更积极的作用。但需要说明的是，即使注册会计师已获取有关控制在期中运行有效性的审计证据，仍然需要考虑如何能够将控制在期中运行有效性的审计证据合理延伸至期末，一个基本的考虑是针对期中至期末这段剩余期间获取充分、适当的审计证据。因此，如果已获取有关控制在期中运行有效性的审计证据，并拟利用该证据，注册会计师应当实施下列审计程序。

(1) 获取这些控制在剩余期间变化情况的审计证据。

(2) 确定针对剩余期间还需获取的补充审计证据。

上述两项审计程序中，第一项是针对期中已获取审计证据的控制，考察这些控制在剩余期间的变化情况(包括是否发生了变化以及如何变化)：如果这些控制在剩余期间没有发生变化，注册会计师可能决定信赖期中获取的审计证据；如果这些控制在剩余期间发生了变化(如信息系统、业务流程或人事管理等方面发生变动)，注册会计师需要了解并测试控制的变化对期中审计证据的影响。

上述两项审计程序中，第二项是针对期中证据以外的、剩余期间的补充证据。在执行该项规定时，注册会计师应当考虑下列因素。

(1) 评估的认定层次重大错报风险的重大程度。评估的重大错报风险对财务报表的影响越大，注册会计师需要获取的剩余期间的补充证据越多。

(2) 在期中测试的特定控制，以及自期中测试后发生的重大变动。例如，对自动化运行的控制，注册会计师更可能测试信息系统一般控制的运行有效性，以获取控制在剩余期间运行有效性的审计证据。

(3) 在期中对有关控制运行有效性获取的审计证据的程度。如果注册会计师在期中对有关控制运行有效性获取的审计证据比较充分，可以考虑适当减少需要获取的剩余期间的补充证据。

(4) 剩余期间的长度。剩余期间越长，注册会计师需要获取的剩余期间的补充证据越多。

(5) 在信赖控制的基础上拟减少进一步实质性程序的范围。注册会计师对相关控制的信赖程度越高，通常在信赖控制的基础上拟减少进一步实质性程序的范围就越大。在这种情况下，注册会计师需要获取的剩余期间的补充证据越多。

(6) 控制环境。在注册会计师总体上拟信赖控制的前提下，控制环境越薄弱(或把握程度越低)，注册会计师需要获取的剩余期间的补充证据越多。

除了上述的测试剩余期间控制的运行有效性，测试被审计单位对控制的监督也能够作为一项有益的补充证据，以便更有把握地将控制在期中运行有效性的审计证据延伸至期末。如前文所述，被审计单位对控制的监督起到的是一种检验相关控制在所有相关时点是否有效运行的作用，因此，通过测试剩余期间控制的运行有效性或测试被审计单位对控制的监督，注册会计师可以获取补充的审计证据。

(三)如何考虑以前审计获取的审计证据

注册会计师考虑以前审计获取的有关控制运行有效性的审计证据，其意义在于：一方面，内部控制中的诸多因素对于被审计单位往往是相对稳定的(相对于具体的交易、账户余额和披露)，因此注册会计师在本期审计时还可以适当考虑利用以前审计获取的有关控制运行有效性的审计证据；另一方面，内部控制在不同期间可能发生重大变化，注册会计师在利用以前审计获取的有关控制运行有效性的审计证据时需要格外慎重，充分考虑各种因素。

关于如何考虑以前审计获取的有关控制运行有效性的审计证据，基本思路是考虑拟信赖的以前审计中测试的控制在本期是否发生变化，因为考虑与控制变化有关的审计证据有助于注册会计师决定合理调整拟在本期获取的有关控制运行有效性的审计证据。

1. 基本思路

考虑拟信赖的以前审计中测试的控制在本期是否发生变化。如果拟信赖以前审计获取的有关控制运行有效性的审计证据，注册会计师应当通过实施询问并结合观察或检查程序，获取这些控制是否已经发生变化的审计证据。例如，在以前审计中，注册会计师可能确定被审计单位某项自动化控制能够发挥预期作用，那么在本期审计中，注册会计师需要获取审计证据以确定是否发生了影响该自动化控制持续有效发挥作用的变化。再如，注册会计师可以通过询问管理层或检查日志，确定哪些控制已经发生变化。

注册会计师可能面临两种结果：控制在本期发生变化；控制在本期没有发生变化。

2. 当控制在本期发生变化时注册会计师的做法

如果控制在本期发生变化，注册会计师应当考虑以前审计获取的有关控制运行有效性的审计证据是否与本期审计相关。例如，如果系统的变化仅仅使被审计单位从中获取新的报告，这种变化通常不影响以前审计所获取证据的相关性；如果系统的变化引起数据累积或计算发生改变，这种变化可能影响以前审计所获取证据的相关性。如果拟信赖的控制自上次测试后已发生变化，注册会计师应当在本期审计中测试这些控制的运行有效性。

3. 当控制在本期未发生变化时注册会计师的做法

如果拟信赖的控制自上次测试后未发生变化，且不属于旨在减轻特别风险的控制，注册会计师应当运用职业判断确定是否在本期审计中测试其运行有效性，以及本次测试与上次测试的时间间隔，但每三年至少对控制测试一次。

在确定利用以前审计获取的有关控制运行有效性的审计证据是否适当以及再次测试控制的时间间隔时，注册会计师应当考虑的因素或情况包括以下几个方面。

(1) 内部控制其他要素的有效性，包括控制环境、对控制的监督以及被审计单位的风险评估过程。例如，当被审计单位控制环境薄弱或对控制的监督薄弱时，注册会计师应当缩短再次测试控制的时间间隔或完全不信赖以前审计获取的审计证据。

(2) 控制特征(是人工控制还是自动化控制)产生的风险。当相关控制中人工控制的成分较大时，考虑到人工控制一般稳定性较差，注册会计师可能决定在本期审计中继续测试该控制的运行有效性。

(3) 信息技术一般控制的有效性。当信息技术一般控制薄弱时，注册会计师可能更少地依赖以前审计获取的审计证据。

(4) 影响内部控制的重大人事变动。例如，当所审计期间发生了对控制运行产生重大影响的人事变动时，注册会计师可能决定在本期审计中不依赖以前审计获取的审计证据。

(5) 由于环境发生变化而特定控制缺乏相应变化导致的风险。当环境的变化表明需要对控制作出相应的变动，但控制却没有作出相应变动时，注册会计师应当充分意识到控制不再有效，从而导致本期财务报表发生重大错报的可能性，此时不应再依赖以前审计获取的有关控制运行有效性的审计证据。

(6) 重大错报的风险和对控制的拟信赖程度。如果重大错报风险较大或对控制的拟信赖程度较高，注册会计师应当缩短再次测试控制的时间间隔或完全不信赖以前审计获取的审计证据。

如果拟信赖以前审计获取的某些控制运行有效性的审计证据，注册会计师应当在每次审计时从中选取足够数量的控制，测试其运行有效性；不应将所有拟信赖控制的测试集中于某一次审计，而在之后的审计中不进行任何测试。这主要是为了尽量降低审计风险，毕竟注册会计师可能难以充分识别以前审计中测试过的控制在本期是否发生变化。此外，在每一次审计中选取足够数量的部分控制进行测试，除了能够提供这些以前审计中测试过的控制在当期运行有效性的审计证据外，还可提供控制环境持续有效性的旁证，从而有助于注册会计师判断其信赖以前审计获取的审计证据是否恰当。

4. 不得依赖以前审计所获取证据的情形

鉴于特别风险的特殊性，对于旨在减轻特别风险的控制，不论该控制在本期是否发生变化，注册会计师都不应依赖以前审计获取的证据。因此，如果确定评估的认定层次重大错报风险是特别风险，并拟信赖旨在减轻特别风险的控制，注册会计师不应依赖以前审计获取的审计证据，而应在本期审计中测试这些控制的运行有效性。也就是说，如果注册会计师拟信赖针对特别风险的控制，那么所有关于该控制运行有效性的审计证据必须来自当年的控制测试。相应地，注册会计师应当在每次审计中都测试这类控制。

图 10-1 概括了注册会计师是否需要在本期测试某项控制的决策过程。

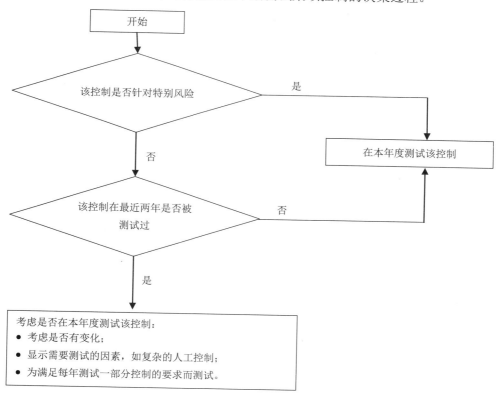

图 10-1　注册会计师本期测试某项控制的决策过程

四、控制测试的范围

(一)确定控制测试范围应考虑的因素

对于控制测试的范围，其含义主要是指某项控制活动的测试次数。注册会计师应当设计控制测试，以获取控制在整个拟信赖的期间有效运行的充分、适当的审计证据。

注册会计师在确定某项控制的测试范围时通常考虑下列因素。

(1) 在整个拟信赖的期间，被审计单位执行控制的频率。控制执行的频率越高，控制测试的范围越大。

(2) 在所审计期间，注册会计师拟信赖控制运行有效性的时间长度。拟信赖控制运行有效性的时间长度不同，在该时间长度内发生的控制活动次数也不同。注册会计师需要根据拟信赖控制的时间长度确定控制测试的范围。拟信赖期间越长，控制测试的范围越大。

(3) 控制的预期偏差。预期偏差可以用控制未得到执行的预期次数占控制应当得到执行次数的比率加以衡量(也可称为预期偏差率)。考虑该因素，是因为在考虑测试结果是否可以得出控制运行有效性的结论时，不可能只要出现任何控制执行偏差就认定控制运行无效，所以需要确定一个合理水平的预期偏差率。控制的预期偏差率越高，需要实施控制测试的范围越大。如果控制的预期偏差率过高，注册会计师应当考虑控制可能不足以将认定层次的重大错报风险降至可接受的低水平，从而针对某一认定实施的控制测试可能是无效的。

(4) 通过测试与认定相关的其他控制获取的审计证据的范围。针对同一认定，可能存在不同的控制。当针对其他控制获取审计证据的充分性和适当性较高时，测试该控制的范围可适当缩小。

(5) 拟获取的有关认定层次控制运行有效性的审计证据的相关性和可靠性。对审计证据的相关性和可靠性要求越高，控制测试的范围越大。

(二)对自动化控制的测试范围的特别考虑

除非系统(包括系统使用的表格、文档或其他永久性数据)发生变动，注册会计师通常不需要增加自动化控制的测试范围。

信息技术处理具有内在一贯性，除非系统发生变动，一项自动化应用控制应当一贯运行。对于一项自动化应用控制，一旦确定被审计单位正在执行该控制，注册会计师通常无须扩大控制测试的范围，但需要考虑执行下列测试以确定该控制持续有效运行。

(1) 测试与该应用控制有关的一般控制的运行有效性。

(2) 确定系统是否发生变动，如果发生变动，是否存在适当的系统变动控制。

(3) 确定对交易的处理是否使用授权批准的软件版本。

例如，注册会计师可以检查信息系统安全控制记录，以确定是否存在未经授权的接触系统硬件和软件，以及系统是否发生变动。

(三)测试两个层次控制时需注意的问题

控制测试可用于测试被审计单位每个层次的内部控制。整体层次控制测试通常更加主观(如管理层对胜任能力的重视)。对整体层次控制进行测试，通常比业务流程层次控制(如检查付款是否得到授权)更难以记录。因此，整体层次控制和信息技术一般控制的评价通常记录的是文件备忘录和支持性证据。注册会计师最好在审计的早期测试整体层次控制，原因在于对这些控制测试的结果会影响其他审计程序的性质和范围。

第四节　实质性程序

一、实质性程序的含义和要求

(一)实质性程序的含义

实质性程序是指用于发现认定层次重大错报的审计程序，包括对各类交易、账户余额和披露的细节测试以及实质性分析程序。

注册会计师实施的实质性程序应当包括下列与财务报表编制完成阶段相关的审计程序。

(1)　将财务报表与其所依据的会计记录进行核对或调节。

(2)　检查财务报表编制过程中作出的重大会计分录和其他调整。注册会计师对会计分录和其他会计调整检查的性质和范围，取决于被审计单位财务报告过程的性质和复杂程度以及由此产生的重大错报风险。

(二)实质性程序的要求

由于注册会计师对重大错报风险的评估是一种判断，可能无法充分识别所有的重大错报风险，并且由于内部控制存在固有局限性，无论评估的重大错报风险结果如何，注册会计师都应当针对所有重大类别的交易、账户余额和披露实施实质性程序。

如果认为评估的认定层次重大错报风险是特别风险，注册会计师应当专门针对该风险实施实质性程序。例如，如果认为管理层面临实现盈利指标的压力而可能提前确认收入，注册会计师在设计询证函时不仅应当考虑函证应收账款的账户余额，还应当考虑询证销售协议的细节条款(如交货、结算及退货条款)；注册会计师还可考虑在实施函证的基础上针对销售协议及其变动情况询问被审计单位的非财务人员。如果针对特别风险仅实施实质性程序，注册会计师应当使用细节测试，或将细节测试和实质性分析程序结合使用，以获取充分、适当的审计证据。作此规定的考虑是，为应对特别风险需要获取具有高度相关性和可靠性的审计证据，仅实施实质性分析程序不足以获取有关特别风险的充分、适当的审计证据。

二、实质性程序的性质

(一)实质性程序的性质的含义

实质性程序的性质是指实质性程序的类型及其组合。前文已述及，实质性程序的两种基本类型包括细节测试和实质性分析程序。

细节测试是对各类交易、账户余额和披露的具体细节进行测试，目的在于直接识别财务报表认定是否存在错报。细节测试被用于获取与某些认定相关的审计证据，如存在、准确性、计价等。

实质性分析程序从技术特征上讲仍然是分析程序，主要是通过研究数据间的关系评价信息，只是将该技术方法用作实质性程序，即用于识别各类交易、账户余额和披露及相关认定是否存在错报。实质性分析程序通常更适用于在一段时间内存在可预期关系的大量交易。

(二)细节测试的方向

对于细节测试，注册会计师应当针对评估的风险设计细节测试，获取充分、适当的审计证据，以达到认定层次所计划的保证水平。该规定的含义是，注册会计师需要根据不同的认定层次的重大错报风险设计有针对性的细节测试。例如，在针对存在或发生认定设计细节测试时，注册会计师应当选择包含在财务报表金额中的项目，并获取相关审计证据；又如，在针对完整性认定设计细节测试时，注册会计师应当选择有证据表明应包含在财务报表金额中的项目，并调查这些项目是否确实包括在内，如为应对被审计单位漏记本期应付账款的风险，注册会计师可以检查期后付款记录。

(三)设计实质性分析程序时应考虑的因素

注册会计师在设计实质性分析程序时应当考虑的因素包括：①对特定认定使用实质性分析程序的适当性；②对已记录的金额或比率作出预期时，所依据的内部或外部数据的可靠性；③作出预期的准确程度是否足以在计划的保证水平上识别重大错报；④已记录金额与预期值之间可接受的差异额。考虑到数据及分析的可靠性，当实施实质性分析程序时，如果使用被审计单位编制的信息，注册会计师应当考虑测试与信息编制相关的控制，以及这些信息是否在本期或前期经过审计。

三、实质性程序的时间

实质性程序的时间选择与控制测试的时间选择有共同点，也有很大差异。两者的共同点在于：两类程序都面临着对期中审计证据和对以前审计获取的审计证据的考虑。两者的差异在于：①在控制测试中，期中实施控制测试并获取期中关于控制运行有效性审计证据的做法更具有一种"常态"；而由于实质性程序的目的在于更直接地发现重大错报，在期中实施实质性程序时更需要考虑其成本效益的权衡。②在本期控制测试中拟信赖以前审计获取的有关控制运行有效性的审计证据，已经受到了很大的限制；而对于以前审计中通过实质性程序获取的审计证据，则采取了更加慎重的态度和更严格的限制。

(一)如何考虑是否在期中实施实质性程序

如前文所述，在期中实施实质性程序，一方面消耗了审计资源，另一方面期中实施实质性程序获取的审计证据又不能直接作为期末财务报表认定的审计证据，注册会计师仍然需要消耗进一步的审计资源，使期中审计证据能够合理延伸至期末。于是这两部分审计资源的总和是否能够小于完全在期末实施实质性程序所需消耗的审计资源，是注册会计师需要权衡的。因此，注册会计师在考虑是否在期中实施实质性程序时应当考虑以下因素。

(1) 控制环境和其他相关的控制。控制环境和其他相关的控制越薄弱，注册会计师越不宜在期中实施实质性程序。

(2) 实施审计程序所需信息在期中之后的可获得性。如果实施实质性程序所需信息在期中之后可能难以获取(如系统变动导致某类交易记录难以获取)，注册会计师应考虑在期中实施实质性程序；但如果实施实质性程序所需信息在期中之后的获取并不存在明显困难，该因素不应成为注册会计师在期中实施实质性程序的重要影响因素。

(3) 实质性程序的目的。如果针对某项认定实施实质性程序的目的包括获取该认定的期中审计证据(从而与期末比较)，注册会计师应在期中实施实质性程序。

(4) 评估的重大错报风险。注册会计师评估的某项认定的重大错报风险越高，针对该认定所需获取的审计证据的相关性和可靠性要求也就越高，注册会计师越应当考虑将实质性程序集中于期末(或接近期末)实施。

(5) 特定类别交易或账户余额以及相关认定的性质。例如，某些交易或账户余额以及相关认定的特殊性质(如收入截止认定、未决诉讼)决定了注册会计师必须在期末(或接近期末)实施实质性程序。

(6) 针对剩余期间，能否通过实施实质性程序或将实质性程序与控制测试相结合，降低期末存在错报而未被发现的风险。如果针对剩余期间注册会计师可以通过实施实质性程序或将实质性程序与控制测试相结合，较有把握地降低期末存在错报而未被发现的风险(如注册会计师在 10 月份实施预审时考虑是否使用一定的审计资源实施实质性程序，从而形成的剩余期间不是很长)，注册会计师可以考虑在期中实施实质性程序；但如果针对剩余期间，注册会计师认为还需要消耗大量审计资源才有可能降低期末存在错报而未被发现的风险，甚至没有把握通过适当的进一步审计程序降低期末存在错报而未被发现的风险(如被审计单位 8 月份发生管理层变更，注册会计师接受后任管理层邀请实施预审时，考虑是否使用一定的审计资源实施实质性程序)，注册会计师就不宜在期中实施实质性程序。

(二)如何考虑期中审计证据

如果在期中实施了实质性程序，注册会计师应当针对剩余期间实施进一步的实质性程序，或将实质性程序和控制测试结合使用，以将期中测试得出的结论合理延伸至期末。在如何将期中实施的实质性程序得出的结论合理延伸至期末时，注册会计师有两种选择：其一是针对剩余期间实施进一步的实质性程序；其二是将实质性程序和控制测试结合使用。

如果拟将期中测试得出的结论延伸至期末，注册会计师应当考虑针对剩余期间仅实施实质性程序是否足够。如果认为实施实质性程序本身不充分，注册会计师还应测试剩余期间相关控制运行的有效性或针对期末实施实质性程序。

对于舞弊导致的重大错报风险(作为一类重要的特别风险)，被审计单位存在故意错报或操纵的可能性，那么注册会计师更应慎重考虑能否将期中测试得出的结论延伸至期末。因此，如果已识别出由于舞弊导致的重大错报风险，为将期中得出的结论延伸至期末而实施的审计程序通常是无效的，注册会计师应当考虑在期末或者接近期末实施实质性程序。

(三)如何考虑以前审计获取的审计证据

在以前审计中实施实质性程序获取的审计证据，通常对本期只有很弱的证据效力或没有证据效力，不足以应对本期的重大错报风险。只有当以前获取的审计证据及其相关事项未发生重大变动时(如以前审计通过实质性程序测试过的某项诉讼在本期没有任何实质性进展)，以前获取的审计证据才可能用作本期的有效审计证据。即便如此，如果拟利用以前审计中实施实质性程序获取的审计证据，注册会计师也应当在本期实施审计程序，以确定这些审计证据是否具有持续相关性。

四、实质性程序的范围

评估的认定层次重大错报风险和实施控制测试的结果是注册会计师在确定实质性程序范围时的重要考虑因素。因此，在确定实质性程序的范围时，注册会计师应当考虑评估的认定层次重大错报风险和实施控制测试的结果。注册会计师评估的认定层次的重大错报风险越高，需要实施实质性程序的范围越广。如果对控制测试结果不满意，注册会计师应当考虑扩大实质性程序的范围。

在设计细节测试时，注册会计师除了从样本量的角度考虑测试范围外，还要考虑选样方法的有效性等因素。例如，从总体中选取大额或异常项目，而不是进行代表性抽样或分层抽样。

实质性分析程序的范围有两层含义：第一层含义是对什么层次上的数据进行分析，注册会计师可以选择对高度汇总的财务数据层次进行分析，也可以根据重大错报风险的性质和水平调整分析层次。例如，按照不同产品线、不同季节或月份、不同经营地点或存货存放地点等实施实质性分析程序；第二层含义是需要对什么幅度或性质的偏差展开进一步调查。实施分析程序可能发现偏差，但并非所有的偏差都值得展开进一步调查。可容忍或可接受的偏差(即预期偏差)越大，作为实质性分析程序一部分的进一步调查的范围就越小。因此，确定适当的预期偏差幅度同样属于实质性分析程序的范畴。在设计实质性分析程序时，注册会计师应当确定已记录金额与预期值之间可接受的差异额。在确定该差异额时，注册会计师应当主要考虑各类交易、账户余额和披露及相关认定的重要性和计划的保证水平。

本 章 小 结

本章从针对报表层次的重大错报风险的总体应对措施入手，介绍了针对认定层次重大错报风险的进一步审计程序、控制测试、实质性程序的相关内容。

在风险导向审计的理念下，实施审计的过程就是识别、评估和应对财务报表重大错报风险的过程。注册会计师在采用风险评估程序了解了被审计单位及其环境，充分识别和评估了财务报表的重大错报风险之后，便要考虑如何应对评估的重大错报风险问题，以将审计风险降至可接受的低水平。因为报表层次的重大错报风险涉及报表的多项认定，因此只能采取总体应对措施，比如向项目组强调职业怀疑的必要性等。而对于认定层次的重大错报风险，要根据具体情况采取进一步审计程序。控制测试和实质性程序属于进一步审计程序。如果控制测试的结果未达到注册会计师的预期，注册会计师则要扩大实质性程序的范围。注册会计师应当针对评估的认定层次重大错报风险，设计和实施进一步审计程序，包括审计程序的性质、时间和范围，以有利于提高审计效率和效果。

复习思考题

1. 针对评估的报表层次重大错报风险的总体应对措施有哪些？
2. 增加审计不可预见性的思路有哪些？
3. 设计进一步审计程序应考虑哪些因素？
4. 进一步审计程序的性质、时间和范围应如何确定？
5. 控制测试的目的是什么？什么情况下要进行控制测试？
6. 实质性程序的目的是什么？如何考虑在期中实施实质性程序？

自测与技能训练

一、基础知识自测

(一)单项选择题

1. 在考虑实质性程序的时间时，如果识别出由于舞弊导致的重大错报风险，注册会计师应当(   )。
    A. 实施将期中结论延伸至期末的审计程序
    B. 在期中实施实质性程序
    C. 在期中和期末都实施实质性程序
    D. 在期末或接近期末实施实质性程序
2. 实质性程序的类型包括(   )。
    A. 控制测试和细节测试
    B. 控制测试和实质性测试
    C. 控制测试和实质性分析程序
    D. 细节测试和实质性分析程序
3. 下列有关控制测试程序的说法中，正确的是(   )。
    A. 注册会计师应当将观察与其他审计程序结合使用
    B. 检查程序适用于所有控制测试
    C. 重新执行程序适用于所有控制测试
    D. 通常只有当询问、观察和检查程序结合在一起仍无法获得充分的证据时，注册会计师才考虑实施重新执行程序
4. 注册会计师实施的下列控制测试程序中，通常能获取最可靠审计证据的是(   )。
    A. 询问
    B. 观察
    C. 检查控制执行留下的书面证据
    D. 重新执行
5. 下列有关针对重大账户余额实施审计程序的说法中，正确的是(   )。

    A. 注册会计师应当实施实质性程序

    B. 注册会计师应当实施细节测试

    C. 注册会计师应当实施控制测试

    D. 注册会计师应当实施控制测试和实质性程序

(二)多项选择题

1. 在测试内部控制的运行有效性时，注册会计师应当获取的审计证据有(　　)。

    A. 控制是否得到执行　　　　　　　　B. 控制是否得到一贯执行

    C. 控制在审计期间不同时点是如何执行的　　D. 控制由谁或以何种方式执行

2. 下列与控制测试有关的表述中，正确的有(　　)。

    A. 如果控制设计不合理，则不必实施控制测试

    B. 如果在评估认定层次重大错报风险时预期控制的运行是有效的，则应当实施控制测试

    C. 如果认为仅实施实质性程序不足以提供认定层次充分、适当的审计证据，则应当实施控制测试

    D. 对特别风险，即使拟信赖的相关控制没有发生变化，也应当在本次审计中实施控制测试

3. 在制订具体审计计划时，可供注册会计师选择的进一步审计程序的总体方案包括(　　)。

    A. 实质性方案　　　　　　　　　　　B. 控制性方案

    C. 综合性方案　　　　　　　　　　　D. 分析性方案

4. 下列项目中属于进一步审计程序的有(　　)。

    A. 控制测试　　　　　　　　　　　　B. 抽样测试

    C. 细节测试　　　　　　　　　　　　D. 实质性分析程序

5. 如果控制环境存在缺陷，注册会计师应当考虑(　　)。

    A. 在期中实施更多的审计程序

    B. 在期末实施更多的审计程序

    C. 通过实施实质性程序获取更广泛的审计证据

    D. 增加拟纳入审计范围的数量

6. 可用于进行实质性测试的进一步审计程序包括(　　)。

    A. 函证　　　　　B. 重新计算　　　　　C. 重新执行　　　　D. 分析程序

7. 既能用于控制测试又能用于实质性程序的进一步审计程序包括(　　)。

    A. 询问　　　　　B.观察　　　　　　　C. 检查　　　　　　D. 分析程序

8. 下列各项措施中，能应对财务报表层次重大错报风险的有(　　)。

    A. 扩大控制测试的范围　　　　　　　B. 在期末而非期中实施更多的审计程序

    C. 增加审计程序的不可预见性　　　　D. 增加拟纳入审计范围的经营地点数量

9. 下列做法中，可以提高审计程序不可预见性的有(　　)。

    A. 针对销售收入和销售退回延长截止测试期间

    B. 向以前没有询问过的被审计单位员工询问

    C. 对以前通常不测试的金额较小的项目实施实质性程序

D. 对被审计单位银行存款年末余额实施函证

10. 在确定审计程序的范围时，注册会计师应当考虑的因素包括(　　)。

A. 确定的重要性水平

B. 能够获取审计证据的时间

C. 评估的重大错报风险

D. 计划获取的保证程度

(三)判断题

1. 实质性程序是用于直接发现认定层次重大错报的审计程序。　　　　　　　　(　　)

2. 对于需要获取的用于验证内部控制是否在某一期间得到有效运行的审计证据，注册会计师可以获取与时点相关的审计证据予以替代。　　　　　　　　　　　　　　(　　)

3. 如果被审计单位控制环境比较差，注册会计师应在期中实施更多的审计程序。
　　　　　　　　　　　　　　　　　　　　　　　　　　　　　　　　　　　(　　)

4. 如果剩余期间还需要大量审计投入才能降低在期末未能发现的重大错报的风险，那么注册会计师不应当在期中实施审计程序。　　　　　　　　　　　　　　　　　(　　)

5. 当评估的财务报表层次重大错报风险属于高风险水平时，拟实施进一步审计程序的总体方案往往更倾向于综合性方案。　　　　　　　　　　　　　　　　　　　(　　)

6. 评估的重大错报风险越高，实施的进一步审计程序的范围也越大，但只有首先确保进一步审计程序的性质与特定风险相关时，扩大审计程序的范围才是有效的。　　(　　)

7. 无论选择何种方案，注册会计师都应对所有重大的各类交易、账户余额和披露，设计和实施实质性程序。　　　　　　　　　　　　　　　　　　　　　　　　　(　　)

8. 对于与收入完整性认定相关的重大错报风险，实质性程序通常更能有效应对。
　　　　　　　　　　　　　　　　　　　　　　　　　　　　　　　　　　　(　　)

9. 穿行测试和重新执行都属于具体的审计程序。　　　　　　　　　　　　　(　　)

10. 注册会计师可以考虑针对同一交易同时实施控制测试和细节测试，以实现评价控制是否得到有效运行和发现认定层次重大错报的双重目的。　　　　　　　　　(　　)

二、案例分析题

1. 注册会计师于 20×0 年 6 月 30 日对被审计单位与财务报告相关的内部控制的有效性实施审计。注册会计师在审计工作底稿中记载的与被审计单位内部控制设计和运行有关的内容摘录如下。

(1) 内部审计部与财务部统一由财务总监分管。内部审计的职责是对公司以下几个方面进行检查、监督和评价：①内部控制的健全性和有效性；②会计及相关信息的真实、合法和完整性；③资产的安全和完整性；④经营绩效及经营合规性。

(2) 公司设立了业绩考评制度，财务总监每月审核实际销售收入(按产品细目)和销售费用(按产品细目)，并与预算数和上期同期数进行比较，对于波动金额超过 5%的项目进行分析并编制分析报告，销售经理审阅报告并采取适当的跟进措施。注册会计师抽查了最近三个月的分析报告，并看到上述管理人员在报告上签字确认，证明该控制已得到执行。然而，在一次与销售经理的谈话中，注册会计师发现销售经理对上月分析报告中销售费用上升 8%并不知情。

要求：请根据上述资料回答以下问题。

(1) 在测试和评价该公司内部控制执行的有效性时，注册会计师应当实施哪些审计程序？

(2) 在测试控制运行有效性时，注册会计师应从哪些方面获取关于控制是否有效运行的审计证据？

(3) 请指出该公司上述两项内控在设计和运行方面的缺陷。

2. 注册会计师在审查某机器制造公司的银行存款账时，发现该公司 20×1 年 5 月 31 日的银行存款日记账账面余额为 168 800 元，银行对账单余额为 166 000 元。注册会计师将银行存款日记账和银行对账单逐笔核对后，发现下列情况。

(1) 5 月 15 日，银行对账单上收到外地某加工厂的托收承付货款 60 000 元，公司的银行存款日记账上没有该记录。

(2) 5 月 19 日，银行向外地某钢厂支付钢材采购款 60 000 元，公司的银行存款日记账上没有该记录。

(3) 5 月 29 日，公司开出转账支票一张，金额为 6 400 元，银行对账单上没有该记录。

(4) 5 月 30 日，公司银行存款日记账记载存入转账支票一张，金额为 9 200 元，银行对账单上没有该记录。

要求：根据上述情况，验证该公司 5 月 31 日的银行存款日记账余额是否正确，分析公司银行存款管理中可能存在的问题，并提出进一步的审查意见。

3. 某企业采用计划成本组织材料的收发核算。审计人员在审阅 10 月份"生产成本""原材料"和"材料成本差异"等明细账时发现：A 材料月初材料成本差异为借方 8 100 元，库存材料计划成本为 225 000 元；该月份购入 A 材料计划成本为 1 800 000 元，其实际成本为 1 767 600 元；该月份基本生产车间耗用 A 材料的计划成本为 360 000 元，结转耗用材料的实际成本为 367 200 元。

要求：根据上述资料，请重新计算被审计单位本月车间耗用 A 材料的实际成本，并写出调整分录。

4. 甲公司的主营业务成本与所销售产品的成本之间存在一一对应关系，该公司存货项目余额和生产成本发生额如表 10-2 所示。

表 10-2 甲公司存货项目余额和生产成本发生额一览表

单位：万元

存货项目余额	20×1 年 12 月 31 日	20×0 年 12 月 31 日
原材料余额	7 500	4 800
在产品余额	6 800	5 300
产成品余额	13 700	12 400
	20×1 年度	20×0 年度
生产成本发生额	175 000	119 000

要求：假定不考虑其他因素，请计算甲公司 20×1 年度的主营业务成本。

第十一章

审 计 抽 样

第一节　审计抽样的基本概念

在风险导向审计模式之下，如果样本量足够大且重大错报审计风险不大，注册会计师在进行控制测试和细节测试的时候往往会采用抽样技术。审计抽样的目的在于，在保证审计质量的前提下，提高审计效率。

一、审计抽样的定义

审计抽样(即抽样)是指注册会计师对具有审计相关性的总体中低于百分之百的项目实施审计程序，使所有抽样单元都有被选取的机会，为注册会计师针对整个总体得出结论提供合理基础。总体是指注册会计师从中选取样本并期望据此得出结论的整个数据集合。

审计抽样应当具备三个基本特征：①对某类交易或账户余额中低于百分之百的项目实施审计程序；②所有抽样单元都有被选取的机会；③抽样的目的是为得出有关抽样总体的结论提供合理的基础。

审计抽样并非在所有审计程序中都可使用。注册会计师拟实施的审计程序将对运用审计抽样产生重要影响。在风险评估程序、控制测试和实质性程序中，有些审计程序可以使用审计抽样，有些审计程序则不宜使用审计抽样。

风险评估程序通常不涉及审计抽样。风险评估程序通常采用询问、观察、检查和分析程序。询问、观察和检查的对象及内容有限，如果采用抽样会使简单问题复杂化。比如，注册会计师想了解销售情况，应该向销售人员询问；想了解原材料的外购成本，应该向采购人员询问；想知道内部控制是否得到有效监督，应该向内审人员询问，等等。如果随机询问，很有可能会询问到不知情的人员。分析程序则是对汇总的数据进行分析，不会涉及单个个体，因此不涉及抽样技术。

在风险评估时，如果注册会计师在了解控制的设计和确定控制是否得到执行的同时计划和实施控制测试，则可能涉及审计抽样，但此时审计抽样仅适用于控制测试。

在进行控制测试时，当控制留下运行轨迹时，注册会计师可以考虑使用审计抽样。如果控制留下的运行轨迹少，可以不抽样。比如，被审计单位对放射性物质的管理，可能一年才管理一次，并登记一次。再比如，被审计单位银行存款余额调节表的数量可能很有限。那么，针对上述两种情况，注册会计师在进行检查或重新执行的时候，根本就没有必要进行抽样。如果控制留下的运行轨迹多，则可以抽样。比如，被审计单位有大量的赊销业务，注册会计师在检查赊销审批控制是否得到有效执行的时候，可以采用抽样技术。控制测试的最终目的是得出内控是否有效的结论。如果内部控制有效，注册会计师会心安理得地减少实质性测试的工作量。控制测试不是为了检验账务处理是否有问题。在业务量足够多的情况下，如果对内控进行详审，还不如一笔一笔地进行实质性测试。

对于未留下运行轨迹的控制，注册会计师在进行控制测试时，通常实施询问和观察等审计程序。针对这些程序，注册会计师不宜使用审计抽样。比如，被审计单位内控要求保管员离开仓库时必须给仓库上锁。但是，注册会计师不能根据观察到的样本推断总体，因为观察的次数毕竟有限，而且在观察的时候，保管员会保持足够的警惕。

实质性程序包括对各类交易、账户余额和披露的细节测试以及实质性分析程序。在实施细节测试时，注册会计师可以使用审计抽样获取审计证据，以验证有关财务报表金额的一项或多项认定(如应收账款的存在)，或对某些金额作出独立估计(如陈旧存货的价值)。抽样的前提是总体足够大且重大错报风险不高。在实施实质性分析程序时，注册会计师同样不宜使用审计抽样。

二、抽样风险和非抽样风险

在获取审计证据时，注册会计师应当运用职业判断，评估重大错报风险，并设计进一步审计程序，以确保将审计风险降至可接受的低水平。在使用审计抽样时，审计风险既可能受到抽样风险的影响，又可能受到非抽样风险的影响。抽样风险和非抽样风险通过影响重大错报风险的评估和检查风险的确定而影响审计风险。

(一)抽样风险

抽样风险是指注册会计师根据样本得出的结论不同于对整个总体实施与样本相同的审计程序而得出的结论的可能性。通俗来讲，抽样风险是指抽出的样本不能完全代表总体的可能性。抽样风险是由抽样引起的，与样本规模和抽样方法相关。

1. 控制测试中的抽样风险

控制测试中的抽样风险包括信赖过度风险和信赖不足风险。信赖过度风险是指推断的控制有效性高于其实际有效性的可能性，也可以说，尽管样本结果支持注册会计师计划信赖的内部控制有效程度，但实际偏差率可能不支持该信赖程度。信赖过度风险与审计的效果有关。如果注册会计师评估的控制有效性高于其实际有效性，会导致评估的重大错报风险水平偏低，注册会计师可能会不适当地减少从实质性程序中获取的证据，因此审计的有效性会下降。对于注册会计师而言，信赖过度风险更容易导致发表不恰当的审计意见，因而更应予以关注。相反，信赖不足风险是指推断的控制有效性低于其实际有效性的可能性，也可以说，尽管样本结果不支持注册会计师计划信赖的内部控制有效程度，但实际偏差率可能支持该信赖程度。信赖不足风险与审计的效率有关。当注册会计师评估的控制有效性低于其实际有效性时，评估的重大错报风险水平高于实际水平，注册会计师可能会增加不必要的实质性程序。在这种情况下，审计效率会降低。

2. 细节测试中的抽样风险

在实施细节测试时，注册会计师也要关注两类抽样风险：误受风险和误拒风险。误受风险是指注册会计师推断某一重大错报不存在而实际上存在的可能性(根据样本推断的总体错报小于总体的实际错报)。如果账面金额实际上存在重大错报而注册会计师认为其不存在重大错报，注册会计师通常会停止对该账面金额继续进行测试，并根据样本结果得出账面金额无重大错报的结论。与信赖过度风险类似，误受风险影响审计效果，容易导致注册会计师发表不恰当的审计意见，因此注册会计师更应予以关注。误拒风险是指注册会计师推断某一重大错报存在而实际上不存在的可能性(根据样本推断的总体错报大于总体的实际错报)。与信赖不足风险类似，误拒风险影响审计效率。如果账面金额不存在重大错报而注册会计师认为其存在重大错报，注册会计师就会扩大细节测试的范围并考虑获取其他审计证据，而增加的工作量并不会改变注册会计师得出的恰当结论。在这种情况下，审计效率会降低。

也就是说，无论在控制测试还是在细节测试中，抽样风险都可以分为两种类型：一类是影响审计效果的抽样风险，包括控制测试中的信赖过度风险和细节测试中的误受风险；另一类是影响审计效率的抽样风险，包括控制测试中的信赖不足风险和细节测试中的误拒风险。

只要使用了审计抽样，抽样风险总会存在。在使用统计抽样时，注册会计师可以准确地计量和控制抽样风险。在使用非统计抽样时，注册会计师无法量化抽样风险，只能根据职业判断对其进行定性的评价和控制。抽样风险与样本规模反方向变动：样本规模越小，抽样风险越大；样本规模越大，抽样风险越小。无论是控制测试还是细节测试，注册会计师都可以通过扩大样本规模来降低抽样风险。如果对总体中的所有项目都实施检查，就不存在抽样风险。

■ 小思考 11-1

(1) 如果销售收入总金额为 1 000 万元，重要性水平(或可容忍错报)为 210 万元，根据抽样结果推断的差错额为 200 万元，而账户的实际差错额为 220 万元。此时，注册会计师承受哪种抽样风险？

(2) 如果销售收入总金额为 1 000 万元，重要性水平(或可容忍错报)为 190 万元，根据抽样结果推断的差错额为 200 万元，而账户的实际差错额为 180 万元。此时，注册会计师承受哪种抽样风险？

(二)非抽样风险

非抽样风险是指注册会计师由于任何与抽样风险无关的原因而得出错误结论的可能性。注册会计师即使对某类交易或账户余额的所有项目都实施审计程序，仍可能发现不了所有的重大错报或控制失效。在审计过程中，导致非抽样风险的原因主要包括以下几种。

(1) 注册会计师选择的总体不适合于测试目标。例如，注册会计师在测试销售收入完整性认定时，将主营业务收入明细账界定为总体。

(2) 注册会计师未能适当地定义误差(包括控制偏差或错报)，导致其未能发现样本中存在的偏差或错报。例如，注册会计师在测试现金支付授权控制的有效性时，未将签字人未得到适当授权的情况界定为控制偏差。

(3) 注册会计师选择了不适合于实现特定目标的审计程序。例如，注册会计师依赖应收账款函证来揭露未入账的应收账款。

(4) 注册会计师未能适当地评价审计发现的情况。例如，注册会计师错误解读审计证据，可能导致没有发现误差。注册会计师对所发现误差的重要性的判断有误，从而忽略了性质十分重要的误差，也可能导致其得出不恰当的结论。

(5) 其他原因。非抽样风险是由人为错误造成的，因而可以降低或防范。虽然注册会计师不能量化非抽样风险，但通过采取适当的质量管理政策和程序，对审计工作进行适当的指导、监督和复核以及对注册会计师实务的适当改进，可以将非抽样风险降至可以接受的水平。注册会计师也可以通过仔细设计其审计程序尽量降低非抽样风险。

■ 小思考 11-2

非抽样风险为什么不能被消除？

三、统计抽样和非统计抽样

注册会计师在运用审计抽样时，既可以使用统计抽样方法，也可以使用非统计抽样方法，这取决于注册会计师的职业判断。统计抽样是指同时具备下列特征的抽样方法：①通过模型或样本量表确定样本规模；②随机选取样本项目；③运用概率论评价样本结果，包括计量抽样风险。不同时具备上述三个特征的抽样方法即为非统计抽样。在非统计抽样方法下，更多的是通过职业判断确定样本规模，样本选取随机性不强，抽样结果的评价含有更多的主观判断。

注册会计师应当根据具体情况并运用职业判断，确定使用统计抽样或非统计抽样方法，以最有效率地获取审计证据。注册会计师在统计抽样与非统计抽样方法之间进行选择时主要考虑成本效益。统计抽样的优点在于能够客观地计量抽样风险，并通过调整样本规模精确地控制风险，这是与非统计抽样最重要的区别。另外，统计抽样还有助于注册会计师高效地设计样本，计量所获取证据的充分性，以及定量评价样本结果。但统计抽样又可能发生额外的成本：首先，统计抽样需要特殊的专业技能，因此使用统计抽样需要增加额外的支出对注册会计师进行培训；其次，统计抽样要求单个样本项目符合统计要求，这也可能需要支出额外的费用。非统计抽样如果设计适当，也能提供与统计抽样方法同样有效的结果。注册会计师使用非统计抽样时，也必须考虑抽样风险并将其降至可接受的水平，但无法精确地测定抽样风险。

不管是统计抽样还是非统计抽样，都要求注册会计师在设计、实施和评价样本时运用职业判断。另外，对选取的样本项目实施的审计程序通常与使用的抽样方法无关。

四、属性抽样和变量抽样

(一)属性抽样

属性抽样是一种用来对总体中某一事件发生率得出结论的抽样方法。审计中的属性抽样是根据样本的偏差率来推断总体偏差率，以评估控制在多大程度上得到有效运行。在属性抽样中，控制的每一次发生或偏离都被赋予同样的权重，而不管交易金额的大小。例如，对每笔赊销审批进行测试的时候，不考虑金额的大小，即赊销审批失控 100 万元和失控 1 万元被同等看待——都是偏差。控制测试的目的在于检验内控是否值得信赖，而不是用来检验错报的金额是多少。

■ 小思考 11-3

有效率和偏差率存在怎样的数量关系？

(二)变量抽样

变量抽样是一种用来对总体金额得出结论的抽样方法。变量抽样通常要回答下列问题：金额是多少或账户是否存在错报。变量抽样在审计中的主要用途是进行细节测试，其核心是根据样本差错额来推断总体差错额，以确定被审计单位记录的金额是否合理。

一般而言，属性抽样得出的结论与总体的发生率有关，而变量抽样得出的结论与总体的金额有关。例外的是，统计抽样中的概率比例规模抽样(PPS 抽样)是运用属性抽样的原理得出以金额表示的结论。

第二节　审计抽样的基本原理和步骤

注册会计师实施审计抽样的目标是为得出有关抽样总体的结论提供合理的基础。注册会计师在控制测试和细节测试中实施审计抽样主要分为设计样本、选取样本、评价样本结果三个阶段。

一、设计样本阶段

在审计抽样中，样本设计阶段的工作主要包括以下几个步骤。

(1) 确定测试目标。审计抽样必须紧紧围绕审计测试的目标展开，因此确定测试目标是样本设计阶段的第一项工作。一般而言，控制测试是为了获取关于某项控制运行是否有效的证据，而细节测试的目的是确定某类交易或账户余额的金额是否正确，获取与存在的错报有关的证据。

(2) 定义总体与抽样单元。总体是注册会计师为形成审计结论，拟采用抽样方法审计有关会计资料或其他资料的全部项目。注册会计师在定义总体时，应确保总体具有适当性和完整性。抽样单元是构成总体的单位项目，也称为个体项目。注册会计师应当根据审计目标和被审计单位实际情况确定抽样单元。

(3) 定义误差构成条件。注册会计师必须事先准确定义构成误差的条件，否则执行审计程序时就没有识别误差的标准。在控制测试中，误差是指控制偏差，注册会计师要仔细定义所要测试的控制及可能出现偏差的情况；在细节测试中，误差是指错报，注册会计师要确定哪些情况构成错报。

(4) 确定审计程序。注册会计师必须确定能够最好地实现测试目标的审计程序组合。例如，如果注册会计师的审计目标是测试某一阶段交易授权的有效性，审计程序就应该是检查特定人员是否已在某文件上签字以示授权。

二、选取样本阶段

(一)确定样本规模

样本规模是指从总体中选取样本项目的数量。在审计抽样中，如果样本规模过小，就不能反映出审计对象总体的特征，注册会计师就无法获取充分的审计证据，其审计结论的可靠性就会大打折扣，甚至可能得出错误的审计结论。因此，注册会计师应当确定足够的样本规模，以将抽样风险降至可接受的低水平。相反，如果样本规模过大，则会增加审计工作量，造成不必要的时间和人力的浪费，加大审计成本，降低审计效率，从而失去审计抽样的意义。

影响样本规模的因素主要包括以下几个方面。

(1) 可接受的抽样风险。可接受的抽样风险与样本规模成反向变动关系。注册会计师愿意接受的抽样风险越低，样本规模通常越大；反之，注册会计师愿意接受的抽样风险越高，样本规模越小。

(2) 可容忍误差。可容忍误差是指注册会计师在认为测试目标已实现的情况下准备接受的总体最大误差。

在控制测试中，可容忍误差指可容忍偏差率。可容忍偏差率是指注册会计师设定的偏离规定的内部控制程序的比率，是注册会计师试图对总体中的实际偏差率不超过该比率获取适当水平的保证。换言之，可容忍偏差率是注册会计师能够接受的最大偏差数量；如果偏差超过这一数量，则减少或取消对内部控制程序的信赖。

在细节测试中，可容忍误差指可容忍错报。可容忍错报是指注册会计师设定的货币金额，是注册会计师试图对总体中的实际错报不超过该货币金额获取适当水平的保证。实际上，可容忍错报是实际执行的重要性这个概念在特定抽样程序中的运用。可容忍错报可能等于或低于实际执行的重要性。

当保证程度一定时，注册会计师通常运用职业判断确定可容忍误差。可容忍误差越小，为实现同样的保证程度所需的样本规模越大。

(3) 预计总体误差。预计总体误差是指注册会计师根据以前对被审计单位的经验或实施风险评估程序的结果而估计总体中可能存在的误差。在既定的可容忍误差下，预计总体误差越大，表明审计风险越高，所需的样本规模越大。

(4) 总体变异性。总体变异性是指总体的某一特征(如金额)在各项目之间的差异程度。在控制测试中，注册会计师在确定样本规模时一般不考虑总体的变异性。在细节测试中，注册会计师确定适当的样本规模时要考虑总体变异性。总体项目的变异性越低，通常样本规模越小。如果总体项目的变异性很大，注册会计师可以通过分层，将总体分为相对同质的组，以尽可能降低每一组中变异性的影响，从而减小样本规模。在细节测试中，分层的依据通常包括项目的账面金额、与项目处理有关的控制的性质或与特定项目(如可能包含错报的那部分总体项目)有关的特殊考虑等。分组后的每一组子总体被称为一层，每层分别独立选取样本。

(5) 总体规模。除非总体非常小，一般而言，总体规模对样本规模的影响几乎为零。注册会计师通常将抽样单元超过 5 000 个的总体视为大规模总体。对大规模总体而言，总体的实际容量对样本规模几乎没有影响。对小规模总体而言，审计抽样比其他选择测试项目的方法效率低。

表 11-1 列示了审计抽样中影响样本规模的因素，并分别说明了这些影响因素在控制测试和细节测试中的表现形式。

使用统计抽样方法时，注册会计师必须对影响样本规模的因素进行量化，并利用根据统计公式开发的专门的计算机程序或专门的样本量表来确定样本规模。在非统计抽样中，注册会计师可以只对影响样本规模的因素进行定性的估计，并运用职业判断确定样本规模。

表 11-1　影响样本规模的因素

影响因素	控制测试	细节测试	与样本规模的关系
可接受的抽样风险	可接受的信赖过度风险	可接受的误受风险	反向变动
可容忍误差	可容忍偏差率	可容忍错报	反向变动
预计总体误差	预计总体偏差率	预计总体错报	同向变动
总体变异性		总体变异性	同向变动
总体规模	总体规模	总体规模	影响很小

(二)选取样本

不管使用统计抽样，还是使用非统计抽样，在选取样本项目时，注册会计师都应当使总体中的每个抽样单元都有被选取的机会。在统计抽样中，注册会计师选取样本项目时每个抽样单元被选取的概率是已知的。在非统计抽样中，注册会计师要根据职业判断来选取样本项目。由于抽样的目的是为注册会计师得出有关总体的结论提供合理的基础，因此，注册会计师选择的样本项目应具有总体的典型特征，即注册会计师选出的样本项目应具有代表性。选取样本的基本方法，包括使用随机数表或计算机辅助审计技术选样、系统选样和随意选样。

1.使用随机数表或计算机辅助审计技术选样

使用随机数表或计算机辅助审计技术选样又称随机数选样。使用随机数选样需以总体中的每一项目都有不同的编号为前提。注册会计师可以使用计算机生成的随机数，如电子表格程序、随机数码生成程序、通用审计软件程序等计算机程序产生的随机数，也可以使用随机数表获得所需的随机数。

随机数是一组从长期来看出现概率相同的数码，且不会产生可识别的模式。随机数表也称乱数表，它是由随机生成的从 0 到 9 共 10 个数字所组成的数表，每个数字在表中出现的次数大致相同，它们出现在表中的顺序是随机的。表 11-2 就是 5 位随机数表的一部分。

表 11-2　5 位随机数表(部分)

列 行	1	2	3	4	5	6	7	8	9	10
1	72659	75464	61789	35280	67953	21261	89305	46883	89363	97302
2	94052	95529	81392	73950	94415	24727	21930	87851	83357	89898
3	80069	92685	75470	93648	04115	11679	05896	05114	41415	09812
4	14787	12120	14336	44037	13129	53253	53220	02914	15211	29479
5	58633	10290	61350	18807	98807	78305	60786	18505	53322	76814
6	52610	67216	31139	42596	87691	40005	83839	64888	81745	86045
7	69210	76379	60685	73141	88951	53185	38159	83591	94021	58498
8	56801	16533	18340	79958	43174	70200	28127	17613	49226	36515
9	71034	63664	82954	32155	91291	50570	16498	28510	13190	51133
10	58767	82059	76397	96408	79099	11851	28774	88167	78813	21224

应用随机数表选样的步骤如下。

(1) 对总体项目进行编号，建立总体中的项目与表中数字的一一对应关系。一般情况下，编号可利用总体项目中原有的某些编号，如凭证号、支票号或发票号等。在没有事先编号的情况下，注册会计师需按一定的方法进行编号，如由 30 页、每页 40 行组成的应收账款明细表，可采用 4 位数字编号，前两位由 01～30 的整数组成，表示该记录在明细表中的页数；后两位由 01～40 的整数组成，表示该记录的行次。那么，编号 0336 就表示第 3 页第 36 行的记录。所需使用的随机数的位数一般由总体项目数或编号位数决定，如前例中可采用 4 位随机数表，也可以使用 5 位随机数表的前 4 位数字或后 4 位数字。

(2) 确定连续选取随机数的方法，即从随机数表中选择一个随机起点和一个选号路线，随机起点和选号路线可以任意选择，但一经选定就不得改变。从随机数表中任选一行或任何一栏开始，按照一定的方向(上下左右均可)依次查找，符合总体项目编号要求的数字即为选中的号码，与此号码相对应的总体项目即为选取的样本项目，一直到选足所需的样本量为止。例如，从前述应收账款明细表的 1 200 个记录中选择 10 个样本，总体编号规则如前所述，即前两位数字不能超过 30，后两位数字不能超过 40。从表 11-2 第一行第一列开始，使用前 4 位随机数，逐行向右查找，则选中的样本编号为 2126、0411、0511、1212、1433、1312、1521、1029、1834 和 2812。

随机数选样使总体中每个抽样单元被选取的概率相等。这种方法在统计抽样和非统计抽样中均适用。由于统计抽样要求注册会计师能够计量实际样本被选取的概率，这种方法尤其适合于统计抽样。

2. 系统选样

系统选样也称等距选样，是指按照相同的间隔从审计对象总体中等距离地选取样本的一种选样方法。采用系统选样法，首先要计算选样间距，确定选样起点，然后再根据间距顺序地选取样本。选样间距的计算公式如下：

$$选样间距=总体规模÷样本规模$$

例如，如果销售发票的总体范围是 652～3151，设定的样本量是 125，那么选样间距为 20[(3152-652)÷125]。注册会计师必须从 652～671 中选取一个随机数作为抽样起点。如果随机起点为 661，其余的 124 个项目是 681(661+20)、701(681+20)……依此类推，直至第 3141 号。

系统选样方法的主要优点是使用方便，比其他选样方法节省时间，并可用于无限总体。此外，使用这种方法时，对总体中的项目不需要编号，注册会计师只要简单数出每一个间距即可。但是，使用系统选样方法要求总体必须是随机排列的，否则容易发生较大的偏差，造成非随机的、不具代表性的样本被选中。如果测试项目的特征在总体内的分布具有某种规律性，则选中样本的代表性可能较差。例如，应收账款明细表每页的记录均以账龄的长短按先后次序排列，则选中的 125 个样本可能多数是账龄相同的记录。

为克服系统选样法的这一缺点，可采用两种办法：一是增加随机起点的个数；二是在确定选样方法之前对总体特征的分布进行观察。若发现总体特征的分布呈随机分布，则采用系统选样法；否则，可考虑使用其他选样方法。

系统选样可以在非统计抽样中使用，在总体随机分布时也适用于统计抽样。

3. 随意选样

在这种方法中，注册会计师选取样本不采用结构化的方法。尽管不使用结构化方法，注册会计师也要避免任何有意识的偏向或可预见性(如回避难以找到的项目，或总是选择或回避每页的第一个或最后一个项目)，从而试图保证总体中的所有项目都有被选中的机会。在使用统计抽样时，运用随意选样是不恰当的。

上述三种基本方法均可选出代表性样本。其中，随机数选样和系统选样属于随机基础选样方法，即对总体的所有项目按随机规则选取样本，因而可以在统计抽样中使用，当然也可以在非统计抽样中使用。随意选样虽然也可以选出代表性样本，但它属于非随机基础选样方法，因而不能在统计抽样中使用，只能在非统计抽样中使用。

(三)对样本实施审计程序

注册会计师应当针对选取的每个项目，实施适合具体目标的审计程序。对选取的样本项目实施审计程序，旨在发现并记录样本中存在的误差。

如果审计程序不适用于选取的项目，注册会计师应当针对替代项目实施该审计程序。例如，如果在测试付款授权时选取了一张作废的支票，并确信该支票已经按照适当程序作废因而不构成偏差，注册会计师需要适当选择一个替代项目进行检查。

注册会计师通常会对每一个样本项目实施适合于特定审计目标的审计程序，但有时注册会计师可能无法对选取的抽样单元实施计划的审计程序(如由于原始单据丢失等原因)。注册会计师对未检查项目的处理取决于未检查项目对评价样本结果的影响。如果注册会计师对样本结果的评价不会因为未检查项目可能存在错报而改变，就不需要对这些项目进行检查。如果未检查项目可能存在的错报会导致该类交易或账户余额存在重大错报，注册会计师就要考虑实施替代程序，为形成结论提供充分的证据。例如，对应收账款的积极式函证没有收到回函时，注册会计师可以审查期后收款的情况，以证实应收账款的余额。注册会计师也要考虑无法对这些项目实施检查的原因是否会影响计划的重大错报风险评估水平或对舞弊风险的评估。如果未能对某个选取的项目实施设计的审计程序或适当的替代程序，注册会计师应当将该项目视为控制测试中的一项偏差或细节测试中的一项错报。

三、评价样本结果阶段

(一)分析样本误差

注册会计师应当调查识别出的所有偏差或错报的性质和原因，并评价其对审计程序的目的和审计的其他方面可能产生的影响。无论是统计抽样还是非统计抽样，对样本结果的定性评估和定量评估一样重要。

即使样本的统计评价结果在可以接受的范围内，注册会计师也应对样本中的所有误差(包括控制测试中的控制偏差和细节测试中的金额错报)进行定性分析。

如果注册会计师发现许多误差具有相同的特征，如交易类型、地点、生产线或时期等相同，则应考虑该特征是不是引起误差的原因，是否存在其他尚未发现的具有相同特征的误差。此时，注册会计师应将具有该共同特征的全部项目划分为一层，并对层中的所有项目实施审计程序，以发现潜在的系统误差。同时，注册会计师仍需分析误差的性质和原因，考虑存在舞弊的可能性。如果将某一误差视为异常误差，注册会计师应当实施追加的审计程序，以高度确信该误差对总体误差不具有代表性。

在极其特殊的情况下，如果认为样本中发现的某项偏差或错报是异常误差，注册会计师应当对总体中该项偏差或错报不具有代表性获取高度保证。异常误差是指对总体中的偏差或错报明显不具有代表性的偏差或错报。在获取这种高度保证时，注册会计师应当实施追加的审计程序，获取充分、适当的审计证据，以确定该项偏差或错报不影响总体的其余部分。

(二)推断总体误差

当实施控制测试时，注册会计师应当根据样本中发现的偏差率推断总体偏差率，并考虑这一结果对特定审计目标及审计的其他方面的影响。

当实施细节测试时，注册会计师应当根据样本中发现的错报金额推断总体错报金额，并考虑这一结果对特定审计目标及审计的其他方面的影响。

(三)形成审计结论

注册会计师应当评价样本结果，以确定对总体相关特征的评估是否得到证实或需要修正。

在控制测试中，注册会计师应当将总体偏差率与可容忍偏差率相比较，但必须考虑抽样风险。在统计抽样中，注册会计师将总体偏差率上限与可容忍偏差率进行比较。总体偏差率上限即为总体偏差率与抽样风险允许限度之和。在非统计抽样中，抽样风险无法直接计量，注册会计师通常将样本偏差率(即估计的总体偏差率)与可容忍偏差率相比较，以判断总体是否可以接受。

在实施细节测试时，注册会计师应当根据样本中发现的错报推断总体错报。注册会计师首先必须根据样本中发现的实际错报，要求被审计单位调整账面记录金额。将被审计单位已更正的错报从推断的总体错报金额中减掉，注册会计师应当将调整后的推断总体错报与该类交易或账户余额的可容忍错报相比较，但必须考虑抽样风险。在统计抽样中，注册会计师利用计算机程序或数学公式计算出总体错报上限，并将计算的总体错报上限与可容忍错报进行比较。计算的总体错报上限等于推断的总体错报(调整后)与抽样风险允许限度之和。在非统计抽样中，注册会计师运用其经验和职业判断评价抽样结果。

第三节　审计抽样在控制测试中的应用

在控制测试中应用审计抽样有两种方法——发现抽样和属性估计抽样。在注册会计师预计控制高度有效时可以使用发现抽样，以证实控制的有效性。在发现抽样中，注册会计师使用的预计总体偏差率是 0。在检查样本时，一旦发现一个偏差就立即停止抽样；如果在样本中没有发现偏差，则可以得出总体偏差率可以接受的结论。属性估计抽样用于估计被测试控制的偏差发生率或用于估计控制未有效运行的频率。本节主要介绍属性估计抽样方法。

一、在控制测试中使用统计抽样

(一)设计样本阶段

1. 确定测试目标

注册会计师实施控制测试的目标是获取关于控制运行有效性的审计证据，以支持计划的重大错报风险评估水平。换句话说，注册会计师实施控制测试的目标在于确定内控是否在打算信赖的水平上得到有效运行，以支持评估的重大错报风险水平。只有认为控制设计合理、能够防止或发现并纠正认定层次的重大错报时，注册会计师才有必要对控制运行的有效性实施测试。但是，注册会计师不能要求被审计单位所有业务对应的内控都绝对有效，对于重要的项目或容易出现舞弊的项目，内控保证程度应该高一些；而对于一般项目，要求可以适当放松。比如，赊销收入在整个收入中占有很大的比重，那么注册会计师对于赊销审批的内控可能会要求得很严；如果赊销业务不是很重要，只不过是笔数多，而且估计错报的金额不会很大，即便内控有效性较低，注册会计师可能也会信赖内控。但是，内控的有效性不能最低，因为极度混乱的内控是不值得信赖的。通常情况下，对控制运行有效性的定性评价可以分为"最高""高""中等"和"低"四个层次，注册会计师只有在初步评估控制运行有效性在"中等"或以上水平时，才会实施控制测试。

2. 定义总体和抽样单元

1) 定义总体

在控制测试中，注册会计师在定义总体时，应当确保总体的适当性、完整性和同质性。

适当性要求总体应适合于特定的审计目标。例如，要测试现金支付授权控制是否有效运行，如果从已得到授权的项目中抽取样本，注册会计师就不能发现控制偏差，因为该总体不包含那些已支付但未得到授权的项目。因此在本例中，为发现未得到授权的现金支付，注册会计师应当将所有已支付现金的项目作为总体。

完整性包括代表总体的实物的完整性。例如，如果注册会计师将总体定义为特定时期的所有现金支付，代表总体的实物就是该时期的所有现金支付单据。

同质性是指总体中的所有项目应该具有同样的特征：①执行人员稳定；②信息系统稳定；③控制环境稳定；④业务类型稳定，等等。例如，被审计单位的所有分支机构的经营模式可能都相同，但每个分支机构是由不同的人员经营的，如果注册会计师对每个分支机构的内部控制和员工都感兴趣，可以将每个分支机构作为一个独立的总体对待，因为任何内控的运行都有执行人员自由裁量的成分。又如，被审计单位在审计期间内财务软件的版本发生了变化，则注册会计师应当考虑将软件版本变化的前后两期的内控分别作为一个独立的总体进行控制测试。再如，当被审计单位更换了高层领导，注册会计师可能考虑就领导更换的前后两期分别进行控制测试，原因在于控制环境发生了变化，不同领导对内控的重视程度可能是不一样的。还如，被审计单位出口和内销业务的处理方式不同，注册会计师可能会分别评价两种不同的控制情况，因而会出现两个独立的总体。要求总体同质性强，实质上是要求总体的稳定性高、变化不大，这样才符合统计的随机性要求，从而保证样本具有代表性。

■ **小思考 11-4**

(1) 在测试被审计单位赊销审批控制制度的有效性时，在发票、应收账款借方发生额和销售单三者中，注册会计师将哪一个定义成控制测试的总体比较适当？

(2) 测试应付账款的完整性时，注册会计师是否可以仅测试未付款的发票？

2）定义抽样单元

注册会计师定义的抽样单元应与审计测试目标相适应。在控制测试中，注册会计师应根据被测试的控制定义抽样单元。抽样单元通常是能够提供控制运行证据的一份文件资料、一个记录或其中一行。例如，如果测试目标是确定付款是否得到授权，且设定的控制要求付款之前授权人在付款单据上签字，抽样单元可能被定义为每一张付款单据。如果一张付款单据包含了对几张发票的付款，且设定的控制要求每张发票分别得到授权，那么付款单据上与发票对应的一行就可能被定义为抽样单元。

对抽样单元的定义过于宽泛可能导致缺乏效率。例如，如果注册会计师将发票作为抽样单元，就必须对发票上的所有项目进行测试；如果注册会计师将发票上的某一行作为抽样单元，则只需对被选取的行所代表的项目进行测试；如果定义抽样单元的两种方法都适合于测试目标，将每一行的项目作为抽样单元可能效率更高。

3. 定义偏差

在控制测试中，误差是指控制偏差。注册会计师应仔细定义所要测试的控制可能出现的偏差情况。注册会计师应根据对内部控制的理解，确定哪些特征能够显示被测试控制的运行情况，然后据此定义误差构成条件。在评估控制运行的有效性时，注册会计师应当考虑其认为必要的所有环节。例如，设定的控制要求每笔支付都应附有发票、收据、验收报告和订购单等证明文件，且均盖上"已付"戳记。注册会计师认为盖上"已付"戳记的发票和验收报告足以显示控制的适当运行。在这种情况下，误差可能被定义为缺乏盖有"已付"戳记且没有授权人签字的发票和验收报告等证明文件的款项支付。

■ **小思考 11-5**

(1) 差旅费和电话费等报销单没有验收单是否属于控制偏差？

(2) 注册会计师发现被审计单位的一张银行存款余额调节表由该公司银行存款出纳代为编制，但注册会计师复核后发现该调节表编制无误，于是未将其视为控制偏差。注册会计师的上述做法是否正确？请说明理由。

4. 定义测试期间

注册会计师通常在期中实施控制测试。由于期中测试获取的证据只与控制在期中的运行有关，注册会计师需要确定如何获取关于剩余期间的证据。

1）将总体定义为整个被审计期间的交易

在设计控制测试的审计样本时，注册会计师通常将测试扩展至在剩余期间发生的交易，以获取额外的证据。在这种情况下，总体由整个被审计期间的交易组成。

(1) 初始测试。注册会计师可能将总体定义为包括整个被审计期间的交易，但在期中实施初始测试。在这种情况下，注册会计师可能估计总体中剩余期间将发生的交易的数量，并在期末审计时对所有发生在期中测试之后的被选取交易进行检查。例如，如果被审计单位在当年的前 10 个月开具了编号从 1～10 000 的发票，注册会计师可能根据企业的经营周期估计，剩下两个月中将开具 2 500 张发票，因此注册会计师在选取所需的样本时用 1～12 500 作为编号。所选取的发票中，编号小于或等于 10 000 的样本项目在期中审计时进行检查，剩余的样本项目将在期末审计时进行检查。

(2) 估计总体。在估计总体规模时，注册会计师可能考虑上年同期的实际情况、变化趋势以及经营性质等因素。在实务中，注册会计师可能高估剩余项目的数量。如果到年底时部分被选取的编号对应的交易没有发生(由于实际发生的交易数量低于预计数量)，可以用其他交易代替。考虑到这种可能性，注册会计师可能希望稍多选取一些项目，对多余的项目只在需要作为替代项目时才进行检查。

另外，注册会计师也可能低估剩余项目的数量。如果剩余项目的数量被低估，一些交易将没有被选取的机会，因此，样本不能代表注册会计师所定义的总体。在这种情况下，注册会计师可以重新定义总体，以将样本中未包含的项目排除在外。对未包含在重新定义总体中的项目，注册会计师可以实施替代程序，如将这些项目作为一个独立的样本进行测试，或对其进行百分之百的检查，或询问剩余期间的情况。注册会计师应判断各种替代程序的效率和效果，并据此选择适合于具体情况的方法。

在许多情况下，注册会计师可能不需要等到被审计期间结束，就能得出关于控制的运行有效性是否支持其计划评估的重大错报风险水平的结论。在对选取的交易进行期中测试时，注册会计师发现的误差可能足以使其得出结论：即使在发生于期中测试以后的交易中未发现任何误差，控制也不能支持计划评估的重大错报风险水平。在这种情况下，注册会计师可能决定不将样本扩展至期中测试以后发生的交易，而是相应地修正计划的重大错报风险评估水平和实质性程序。

2) 将总体定义为从年初到期中测试日为止的交易

将整个被审计期间的所有交易包括在抽样总体中通常效率不高，有时使用替代方法测试剩余期间的控制有效性也许效率更高。在这种情况下，注册会计师将总体定义为从年初到期中测试日为止的交易，并在确定是否需要针对剩余期间获取额外证据以及获取哪些证据时考虑下列因素：所涉及的认定的重要性；期中进行测试的特定控制；自期中以来控制发生的任何变化；控制改变实质性程序的程度；期中实施控制测试的结果；剩余期间的长短；对剩余期间实施实质性程序所产生的与控制的运行有关的证据。

注册会计师应当获取与控制在剩余期间发生的所有重大变化的性质和程度有关的证据，包括其人员的变化。如果发生了重大变化，注册会计师应修正其对内部控制的了解，并考虑对变化后的控制进行测试。或者，注册会计师也可以考虑对剩余期间实施实质性分析程序或细节测试。

(二)选取样本阶段

1. 确定影响样本规模的因素

在控制测试中，影响样本规模的因素如下所述。

(1) 可接受的信赖过度风险。在实施控制测试时，注册会计师主要关注抽样风险中的信赖过度风险。可接受的信赖过度风险与样本规模反向变动。控制测试中选取的样本旨在提供关于控制运行有效性的证据。由于控制测试是控制是否有效运行的主要证据来源，因此，可接受的信赖过度风险应确定在相对较低的水平上。

通常，相对较低的水平在数量上是指 5%～10% 的信赖过度风险。注册会计师一般将信赖过度风险确定为 10%，特别重要的测试则可以将信赖过度风险确定为 5%。与货币资金相关的控制测试，注册会计师一般将信赖过度风险确定为 5%，因为货币资金容易被贪污或挪用。如果赊销收入占整个收入的比重很大，也属于重要的情形。

■ **小思考 11-6**

注册会计师在进行控制测试时，为什么可以不必关注信赖不足风险？

(2) 可容忍偏差率。可容忍偏差率是指注册会计师在不改变其计划评估的控制有效性，从而不改变其计划评估的重大错报风险水平的前提下，愿意接受的对于设定控制的最大偏差率。可容忍偏差率与样本规模反向变动。在确定可容忍偏差率时，注册会计师应考虑计划评估的控制有效性。通俗来讲，计划评估的控制有效性就是注册会计师打算信赖的内控有效性水平。计划评估的控制有效性越低，注册会计师确定的可容忍偏差率通常越高，所需的样本规模就越小。一个很高的可容忍偏差率通常意味着注册会计师预期控制运行的有效性很低，特定的控制测试可能不需要进行。反之，注册会计师预期控制的运行越是有效，其确定的可容忍偏差率越低，需要进行的控制测试的范围越大，意味着所需的样本规模越大。

在实务中，注册会计师通常认为，当偏差率为 3%～7% 时，控制有效性的估计水平较高；可容忍偏差率最高为 20%；当偏差率超过 20% 时，由于估计控制运行无效，注册会计师不需要进行控制测试。当估计控制运行有效时，如果注册会计师确定的可容忍偏差率较高，就被认为不恰当。表 11-3 列示了可容忍偏差率与计划评估的控制有效性之间的关系。

表 11-3　可容忍偏差率与计划评估的控制有效性之间的关系

计划评估的控制有效性	可容忍偏差率(近似值，%)
高	3～7
中	6～12
低	11～20
最低	不进行控制测试

■ **小思考 11-7**

如果可容忍的偏差率为 7%，注册会计师打算信赖的内控有效性处于什么水平？

(3) 预计总体偏差率。对于控制测试，注册会计师在考虑总体特征时，需要根据对相关控制的了解或对总体中少量项目的检查来预计总体偏差率。注册会计师可以根据上年测试结果和控制环境等因素对预计总体偏差率进行评估。在考虑上年测试结果时，应考虑被审计单位内部控制和人员的变化。在实务中，如果以前年度的审计结果无法取得或认为不可靠，注册会计师可以在抽样总体中选取一个较小的初始样本，以初始样本的偏差率作为预计总体偏差率的估计值。如果预计总体偏差率超过可容忍偏差率，即如果预计总体偏差率高得使注册会计师无法接受，意味着控制有效性很低，注册会计师通常不会实施控制测试，只能实施更多的实质性程序。

(4) 总体规模。如果总体规模足够大，注册会计师认为总体规模对样本规模的影响可以忽略。

此外，控制运行的相关期间越长(年或季度)，需要测试的样本越多，因为注册会计师需要对整个拟信赖期间控制的有效性获取证据。控制程序越复杂，测试的样本越多。样本规模还取决于所测试的控制的类型，通常对人工控制实施的测试要多于自动化控制，因为人工控制更容易发生错误和偶然的失败；而针对计算机系统的信息技术一般控制只要有效发挥作用，曾经测试过的自动化控制一般都能保持可靠运行。在确定被审计单位自动化控制的测试范围时，如果支持其运行的信息技术一般控制有效，注册会计师测试一次应用程序控制便可能足以获得对控制有效运行的较高的保证水平。如果所测试的控制包含人工监督和参与(如偏差报告、分析、评估、数据输入或信息匹配等)，则通常比自动化控制需要测试更多的样本。在使用统计抽样时，注册会计师应当对影响样本规模的因素进行量化。

2. 确定样本规模

实施控制测试时，注册会计师可能使用统计抽样，也可能使用非统计抽样。在统计抽样中，注册会计师可以使用样本量表确定样本规模。表 11-4 提供了在控制测试中确定的可接受信赖过度风险为 10% 时所使用的样本量表。

表 11-4　控制测试统计抽样样本规模——信赖过度风险为 10%(括号内是可接受的偏差数)

预计总体偏差率/%	可容忍偏差率/%										
	2	3	4	5	6	7	8	9	10	15	20
0.00	114(0)	76(0)	57(0)	45(0)	38(0)	32(0)	28(0)	25(0)	22(0)	15(0)	11(0)
0.25	194(1)	129(1)	96(1)	77(1)	64(1)	55(1)	48(1)	42(1)	38(1)	25(1)	18(1)
0.50	194(1)	129(1)	96(1)	77(1)	64(1)	55(1)	48(1)	42(1)	38(1)	25(1)	18(1)
0.75	265(2)	129(1)	96(1)	77(1)	64(1)	55(1)	48(1)	42(1)	38(1)	25(1)	18(1)
1.00	*	176(2)	96(1)	77(1)	64(1)	55(1)	48(1)	42(1)	38(1)	25(1)	18(1)
1.25	*	221(3)	132(2)	77(1)	64(1)	55(1)	48(1)	42(1)	38(1)	25(1)	18(1)
1.50	*	*	132(2)	105(2)	64(1)	55(1)	48(1)	42(1)	38(1)	25(1)	18(1)
1.75	*	*	166(3)	105(2)	88(2)	**55(1)**	48(1)	42(1)	38(1)	25(1)	18(1)
2.00	*	*	198(4)	132(3)	88(2)	75(2)	48(1)	42(1)	38(1)	25(1)	18(1)
2.25	*	*	*	132(3)	88(2)	75(2)	65(2)	42(2)	38(2)	25(1)	18(1)
2.50	*	*	*	158(4)	110(3)	75(2)	65(2)	58(2)	38(2)	25(1)	18(1)
2.75	*	*	*	209(6)	132(4)	94(3)	65(2)	58(2)	52(2)	25(1)	18(1)
3.00	*	*	*	*	132(4)	94(3)	65(2)	58(2)	52(2)	25(1)	18(1)
3.25	*	*	*	*	153(5)	113(4)	82(3)	58(2)	52(2)	25(1)	18(1)
3.50	*	*	*	*	194(7)	113(4)	82(3)	73(3)	52(2)	25(1)	18(1)
3.75	*	*	*	*	*	131(5)	98(4)	73(3)	52(2)	25(1)	18(1)

预计总体偏差率/%	可容忍偏差率/%										
	2	3	4	5	6	7	8	9	10	15	20
4.00	*	*	*	*	*	149(6)	98(4)	73(3)	65(3)	25(1)	18(1)
5.00	*	*	*	*	*	160(8)	115(6)	78(4)	34(2)	18(1)	
6.00	*	*	*	*	*	*	182(11)	116(7)	43(3)	25(2)	
7.00	*	*	*	*	*	*	*	199(14)	52(4)	25(2)	

注:①*表示样本规模太大,因而在大多数情况下不符合成本效益原则。

②本表假设总体足够大。

注册会计师应根据可接受的信赖过度风险选择相应的抽样规模表。在抽样规模表中,可容忍偏差率所在列与预计总体偏差率所在行的交点就是所需的样本规模。

3. 选取样本

使用统计抽样方法进行控制测试时,注册会计师必须在随机选样和系统选样中选择一种方法。原因在于,这两种方法能够产生随机样本,而其他选样方法虽然也可能提供代表性的样本,但却不是随机的。

4. 实施审计程序

在对选取的样本项目实施审计程序时,可能出现以下几种情况。

1) 无效单据或不适用的单据

注册会计师选取的样本中可能包含无效的项目。例如,在测试与被审计单位的销售发票有关的控制时,注册会计师可能将随机数与总体中发票的编号对应。但是,某一随机数对应的发票可能是无效的(如空白发票)。如果注册会计师能够合理确信该发票的无效是正常的且不构成对设定控制的偏差,比如标注"作废"字样,就要用另外的发票替代。而且,如果使用了随机选样,注册会计师要用一个替代的随机数与新的发票样本对应。如果空白发票是舞弊造成的,比如未标注"作废"字样,则本身就是一个偏差。

有时选取的项目不适用于事先定义的偏差。例如,偏差被定义为没有验收报告支持的交易,则注册会计师选取的样本中包含的电话费没有验收报告就不属于偏差。如果合理确信该交易不适用且不构成控制偏差,注册会计师要用另一笔交易替代该项目,以测试相关的控制。

2) 未使用单据

如果注册会计师使用随机数选样方法选取样本项目,在控制运行之前可能需要预估总体规模和编号范围。当注册会计师将总体定义为整个被审计期间的交易但计划在期中实施部分抽样程序时,这种情况最常见。如果注册会计师高估了总体规模和编号范围,选取的样本中超出实际编号的所有数字都被视为未使用单据。在这种情况下,注册会计师要用额外的随机数代替这些数字,以确定对应的适当单据。比如,估计全年被审计单位一共会发生 12 000 笔业务,其中 10417 号被注册会计师事先抽了出来。可是到年末的时候,被审计单位一共才发生 9 800 笔业务,则注册会计师要按照原来的起点和路线继续选一个号码来替代 10417 号。

3) 无法对选取的项目实施检查

注册会计师应当针对选取的每个项目，实施适合于具体审计目标的审计程序。有时被测试的控制只在部分样本单据上留下了运行证据，如果找不到该单据(如单据丢失、毁损)，或由于其他原因注册会计师无法对选取的项目实施检查(如卖方发票严重污损)，注册会计师可能无法使用替代程序测试控制是否适当运行(如属于内部单据，其他部门未留有副联)。如果注册会计师无法对选取的项目实施计划的审计程序或适当的替代程序，就要考虑在评价样本时将该样本项目视为控制偏差。另外，注册会计师要考虑造成该限制的原因，以及该限制可能对其了解内部控制和评估重大错报风险产生的影响。

4) 在结束之前停止测试

有时注册会计师可能在对样本的第一部分进行测试时发现大量偏差，其结果是注册会计师可能认为，即使在剩余样本中没有发现更多的偏差，样本的结果也不支持计划的重大错报风险评估水平。在这种情况下，注册会计师要重估重大错报风险并考虑是否有必要继续进行测试。

(三)评价样本结果阶段

1. 分析偏差的性质和原因

除了评价偏差发生的频率之外，注册会计师还要对偏差进行定性分析，即分析偏差的性质和原因。

注册会计师对偏差的性质和原因的分析包括：是有意的还是无意的，是误解了规定还是粗心大意，是经常发生还是偶然发生，是系统的还是随机的。如果对偏差的分析表明是故意违背了既定的内部控制政策或程序，注册会计师应考虑存在重大舞弊的可能性。与错误相比，舞弊通常要求对其可能产生的影响进行更为广泛的考虑。对被审计单位舞弊的考虑可以参见《中国注册会计师审计准则第1141号——财务报表审计中与舞弊相关的责任》及其应用指南。在这种情况下，注册会计师应当确定实施的控制测试能否提供适当的审计证据，是否需要增加控制测试，或是否需要使用实质性程序应对潜在的错报风险。

在控制测试中考虑已识别的误差对财务报表的直接影响时，注册会计师应当注意，控制偏差并不一定导致财务报表中的金额错报。控制偏差虽然增加了金额错报的风险，但两者不是一一对应的关系。如果某项控制偏差更容易导致金额错报，那么该项控制偏差就更加重要。例如，与被审计单位没有定期对信用限额进行检查相比，如果被审计单位的销售发票出现错误，则注册会计师对后者的容忍度较低。这是因为被审计单位即使没有对客户的信用限额进行定期检查，其销售收入和应收账款的账面金额也不一定发生错报；但如果销售发票出现错误，通常会导致被审计单位确认的销售收入和其他相关账户金额出现错报。

2. 计算总体偏差率

将样本中发现的偏差数量除以样本规模，就可以计算出样本偏差率。样本偏差率是注册会计师对总体偏差率的最佳估计，因而在控制测试中无须另外推断总体偏差率，但注册会计师还必须考虑抽样风险。

■ 知识链接 11-1

样本偏差率与总体偏差率之间的关系

样本偏差率是注册会计师对总体偏差率的最佳估计。

在非统计属性抽样中，样本偏差率=总体偏差率=总体偏差率上限。在非统计属性抽样的众多方法中，这种估计被认为是最好的，统计学上将其称为"最小方差无偏估计"。注册会计师直接将样本偏差率与可容忍偏差率进行比较，考虑抽样风险后，谨慎地得出内控是否有效的结论。

在统计属性抽样中，样本偏差率与总体偏差率相等的概率是很低的。样本能够代表总体，但是不等同于总体，因为抽样有风险。在统计属性抽样中，注册会计师更多使用的是总体偏差率上限。如果总体偏差率上限小于可容忍偏差率，则总体偏差率小于可容忍偏差率的概率是很大的。

3. 计算总体偏差率上限并得出总体结论

注册会计师在统计抽样中通常使用公式、表格或计算机程序直接计算在确定的信赖过度风险水平下可能发生的偏差率上限，即估计的总体偏差率与抽样风险允许限度之和。

1) 使用统计公式评价样本结果

假定注册会计师对 55 个项目实施了既定的审计程序，且未发现偏差，则在既定的可接受信赖过度风险下，根据样本结果计算总体最大偏差率如下：

$$总体偏差率上限 = \frac{风险系数(R)}{样本量(n)} = \frac{2.3}{55} = 4.18\%$$

表 11-5 列示了在控制测试中常用的风险系数。当可接受的信赖过度风险为 10%，且偏差数量为 0 时，在表 11-5 中查得风险系数为 2.3。这意味着，如果样本量为 55 且无一例偏差，总体实际偏差率超过 4.18% 的风险为 10%，即有 90% 的把握保证总体实际偏差率不超过 4.18%。由于注册会计师确定的可容忍偏差率为 7%，因此可以得出结论，总体的实际偏差率超过可容忍偏差率的风险很小，总体可以接受。也就是说，样本结果证实注册会计师对控制运行有效性的估计和评估的重大错报风险水平是适当的。

表 11-5 控制测试中常用的风险系数

样本中发现偏差的数量	信赖过度风险	
	5%	10%
0	3.0	2.3
1	4.8	3.9
2	6.3	5.3
3	7.8	6.7
4	9.2	8.0
5	10.5	9.3
6	11.9	10.6
7	13.2	11.8
8	14.5	13.0

样本中发现偏差的数量	信赖过度风险	
	5%	10%
9	15.7	14.2
10	17.0	15.4

如果在 55 个样本项目中有 2 个偏差，则在既定的可接受信赖过度风险下，按照公式计算的总体偏差率上限如下：

$$总体偏差率上限 = \frac{风险系数(R)}{样本量(n)} = \frac{5.3}{55} = 9.64\%$$

这意味着，如果样本量为 55 且有 2 个偏差，总体实际偏差率超过 9.64%的风险为 10%。在可容忍偏差率为 7%的情况下，注册会计师可以得出结论，总体的实际偏差率超过可容忍偏差率的风险很大，因而不能接受总体。

2) 使用样本结果评价表

注册会计师也可以使用样本结果评价表评价统计抽样的结果。表 11-6 列示了可接受的信赖过度风险为 10%时的总体偏差率上限。样本规模为 55，因此注册会计师应当选择样本规模为 55 的那一行。当样本中未发现偏差时，应选择偏差数为 0 的那一列，两者交叉处的 4.1%即为总体的偏差率上限，与利用公式计算的结果 4.18%接近。

表 11-6　控制测试中统计抽样结果评价——信赖过度风险为 10%时的总体偏差率上限

样本规模	实际发现的偏差数										
	0	1	2	3	4	5	6	7	8	9	10
20	10.9	18.1	*	*	*	*	*	*	*	*	*
25	8.8	14.7	19.9	*	*	*	*	*	*	*	*
30	7.4	12.4	16.8	*	*	*	*	*	*	*	*
35	6.4	10.7	14.5	18.1	*	*	*	*	*	*	*
40	5.6	9.4	12.8	16.0	19.0	*	*	*	*	*	*
45	5.0	8.4	11.4	14.3	17.0	19.7	*	*	*	*	*
50	4.6	7.6	10.3	12.9	15.4	17.8	*	*	*	*	*
55	4.1	6.9	9.4	11.8	14.1	16.3	18.4	*	*	*	*
60	3.8	6.4	8.7	10.8	12.9	15.0	16.9	18.9	*	*	*
70	3.3	5.5	7.5	9.3	11.1	12.9	14.6	16.3	17.9	19.6	*
80	2.9	4.8	6.6	8.2	9.8	11.3	12.8	14.3	15.8	17.2	18.6
90	2.6	4.3	5.9	7.3	8.7	10.1	11.5	12.8	14.1	15.4	16.6
100	2.3	3.9	5.3	6.6	7.9	9.1	10.3	11.5	12.7	13.9	15.0
120	2.0	3.3	4.4	5.5	6.6	7.6	8.7	9.7	10.7	11.6	12.6
160	1.5	2.5	3.3	4.2	5.0	5.8	6.5	7.3	8.0	8.8	9.5
200	1.2	2.0	2.7	3.4	4.0	4.6	5.3	5.9	6.5	7.1	7.6

注：①*表示超过20%。

②本表以百分比表示偏差率上限；本表假设总体足够大。

当样本中发现 2 个偏差时，应选择偏差数为 2 的那一列，两者交叉处的 9.4%即为总体的偏差率上限，与利用公式计算的结果 9.64%相近。

■ 小思考 11-8

如果样本量为 55 且有 1 例偏差，使用上述两种方法得出的结论是否一致？

注册会计师在控制测试中使用统计抽样，可以利用以下结论。

(1) 估计的总体偏差率上限低于可容忍偏差率，总体可以被接受。

(2) 估计的总体偏差率上限大于或等于可容忍偏差率，总体不能被接受，应当修正重大错报风险评估水平，并增加实质性程序的数量；或对影响重大错报风险评估水平的其他控制进行测试，以支持计划的重大错报风险评估水平。

(3) 估计的总体偏差率上限低于但接近可容忍偏差率，考虑是否接受总体，并考虑是否需要扩大测试范围。

如果样本量为 55 且有 1 个偏差，根据公式得出的总体偏差率上限为 7.09%。总体偏差率超过 7.09%的风险为 10%，有 90%的把握保证总体偏差率不超过 7.09%，而总体偏差率超过可容忍偏差率 7%的概率不得而知。谨慎起见，当估计的总体偏差率上限高于可容忍偏差率时，总体不能被接受；或对影响重大错报风险评估水平的其他控制进行测试，以支持计划的重大错报风险评估水平。如果不接受总体，注册会计师需要修正重大错报风险的初评水平(如调高)，并增加实质性程序的数量，以降低检查风险。如果打算接受总体，即注册会计师不想改变重大错报风险的初评水平，则需要对影响重大错报风险评估水平的其他控制进行测试。比如，被审计单位发货的内部控制规定如下：一人发货，另一人清点复核，且二人均需在出库单上签字。但是，注册会计师测试 55 笔业务后，发现其中有 1 笔出现偏差。注册会计师了解到该企业还有另外防止货物发错的控制措施——货物离开大门之前，门卫要上车清点，以保证出门数量和出库单数量一致。注册会计师如果仍然信赖该企业的发货内控，则可以对出门的内控进行测试。如果控制测试结果令自己满意，注册会计师便会接受重大错报风险的初评水平。否则，注册会计师不能接受总体。

如果样本量为 55 且有 1 个偏差，从样本结果评价表中查得的总体偏差率上限为 6.9%。总体偏差率超过 6.9%的风险为 10%，有 90%的把握保证总体偏差率不超过 6.9%，但是总体偏差率仍有可能超过注册会计师确定的可容忍偏差率 7%。当估计的总体偏差率上限低于但接近可容忍偏差率时，注册会计师考虑是否接受总体，并考虑是否需要扩大测试范围，以进一步证实计划评估的控制有效性和重大错报风险水平。也就是说，当估计的总体偏差率上限低于但接近可容忍偏差率时，注册会计师可以接受总体，也可以不接受总体。如果接受总体，可以扩大测试范围，也可以不扩大测试范围。

■ 小思考 11-9

当估计的总体偏差率上限低于但接近可容忍偏差率时，如果想通过扩大测试范围来接受总体，注册会计师应该如何进行扩大测试？扩大测试的结果一定会支持注册会计师接受初评的重大错报风险水平吗？

大多数情况下，通过上述两种方法得出的结论是一致的，但是"样本量为 55 且有 1 个偏差"属于例外情形。样本结果评价表中的总体偏差率上限是按照原理公式求得的，相对来说更可靠一些。查表求得的总体偏差率上限也不是精确值，毕竟数理统计不是精确数学，表中各影响因素的选择都需要主观判断。因此，估计的总体偏差率上限低于但接近可容忍偏差率时，注册会计师适度谨慎还是必要的。

(四)记录抽样程序

注册会计师应当记录所实施的审计程序，以形成审计工作底稿。在控制测试中使用审计抽样时，注册会计师通常记录下列内容：①对所测试的设定控制的描述；②抽样的目标，包括与重大错报风险评估的关系；③对总体和抽样单元的定义，包括注册会计师如何考虑总体的完整性；④对偏差的构成条件的定义；⑤信赖过度风险、可容忍偏差率，以及在抽样中使用的预计总体偏差率；⑥确定样本规模的方法；⑦选样方法；⑧对如何实施抽样程序的描述，以及样本中发现的偏差清单；⑨对样本的评价及总体结论摘要。

对样本的评价和总体结论摘要可能包含样本中发现的偏差数量、对注册会计师如何考虑抽样风险的解释，以及关于样本结果是否支持计划的重大错报风险评估水平的结论。工作底稿中还可能记录偏差的性质、注册会计师对偏差的定性分析，以及样本评价结果对其他审计程序的影响。

二、在控制测试中使用非统计抽样

在控制测试中使用非统计抽样时，抽样的基本流程和主要步骤与使用统计抽样时相同，只是在确定样本规模、选取样本和推断总体的具体方法上有所差别。在控制测试中使用非统计抽样时，注册会计师应当根据对被审计单位的初步了解，运用职业判断确定样本规模。在非统计抽样中，注册会计师也必须考虑可接受抽样风险、可容忍偏差率、预计总体偏差率以及总体规模等，但可以不对其量化，而只进行定性的估计。

在控制测试中使用非统计抽样时，注册会计师可以根据表 11-7 确定所需的样本规模。表 11-7 是在预计没有控制偏差的情况下对人工控制进行测试的最低样本数量。考虑到前述因素，注册会计师往往可能需要测试比表中所列更多的样本。例如，对全年共发生 500 次的采购批准控制，如果初步评估控制运行有效，注册会计师至少要测试 25 个样本。如果 25 个样本中没有发现偏差，样本结果支持初步风险评估结果。如果 25 个样本中发现了偏差，则样本结果不支持初步风险评估结果，此时注册会计师可以得出控制无效的结论，或考虑扩大样本量(通常是再检查 25 个样本)。如果拟测试的控制是针对相关认定的唯一控制，注册会计师应考虑更大的样本量。

表 11-7　没有偏差情况下人工控制最低样本规模

控制执行频率	控制发生总次数	最低样本数量
1 次/年度	1 次	1
1 次/季度	4 次	2
1 次/月度	12 次	2
1 次/周	52 次	5
1 次/日	250 次	20
每日数次	大于 250 次	25

有些控制执行次数可能很多，但不是每天都执行。例如，如果某公司实施一种按月执行的控制，该控制针对多个事项(某人每月对该公司的所有 100 个银行账户编制银行余额调节表)。在此情况下，首先把信息换算成对应的控制发生总次数，也就是 12 个月乘以 100 个，即 1 200 个，然后从表格中选择对应的行。此时，1 200 个是个大规模的抽样总体，应采用"每日数次"这一行来确定样本规模。

在非统计抽样方法中，注册会计师可以使用随机数表或计算机辅助审计技术选样、系统选样，也可以使用随意选样。非统计抽样只要求选出的样本具有代表性，并不要求必须是随机样本。

与统计抽样相同，在非统计抽样中也应当对选取的样本项目实施审计程序，并对发现的偏差进行定性分析。在非统计抽样中，注册会计师同样将样本的偏差率作为总体偏差率的最佳估计，但抽样风险无法直接计量。注册会计师通常将样本偏差率(即估计的总体偏差率)与可容忍偏差率相比较，以判断总体是否可以接受。

假设被审计单位 20×2 年发生了 500 笔采购交易，注册会计师初步评估该控制运行有效，那么所需的样本数量至少是 25 个。如果 25 个样本中没有发现偏差，那么控制测试的样本结果支持计划的控制运行有效性和重大错报风险的评估水平。如果 25 个样本中发现了 1 个偏差，注册会计师有两种处理办法：其一，认为控制没有有效运行，控制测试样本结果不支持计划的控制运行有效性和重大错报风险的评估水平，因而提高重大错报风险评估水平，增加对相关账户的实质性程序；其二，再测试 25 个样本，如果其中没有再发现偏差，也可以得出样本结果支持控制运行有效性和重大错报风险的初步评估结果，反之则证明控制无效。

注册会计师在控制测试中使用非统计抽样，可以利用以下结论。

(1)　样本偏差率大于可容忍偏差率，总体不能被接受。

(2)　样本偏差率大大低于可容忍偏差率，总体可以被接受。

(3)　样本偏差率低于但接近可容忍偏差率，总体不能被接受。

(4)　样本偏差率低于可容忍偏差率，其差额不大不小，考虑是否接受总体，考虑扩大样本规模以进一步收集证据。

非统计抽样的结论比统计抽样的结论谨慎，因为非统计抽样用样本偏差率(即估计的总体偏差率)与可容忍偏差率相比较，而统计抽样用总体偏差率上限与可容忍偏差率作比较。

第四节　审计抽样在细节测试中的应用

变量抽样主要用来测试各类交易、账户余额和披露的存在或发生、计价和准确性。因为存在或发生、计价和准确性主要是通过查账验证的。对于完整性问题，通过控制测试能更好地加以应对；对于分类、权利和义务、截止和列报的测试，往往不需要抽样。

在细节测试中进行审计抽样，可能使用统计抽样，也可能使用非统计抽样。两种抽样方法的基本流程和主要步骤相同，但非统计抽样无法量化抽样风险且融入注册会计师更多的主观判断。

一、在细节测试中使用非统计抽样

(一)设计样本阶段

实施细节测试时，注册会计师在设计样本阶段必须完成四个环节的工作：明确测试目标、定义总体、定义抽样单元以及界定错报。

1. 明确测试目标

在细节测试中，抽样通常用来为有关财务报表金额的一项或多项认定(如应收账款的存在)提供特定水平的合理保证。

2. 定义总体

(1) 考虑总体的适当性和完整性。注册会计师应确信抽样总体适合于特定的审计目标。注册会计师如果对已记录的项目进行抽样，就无法发现由于某些项目被隐瞒而导致的金额低估。为发现这类低估错报，注册会计师应从包含被隐瞒项目的来源选取样本。例如，注册会计师可能对现金支付进行抽样，以测试由隐瞒采购所导致的应付账款账面金额低估；或者对装运单据进行抽样，以发现由已装运但未确认为销售的交易所导致的销售收入低估问题。

(2) 识别单个重大项目(超过可容忍错报应该单独测试的项目)和极不重要的项目。在细节测试中，注册会计师应当运用职业判断，判断某账户余额或交易类型中是否存在及存在哪些应该单独测试而不能放在抽样总体中的项目。某一项目可能由于存在特别风险或者金额较大而被视为单个重大项目，注册会计师应当对单个重大项目逐一实施检查，以将抽样风险控制在合理的范围。单个重大项目包括那些潜在错报可能超过可容忍错报的所有单个项目，以及异常的余额或交易。注册会计师进行单独测试的所有项目都不构成抽样总体，增加单独测试的账户可以减小样本规模。

如果主要关注高估，注册会计师可能发现总体中有些项目加总起来是不重要的，或者被认为代表较低的固有风险，这时可以从抽样总体中剔除这些项目，以集中精力于与测试目标相关度更高的项目，必要时可以对固有风险很低的项目实施分析程序。

3. 定义抽样单元

在细节测试中，注册会计师应根据审计目标和所实施审计程序的性质定义抽样单元。抽样单元可能是一个账户余额、一笔交易或交易中的一个记录(如销售发票中的单个项目)，甚至是每个货币单元(在 PPS 抽样中使用)。例如，如果将抽样的目标确定为测试应收账款是否存在，注册会计师可能选择各应收账款明细账余额、发票或发票上的单个项目作为抽样单元。定义的抽样单元应该能使审计抽样实现最佳的效率和效果。

注册会计师定义抽样单元时也应考虑实施计划的审计程序或替代程序的难易程度。如果将抽样单元界定为客户明细账余额，当某客户没有回函证实该余额时，注册会计师可能需要对构成该余额的每一笔交易进行测试。因此，注册会计师将抽样单元界定为构成应收账款余额的每笔交易，审计抽样的效率可能更高。

■ 小思考 11-10

如果被审计单位采用账龄分析法计提坏账准备，注册会计师在对应收账款的"准确性、计价和分摊"进行测试时，如何界定抽样单元？

4. 界定错报

在细节测试中，错报是指误差，注册会计师应根据审计目标界定错报。例如，在对应收账款存在的细节测试中(如函证)，客户在函证日之前支付、被审计单位在函证日之后不久收到的款项不构成误差，而且被审计单位在不同客户之间误登明细账也不影响应收账款总账余额。即使在不同客户之间误登明细账可能对审计的其他方面(如对舞弊的可能性或坏账准备的适当性的评估)产生重要影响，注册会计师在评价应收账款函证程序的样本结果时也不宜将其判定为误差。注册会计师还可能将被审计单位自己发现并已在适当期间予以更正的错报排除在外。

(二)选取样本阶段

1. 确定样本规模

1) 影响样本规模的因素

如果在细节测试中使用非统计抽样，注册会计师在确定适当的样本规模时，也需要考虑相关的影响因素，如总体变异性、可接受抽样风险、可容忍错报、预计总体错报以及总体规模等，即使注册会计师无法明确地量化这些因素。

(1) 总体变异性。总体项目的某一特征(如金额)经常存在重大的变异性。在细节测试中确定适当的样本规模时，注册会计师应考虑特征的变异性。注册会计师通常根据样本项目账面金额的变异性估计总体项目审定金额的变异性。衡量这种变异或分散程度的指标是标准差。注册会计师在使用非统计抽样时，不需要量化期望的总体标准差，但要用"大"或"小"等定性指标来估计总体的变异性。总体项目的变异性越低，通常样本规模越小。

(2) 可接受抽样风险。细节测试中的抽样风险分为两类：误受风险和误拒风险。在细节测试中使用非统计抽样方法时，注册会计师主要关注误受风险。

在确定可接受的误受风险水平时，注册会计师需要考虑下列因素：①注册会计师愿意接受的审计风险水平；②评估的重大错报风险水平；③针对同一审计目标(财务报表认定)的其他实质性程序的检查风险，包括分析程序。

在实务中，注册会计师愿意承担的审计风险通常为5%～10%。当审计风险既定时，如果注册会计师将重大错报风险评估为低水平，就可以在实质性程序中接受较高的误受风险。当可接受的误受风险增加时，实质性程序所需的样本规模降低。相反，如果注册会计师评估的重大错报风险水平较高，可接受的误受风险降低，所需的样本规模就增加。

如果针对同一审计目标(财务报表认定)的其他实质性程序的检查风险高，意味着注册会计师借助其他实质性程序查出错报的可能性要下降，可以理解为"助手"能力弱，则拟采用的审计程序的误受风险要低一些，即样本规模要大一些。比如说，检查应收账款是否"存在"，函证最有效。当某客户没有回函证实该余额时，注册会计师可能需要对构成该余额的每一笔交易进行测试。但是，相对于函证，后者的检查风险要高一些，注册会计师在进行函证的时候则需要较多的样本。

在细节测试中，误拒风险与审计的效率有关，如果注册会计师决定接受一个较高的误拒风险，所需的样本规模会有所降低。在设计样本时，与控制测试中对信赖不足风险的关注相比，注册会计师在细节测试中对误拒风险的关注程度通常更高。如果控制测试中的样本结果不支持计划的重大错报风险评估水平，注册会计师可以实施其他的控制测试以支持计划的重大错报风险评估水平，或根据测试结果提高重大错报风险评估水平。由于替代审计程序比较容易实施，因此，对控制信赖不足给注册会计师和被审计单位造成的不便通常较小。但是，如果某类交易或账户余额的账面金额可能不存在重大错报而根据样本结果推断存在重大错报，注册会计师采用替代方法花费的成本可能要大得多。通常，注册会计师需要与被审计单位的人员进一步讨论并实施额外的审计程序。

(3) 可容忍错报。对特定的账户余额或交易而言，当承受风险一定时，注册会计师确定的可容忍错报越高，为实现审计目标所需要的样本规模就越小。但是，可容忍错报不能超过实际执行的重要性水平。

(4) 预计总体错报。在确定细节测试所需的样本规模时，注册会计师还需要考虑预计在账户余额或交易中存在的错报金额和频率。预计总体错报的规模或频率降低，所需的样本规模也降低；相反，预计总体错报的规模或频率增加，所需的样本规模也增加。如果预期错报很高，注册会计师在实施细节测试时对总体进行百分百检查或使用较大的样本规模可能较为适当。

注册会计师在运用职业判断确定预计错报金额时，应当考虑被审计单位的经营状况、以前年度对账户余额或交易进行测试的结果、初始样本的结果、相关实质性程序的结果，以及相关控制测试的结果等因素。

(5) 总体规模。细节测试中的总体项目数量对样本规模影响很小，因此，按总体的固定百分比确定样本规模通常缺乏效率。

2) 利用模型确定样本规模

注册会计师在细节测试中可以用下列模型来确定样本规模：

$$样本规模 = \frac{总体账面金额}{可容忍错报} \times 保证系数$$

本模型只用于说明计划抽样时考虑的相关因素对样本规模的影响，未包含所有的职业判断。注册会计师使用本模型时，需要在下列方面运用职业判断。

(1) 评估重大错报风险。

(2) 确定可容忍错报。

(3) 估计预计总体错报。

(4) 评估其他实质性程序未能发现重大错报的风险。

(5) 剔除百分之百检查的项目后估计总体的账面金额。

(6) 调整确定样本规模。

对本模型计算的样本规模进行适当调整后，注册会计师可以确定非统计抽样所需的适当样本规模。本模型基于具有高度统计效率和高度分层的抽样方法，因此注册会计师应根据非统计抽样中分层程度等因素对样本规模进行调整，以体现非统计抽样方法和所使用的统计抽样方法的差异。

使用本模型时确定样本规模的步骤如下。

(1) 考虑重大错报风险,将其评估为最高、高、中和低四个等级。

(2) 评估用于测试相同认定的其他实质性程序(如分析程序)未能发现该认定中重大错报的风险:①最高——没有测试相同认定的其他实质性程序;②高——预计用于测试相同认定的其他实质性程序不能有效地发现该认定中的重大错报;③中——预计用于测试相同认定的其他实质性程序发现该认定中重大错报的有效程序适中;④低——预计用于测试相同认定的其他实质性程序能有效地发现该认定中的重大错报。

(3) 确定可容忍错报。

(4) 剔除百分之百检查的所有项目后估计总体的账面金额。

(5) 从表 11-8 中选择适当的保证系数,并使用下列模型估计样本规模。

$$样本规模 = \frac{总体账面金额}{可容忍错报} \times 保证系数$$

表 11-8　保证系数

评估的重大错报风险	其他实质性程序未能发现重大错报的风险			
	最高	高	中	低
最高	3.0	2.7	2.3	2.0
高	2.7	2.4	2.0	1.6
中	2.3	2.1	1.6	1.2
低	2.0	1.6	1.2	1.0

(6) 调整估计的样本规模,以反映非统计方法与本模型使用的统计方法在效率上的差异。在实务中,如果样本不是以统计有效的方式选取,注册会计师调整样本规模的幅度通常为 10%～50%。

■ 小思考 11-11

通过表 11-8,可以看出控制测试和实质性程序之间存在什么关系?

2. 选取样本并对其实施审计程序

在非统计抽样方法中,注册会计师可以使用随机数表或计算机辅助审计技术选样、系统选样,也可以随意选样。注册会计师应当仔细选取样本,以使样本能够代表抽样总体的特征。在选取样本之前,注册会计师通常先识别单个重大项目,然后从剩余项目中选取样本,或者对剩余项目分层,并将样本规模相应分配给各层。注册会计师从每一层中选取样本,但选取的方法应当能使样本具有代表性。

分层使具有相同特征的个体样本被包含在一个层中,从而降低了层内样本个体变异性,进而使既定的抽样风险下样本规模能够最小化。因此,有必要对总体是否需要被分层进行评估,否则可能会因为样本太小而不能有效控制抽样风险。利用总体金额来评估是否应对总体进行分层非常简便。为了评估分层的合理性,注册会计师通常应按照金额升序或降序的方式对总体项目进行排序,将总体分为金额大约相等的两个部分。如果各部分中存在明显不成比例的项目数,那么应对其进行分层。

例如，审计抽样的总体为 22 000 000 元，含 1 500 个项目，被分为 11 200 000 元和 10 800 000 元两个大约金额相等的部分。如果两部分分别有 730 个和 770 个项目，那么不必对其进行分层，因为层和层之间变异性不大。如果两部分分别有 300 个和 1 200 个项目，则须对其进行分层。一般而言，每一层被抽取的样本量大体上是相等的。在第二种情况下，第一层单个项目金额较大，每个项目被抽中的概率为 1/300；第二层单个项目金额较小，每个项目被抽中的概率为 1/1 200。金额越大，被抽中的概率越大，因而越有利于控制抽样风险，这种分层才是合理的。

如果总体还需要进一步分层，那么注册会计师也可能考虑用三层对总体进行评估。评估的过程仍然相同，只是需要把金额分成大约相同的三个部分。如果三个部分中的项目数量明显不成比例，则应使用三层而不是两层。对于大多数审计，没有必要分三层以上。

样本被选取后，注册会计师为了查出错报，应对选取的每一个样本实施询问、观察、检查、监盘、重新计算或函证等审计程序。

(三)评价样本结果阶段

1. 推断总体错报

当实施细节测试时，注册会计师应当根据样本中发现的错报推断总体错报。在非统计抽样中，根据样本中发现的错报金额推断总体错报金额的方法有多种，注册会计师可以从中选择其一。这里介绍两种常用的方法。

(1) 比率法，即用样本中的错报金额除以该样本中包含的账面金额占总体账面总金额的比例。例如，注册会计师选取的样本可能包含了应收账款账户账面金额的 10%，如果注册会计师在样本中发现了 100 元的错报，其对总体错报的最佳估计为 1 000 元(100÷10%)。这种方法不需要使用总体规模。比率估计法在错报金额与抽样单元金额相关时最为适用，是大多数审计抽样中注册会计师首选的总体推断方法。

(2) 差异法，即计算样本中所有项目审定金额和账面金额的平均差异，并推断至总体的全部项目。例如，注册会计师选取的非统计抽样样本为 100 个项目，如果注册会计师在样本中发现的错报为 200 元，样本项目审定金额和账面金额的平均差异则为 2 元(200÷100)。然后注册会计师可以用总体规模(本例中为 5 000)乘以样本项目的平均差异 2 元，以估计总体的错报金额，注册会计师估计的总体错报则为 10 000 元(5 000×2)。差异法通常更适用于错报金额与抽样单元本身而不是与其金额相关的情况。

如果注册会计师在设计样本时将进行抽样的项目分为几层，则要在每层分别推断错报，然后将各层推断的金额加总，计算估计总体错报。注册会计师还要将在进行百分之百检查的个别重大项目中发现的所有错报与推断的错报金额汇总。

2. 考虑抽样风险并得出总体结论

注册会计师应当将推断的总体错报金额与百分之百检查的项目中所发现的错报加总，并要求被审计单位调整已经发现的错报。注册会计师将"汇总的未更正错报"与该类交易或账户余额的"可容忍错报"相比较，并适当考虑抽样风险，以评价样本结果。

(1) 调整后的总体错报大于可容忍错报，总体不能接受，应建议被审计单位调查错报，调整账面记录；修改进一步审计程序；考虑对审计报告的影响。

(2) 调整后的总体错报小于但接近可容忍错报，总体不能接受，应建议被审计单位调查错报，调整账面记录；修改进一步审计程序；考虑对审计报告的影响。

(3) 调整后的总体错报小于可容忍错报，其差额不大不小，考虑是否接受总体，并考虑扩大细节测试的范围，以获取进一步的证据。

(4) 调整后的总体错报大大低于可容忍错报，总体可以接受。

3. 考虑错报的性质和原因

除了评价错报的频率和金额之外，注册会计师还要对错报进行定性分析，分析错报的性质和原因，判断其对财务报表重大错报风险的影响。虽然调整后的总体错报大大低于可容忍错报，但是该错报如果和舞弊相关，注册会计师也可能不会接受总体。

(四)记录抽样程序

注册会计师要记录所实施的审计程序，以形成审计工作底稿。在实质性程序中使用审计抽样时，注册会计师通常记录下列内容：①测试目标和对与此目标相关的其他审计程序的描述；②总体和抽样单元的定义，包括注册会计师如何确定总体的完整性；③错报的定义；④误受风险、误拒风险和可容忍错报；⑤使用的审计抽样方法；⑥选样方法；⑦描述抽样程序的实施，以及样本中发现的错报清单；⑧对样本的评价和总体结论摘要。

对样本的评价和总体结论摘要可能包含根据样本中发现的错报推断总体，对注册会计师如何考虑抽样风险的解释，以及关于总体的最终结论。审计工作底稿也可记录注册会计师对错报的性质方面的考虑。

■ 知识链接 11-2

非统计抽样案例

假设某会计师事务所的注册会计师拟通过函证测试 ABC 公司 20×6 年 12 月 31 日应收账款余额的存在认定。ABC 公司当年 12 月 31 日应收账款账户剔除贷方余额账户和零余额账户后的借方余额共计 2 410 000 元，由 1 651 个借方账户组成。

注册会计师以此为基础，根据被审计单位特点、风险评估结果和内部控制运行有效性等因素，确定应收账款可容忍错报水平为 140 000 元。

注册会计师将总体定义为 20×6 年 12 月 31 日剔除贷方余额账户和零余额账户以及剔除单个重大项目和极不重要项目之后的应收账款余额，代表总体的实物是 20×6 年 12 月 31 日剔除单个重大项目和极不重要项目之后的应收账款借方余额明细账账户。注册会计师定义的抽样单元是每个应收账款明细账账户。

注册会计师将重大项目定义为账面金额在 140 000 元以上的所有应收账款明细账账户，并决定对其进行单独测试；将极不重要项目定义为账面金额在 1 000 元以下的所有应收账款明细账账户，并决定对其不实施审计程序。剔除重大项目和极不重要项目后抽样总体变成 2 200 000 元，包括 1 500 个账户，如表 11-9 所示。

表 11-9　抽样总体

项目分类	项目数量	总金额/元
重大项目	1	200 000
极不重要项目	150	10 000
抽样总体	1 500	2 200 000
合计	1 651	2 410 000

注册会计师将错报界定为被审计单位不能合理解释并提供相应依据的、应收账款账面金额与注册会计师实施抽样所获得的审计证据所支持的金额之间的差异(高估)。错报不包括明细账户之间的误记、在途款项以及被审计单位已经修改的差异。

注册会计师将应收账款存在认定的重大错报风险水平评估为"中"，且由于没有对应收账款的存在认定实施与函证目标相同的其他实质性程序而将"其他实质性程序的检查风险"评估为"最高"。根据表11-8得到的保证系数为2.3。

注册会计师根据下列模型估计样本规模:

$$2\ 200\ 000 \div 140\ 000 \times 2.3 \approx 36$$

综合其他影响因素，注册会计师将样本规模调整为40个。

注册会计师将抽样总体分成金额大致相等的两层，发现两层分别包含的项目数量相差很大，因此决定分层。注册会计师将40个样本平均分配到这两个账面金额大致相等的层中。因此，注册会计师从第一层300个账户中选取20个，从第二层1 200个账户中也选取20个。样本分层情况如表11-10所示。

表11-10　样本分层

层	层账面总额/元	层账户数量/个	层样本规模/个
第1层	1 120 000	300	20
第2层	1 080 000	1 200	20
合计	2 200 000	1 500	40

注册会计师向41个客户寄发了询证函，包括1个重大项目和40个选出的样本。重大项目中存在的错报为1 034元，40个样本中发现的错报如表11-11所示。

表11-11　样本错报汇总

层	层样本账面总额/元	层样本错报额/元	层样本错报数量/个	层错报额/元
第1层	124 900	2 400	2	21 521
第2层	30 500	550	1	19 475
合计	155 400	2 950	3	40 996

注:层错报额=层样本错报额÷层样本账面总额×层账面总额。

注册会计师利用比率法推断的总体错报额为40 996元，加上重大项目中发现的错报1 034元，计算出错报总额为42 030元。注册会计师将推断的错报总额42 030元与可容忍错报140 000元相比较，认为应收账款借方账面余额发生的错报超过可容忍错报的风险很小，因此总体可以接受。也就是说，即便在其推断的错报上加上合理的抽样风险允许限度，也不会出现一个超过可容忍错报的总额。注册会计师调查了错报的性质和原因，确定它们是由笔误所导致的，因此不代表额外的审计风险。

注册会计师得出结论，样本结果支持应收账款账面余额。但是，注册会计师还应将根据样本结果推断的错报与其他已知和可能的错报汇总，以评价财务报表整体是否可能存在重大错报。

二、在细节测试中使用统计抽样

统计抽样和非统计抽样的流程和步骤完全一样，只是在确定样本规模、选取样本和推断总体的具体方法上有所差别。注册会计师在细节测试中使用的统计抽样方法主要包括传统变量抽样和概率比例规模抽样。两种统计抽样方法的区别主要体现在确定样本规模和推断总体两个方面。

(一)传统变量抽样

传统变量抽样在确定样本规模时需要量化可接受的抽样风险、可容忍错报、预计总体错报等影响因素，并代入专门的统计公式中计算所需的样本数量。根据推断总体的方法不同，传统变量抽样又可以分为三种具体的方法：均值估计抽样、差额估计抽样和比率估计抽样。

1. 均值估计抽样

均值估计抽样是指通过抽样审查确定样本的平均值，再根据样本平均值推断总体的平均值和总值的一种变量抽样方法。使用这种方法时，注册会计师先计算样本中所有项目审定金额的平均值，然后用这个样本平均值乘以总体规模，得出总体金额的估计值。总体估计金额和总体账面金额之间的差额就是推断的总体错报。例如，注册会计师从总体规模为1 000、账面金额为1 000 000元的存货项目中选择了200个项目作为样本。在确定了正确的采购价格并重新计算了价格与数量的乘积之后，注册会计师将200个样本项目的审定金额加总后除以200，确定样本项目的平均审定金额为980元。然后计算估计的存货余额为980 000(980×1 000)元，推断的总体错报就是20 000(1 000 000-980 000)元。

2. 差额估计抽样

差额估计抽样是以样本实际金额与账面金额的平均差额来估计总体实际金额与账面金额的平均差额，然后再以这个平均差额乘以总体规模，从而求出总体的实际金额与账面金额的差额(即总体错报)的一种方法。差额估计抽样的计算公式如下：

$$平均错报=\frac{样本实际金额与账面金额的差额}{样本规模}$$

$$推断的总体错报=平均错报×总体规模$$

使用这种方法时，注册会计师先计算样本项目的平均错报，然后根据这个样本平均错报推断总体。例如，注册会计师从总体规模为1 000个的存货项目中选取了200个项目进行检查，总体的账面金额为1 040 000元。注册会计师逐一比较200个样本项目的审定金额和账面金额，账面金额(208 000元)和审定金额(196 000元)之间的差异为12 000元。12 000元的差额除以样本项目个数200，得到样本平均错报为60元。然后注册会计师用这个平均错报乘以总体规模，计算出总体错报为60 000(60×1 000)元。

3. 比率估计抽样

比率估计抽样是指以样本的实际金额与账面金额之间的比率关系来估计总体实际金额与账面金额之间的比率关系，然后再以这个比率去乘总体的账面金额，从而求出估计的总体实际金额的一种抽样方法。比率估计抽样法的计算公式如下：

$$比率=\frac{样本审定金额}{样本账面金额}$$

$$估计的总体实际金额=总体账面金额×比率$$

$$推断的总体错报=估计的总体实际金额-总体账面金额$$

如果上例中注册会计师使用比率估计抽样，则样本审定金额合计与样本账面金额的比例为 0.94(196 000÷208 000)。注册会计师用总体的账面金额乘以该比例 0.94，得到估计的存货余额为 977 600(1 040 000×0.94)元。推断的总体错报则为 62 400(1 040 000-977 600)元。

如果未对总体进行分层，注册会计师通常不使用均值估计抽样，因为此时所需的样本规模可能太大，不符合成本效益原则。比率估计抽样和差额估计抽样都要求样本项目存在错报，如果样本项目的审定金额和账面金额之间没有差异，这两种方法使用的公式所隐含的机理就会导致错误的结论。如果注册会计师决定使用统计抽样，且预计只发现少量差异，就不应使用比率估计抽样和差额估计抽样，而考虑使用其他的替代方法，如均值估计抽样或概率比例规模抽样。

注册会计师在使用传统变量抽样时，通常运用计算机程序确定样本规模。在确定样本规模时，注册会计师要考虑可容忍错报和误受风险，有时也需要考虑误拒风险。

(二)概率比例规模抽样

细节测试中运用的两种统计抽样方法，即传统变量抽样和概率比例规模抽样(Probability Proportion to Size，PPS)，都能为注册会计师实现审计目标提供充分的证据。但在有些情况下，PPS 抽样比传统变量抽样更实用。

1. 概率比例规模抽样的概念

概率比例规模抽样是一种运用属性抽样原理对货币金额而不是对发生率得出结论的统计抽样方法。概率比例规模抽样以货币单元作为抽样单元，有时也被称为金额加权选样、货币单元抽样、累计货币金额抽样，以及综合属性变量抽样等。在该方法下，总体中的每个货币单元被选中的机会相同，所以总体中某一项目被选中的概率等于该项目的金额与总体金额的比率。项目金额越大，被选中的概率比例规模就越大。但实际上注册会计师并不是对总体中的货币单元实施检查，而是对包含被选取货币单元的余额或交易实施检查。注册会计师检查的余额或交易被称为逻辑单元或实物单元。概率比例规模抽样有助于注册会计师将审计重点放在较大的余额或交易上。此抽样方法之所以得名，是因为总体中每一余额或交易被选取的概率与其账面金额(规模)成比例。

注册会计师进行概率比例规模抽样必须满足两个条件：第一，总体的错报率很低(低于10%)，且总体规模在 2 000 以上，这是概率比例规模抽样使用的泊松分布的要求；第二，总体中任一项目的错报不能超过该项目的账面金额。这就是说，如果某账户的账面金额是 100 元，其错报金额不能超过 100 元。

2. 概率比例规模抽样的优缺点

除了具备统计抽样的一般优点之外，概率比例规模抽样还具有一些特殊之处。了解概率比例规模抽样的优点和不足，有助于注册会计师确定在测试中是否使用概率比例规模抽样。

1)　概率比例规模抽样的优点

概率比例规模抽样的优点包括下列几个方面。

(1)　概率比例规模抽样一般比传统变量抽样更易于使用。由于概率比例规模抽样以属性抽样原理为基础，注册会计师可以很方便地计算样本规模，手工或使用量表评价样本结果。样本的选取可以在计算机程序或计算器的协助下进行。

(2)　概率比例规模抽样可以发现极少量的大额错报，原因在于它通过将少量大额实物单元拆成数量众多、金额很小的货币单元，从而赋予大额项目更多的机会被选入样本。

(3)　概率比例规模抽样的样本规模无须考虑被审计金额的预计变异性。传统变量抽样的样本规模是在总体项目共有特征的变异性或标准差的基础上计算的。概率比例规模抽样在确定所需的样本规模时不需要直接考虑货币金额的标准差。

(4)　概率比例规模抽样中项目被选取的概率与其货币金额的大小成比例，因而生成的样本自动分层。如果使用传统变量抽样，注册会计师通常需要对总体进行分层，以减小样本规模。在概率比例规模抽样中，如果项目金额超过选样间距，概率比例规模系统选样将自动识别所有单个重大项目。

(5)　如果注册会计师预计错报不存在或很小，概率比例规模抽样的样本规模通常比传统变量抽样方法更小。

(6)　概率比例规模抽样的样本更容易设计，且可在能够获得完整的总体之前开始选取样本。

2)　概率比例规模抽样的缺点

概率比例规模抽样的缺点包括下列几个方面。

(1)　概率比例规模抽样要求总体每一实物单元的错报金额不能超出其账面金额。

(2)　在概率比例规模抽样中，被低估的实物单元被选取的概率更低。概率比例规模抽样不适用于测试低估。如果注册会计师在概率比例规模抽样的样本中发现低估，在评价样本时需要特别考虑。

(3)　对零余额或负余额的选取需要在设计时特别考虑。例如，如果准备对应收账款进行抽样，注册会计师可能需要将贷方余额分离出去，作为一个单独的总体。如果检查零余额的项目对审计目标非常需要，注册会计师需要单独对其进行测试，因为零余额的项目在概率比例规模抽样中不会被选取。

(4)　当总体中错报数量增加时，概率比例规模抽样所需的样本规模也会增加。在这种情况下，概率比例规模抽样的样本规模可能大于传统变量抽样所需的规模。

(5)　当发现错报时，如果风险水平一定，概率比例规模抽样在评价样本时可能高估抽样风险的影响，从而导致注册会计师可能拒绝一个可接受的总体账面金额。

(6)　在概率比例规模抽样中，注册会计师通常需要逐个累计总体金额。但如果相关的会计数据以电子形式存储，就不会额外增加大量的审计成本。

3)　细节测试中使用统计抽样可利用的结论

注册会计师在细节测试中使用统计抽样，可以利用以下结论。

(1)　如果计算的总体错报上限低于可容忍错报，则总体可以接受。

(2)　如果计算的总体错报上限大于或等于可容忍错报，则总体不能接受，注册会计师应将该类交易或账户余额的错报与其他审计证据一起考虑。通常，注册会计师会建议被审计单位对错报进行调查，且在必要时调整账面记录。

本 章 小 结

本章从审计抽样的基本概念入手，介绍了审计抽样的基本原理和步骤、审计抽样在控制测试和细节性测试中的应用。审计抽样是指注册会计师对具有审计相关性的总体中低于百分之百的项目实施审计程序，使所有抽样单元都有被选取的机会，为注册会计师针对整个总体得出结论提供合理基础。注册会计师进行审计抽样是为了在合理的时间内以合理的成本完成审计工作，因此存在抽样风险必不可免。抽样风险是由抽样引起的，与样本规模和抽样方法相关。只要使用了审计抽样，抽样风险总会存在。在使用统计抽样时，注册会计师可以准确地计量和控制抽样风险；在使用非统计抽样时，注册会计师无法量化抽样风险，只能根据职业判断对其进行定性的评价和控制。非抽样风险是由人为错误造成的，因而可以降低或防范。注册会计师在控制测试和细节性测试中实施审计抽样主要分为三个阶段，即设计样本阶段、选取样本阶段和评价样本结果阶段，每一阶段都离不开注册会计师的职业判断。限于理论的成熟度和实践的运用性，本章重点介绍了统计抽样在控制测试中的应用和非统计抽样在细节性测试中的应用。

复习思考题

1. 什么是审计抽样？它具备哪些特征？
2. 如何控制抽样风险和非抽样风险？
3. 统计抽样和非统计抽样的主要区别是什么？
4. 影响样本规模的因素有哪些？它们是怎样影响样本规模的？
5. 随机选样、系统选样和随意选样的优缺点以及适用范围各有哪些？

自测与技能训练

一、基础知识自测

(一)单项选择题

1. 下列有关统计抽样和非统计抽样的说法中，错误的是(   )。
    A. 注册会计师应当根据具体情况并运用职业判断，确定使用统计抽样或非统计抽样方法
    B. 注册会计师在统计抽样与非统计抽样方法之间进行选择时主要考虑成本效益
    C. 非统计抽样如果设计适当，也能提供与统计抽样方法相同的结果
    D. 注册会计师使用非统计抽样时，不需要考虑抽样风险
2. 在控制测试中，信赖过度风险与样本规模之间是(   )。
    A. 同向变动关系 　　　　　　　　B. 反向变动关系
    C. 同比例变动关系 　　　　　　　D. 反比例变动关系

3. 下列各项风险中，对审计工作的效率和效果都产生影响的是（　　）。

    A. 非抽样风险　　　　　　　　　　B. 信赖不足风险

    C. 误受风险　　　　　　　　　　　D. 信赖过度风险

4. 在关于销售业务的审计中，不适宜采用审计抽样的是（　　）。

    A. 确认赊销是否经过审批　　　　　B. 确认销货发票是否附有发运单副本

    C. 审查大额或异常的销售业务　　　D. 确认销货发票副本上是否标明账户号码

5. 下列有关抽样风险的说法中，错误的是（　　）。

    A. 除非注册会计师对总体中所有的项目都实施检查，否则存在抽样风险

    B. 在使用统计抽样时，注册会计师可以准确地计量和控制抽样风险

    C. 注册会计师可以通过扩大样本规模降低抽样风险

    D. 控制测试中的抽样风险包括误受风险和误拒风险

(二)多项选择题

1. 影响审计效率的抽样风险包括（　　）。

    A. 对内部控制信赖过度风险　　　　B. 对内部控制信赖不足风险

    C. 误拒风险　　　　　　　　　　　D. 误受风险

2. 非抽样风险可能来自（　　）。

    A. 选择的总体不适合测试目标　　　B. 控制偏差或错报的定义不恰当

    C. 审计程序选择不当　　　　　　　D. 对审计发现的错误评价不当

3. 下列选取样本的方法中，可以在统计抽样中使用的有（　　）。

    A. 使用随机数表选样　　　　　　　B. 随意选样

    C. 使用计算机辅助审计技术选样　　D. 系统选样

4. 下列有关非抽样风险的说法中，正确的有（　　）。

    A. 注册会计师实施控制测试和实质性程序时均可能产生非抽样风险

    B. 注册会计师保持职业怀疑有助于降低非抽样风险

    C. 注册会计师可以通过扩大样本规模降低非抽样风险

    D. 注册会计师可以通过加强对审计项目组成员的监督和指导降低非抽样风险

5. 下面有关抽样风险的表述中，错误的有（　　）。

    A. 在统计抽样中存在一定程度的非抽样风险，在非统计抽样中也存在某种程度的抽样风险

    B. 只要有抽样就存在抽样风险，不存在非抽样风险

    C. 注册会计师可以量化并控制抽样风险，但非抽样风险是由人为错误造成的，不能量化，注册会计师无法控制非抽样风险

    D. 抽样风险存在会导致注册会计师得出错误的结论，但不会影响审计的效率

6. 在下列情况下，可能会产生抽样风险的有（　　）。

    A. 抽样方法不当　　　　　　　　　B. 运用了不适当的程序

    C. 错误解释样本结果　　　　　　　D. 选取的样本过少

7. 与样本量成反方向变动的有（　　）。

    A. 抽样风险　　　　　　　　　　　B. 总体变异性

    C. 可容忍误差　　　　　　　　　　D. 预计总体误差

8. 统计抽样的优点表现在(　　)。

    A. 能客观地选取样本
    B. 能科学地计量抽样风险
    C. 能够控制抽样风险
    D. 能够定量地评价样本结果

9. 按照所了解的总体特征不同，可以将审计抽样划分为(　　)。

    A. 统计抽样
    B. 非统计抽样
    C. 属性抽样
    D. 变量抽样

10. 下列各因素中，直接影响控制测试样本规模的有(　　)。

    A. 可容忍偏差率
    B. 注册会计师在评估风险时对相关控制的依赖程度
    C. 控制所影响账户的可容忍错报
    D. 拟测试总体的预期偏差率

(三)判断题

1. 无论使用统计抽样还是使用非统计抽样，都存在一定程度的抽样风险和非抽样风险。（　　）

2. 非统计抽样需要职业判断，而统计抽样不需要职业判断。（　　）

3. 实施风险评估程序时，一般不使用审计抽样。（　　）

4. 如果被审计单位内控运行留下了书面证据，注册会计师可以考虑使用审计抽样进行控制测试。（　　）

5. 分析误差时，不仅要看误差的数量，还要考虑误差的性质以及对财务报表的影响。（　　）

6. 非抽样风险是由于人为原因造成的，因而可以降低、消除或防范。（　　）

7. 非统计抽样的成本一般要比统计抽样的成本高。（　　）

8. 统计抽样和非统计抽样相比，需要更多的职业判断。（　　）

9. 在非统计变量抽样中，当调整后的总体错报小于但接近可容忍错报时，总体可以接受。（　　）

10. 当总体变异性不大时，注册会计师在进行非统计抽样时，没有必要对总体进行分层。（　　）

二、案例分析题

1. A 注册会计师负责对甲公司 20×2 年度财务报表进行审计，在对应收账款(总体规模为 8 000)实施控制测试时，A 注册会计师决定采用统计抽样方法，A 注册会计师的观点如下。

(1) 在所有的控制测试中 A 注册会计师均可采用审计抽样。

(2) 由于总体变异性较大，A 注册会计师将总体分为三层。

(3) 使用不同的抽样方法，影响对选取的样本实施审计程序的性质。

(4) 总体规模越大，选取的样本规模越大。

(5) 愿意接受的抽样风险越低，需要的样本规模越大。

(6) 当总体偏差率上限低于但接近可容忍偏差率时，总体可以接受。

要求：针对上述(1)至(6)项，逐项指出 A 注册会计师的观点是否存在不当之处，如果有，请简要说明理由。

2. 某注册会计师采取审计抽样时抽查情况如表 11-12 所示。

表 11-12 抽查情况

审查内容	样本及其容量	可容忍误差	推断误差	总体实际误差
未批准的赊销	销售发票副本 400 张	4%	3%	10%
伪造应收账款	向 300 户顾客发函	18 000 元	10 000 元	25 000 元
虚列现金支出	500 笔支出及凭证	2%	25%	1%
漏记应付账款	材料验收单 200 张	10 000 元	12 000 元	4 000 元

问题如下。

(1) 在表 11-12 所列的四种情况中，未批准赊销的情况属于哪种抽样风险？

(2) 在表 11-12 所列的四种情况中，哪种情况可能使注册会计师给予相关内部控制制度的信赖低于应当给予的信赖？

(3) 在表 11-12 所列的四种情况中，哪种情况直接影响实质性测试的效果，但不影响实质性测试的效率？

(4) 在表 11-12 所列的四种情况中，哪种情况直接影响实质性测试的效率，但不影响实质性测试的效果？

第十二章

审计报告

第一节　审计报告的含义与种类

一、审计报告的含义

审计报告是注册会计师根据中国注册会计师审计准则的规定，在执行审计工作的基础上，对被审计单位财务报表是否在所有重大方面按照适用的财务报告编制基础编制并实现公允反映发表审计意见的书面文件。审计报告是审计工作的最终结果，是对审计工作的全面总结，是向审计服务需求者传达所需信息的重要手段，也是表明注册会计师完成了审计任务并愿意承担审计责任的证明文件。

二、审计报告的种类

审计报告主要有四种分类方式。

(1) 审计报告按其格式和措辞的规范性，可分为规范性审计报告和特殊性审计报告。

规范性审计报告是指格式和措辞基本统一的审计报告。审计职业界认为，为了避免混乱，有必要统一审计报告的格式和措辞，便于使用者准确理解其含义。规范性审计报告一般适用于对外公布。

特殊性审计报告是指格式和措辞不统一，可以根据具体审计项目的情况来决定的审计报告。特殊性审计报告一般不对外公布。

应当注意的是，注册会计师出具的年度财务报表审计报告有规范的格式和措辞，属于规范性审计报告。

(2) 审计报告按其发表审计意见的类型，可分为无保留意见审计报告和非无保留意见审计报告。

注册会计师在无保留意见的审计报告中指出被审计单位财务报表在所有重大方面按照适用的财务报告编制基础编制并实现公允反映。在非无保留意见审计报告中，注册会计师要对财务报表发表保留意见、否定意见或无法表示意见。

(3) 审计报告按其使用的目的，可分为公布目的审计报告和非公布目的审计报告。

公布目的审计报告，一般用于对企业股东、投资者、债权人等非特定利益关系者公布财务报表时所附送的审计报告。

非公布目的审计报告，一般用于经营管理、合并或业务转让、融通资金等特定目的而实施审计的审计报告。这类审计报告是分发给特定使用者的，如经营者、合并或业务转让的关系人、提供信用的金融机构等。

(4) 审计报告按其详略程度，可分为简式审计报告和详式审计报告。

简式审计报告，又称短式审计报告，一般用于注册会计师对应公布的财务报表所出具的简明扼要的审计报告，其反映的内容是非特定多数的利害关系人共同认为的必要审计事项，且为法令或审计准则所规定的，具有标准格式，一般适用于公布目的。

详式审计报告，又称长式审计报告，一般是指对审计对象的所有重要经济业务和情况都要作详细说明和分析的审计报告。它主要用于指出企业经营管理存在的问题和帮助企业改善经营管理，其内容丰富、详细，一般适用于非公布目的。

第二节 审计报告的基本内容

《中国注册会计师审计准则第 1501 号——对财务报表形成审计意见和出具审计报告》规范了注册会计师对财务报表形成审计意见，以及作为财务报表审计结果出具的审计报告的格式和内容，并规定审计报告应当包括下列要素。

一、标题

标题应当统一规范为"审计报告"，以突出业务性质，并与其他业务报告相区别。

二、收件人

收件人即注册会计师按照业务约定书的要求致送审计报告的对象，一般是指审计业务的委托人。审计报告应当载明收件人的全称。对于股份有限公司，审计报告收件人一般可用"××股份有限公司全体股东"；对于有限责任公司，收件人一般可用"××有限责任公司董事会"；对于合伙企业，收件人一般可用"××合伙企业全体合伙人"；对于独资企业，收件人一般可直接用"××公司(企业)(该独资企业的名称)"。

三、审计意见

财务报表审计意见的基本类型有四种：无保留意见、保留意见、否定意见和无法表示意见的审计报告。

审计意见部分应当说明：财务报表是否在所有重大方面按照适用的财务报告编制基础编制，是否公允反映了被审计单位的财务状况、经营成果和现金流量。

审计意见部分还应当包括下列五个方面：①指出被审计单位的名称；②说明财务报表已经审计；③指出构成整套财务报表的每一财务报表的名称；④提及财务报表附注；⑤指明构成整套财务报表的每一财务报表的日期或涵盖的期间。根据企业会计准则规定，整套财务报表的每张财务报表的名称分别为资产负债表、利润表、所有者(股东)权益变动表和现金流量表。此外，由于附注是财务报表不可或缺的重要组成部分，因此也应提及财务报表附注。财务报表有反映时点的，有反映期间的，注册会计师应在审计意见部分指明构成整套财务报表的每一财务报表的日期或涵盖的期间。

四、形成审计意见的基础

该部分应当紧接在审计意见之后，并包括下列四个方面：①说明注册会计师按照审计准则的规定执行了审计工作；②提及审计报告中用于描述审计准则规定的注册会计师责任的部分；③声明注册会计师按照与审计相关的职业道德要求独立于被审计单位，并按照这些要求履行了职业道德方面的其他责任(声明中应当指明适用的职业道德要求，如遵守中国注册会计师职业道德守则）；④说明注册会计师是否相信获取的审计证据是充分、适当的，为发表审计意见提供基础。

五、管理层和治理层对财务报表的责任

管理层对财务报表的责任部分包括下列两个方面：①按照适用的财务报告编制基础编制财务报表，使其实现公允反映，并设计、执行和维护必要的内部控制，以使财务报表不存在由于舞弊或错误导致的重大错报；②评估被审计单位的持续经营能力和使用持续经营假设是否适当，并披露与持续经营相关的事项(如适用)。对管理层评估责任的说明应当包括描述在何种情况下使用持续经营假设是适当的。

当对财务报告过程负有监督责任的人员与履行上述责任的人员不同时，管理层对财务报表的责任部分还应当提及对财务报告过程负有监督责任的人员。这种情况下，该部分的标题还应当提及"治理层"或者特定国家或地区法律框架中的恰当术语。

六、注册会计师对财务报表审计的责任

注册会计师应该在审计报告中说明其对财务报表审计的责任。

(1) 说明注册会计师的目标是对财务报表整体是否不存在由于舞弊或错误导致的重大错报获取合理保证，并出具包含审计意见的审计报告。

(2) 说明合理保证是高水平的保证，但并不能保证按照审计准则执行审计时总能发现某一重大错报存在。

(3) 说明错报可能由于舞弊或错误导致。

(4) 说明在按照审计准则执行审计工作的过程中，注册会计师运用职业判断，并保持职业怀疑。

(5) 说明进行了下列审计工作：①识别和评估由于舞弊或错误导致的财务报表重大错报风险，对这些风险有针对性地设计和实施审计程序，获取充分、适当的审计证据，作为发表审计意见的基础；②了解与审计相关的内部控制，以设计恰当的审计程序，但目的并非对内部控制的有效性发表意见；③评价管理层选用会计政策的恰当性、作出会计估计及相关披露的合理性；④对管理层使用持续经营假设的恰当性得出结论；⑤评价财务报表的总体列报、结构和内容(包括披露)，并评价财务报表是否公允反映相关交易和事项。

(6) 说明注册会计师与治理层就计划的审计范围、时间安排和重大审计发现等进行沟通，包括沟通注册会计师在审计中识别的值得关注的内部控制缺陷。

(7) 对于上市实体财务报表审计，指出注册会计师就遵守关于独立性的相关职业道德要求向治理层提供声明，并与治理层沟通可能被合理认为影响注册会计师独立性的所有关系和其他事项，以及相关的防范措施(如适用)。

(8) 对于上市实体财务报表审计，以及决定按照《中国注册会计师审计准则第 1504号——在审计报告中沟通关键审计事项》的规定沟通关键审计事项的其他情况，说明注册会计师从与治理层沟通的事项中确定哪些事项对当期财务报表审计最为重要，因而构成关键审计事项。注册会计师在审计报告中描述这些事项，除非法律、法规不允许公开披露这

些事项，或在极其罕见的情形下，注册会计师合理预期在审计报告中沟通某事项造成的负面后果超过产生的公众利益方面的益处，因而确定不应在审计报告中沟通该事项。

七、按照相关法律法规的要求报告的事项(如适用)

除审计准则规定的注册会计师对财务报表出具审计报告的责任外，相关法律法规可能对注册会计师设定了其他报告责任。例如：①如果注册会计师在财务报表审计中注意到某些事项，可能被要求对这些事项予以报告；②注册会计师可能被要求实施额外的规定的程序并予以报告，或对特定事项(如会计账簿和记录的适当性)发表意见。

在某些情况下，相关法律法规可能要求或允许注册会计师将对这些其他责任的报告作为对财务报表出具的审计报告的一部分。在另外一些情况下，相关法律法规可能要求或允许注册会计师在单独出具的报告中进行报告。这些责任是注册会计师按照审计准则对财务报表出具审计报告的责任的补充。如果注册会计师在对财务报表出具的审计报告中履行其他报告责任，应当在审计报告中将其单独作为一部分，并以"按照相关法律法规的要求报告的事项"为标题。

八、注册会计师的签名和盖章

审计报告应当由两名具备相关业务资格的注册会计师签名和盖章。为进一步增强对审计报告使用者的透明度，在对上市实体整套通用目的的财务报表出具的审计报告中，应当注明项目合伙人。

九、会计师事务所的名称、地址和盖章

审计报告应当载明会计师事务所的名称和地址(一般只写明其注册地城市名)，并加盖会计师事务所公章。

十、报告日期

审计报告标注的日期为注册会计师完成审计工作的日期。审计报告的日期不应早于注册会计师获取充分、适当的审计证据(包括管理层认可对财务报表的责任且已批准财务报表的证据)，并在此基础上对财务报表形成审计意见的日期。

在确定审计报告日期时，注册会计师应当确信已获取下列两个方面的审计证据：①构成整套财务报表的所有报表(包括相关附注)已编制完成；②被审计单位的董事会、管理层或类似机构已经认可其对财务报表负责。

在实务中，注册会计师在正式签署审计报告前，通常把审计报告草稿和已审计财务报表草稿一同提交给管理层。如果管理层批准并签署已审计财务报表，注册会计师即可签署审计报告。注册会计师签署审计报告的日期通常与管理层签署已审计财务报表的日期为同一天，或晚于管理层签署已审计财务报表的日期。

第三节　无保留意见审计报告

一、无保留意见审计报告的签发条件

无保留意见是指当注册会计师认为财务报表在所有重大方面按照适用的财务报告编制基础编制并实现公允反映时发表的审计意见。注册会计师经过审计后，认为被审计单位财务报表符合下列所有条件，注册会计师应当出具无保留意见的审计报告。

(1) 财务报表已经在所有重大方面按照适用的财务报告编制基础编制，公允反映了被审计单位的财务状况、经营成果和现金流量。

(2) 注册会计师已经按照中国注册会计师审计准则的规定计划和实施审计工作，在审计过程中未受到限制。

综上所述，注册会计师出具无保留意见审计报告的条件：一是财务报表按照适用的财务报告编制基础编制；二是注册会计师的审计范围没有受到重大限制。

二、出具无保留审计意见应考虑的内容

注册会计师应当就财务报表是否在所有重大方面，按照适用的财务报告编制基础编制并实现公允反映形成审计意见。针对财务报表整体是否不存在由于舞弊或错误导致的重大错报，注册会计师应当出具审计意见，确定是否已就此获取合理保证。在形成审计意见时，注册会计师应当考虑下列事项：①是否已获取充分、适当的审计证据；②未更正错报单独或汇总起来是否构成重大错报；③财务报表是否在所有重大方面按照适用的财务报告编制基础编制并实现公允反映。

在评价财务报表是否在所有重大方面按照适用的财务报告编制基础编制时，注册会计师应当特别评价下列内容。

(1) 财务报表是否充分披露了选择和运用的重要会计政策。

(2) 选择和运用的会计政策是否符合适用的财务报告编制基础，并适合被审计单位的具体情况。

(3) 管理层作出的会计估计是否合理。

(4) 财务报表列报的信息是否具有相关性、可靠性、可比性和可理解性。

(5) 财务报表是否作出充分披露，使预期使用者能够理解重大交易和事项对财务报表所传递的信息的影响。

(6) 财务报表使用的术语(包括每一财务报表的标题)是否适当。

在评价财务报表是否实现公允反映时，注册会计师应当考虑下列方面。

(1) 财务报表的整体列报、结构和内容是否合理。

(2) 财务报表(包括相关附注)是否公允地反映了相关交易和事项。

三、无保留意见审计报告的关键措辞和范例

无保留意见审计报告应当以"我们认为"作为意见段的开头，并使用"在所有重大方

面""公允反映了"等专业术语。

对按照适用的财务报告编制基础(如企业会计准则)编制的财务报表出具的无保留意见审计报告范例如下。

审计报告

ABC 股份有限公司全体股东:

一、对财务报表出具的审计报告

(一)审计意见

我们审计了 ABC 股份有限公司(以下简称公司)的财务报表,包括 20×6 年 12 月 31 日的资产负债表,20×6 年度的利润表、现金流量表、股东权益变动表以及财务报表附注。

我们认为,后附的财务报表在所有重大方面按照企业会计准则的规定编制,公允反映了 ABC 公司 20×6 年 12 月 31 日的财务状况以及 20×6 年度的经营成果和现金流量。

(二)形成审计意见的基础

我们按照中国注册会计师审计准则的规定执行了审计工作。审计报告的"注册会计师对财务报表审计的责任"部分进一步阐述了我们在这些准则下的责任。按照中国注册会计师职业道德守则,我们独立于 ABC 公司,并履行职业道德方面的其他责任。我们相信,我们获取的审计证据是充分、适当的,为发表审计意见提供了基础。

(三)关键审计事项

关键审计事项是我们根据职业判断,认为对本期财务报表审计最为重要的事项。这些事项是在对财务报表整体进行审计并形成意见的背景下进行处理的,我们不对这些事项提供单独的意见。

1.商誉减值测试

截至 20×6 年 12 月 31 日,ABC 公司因收购 D 公司而确认了××万元的商誉。ABC 公司管理层于每年年末对商誉进行减值测试。本年度,D 公司产生了经营损失,该商誉出现减值迹象,为此我们确定该商誉减值测试为关键审计事项。

报告期末,ABC 公司管理层对 D 公司的商誉进行了减值测试,以评价该项商誉是否存在减值。管理层采用现金流预测模型来计算商誉的可收回金额,并将其与商誉的账面价值相比较。该模型所使用的折现率、预计现金流和未来收入增长率等关键指标需要作出重大的管理层判断。通过测试,管理层得出商誉没有减值的结论。

我们针对管理层减值测试所实施的审计程序包括:①对管理层的估值方法予以了评估;②基于我们对相关行业的了解,我们质疑了管理层假设的合理性,如收入增长率、折现率等;③检查录入数据与支持证据的一致性,如已批准的预算以及考虑这些预算的合理性。

2.以公允价值计价的消耗性生物资产

截至 20×6 年 12 月 31 日,ABC 公司合并财务报表附注所示以公允价值计价的消耗性生物资产余额为 2 600 万元,属于 ABC 公司的特殊资产,且金额较大,为此我们确定该消耗性生物资产的计量为关键审计事项。

根据 ABC 公司的会计政策,消耗性生物资产在形成蓄积量以前按照成本进行初始计量,形成蓄积量以后按公允价值计量,公允价值变动计入当期损益。由于 ABC 公司的消耗性生物资产没有活跃的市场可参考价格,所以 ABC 公司采用估值技术确定已形成蓄积量的消耗性生物资产(下称"该类生物资产")的公允价值。

针对该类生物资产的公允价值计量问题,我们实施的审计程序主要包括:①对 ABC 公司与确定该类生物资产相关的控制进行了评估;②对该类生物资产的估值方法进行了了解和评价,并与估值专家讨论了估值方法的具体运用;③对在估值过程中运用的估值参数和折现率进行了考虑和评价。

　　我们认为，基于目前所获取的信息，管理层对该消耗性生物资产的公允价值计量是合理的，相关信息在财务报表附注-5 中所作出的披露是适当的。

　　(四)其他信息

　　按照《中国注册会计师审计准则第 1521 号——注册会计师对其他信息的责任》的规定报告。

　　(五)管理层和治理层对财务报表的责任

　　管理层负责按照企业会计准则的规定编制财务报表，使其实现公允反映，并设计、执行和维护必要的内部控制，以使财务报表不存在由于舞弊或错误导致的重大错报。

　　在编制财务报表时，管理层负责评估 ABC 公司的持续经营能力，披露与持续经营相关的事项(如适用)，并运用持续经营假设，除非管理层计划清算公司、停止营运或别无其他现实的选择。

　　治理层负责监督公司的财务报告过程。

　　(六)注册会计师对财务报表审计的责任

　　我们的目标是对财务报表整体是否不存在由于舞弊或错误导致的重大错报获取合理保证，并出具包含审计意见的审计报告。合理保证是高水平的保证，但并不能保证按照审计准则执行的审计在某一重大错报存在时总能发现。错报可能由舞弊或错误导致，如果合理预期错报单独或汇总起来可能影响财务报表使用者依据财务报表作出的经济决策，则通常认为错报是重大的。

　　在按照审计准则执行审计的过程中，我们运用了职业判断，保持了职业怀疑。我们同时做了以下工作。

　　(1) 识别和评估由于舞弊或错误导致的财务报表重大错报风险；对这些风险有针对性地设计和实施审计程序；获取充分、适当的审计证据，作为发表审计意见的基础。由于舞弊可能涉及串通、伪造、故意遗漏、虚假陈述或凌驾于内部控制之上，未能发现由于舞弊导致的重大错报的风险高于未能发现由于错误导致的重大错报的风险。

　　(2) 了解与审计相关的内部控制，以设计恰当的审计程序，但目的并非对内部控制的有效性发表审计意见。

　　(3) 评价管理层选用会计政策的恰当性和做出会计估计及相关披露的合理性。

　　(4) 对管理层使用持续经营假设的恰当性得出结论。同时，基于所获取的审计证据，对是否存在与事项或情况相关的重大不确定性，从而可能导致对 ABC 公司的持续经营能力产生重大疑虑得出结论。如果我们得出的结论认为存在重大不确定性，审计准则要求我们在审计报告中提请报告使用者注意财务报表中的相关披露；如果披露不充分，我们应该发表非无保留意见。我们的结论基于审计报告日可获得的信息。然而，未来的事项或情况可能导致公司不能持续经营。

　　(5) 评价财务报表的总体列报、结构和内容(包括披露)，并评价财务报表是否公允反映交易和事项。

　　我们与治理层就计划的审计范围、时间安排和重大审计发现(包括我们在审计中识别的值得关注的内部控制缺陷)进行沟通。

　　我们还遵守关于独立性的相关职业道德要求向治理层提供声明，并就可能被合理认为影响我们独立性的所有关系和其他事项，以及相关的防范措施(如适用)与治理层进行沟通。

　　从与治理层的沟通中，我们确定哪些事项对当期财务报表的审计最为重要，因而构成关键审计事项。我们在审计报告中描述这些事项，除非法律法规不允许公开披露这些事项，或在极其罕见的情形下，如果合理预期在审计报告中沟通某事项造成的负面后果超过产生的公众利益方面的益处，我们确定不应在审计报告中沟通该事项。

　　二、按照相关法律法规的要求报告的事项

　　本部分的格式和内容，取决于法律法规对其他报告责任的性质的规定。本部分应当说明相关法律法规规范的事项(其他报告责任)，除非其他报告责任涉及的事项与审计准则规定的报告责任涉及的事项相同。如果涉及相同的事项，其他报告责任可以在审计准则规定的同一报告要素部分中列示。当其他报告责任和审计准则规定的报告责任涉及同一事项，并且审计报告中的措辞能够将其他报告责任与审计准则规定的责任(如差异存在)予以清楚的区分时，可以将两者合并列示(即包含在"对财务报表出具的审计报告"部分中，并使用适当的副标题)。

××会计师事务所　　　　　　　　中国注册会计师：×××(项目合伙人)
(盖章)　　　　　　　　　　　　　　　　　　(签名并盖章)
　　　　　　　　　　　　　　　中国注册会计师：×××
　　　　　　　　　　　　　　　　　　(签名并盖章)
中国××市　　　　　　　　　　　　二○×七年×月×日

第四节　非无保留意见审计报告

非无保留意见审计报告，包括保留意见、否定意见和无法表示意见的审计报告。在非无保留意见的审计报告中，审计意见段的标题为"保留意见""否定意见"或"无法表示意见"。

一、保留意见审计报告

(一)保留意见审计报告的签发条件

当出现下列情形之一时，注册会计师应当签发保留意见的审计报告。

(1) 在获取充分、适当的审计证据后，注册会计师认为错报单独或汇总起来对财务报表影响重大，但不具有广泛性。

(2) 注册会计师无法获取充分、适当的审计证据以作为形成审计意见的基础，但认为发现的错报(如存在)对财务报表可能产生的影响重大，但不具有广泛性。

(二)保留意见审计报告的基本内容与关键措辞

保留意见审计报告的基本内容除了包括标准无保留意见审计报告的基本内容外，还应当将"形成审计意见的基础"这一标题修改为"形成保留意见的基础"，在该部分包含对导致发表保留意见的事项的描述。

如果财务报表中存在与具体金额(包括财务报表附注中的定量披露)相关的重大错报，注册会计师应当在形成保留意见的基础部分说明并量化该错报的财务影响。如果无法量化财务影响，注册会计师应当在该部分说明这一情况。如果财务报表中存在与叙述性披露相关的重大错报，注册会计师应当在形成保留意见的基础部分解释该错报错在何处。如果财务报表中存在与应披露而未披露信息相关的重大错报，注册会计师应当：①与治理层讨论未披露信息的情况；②在形成保留意见的基础部分描述未披露信息的性质；③如果可行并且已针对未披露信息获取了充分、适当的审计证据，在形成保留意见的基础部分包含对未披露信息的披露，除非法律法规禁止。

如果因无法获取充分、适当的审计证据而导致发表保留意见，注册会计师应当在形成保留意见的基础部分说明无法获取审计证据的原因。

当由于财务报表存在重大错报而发表保留意见时，注册会计师应当根据适用的财务报告编制基础在审计意见部分说明：注册会计师认为，除形成保留意见的基础部分所述事项产生的影响外，财务报表在所有重大方面按照适用的财务报告编制基础编制，并实现公允反映。

当由于无法获取充分、适当的审计证据而导致发表保留意见时，注册会计师应当在审计意见部分使用"除……可能产生的影响外"等措辞。

下面是由于注册会计师无法获取充分、适当的审计证据而发表保留意见的审计报告示例。

审计报告

ABC 股份有限公司全体股东：

一、对财务报表出具的审计报告

(一)保留意见

我们审计了 ABC 股份有限公司及其子公司(以下简称集团)合并财务报表，包括20×6年12月31日的合并资产负债表，20×6年度的合并利润表、合并现金流量表、合并股东权益变动表以及合并财务报表附注。

我们认为，除"形成保留意见的基础"部分所述事项可能产生的影响外，后附的集团合并财务报表在所有重大方面按照企业会计准则的规定编制，公允反映了集团20×6年12月31日的合并财务状况以及20×6年度的合并经营成果和合并现金流量。

(二)形成保留意见的基础

如财务报表附注×所述，集团于20×6年取得了境外 XYZ 公司30%的股权，因能够对 XYZ 公司施加重大影响，故采用权益法核算该项股权投资，于20×6年度确认对 XYZ 会司的投资收益××元，截至20×6年12月31日合并资产负债表上反映的该项股权投资为××元。由于我们未被允许接触 XYZ 公司的财务信息、管理层和执行 XYZ 公司审计的注册会计师，我们无法就该项股权投资的账面价值以及集团确认的20×6年度对 XYZ 公司的投资收益获取充分、适当的审计证据，也无法确定是否有必要对这些金额进行调整。

我们按照中国注册会计师审计准则的规定执行了审计工作。审计报告的"注册会计师对财务报表审计的责任"部分进一步阐述了我们在这些准则下的责任。按照中国注册会计师职业道德守则，我们独立于集团，并履行了职业道德方面的其他责任。我们相信，我们获取的审计证据是充分、适当的，为发表保留意见提供了基础。

(三)其他信息

按照《中国注册会计师审计准则第 1521 号——注册会计师对其他信息的责任》的规定报告，其他信息部分的最后一段需要进行改写，以描述导致注册会计师对财务报表发表保留意见并且影响其他信息的事项。

(四)关键审计事项

关键审计事项是我们根据职业判断，认为对本期财务报表审计最为重要的事项。这些事项是在对财务报表整体进行审计并形成意见的背景下进行处理的，我们不对这些事项提供单独的意见。除"形成保留意见的基础"部分所述事项外，我们确定下列事项是需要在审计报告中沟通的关键审计事项。

按照《中国注册会计师审计准则第 1504 号——在审计报告中沟通关键审计事项》的规定描述每一关键审计事项。

(五)管理层和治理层对财务报表的责任

管理层负责按照企业会计准则的规定编制财务报表，使其实现公允反映，并设计、执行和维护必要的内部控制，以使财务报表不存在由于舞弊或错误导致的重大错报。

在编制财务报表时，管理层负责评估公司的持续经营能力，披露与持续经营相关的事项(如适用)，并运用持续经营假设，除非管理层计划清算公司、停止营运或别无其他现实的选择。

治理层负责监督公司的财务报告过程。

(六)注册会计师对财务报表审计的责任

我们的目标是对财务报表整体是否不存在由于舞弊或错误导致的重大错报获取合理保证，并出具包含审计意见的审计报告。合理保证是高水平的保证，但并不能保证按照审计准则执行的审计在某一重大错报存在时总能发现。错报可能由舞弊或错误导致，如果合理预期错报单独或汇总起来可能影响财务报表使用者依据财务报表做出的经济决策，则通常认为错报是重大的。

在按照审计准则执行审计的过程中，我们运用了职业判断，保持了职业怀疑。我们同时做了以下工作。

(1)识别和评估由于舞弊或错误导致的财务报表重大错报风险；对这些风险有针对性地设计和实施审计程序；获取充分、适当的审计证据，作为发表审计意见的基础。由于舞弊可能涉及串通、伪造、故意遗漏、虚假陈述或凌驾于内部控制之上，未能发现由于舞弊导致的重大错报的风险高于未能发现由于错误导致的重大错报的风险。

(2)了解与审计相关的内部控制，以设计恰当的审计程序，但目的并非对内部控制的有效性发表审计意见。

(3)评价管理层选用会计政策的恰当性和作出会计估计及相关披露的合理性。

(4)对管理层使用持续经营假设的恰当性得出结论。同时，基于所获取的审计证据，对是否存在与事项或情况相关的重大不确定性，从而可能导致对公司的持续经营能力产生重大疑虑得出结论。如果我们得出的结论认为存在重大不确定性，审计准则要求我们在审计报告中提请报告使用者注意财务报表中的相关披露；如果披露不充分，我们应该发表非无保留意见。我们的结论基于审计报告日可获得的信息。然而，未来的事项或情况可能导致公司不能持续经营。

(5)评价财务报表的总体列报、结构和内容(包括披露)，并评价财务报表是否公允反映交易和事项。

我们与治理层就计划的审计范围、时间安排和重大审计发现(包括我们在审计中识别的值得关注的内部控制缺陷)进行沟通。

我们还遵守关于独立性的相关职业道德要求向治理层提供声明，并就可能被合理认为影响我们独立性的所有关系和其他事项，以及相关的防范措施(如适用)与治理层进行沟通。

从与治理层的沟通中，我们确定哪些事项对当期财务报表的审计最为重要，因而构成关键审计事项。我们在审计报告中描述这些事项，除非法律法规不允许公开披露这些事项，或在极其罕见的情形下，如果合理预期在审计报告中沟通某事项造成的负面后果超过产生的公众利益方面的益处，我们确定不应在审计报告中沟通该事项。

二、按照相关法律法规的要求报告的事项

按照《中国注册会计师审计准则第 1501 号——对财务报表形成审计意见和出具审计报告》的规定报告。

××会计师事务所	中国注册会计师：×××(项目合伙人)
(盖章)	(签名并盖章)
	中国注册会计师：×××
	(签名并盖章)
中国××市	二○×七年×月×日

二、否定意见审计报告

(一)否定意见审计报告的签发条件

否定意见是指注册会计师认为财务报表没有在所有重大方面按照适用的财务报告编制基础编制，未能实现公允反映被审计单位财务状况、经营成果和现金流量而发表的审计意见。否定意见说明被审计单位财务报表不能信赖，因此无论是注册会计师还是被审计单位，都不希望发表此类意见。因而，实务中注册会计师发表否定意见的情况极其罕见。

在获取充分、适当的审计证据后，如果认为错报单独或汇总起来对财务报表的影响重大且具有广泛性，注册会计师应当发表否定意见。

(二)否定意见审计报告的基本内容与关键措辞

否定意见审计报告的基本内容除了包括标准无保留意见审计报告的基本内容外，还应当将"形成审计意见的基础"这一标题修改为"形成否定意见的基础"，这部分包含对导致发表否定意见的事项的描述，注意到的、将导致发表否定意见的所有其他事项及其影响。

在发表否定意见时，注册会计师应当对审计意见部分使用恰当的标题"否定意见"，并应当根据适用的财务报告编制基础在审计意见部分说明：注册会计师认为，由于形成否定意见的基础部分所述事项的重要性，财务报表没有在所有重大方面按照适用的财务报告编制基础编制，未能实现公允反映。

下面是由于合并财务报表存在重大错报而发表否定意见的审计报告示例。

审计报告

ABC 股份有限公司全体股东：

一、对财务报表出具的审计报告

(一)否定意见

我们审计了 ABC 股份有限公司及其子公司(以下简称集团)合并财务报表，包括 20×6 年 12 月 31 日的合并资产负债表，20×6 年度的合并利润表、合并现金流量表、合并股东权益变动表以及合并财务报表附注。

我们认为，由于"形成否定意见的基础"部分所述事项的重要性，后附的集团合并财务报表没有在所有重大方面按照企业会计准则的规定编制，未能公允反映集团 20×6 年 12 月 31 日的合并财务状况以及 20×6 年度的合并经营成果和合并现金流量。

(二)形成否定意见的基础

如财务报表附注×所述，20×6 年集团通过非同一控制下的企业合并获得对 XYZ 公司的控制权，因未能取得购买日 XYZ 公司某些重要资产和负债的公允价值，故未将 XYZ 公司纳入合并财务报表的范围。按照企业会计准则的规定，该集团应将这一子公司纳入合并范围，并以暂估金额为基础核算该项收购。如果将 XYZ 公司纳入合并财务报表的范围，后附的集团合并财务报表的多个报表项目将受到重大影响，但我们无法确定未将 XYZ 公司纳入合并范围对合并财务报表产生的影响。

我们按照中国注册会计师审计准则的规定执行了审计工作。审计报告的"注册会计师对财务报表审计的责任"部分进一步阐述了我们在这些准则下的责任。按照中国注册会计师职业道德守则，我们独立于集团，并履行了职业道德方面的其他责任。我们相信，我们获取的审计证据是充分、适当的，为发表否定意见提供了基础。

(三)其他信息

按照《中国注册会计师审计准则第 1521 号——注册会计师对其他信息的责任》的规定报告，其他信息部分的最后一段需要进行改写，以描述导致注册会计师对财务报表发表否定意见并且也影响其他信息的事项。

(四)关键审计事项

除"形成否定意见的基础"部分所述事项外，我们认为，没有其他需要在我们的报告中沟通的关键审计事项。

(五)管理层和治理层对财务报表的责任

管理层负责按照企业会计准则的规定编制财务报表，使其实现公允反映，并设计、执行和维护必要的内部控制，以使财务报表不存在由于舞弊或错误导致的重大错报。

在编制财务报表时，管理层负责评估公司的持续经营能力，披露与持续经营相关的事项(如适用)，并运用持续经营假设，除非管理层计划清算公司、停止营运或别无其他现实的选择。

治理层负责监督公司的财务报告过程。

(六)注册会计师对财务报表审计的责任

我们的目标是对财务报表整体是否不存在由于舞弊或错误导致的重大错报获取合理保证，并出具包含审计意见的审计报告。合理保证是高水平的保证，但并不能保证按照审计准则执行的审计在某一重大错报存在时总能发现。错报可能由舞弊或错误导致，如果合理预期错报单独或汇总起来可能影响财务报表使用者依据财务报表作出的经济决策，则通常认为错报是重大的。

在按照审计准则执行审计的过程中，我们运用了职业判断，保持了职业怀疑。我们同时做了以下工作。

(1)识别和评估由于舞弊或错报导致的财务报表重大错报风险；对这些风险有针对性地设计和实施审计程序；获取充分、适当的审计证据，作为发表审计意见的基础。由于舞弊可能涉及串通、伪造、故意遗漏、虚假陈述或凌驾于内部控制之上，未能发现由于舞弊导致的重大错报的风险高于未能发现由于错误导致的重大错报的风险。

(2)了解与审计相关的内部控制，以设计恰当的审计程序，但目的并非对内部控制的有效性发表审计意见。

(3)评价管理层选用会计政策的恰当性和作出会计估计及相关披露的合理性。

(4)对管理层使用持续经营假设的恰当性得出结论。同时，基于所获取的审计证据，对是否存在与事项或情况相关的重大不确定性，从而可能导致对公司的持续经营能力产生重大疑虑得出结论。如果我们得出的结论认为存在重大不确定性，审计准则要求我们在审计报告中提请报告使用者注意财务报表中的相关披露；如果披露不充分，我们应该发表非无保留意见。我们的结论基于审计报告日可获得的信息。然而，未来的事项或情况可能导致公司不能持续经营。

(5)评价财务报表的总体列报、结构和内容(包括披露)，并评价财务报表是否公允反映交易和事项。

我们与治理层就计划的审计范围、时间安排和重大审计发现(包括我们在审计中识别的值得关注的内部控制缺陷)进行沟通。

我们还遵守关于独立性的相关职业道德要求向治理层提供声明，并就可能被合理认为影响我们独立性的所有关系和其他事项，以及相关的防范措施(如适用)与治理层进行沟通。

从与治理层的沟通中，我们确定哪些事项对当期财务报表的审计最为重要，因而构成关键审计事项。我们在审计报告中描述这些事项，除非法律法规不允许公开披露这些事项，或在极其罕见的情形下，如果合理预期在审计报告中沟通某事项造成的负面后果超过产生的公众利益方面的益处，我们确定不应在审计报告中沟通该事项。

二、按照相关法律法规的要求报告的事项

按照《中国注册会计师审计准则第 1501 号——对财务报表形成审计意见和出具审计报告》的规定报告。

××会计师事务所	中国注册会计师：×××(项目合伙人)
(盖章)	(签名并盖章)
	中国注册会计师：×××
	(签名并盖章)
中国××市	二○×七年×月×日

三、无法表示意见审计报告

(一)无法表示意见审计报告的签发条件

无法表示意见是指注册会计师不能就被审计单位财务报表整体是否在所有重大方面按照适用的财务报告编制基础编制，以及是否公允反映其财务状况、经营成果和现金流量发表审计意见，也即对被审计单位的财务报表既不发表无保留意见或保留意见，也不发表否定意见。

注册会计师发表无法表示意见，不同于注册会计师拒绝委托，它是在注册会计师实施了必要的审计程序后所形成的结论。注册会计师发表无法表示意见，不是注册会计师不愿意发表无保留、保留或否定意见，而是由于一些重大限制使得注册会计师无法实施必要的审计程序，未能对一些重大事项获取充分、适当的审计证据，从而不能对财务报表整体发表意见。

如果无法获取充分、适当的审计证据以作为形成审计意见的基础，但认为未发现的错报(如存在)对财务报表可能产生的影响重大且具有广泛性，注册会计师应当发表无法表示意见。

在极其罕见的情况下，可能存在多个不确定事项。尽管注册会计师对每个单独的不确定事项获取了充分、适当的审计证据，但由于不确定事项之间可能存在相互影响，以及可能对财务报表产生累积影响，注册会计师不可能对财务报表形成审计意见。在这种情况下，注册会计师应当发表无法表示意见。

典型的审计范围受到限制的情况包括：①未能对存货进行监盘；②未能对应收账款进行函证；③未能取得被投资企业的财务报表；④内部控制极度混乱，会计记录缺乏系统性与完整性等。

在承接审计业务后，如果注意到管理层对审计范围施加了限制，且认为这些限制可能导致对财务报表发表保留意见或无法表示意见，注册会计师应当要求管理层消除这些限制。如果管理层拒绝消除这些限制，除非治理层全部成员参与管理被审计单位，注册会计师应当就此事项与治理层沟通，并确定能否实施替代程序以获取充分、适当的审计证据。

如果无法获取充分、适当的审计证据，注册会计师应当通过下列方式确定其影响：①如果未发现的错报(如存在)可能对财务报表产生的影响重大，但不具有广泛性，注册会计师应当发表保留意见；②如果未发现的错报(如存在)可能对财务报表产生的影响重大且具有广泛性，以至于发表保留意见不足以反映情况的严重性，注册会计师应当在可行时解除业务约定(除非法律法规禁止)；③如果在出具审计报告之前解除业务约定被禁止或不可行，应当发表无法表示意见；④如果解除业务约定，注册会计师应当在解除业务约定前，与治理层沟通在审计过程中发现的、将会导致发表非无保留意见的所有错报事项。

(二)无法表示意见审计报告的基本内容与关键措辞

无法表示意见审计报告的基本内容在标准无保留审计报告基本内容的基础上进行多方面的修正。

在审计意见部分，只强调"我们接受委托"，而非"我们审计了……"。"形成审计意见的基础"这一标题修改为"形成无法表示意见的基础"，在该部分包含对导致发表无法表示意见的事项的描述，说明注册会计师无法获取审计证据的原因，以及注意到的、将导致发表无法表示意见的所有其他事项及其影响。

当由于无法获取充分、适当的审计证据而发表无法表示意见时，注册会计师应当：①说明注册会计师不对后附的财务报表发表审计意见；②说明由于形成无法表示意见的基础部分所述事项的重要性，注册会计师无法获取充分、适当的审计证据以作为对财务报表发表审计意见的基础；③修改财务报表已经审计的说明，改为注册会计师接受委托审计财务报表。

当注册会计师对财务报表发表无法表示意见时，审计报告中不应当包含标准无保留意见审计报告中的下列要素：①提及审计报告中用于描述注册会计师责任的部分；②说明注册会计师是否已获取充分、适当的审计证据以作为形成审计意见的基础。

当由于无法获取充分、适当的审计证据而发表无法表示意见时，注册会计师应当修改标准无保留意见审计报告中对注册会计师责任的表述，并仅包含以下内容：①说明注册会计师的责任是按照中国注册会计师审计准则的规定，对被审计单位财务报表执行审计工作，以出具审计报告；②由于形成无法表示意见的基础部分所述的事项，注册会计师无法获取充分、适当的审计证据以作为发表审计意见的基础；③说明注册会计师在独立性和职业道德其他要求方面的责任。

当对财务报表发表无法表示意见时，注册会计师不得在审计报告中包含关键审计事项部分，除非法律法规另有规定。

下面是由于注册会计师无法针对财务报表多个要素获取充分、适当的审计证据而发表无法表示意见的审计报告示例。

审计报告

ABC 股份有限公司全体股东：

一、对财务报表出具的审计报告

(一)无法表示意见

我们接受委托，审计 ABC 股份有限公司(以下简称公司)财务报表，包括 20×6 年 12 月 31 日的资产负债表，20×6 年度的利润表、现金流量表、股东权益变动表以及财务报表附注。

我们不对后附的公司财务报表发表审计意见。由于"形成无法表示意见的基础"部分所述事项的重要性，我们无法获取充分、适当的审计证据以作为发表审计意见的基础。

(二)形成无法表示意见的基础

我们于20×7年1月接受公司的审计委托，因而未能对公司20×6年年初余额为××元的存货实施监盘。此外，我们也无法实施替代审计程序获取充分、适当的审计证据，并且公司于20×6年9月采用新的应收账款电算化系统，由于存在系统缺陷导致应收账款出现大量错误。截至报告日，管理层仍在纠正系统缺陷并更正错误，我们也无法实施替代审计程序，以对截至20×6年12月30日的应收账款总额××元获取充分、适当的审计证据。因此，我们无法确定是否有必要对存货、应收账款以及财务报表其他项目作出调整，也无法确定应调整的金额。

(三)管理层和治理层对财务报表的责任

管理层负责按照企业会计准则的规定编制财务报表，使其实现公允反映，并设计、执行和维护必要的内部控制，以使财务报表不存在由于舞弊或错误导致的重大错报。

在编制财务报表时，管理层负责评估公司的持续经营能力，披露与持续经营相关的事项(如适用)，并运用持续经营假设，除非管理层计划清算公司、停止营运或别无其他现实的选择。

治理层负责监督公司的财务报告过程。

(四)注册会计师对财务报表审计的责任

我们的责任是按照中国注册会计师审计准则的规定，对被审计单位财务报表执行审计工作，以出具审计报告。但由于"形成无法表示意见的基础"部分所述的事项，我们无法获取充分、适当的审计证据以作为发表审计意见的基础。

按照中国注册会计师职业道德守则，我们独立于公司，并履行了职业道德方面的其他责任。

二、按照相关法律法规的要求报告的事项

按照《中国注册会计师审计准则第1501号——对财务报表形成审计意见和出具审计报告》的规定报告。

<table>
<tr><td>××会计师事务所</td><td>中国注册会计师：×××(项目合伙人)</td></tr>
<tr><td>(盖章)</td><td>(签名并盖章)</td></tr>
<tr><td></td><td>中国注册会计师：×××</td></tr>
<tr><td></td><td>(签名并盖章)</td></tr>
<tr><td>中国××市</td><td>二○×七年×月×日</td></tr>
</table>

本 章 小 结

本章从审计报告的含义和种类入手，介绍了审计报告的基本内容和四种审计报告的签发条件、关键措辞和范例。审计报告是注册会计师根据中国注册会计师审计准则的规定，在实施审计工作的基础上对被审计单位财务报表发表审计意见的书面文件。注册会计师为上市公司年度财务报告出具的审计报告应该是规范性的、简式的且以公布为目的审计报告。审计报告的基本内容因审计意见不同而出现差异。注册会计师出具无保留意见审计报告的条件：一是财务报表按照适用的财务报告编制基础编制；二是注册会计师的审计范围没有受到重大限制。注册会计师签发保留意见的审计报告的条件：一是获取充分、适当的审计证据后，注册会计师认为错报单独或汇总起来对财务报表影响重大，但不具有广泛性；二是注册会计师无法获取充分、适当的审计证据以作为形成审计意见的基础，认为发现的错报(如存在)对财务报表可能产生的影响重大，但不具有广泛性。在获取充分、适当的审计证据后，如果认为错报单独或汇总起来对财务报表的影响重大且具有广泛性，注册会计师应当发表否定意见。如果无法获取充分、适当的审计证据以作为形成审计意见的基础，但认为未发现的错报(如存在)对财务报表可能产生的影响重大且具有广泛性，注册会计师应当发表无法表示意见。不同类型审计报告的措辞也有诸多不同之处。

复习思考题

1. 哪些审计报告属于非无保留意见的审计报告？
2. 在什么情况下注册会计师应签发无保留意见的审计报告？
3. 在什么情况下注册会计师应签发保留意见的审计报告？
4. 在什么情况下注册会计师应签发否定意见的审计报告？
5. 在什么情况下注册会计师应签发无法表示意见的审计报告？
6. 不同审计报告的关键措辞有哪些？
7. 审计报告日应如何确定？

自测与技能训练

一、基础知识自测

(一)单项选择题

1. 注册会计师应当发表无法表示意见还是保留意见，其考虑的焦点在于(　　)。
   A. 审计范围受到限制的严重程度　　B. 被审计单位滥用会计政策的严重程度
   C. 被审计单位会计估计的不合理程度　　D. 财务报表中错报性质的严重程度
2. 审计范围受到限制的典型情况不包括(　　)。
   A. 未能对存货进行监盘
   B. 未能对应收账款进行函证
   C. 未能取得被投资企业的财务报表
   D. 未能接触前任注册会计师
3. 当审计报告的意见部分中出现"除……的影响外"的字样时，表明该审计报告的意见类型为(　　)。
   A. 无保留意见　　B. 保留意见
   C. 否定意见　　D. 无法表示意见
4. 下列情况中，注册会计师应当出具否定意见审计报告的是(　　)。
   A. 财务报表存在错报，但不影响财务报表使用者对报表的理解
   B. 注册会计师对个别重要的会计事项没有取得必要的审计证据
   C. 被审计财务报表虚盈实亏，被审计单位不同意调整
   D. 被审计单位内部控制极其混乱，会计记录缺乏系统性和完整性
5. 在审计意见部分，只强调"我们接受委托"，而非"我们审计了……"的字样时，表明该审计报告的意见类型为(　　)。

A. 无保留意见   B. 保留意见

C. 否定意见   D. 无法表示意见

(二)多项选择题

1. 如果审计范围受到被审计单位的限制,注册会计师无法就可能存在的对财务报表产生重大影响的错误或舞弊取得充分、适当的审计证据,则其应当发表( )。

A. 无保留意见   B. 保留意见

C. 无法表示意见   D. 否定意见

2. 下列叙述中,属于审计范围受到限制的有( )。

A. 被审计单位存货的性质导致注册会计师无法实施存货监盘

B. 管理层不允许注册会计师观察存货盘点

C. 被审计单位存货存放的位置特殊导致注册会计师无法实施存货监盘

D. 管理层不允许注册会计师对特定账户余额实施函证

3. 如果财务报表没有公允反映,注册会计师出具的审计报告可能为( )。

A. 无保留意见审计报告   B. 保留意见审计报告

C. 否定意见审计报告   D. 无法表示意见审计报告

4. 下列关于审计报告的说法中,错误的有( )。

A. 对于业务比较简单的被审计单位来说,不执行审计工作也可以出具审计报告

B. 注册会计师应当按照审计准则的规定执行审计工作

C. 注册会计师应当以书面形式或电子形式出具审计报告

D. 对于非标准审计报告,注册会计师可以不在审计报告上签名盖章

5. 下列关于审计报告日的说法,正确的有( )。

A. 注册会计师完成审计工作的日期

B. 注册会计师正式对外签发审计报告的日期

C. 通常与管理层签署已审计财务报表的日期为同一天

D. 可能晚于管理层签署已审计财务报表的日期

(三)判断题

1. 审计范围严重受限,注册会计师应出具否定意见的审计报告。   ( )

2. 无法表示意见的审计报告中删除了注册会计师的责任段。   ( )

3. "我们审计了后附的 ABC 股份有限公司的财务报表……",这样的措辞表明注册会计师的审计范围没有受到限制。   ( )

4. 如果结合财务报表审计对内部控制的有效性发表意见,注册会计师应当删除审计报告责任段中"但目的并非对内部控制的有效性发表意见"的措辞。   ( )

5. 审计报告的收件人一般为被审计单位管理者。   ( )

二、案例分析题

1. A 注册会计师是 ABC 会计师事务所审计项目负责人。假定下列情况对各被审计单位 2021 年度会计报表的影响都是重要的,且各被审计单位均拒绝接受 A 注册会计师提出

的审计处理建议(如有)。在不考虑其他因素影响的前提下，请分别针对下列五种情况，判断 A 注册会计师应对 2021 年度会计报表出具何种类型的审计报告，并简要说明理由。

(1) 甲公司拥有一项长期股权投资，账面价值为 500 万元，持股比例为 30%。2021 年 12 月 31 日，甲公司与 K 公司签署投资转让协议，拟以 450 万元的价格转让该项长期股权投资，已收到价款 300 万元，但尚未办理产权过户手续，甲公司以该项长期股权投资正在转让之中为由，不再计减值准备。甲公司当年的税前利润为 200 万元。

(2) 乙公司于 2020 年 5 月为 L 公司 1 年期银行借款 1 000 万元提供担保，因 L 公司不能及时偿还，银行于 2021 年 11 月向法院提起诉讼，要求乙公司承担连带清偿责任。2021 年 12 月 31 日，乙公司在咨询律师后，根据 L 公司的财务状况，计提了 500 万元的预计负债。对上述预计负债，乙公司已在会计报表附注中进行了适当披露。截至审计工作完成日，法院未对该项诉讼作出判决。

(3) 丙公司在 2021 年度向其控股股东 M 公司以市场价格销售产品 5 000 万元，以成本加成价格购入原材料 3 000 万元，上述销售和采购分别占丙公司当年销货、购货的比例为 30% 和 40%，丙公司已在会计报表附注中进行了适当披露。

(4) 丁公司于 2021 年 11 月 20 日发现，2020 年漏记固定资产折旧费用 200 万元。丁公司在编制 2021 年度会计报表时，对此项会计差错予以更正，追溯调整了相关会计报表项目，并在会计报表附注中进行了适当披露。

(5) 戊公司于 2021 年年末更换了大股东，并成立了新的董事会，继任法定代表人以刚上任不了解以前年度情况为由，拒绝签署 2021 年度已审计会计报表和提供管理当局声明书。原法定代表人以不再继续履行职责为由，也拒绝签署 2021 年度已审计会计报表和提供管理当局声明书。

2. A 注册会计师负责审计甲集团公司 2021 年财务报表，确定集团财务报表整体的重要性为 150 万元，利润总额为 200 万元。

A 注册会计师通过对甲集团财务信息实施审计程序，给出了对相关错报的审计调整建议。假设甲集团管理层对上述审计调整建议分别予以拒绝。注册会计师审计调整建议及管理层拒绝调整的理由如表 12-1 所示。

表 12-1　注册会计师审计调整建议及管理层拒绝调整的理由

编　号	借　方	贷　方	管理层拒绝调整的理由
(1)	应收账款 120 万元	其他应收款 120 万元	属于分类错报，不予调整
(2)	营业收入 200 万元	营业成本 140 万元	营业收入与营业成本相抵销后的错报金额未超过重要性水平，不予调整
(3)	未决诉讼很可能给企业带来 1 000 万元的赔偿，导致甲集团持续经营能力产生重大不确定性，A 注册会计师提请被审计单位确认预计负债并对此事项作出充分披露	未决诉讼有胜诉的可能性，不予调整	

要求：请逐项指出 A 注册会计师针对每个独立的事项应当出具的审计报告的意见类型，并简要说明理由。

参 考 文 献

[1] 刘明辉，史德刚. 审计[M]. 7 版. 大连：东北财经大学出版社，2019.

[2] 秦荣生，卢春泉. 审计学[M]. 10 版. 北京：中国人民大学出版社，2019.

[3] 宋常. 审计学[M]. 8 版. 北京：中国人民大学出版社，2018.

[4] 朱锦余. 审计学[M]. 4 版. 北京：高等教育出版社，2019.

[5] 中国注册会计师协会. 中国注册会计师执业准则应用指南(2017)[M]. 北京：中国财政经济出版社，2017.

[6] 中国注册会计师协会. 审计[M]. 北京：中国财政经济出版社，2023.

[7] 李晓慧，韩晓梅. 审计学理论与案例[M]. 3 版. 大连：东北财经大学出版社，2017.

[8] 徐维爽. 审计理论与案例[M]. 大连：东北财经大学出版社，2012.

[9] 黄良杰，肖瑞利. 审计学[M]. 成都：西南财经大学出版社，2021.

[10] 刘爱荣，高丽芬. 审计原理与实务[M]. 2 版. 大连：大连理工大学出版社，2020.

[11] 傅胜. 审计习题与案例[M]. 5 版. 大连：东北财经大学出版社，2016.